CB142588

Manual de Teoria do Treinamento Esportivo

Instituto Phorte Educação
Phorte Editora

Diretor-Presidente
Fabio Mazzonetto

Diretora Executiva
Vânia M. V. Mazzonetto

Editor Executivo
Tulio Loyelo

Revisor Científico ad hoc
Professor Doutor Francisco Navarro

Tradutor
Martin Lobmaier

Manual de Teoria do Treinamento Esportivo

Dietrich Martin
Klaus Carl
Klaus Lehnertz

São Paulo, 2008
Phorte editora

Título original em alemão *Handbuch Trainingslehre*
Copyright © 2001 by Dietrich Martin, Klaus Carl, Klaus Lehnertz
Direitos adquiridos para língua portuguesa pela Phorte Editora Ltda.
1ª edição brasileira - 2008.

Rua 13 de Maio, 598 - Bela Vista - São Paulo - SP
CEP: 01327-000 - Brasil
Tel/Fax: (11) 3141-1033
Site: www.phorte.com E-mail: phorte@phorte.com

Nenhuma parte deste livro pode ser reproduzida ou transmitida de qualquer forma ou por quaisquer meios eletrônico, mecânico, fotocopiado, gravado ou outro, sem autorização prévia por escrito da Phorte Editora Ltda.

CIP-BRASIL. CATALOGAÇÃO-NA-FONTE
SINDICATO NACIONAL DOS EDITORES DE LIVROS, RJ

M334m

Martin Dietrich, 1929-2000
Manual de Teoria do Treinamento Esportivo/ Dietrich Martin, Klaus Carl, Klaus Lehnertz; revisão científica Francisco Navarro; [tradução Martin Lobmaier]. - São Paulo: Phorte, 2008.
il.

Tradução de: Handbuch Traininglehre
Inclui bibliografia
ISBN 978-85-7655-154-6

1. Treinamento (atletismo). 2. Esporte - Treianmento. 3. Aptidão física - Manuais, guias, etc. I. Carl, Klaus. II. Lehnertz, Klaus. III. Título.

07-3387. CDD: 796.077
CDU: 796.015.3

05.09.07 10.09.07 003426

Impresso no Brasil
Printed in Brazil

Sumário

Prefácio **15**
Prefácio à terceira edição **17**

Treinamento esportivo, teoria do treinamento, ciência do treinamento – uma introdução **19**
O conceito do treinamento 19
Teoria do treinamento e ciência do treinamento 22
A teoria de ação do prático 24

1. Análise do desempenho esportivo e do sistema de treinamento como precondições para ações efetivas de treinamento **27**
1.1 O desempenho esportivo 27
1.1.1 Objetivos condutores do treinamento 27
1.1.2 Definição e análise do desempenho esportivo 28
1.1.3 Condições do desempenho 32
1.1.4 O sistema de desempenho 34
1.1.4.1 Modelo para a explicação do sistema de desempenho 35
1.1.4.2 O caráter global do estado de desempenho esportivo 37
1.2 O sistema de treinamento 37
1.2.1 Condução e regulação do treinamento 38
1.2.1.1 Objetivos superiores do treinamento 38
1.2.1.2 Solicitações no treinamento 39
1.2.1.3 Planejamento do treinamento 41
1.2.2 Categorias de decisão do planejamento e da execução do treinamento 42
1.2.2.1 Objetivos parciais do treinamento 44
1.2.2.2 Estrutura do treinamento 44
1.2.2.3 Organização do treinamento 45
1.2.2.4 Conteúdos do treinamento 45
1.2.2.5 Métodos de treinamento 47
1.2.3 Princípios gerais do treinamento esportivo 50
1.2.3.1 Princípios pedagógicos para o treinamento 52

1.2.3.2 Princípios sobre a estruturação e organização do treinamento 53
1.2.3.3 Princípios da estruturação metódica de conteúdo do treinamento....54

2. Técnica esportiva e treinamento de técnicas 57

2.1 Treinamento de técnicas – característica e conceitos....57
2.1.1 A importância do treinamento de técnicas....57
2.1.2 O problema da teoria do treinamento de técnicas dentro da teoria do treinamento 58
2.1.3 Técnica e treinamento de técnicas – conceitos....59
2.2 Estrutura e sistemática do treinamento de técnicas 62
2.2.1 A problemática da generalização de afirmações sobre o treinamento de técnicas....62
2.2.2 Os objetivos do treinamento de técnicas....64
2.2.2.1 Um exemplo prático – Ginástica em aparelhos....65
2.2.2.2 Um conceito de sistematização não específico de modalidade esportiva....66
2.2.2.3 O aprendizado de habilidades como primeira fase do treinamento de técnicas 67
2.2.2.4 O treinamento de aquisição de técnicas....68
2.2.2.5 O treinamento de aplicação de técnicas 70
2.2.2.6 O treinamento complementar de técnicas 72
2.3 O aprendizado de capacidades coordenativas....76
2.3.1 Conceito e importância 76
2.3.2 O modelo da coordenação motora 77
2.3.3 As capacidades coordenativas....79
2.3.4 O aprendizado de um nível geral universal de capacidades coordenativas....80
2.3.5 Aprendizado de capacidades coordenativas como treinamento complementar de técnicas....82
2.4 Modelos científicos explicativos para a motricidade....85
2.4.1 Centros motores supra-espinhais....85
2.4.2 A ação conjunta do córtex cerebral e do cerebelo....87
2.4.2.1 O córtex cerebral como central de comando....87
2.4.2.2 Cerebelo, o depósito de habilidades....90
2.5 Métodos no treinamento de técnicas....91
2.5.1 Um conceito metódico geral para a aquisição de habilidades....91
2.5.2 Métodos do treinamento de aquisição de técnicas 94
2.5.2.1 Considerações preliminares....94

2.5.2.2 Teorias e conhecimentos científicos com relação à problemática de solicitação........95
2.5.2.3 Exigência de solicitação e métodos no treinamento da aquisição de técnicas....97
2.5.3 Métodos do treinamento de aplicação de técnicas 99
2.5.4 Observações de movimentos e análise de erros no treinamento de técnicas........................100
2.5.4.1 Fundamentos..100
2.5.4.2 Aprendizado da percepção do movimento.. 104
2.5.5 Treinamento mental... 106
2.6 Planejamento e condução do treinamento de técnicas... 108
2.6.1 O treinamento de técnicas na microestrutura.. 108
2.6.2 O treinamento de técnicas na macroestrutura... 112
2.6.3 Características do treinamento de técnicas em modalidades esportivas de resistência.. 113
2.6.4 Princípios gerais para a condução do treinamento de técnicas 115

3. Condicionamento e treinamento do condicionamento.......................... 117

3.1 Condicionamento – conceito e condições de desenvolvimento....................................... 117
3.1.1 Condicionamento e capacidades de condicionamento – conceitos........................ 117
3.1.2 Um modelo de estruturação do condicionamento.. 118
3.1.3 Importância e áreas de aplicação do condicionamento 120
3.1.4 A solicitação como parâmetro metodológico de condução para o desenvolvimento do condicionamento.. 122
3.1.5 Processos biológicos de adaptação como precondição para o desenvolvimento do condicionamento.. 125
3.1.5.1 O modelo teórico da supercompensação..127
3.1.5.2 Conhecimentos mais novos quanto à adaptação do treinamento 129
3.1.6 A execução do exercício no treinamento de condicionamento 132
3.1.7 Os métodos do treinamento de condicionamento 134
3.2 Força e treinamento de força 136
3.2.1 Desempenho de força e de músculos – característica e conceitos............................ 136
3.2.2 Estruturação e formas de manifestação da força... 138
3.2.2.1 Força máxima.. 139
3.2.2.2 Força rápida.. 141
3.2.2.3 Força de reação 144

3.2.2.4 Resistência de força 145
3.2.3 Modelos científicos de explicação da força 148
3.2.3.1 A macroestrutura de desempenhos de força 148
3.2.3.2 A microestrutura de desempenhos de força 151
3.2.3.3 Inervação muscular e tipos de fibras musculares 157
3.2.4 Procedimentos de prognóstico de desempenho para a determinação de capacidades de força 159
3.2.4.1 Determinação do limiar do desempenho muscular 160
3.2.4.2 Determinações da força mediante curvas de força e tempo 162
3.2.4.3 O teste de duas fases para a determinação da resistência de força 165
3.2.4.4 Testes motores esportivos para o diagnóstico das capacidades de força 167
3.2.5 Métodos do treinamento de força 169
3.2.5.1 Relação entre objetivos e métodos 169
3.2.5.2 Métodos de treinamento de força máxima para o aumento da seção muscular 173
3.2.5.3 Métodos de treinamento de força máxima para o melhoramento das capacidades de inervação da musculatura 175
3.2.5.4 Métodos do treinamento da força rápida 177
3.2.5.5 Métodos do treinamento da resistência de força 178
3.2.5.6 Métodos de treinamento da força de reação 180
3.2.5.7 Formas de organização do treinamento de força 182
3.2.6 Treinamento específico de força 183
3.2.6.1 Objetivos e tarefas do treinamento específico de força 183
3.2.6.2 Exemplo: Esporte de corrida de esqui alpino 187
3.2.6.3 Exemplo: Natação 190
3.2.7 Planejamento e condução do treinamento de força 193
3.2.7.1 Modelo para o efeito retardado de treinamento em longo prazo 194
3.2.7.2 Periodização do treinamento de força para velocistas 195
3.2.7.3 Treinamento de força para modalidades esportivas de resistência aeróbia 196
3.2.7.4 Princípios gerais para a condução e o planejamento do treinamento de força 198
3.3. Velocidade e treinamento de velocidade 199
3.3.1 Velocidade - característica e conceito 200
3.3.2 Estruturação e formas de manifestação da velocidade 201
3.3.2.1 Desempenhos de reação 203
3.3.2.2 Desempenhos de aceleração 205

3.3.2.3 Desempenhos de velocidade no sentido mais restrito – velocidade do movimento.... 206
3.3.3 Modelos científicos de explicação com relação à velocidade 208
3.3.3.1 Conhecimentos teóricos de informação e psicológicos com relação a desempenhos de reação 208
3.3.3.2 Explicações biológicas e mecânicas sobre o desempenho de aceleração 211
3.3.3.3 Modelos de explicação da velocidade do movimento 215
3.3.4 Procedimentos diagnósticos de desempenho no treinamento de velocidade 219
3.3.4.1 Procedimentos de medição da velocidade 219
3.3.4.2 Testes motores esportivos 221
3.3.5 Métodos do treinamento de velocidade 223
3.3.5.1 Exemplo do treinamento de *sprint* 224
3.3.5.2 Treinamento de velocidade em modalidades de jogos – exemplo do futebol ... 227
3.3.6 Planejamento e condução do treinamento de velocidade 229
3.3.6.1 Problemas da microestrutura 229
3.3.6.2 Fundamentos gerais para a estruturação e a condução do treinamento de velocidade 230
3.4 Resistência aeróbia e treinamento de resistência aeróbia 232
3.4.1 Resistência - característica e conceito 232
3.4.2 Estruturação e formas de manifestação da resistência aeróbia 234
3.4.2.1 Resistência em curto, médio e longo prazo 234
3.4.2.2 Resistência geral (resistência fundamental) – resistência específica 236
3.4.3 Modelos científicos de explicação com relação à resistência 237
3.4.3.1 Aspectos musculares da resistência 238
3.4.3.2 Transformação de energia na atividade motora 241
3.4.3.3 A importância da capacidade máxima de absorção de oxigênio (VO_2máx.) 244
3.4.3.4 Causas da fadiga muscular 247
3.4.4 Procedimentos diagnósticos do desempenho para a determinação da capacidade de desempenho de resistência 251
3.4.4.1 Diagnóstico do desempenho no laboratório 251
3.4.4.2 Diagnóstico de desempenho de campo 254
3.4.4.3 Diagnóstico de desempenho mediante a freqüência cardíaca – teste de Conconi 256
3.4.4.4 Diagnóstico complexo do desempenho para modalidades esportivas de resistência 260
3.4.5 Métodos do treinamento de resistência 263

3.4.5.1 O método contínuo com velocidade constante....264
3.4.5.2 Método contínuo com velocidade variável....269
3.4.5.3 O treinamento com intervalos....269
3.4.5.4 Método de repetição....274
3.4.5.5 Métodos de competição e de controle....275
3.4.6 Treinamento específico de resistência – um modelo de orientação para modalidades esportivas de jogos....276
3.4.7 Planejamento e condução do treinamento de resistência....279
3.4.7.1 Exemplo do esqui nórdico....280
3.4.7.2 Exemplo da natação....284
3.4.7.3 Características da condução do treinamento....284
3.5 Mobilidade e treinamento de mobilidade....286
3.5.1 Mobilidade – característica e conceito....286
3.5.2 Estruturação e formas de manifestação da mobilidade....288
3.5.3 Modelos explicativos científicos da mobilidade....290
3.5.3.1 Articulações e lesões em articulações....290
3.5.3.2 Alongamento muscular – propriedades mecânicas....294
3.5.4 Métodos do treinamento da mobilidade....297
3.5.4.1 Relação entre objetivos e métodos....297
3.5.4.2 O treinamento da mobilidade geral das articulações....297
3.5.4.3 O treinamento da capacidade de alongamento da musculatura....298
3.5.5 Treinamento da mobilidade específica....301
3.5.6 Princípios gerais para a estruturação do treinamento da mobilidade....303

4. Tática e treinamento de táticas....305
4.1 O conceito de tática....305
4.2 Modelos explicativos científicos para o treinamento de táticas....306
4.2.1 Fundamentos biológicos do comportamento tático....306
4.2.1.1 Desempenhos cognitivos....306
4.2.1.2 Memória e lembrança....308
4.2.1.3 Conseqüências para o comportamento tático....311
4.2.2 Modelos psicológicos de ação para a tática....313
4.3 Considerações metódicas para o treinamento de táticas....316

4.3.1 Objetivos do treinamento tático 316
4.3.2 Princípios metódicos para o treinamento de táticas 317

5. Estrutura, organização ou sistema do treinamento esportivo 321

5.1 Considerações fundamentais mais recentes da estrutura do treinamento 322
5.1.1 Especialização como orientação para a estruturação do treinamento 322
5.1.1.1 Treinamento complexo como uma forma da especialização 324
5.1.2 Adaptações de longo prazo a solicitações 324
5.1.2.1 O efeito de treinamento retardado em longo prazo 325
5.1.3 Condução de efeitos de treinamento retardados em longo prazo, com o método da concentração objetiva de solicitação 327
5.1.3.1 Condução do treinamento para a força rápida e para modalidades esportivas de composição – um exemplo 328
5.1.3.2 Condução do treinamento para a modalidade de sprint – um exemplo 329
5.2 Periodização – ciclos 330
5.2.1 A teoria clássica de Matveiev 330
5.2.2 Os períodos 333
5.2.2.1 O período de preparação 333
5.2.2.2 O período de competição 334
5.2.2.3 O período de transição 334
5.2.3 Modelos de periodização e suas tendências mais recentes 334
5.2.3.1 Problemas específicos dos modelos de periodização 335
5.2.3.2 Tendências mais recentes ou variações na periodização 338
5.2.4 Macrociclo e microciclo nos períodos 340
5.2.4.1 O macrociclo 340
5.2.4.2 O microciclo 342
5.3 Planejamento do treinamento 345
5.3.1 Planejamento e plano – conceitos e características 345
5.3.1.1 Diferentes tipos de planos 347
5.3.2 Passos na elaboração do planejamento do treinamento 348
5.3.2.1 Análise do nível de desempenho 349
5.3.2.2 Documentação do treinamento 350
5.3.2.3 Formulação dos objetivos 353
5.3.2.4 Projeto do plano de treinamento anual 353

5.3.2.5 Projeto do plano de treinamento semanal 356
5.3.4 A unidade de treinamento 359
5.4 Fadiga de treinamento e supertreinamento 361
5.4.1 Fadiga 361
5.4.2 Medidas de regeneração 365
5.4.3 Supertreinamento 367
5.4.3.1 Diagnóstico do supertreinamento 368
5.4.3.2 Causas do supertreinamento 370
5.4.3.3 Tratamento do supertreinamento 372
5.5 Condições de competições esportivas 373
5.5.1 Métodos da competição e do jogo de competição no treinamento 374
5.5.2 A estruturação do período e da época da competição 376
5.5.2.1 Freqüência da competição – função das competições 376
5.5.2.2 Seqüência e variantes do período de competições 377
5.5.3 A preparação da competição 380
5.5.3.1 Fundamentos gerais da preparação 380
5.5.3.2 A preparação metódica do treinamento 381
5.5.3.3 A preparação pedagógico-psicológica da competição 382
5.5.3.4 A preparação estratégico-tática da competição 385

6. Treinamento de jovens 387

6.1 Treinamento de jovens como parte do treinamento com orientação para o esporte de alto nível 387
6.2 Condições para as decisões no treinamento de jovens 391
6.2.1 Particularidades do desenvolvimento de jovens 391
6.2.1.1 Fases de desenvolvimento favoráveis ao treinamento 394
6.2.1.2 Fases críticas de desenvolvimento 394
6.2.1.3 Perigos com o treinamento orientado para o alto nível para crianças e jovens 395
6.2.2 Influência do ambiente social sobre as ações de treinamento e competição 396
6.3 Formação básica geral como etapa inicial do treinamento de jovens 397
6.4 Estrutura, organização e configuração do método e conteúdo do treinamento de jovens 401
6.5 Particularidades do treinamento de técnicas, de condicionamento e de táticas de atletas jovens 416
6.5.1 Particularidades do treinamento de técnicas 417
6.5.2 Particularidades do treinamento de força 419

6.5.3 Particularidades do treinamento de velocidade....420
6.5.4 Particularidades do treinamento de resistência....421
6.5.5 Particularidades do treinamento de mobilidade....422
6.5.6 Particularidades do treinamento de táticas....423

7. Treinamento do condicionamento físico/treinamento para a saúde.... 425

7.1 Conceitos, entendimento e característica....425
7.1.1 Condicionamento físico e saúde....425
7.1.2 Treinamento para a saúde e para o condicionamento físico....426
7.1.3 Conseqüências da falta de movimentos e treinamento do condicionamento físico....427
7.1.4 Objetivos e conteúdos do treinamento do condicionamento físico e para a saúde..429
7.1.5 A estruturação do treinamento de condicionamento físico....431
7.2 Treinamento de resistência para o condicionamento físico....432
7.2.1 Objetivos e efeitos do treinamento de resistência....432
7.2.2 Questões metódicas....433
7.2.2.1 Intensidade de solicitação para "treinandos principiantes"....438
7.2.2.2 Intensidade de solicitação para "treinandos em geral"....438
7.2.2.3 Verificação do desempenho para principiantes e treinandos, em geral....440
7.2.2.4 Exigências de solicitação para os que "treinam sistematicamente"....441
7.2.2.5 Intensidades de solicitação alcançáveis em outras formas de execução do treinamento de resistência....442
7.2.3 Princípios para o treinamento de resistência na área de condicionamento físico....443
7.3 Treinamento de força para o condicionamento físico....444
7.3.1 Objetivos e efeitos do treinamento de força para a área de condicionamento físico....444
7.3.2 O biotreinamento....445
7.3.3 O treinamento em circuito....447
7.3.4 Testes de força para o treinamento do condicionamento físico....448
7.4 Exercitação da mobilidade por meio da ginástica funcional....449
7.5 Alimentação e treinamento do condicionamento físico....451

Bibliografia....453

Referência de figuras....473

Índice remissivo....475

Prefácio

O presente *Manual de Teoria do Treinamento Esportivo* não é uma revisão, um complemento ou uma nova edição dos dois volumes de *Fundamentos da Teoria do Treinamento,* de Dietrich Martin. É um livro completamente novo e pouco orientado nestes antecessores. Durante um confronto intensivo, por quatro anos, com os conhecimentos recentes da ciência do treinamento, surgiu, finalmente, com a cooperação de três autores, apesar dos parcialmente diferentes princípios e acessos, uma concepção de um trabalho totalmente novo sobre o assunto. A obra segue um caminho diferente, na sua orientação teórica e na sistemática do conteúdo, das teorias de treinamento de outros autores, atualmente usuais.

O motivo principal para a elaboração desta nova teoria do treinamento foi a convicção dos autores que o estado de conhecimento da pesquisa da ciência do treinamento se ampliou consideravelmente, e até mesmo se reorientou parcialmente nos últimos anos, com relação a comprovações dedutíveis de conhecimentos das ciências naturais e às experiências da prática de treinamento. Por isso, foram necessários um novo trabalho fundamental e uma revisão da teoria do treinamento. Este livro tenta, então, satisfazer a este motivo. Com isso, os autores não ignoram que o volume requerido, e também as dúvidas, deviam causar restrições formais e afirmativas.

Para os autores, o princípio condutor de trabalho foram as comprovações científica e teórica das afirmações e regras de treinamento aqui feitas. Houve um critério responsável sempre que estas afirmações e regras puderam ser deduzidas ou comprovadas por conhecimentos, teorias ou modelos da ciência natural, da ciência do treinamento e da psicologia. Este princípio de trabalho dá, do nosso ponto de vista, a este livro, que também tem a pretensão de ser um livro didático, o caráter de "manual". Os autores não trataram de apresentar só um livro didático sobre a teoria do treinamento, mas de fundamentar e detalhar o conteúdo de tal maneira que este livro pode ser usado como obra de consulta, no sentido de um manual. Esperamos que esta síntese tenha sido bem sucedida.

Duas áreas temáticas cuja elevada afinidade com o processo de treinamento é inquestionável excluímos conscientemente: os aspectos psicológicos e pedagógicos do treinamento. Para esta decisão, há vários motivos. Primeiro, sobre estes temas existem publicações muito boas, de autores bastante competentes, como o tratamento de problemas psicológicos de treinamento em Kunath et al. (1972 e 1974), Gabler et al. (1979) e os dois estudos de Eberspächer (1988) e Gabler (1988), bem como o tratamento de fundamentos pedagógicos do treinamento no estudo de KURZ (1988). Segundo, um tratamento detalhado destes temas teria rompido o âmbito deste livro. Terceiro, nós queríamos delimitar concretamente, quanto ao conteúdo, as áreas originais de objeto da teoria do treinamento com relação a outras disciplinas da ciência do esporte. Entretanto, não deve ser esquecido que o âmbito da área de objeto da teoria do treinamento, certamente, pode ser demarcado, estreita ou amplamente, de maneira diversa. Nós o fixamos, quanto ao conteúdo, da maneira apresentada neste livro, e sabemos que a decisão quanto à área de objeto da teoria do treinamento também poderia ter sido tomada mais amplamente.

Agradecemos a Marion Grüber, Jürgen Nicolaus, Stefan Weigelt, Bernward Winter, todos colaboradores na Universidade de Kassel, que nos ajudaram no processamento do texto, na redação e nos trabalhos de correção, e a Bernhard Martin, que elaborou os desenhos.

Os autores
Kassel / Köln, Janeiro de 1991.

Prefácio à terceira edição

A vida de Dietrich Martin, repleta de trabalho, terminou totalmente inesperada, em maio de 2000. Sua criação mental ainda vai permanecer por muito tempo, tanto na sua extensa obra literária como nas mentes e almas de seus colegas.

Somos gratos por termos trabalhado junto com Dietrich Martin por mais de um quarto de século. Como resultado desta cooperação, foi publicada a primeira edição deste manual, exatamente dez anos atrás. Mesmo que, dentro do nosso trio de autores, não tivéssemos avaliações iguais sobre todos os aspectos formais e de conteúdo, num ponto essencial, ou seja, na nossa posição sobre a relação de teoria e prática, tínhamos opiniões absolutamente iguais.

De acordo com esta posição, principalmente na teoria do treinamento, *teoria e prática são os dois lados de uma medalha. A prática somente se entende depois de poder formulá-la verbalmente, e a teoria entendemos quando experimentamos suas afirmações de maneira prática.*

Dietrich Martin sentiu-se comprometido com esta opinião sobre o entrelaçamento da teoria com a prática em suas ações durante a vida toda. Ele escreveu incansavelmente para relatar suas experiências práticas e seus conhecimentos novos, e refletir sobre eles, ou iniciou uma pesquisa empírica para embasar suas observações e hipóteses em métodos científicos. Mesmo na idade avançada, não hesitou em verificar suas suposições, observações, experiências ou conhecimentos, mediante ações próprias na prática ou por meio de experimentos com seu corpo.

Devido a grande procura por nosso *Manual da Teoria do Treinamento*, já em 1993, dois anos após a publicação, foi necessária uma nova edição não modificada, que teve várias reimpressões. O projeto de uma revisão limitada ou ampla nova edição foi mantido durante vários anos. Ao contrário de Dietrich Martin, a nossa tendência foi mais para atualizações complementares. Tendo em vista a sua morte, inesperadamente prematura – que atingiu a todos nós como um choque –, certamente teria sido melhor insistir mais enfaticamente numa elaboração a tempo. Mas, com isso, Dietrich Martin não teria vivenciado a publicação de seu segundo manual *Treinamento Infanto-juvenil*, apesar de sua incansável força de trabalho.

Desta maneira, só nos resta, no momento, a triste obrigação de lembrar, em uma terceira edição inalterada, o mérito de Dietrich Martin na realização do *Manual da Teoria do Treinamento*. De acordo com seu ponto de vista, chamamos leitores antigos e novos para a discussão.

Um *feedback* variado seria um incentivo para nós iniciarmos a difícil tarefa de uma revisão.

Köln / Kassel, Janeiro de 2001.
KLAUS CARL e KLAUS LEHNERTZ

Treinamento esportivo, teoria do treinamento, ciência do treinamento – uma introdução

Este manual dirige-se a todos os que se confrontam, mais detalhadamente, com o *treinamento esportivo*. Portanto, ele é dirigido a treinadores, coordenadores e professores do esporte e quer ser útil na realização das tarefas por eles enfrentadas no treinamento, ao mostrar os problemas relevantes, e dar princípios e regras para suas soluções. Mas o manual também quer se dirigir a atletas ativos e transmitir-lhes as informações necessárias para entender os acontecimentos no treinamento. Finalmente, dirige-se a estudantes e professores de cursos e formações relacionados com o esporte, para apresentar-lhes os conhecimentos básicos necessários da teoria do treinamento e estimular a discussão sobre este conhecimento básico.

A teoria do treinamento trata do *treinamento esportivo*, isto é, das ações específicas de atletas ativos, treinadores, professores do esporte e coordenadores, para melhorar o estado dos desempenhos esportivos individuais (seção "O sistema de desempenho") e a apresentação de desempenhos esportivos, principalmente na competição esportiva. Os conceitos da teoria do treinamento são determinados substancialmente pelo tipo das exigências dos desempenhos esportivos, do estado de conhecimento científico e de experiências práticas de treinamento sobre a relação entre a execução do treinamento e seus efeitos. A intenção deste manual é mostrar as *regras de treinamento* mais importantes para as diversas áreas e apresentar os conhecimentos nos quais estas regras estão baseadas e que as conduziram. Ele é dirigido tanto ao treinamento do *esporte de competição*, especialmente do de alto nível e do *esporte de nova geração*, como também ao treinamento do *esporte de lazer*, e neste último especialmente com relação às formas do esporte de condicionamento físico. Antes de descrever os princípios, as experiências práticas e as regras (teorias) para as diversas tarefas do treinamento, é mostrada a importância dos conceitos centrais do "treinamento esportivo", da "ciência do treinamento", da "teoria do treinamento" e do "desempenho esportivo" (seção 1.1, capítulo 1).

O conceito do treinamento

O conceito do treinamento é usado tanto na linguagem cotidiana como em diferentes linguagens científicas. Desta maneira, por exemplo, Hehlmann (1964, p. 510) define no dicionário da *pedagogia*: "Treinamento é o exercício funcional planejado na área corporal ou mental, com o objetivo de desempenho individual máximo, principalmente no esporte. O treinamento adequado e a educação harmônica podem se complementar". ULICH (1973, p. 8) interpreta o treinamento como base de um entendimento *psicológico de ação*, como o processo planejado, "que causa uma otimização de habilidades e capacidades, isto é, também de planos de ação e estruturas de ação". Do ponto de vista *fisiológico de desempenho*, STEGEMANN (1971, p. 227) define: "Como treinamento designa-se uma influência, que melhora a capacidade de desempenho por meio de mudança mensurável da estrutura orgânica". HOLLMANN (1973, p. 191) interpreta treinamento "como soma de todos as cargas (estímulos) realizadas, em determinados intervalos, com a finalidade de aumento do desempenho, que causam mudanças funcionais e morfológicas no organismo".

Mais dois exemplos mostram como o treinamento pode ser entendido do ponto de vista de uma *teoria do treinamento* orientado para ações. CARL & KAYSER (1976, p. 219) definem: "O treinamento esportivo é um processo complexo de ação com o objetivo da incidência planejada e orientada para a técnica sobre o desenvolvimento do desempenho esportivo". Em MARTIN (1977, p. 21) consta: "O treinamento esportivo é um processo dirigido de acordo com um plano, no qual devem ser desenvolvidos determinados objetivos, bem como mudanças no estado do desempenho esportivo complexo e na capacidade de ação, por meio de medidas de treinamento". Na comparação com outras formas de atividade esportiva, como, por exemplo, o jogo ou a aula, no treinamento a ênfase principal é colocada sobre o *melhoramento efetivo da capacidade de desempenho esportivo*. Mas, como toda ação, ele sempre tem efeitos adicionais também sobre a personalidade global dos treinandos. Todos os coordenadores, professores do esporte e treinadores devem estar conscientes deste contexto, para avaliar, nas suas decisões de treinamento, igualmente o nível *pedagógico* e *metodológico de treinamento* e considerar o seu condicionalismo recíproco. Nisso, ele deve estar consciente de uma importante mudança de papel em sua relação com o atleta ativo: enquanto no treinamento de crianças e jovens, ele tem, primordialmente, o papel responsável de *educador,* no treinamento de adultos ele muda mais para a posição de *conselheiro* ou de um *especialista* com tarefas específicas. Principalmente no treinamento de nova geração, o treinador tem a chance e a responsabilidade de influência pedagógica consciente sobre o atleta sob seus cuidados.

Além disso, nós defendemos o ponto de vista de que os (as) treinadores(as) devem ter sempre o propósito de que as crianças e os jovens sejam estimulados continuamente ao pensamento criativo e crítico, para poder resolver, com o aumento da idade, as tarefas a eles submetidas, com responsabilidade própria. Nós confiamos no atleta, que age com independência e responsabilidade para dominar com sucesso as situações de desafio, como se apresentam principalmente no esporte de competição. As concepções das ações do treinamento esportivo devem ser sempre orientadas para o desenvolvimento da personalidade toda, tendo em vista a responsabilidade com relação aos atletas e à obtenção dos maiores aumentos de desempenho e sucessos possíveis, no treinamento e na competição. Tanto do ponto de vista pedagógico como metodológico de treinamento, devem ser objetivados efeitos positivos de treinamento com relação às características comportamentais motoras, emocionais e intelectuais. Para caracterizar a singularidade do treinamento esportivo, certamente devem ser ressaltadas as orientações objetivas, "o desenvolvimento planejado de um estado de desempenho esportivo" e "a apresentação bem sucedida de desempenhos esportivos".

Com base nas considerações orientadas para ações, mencionadas anteriormente, neste manual é colocada a seguinte definição:

Definição:

O treinamento esportivo é um processo complexo de ações, dirigido ao desenvolvimento planejado de determinadas condições de desempenho esportivo e à sua apresentação em situações esportivas de prova, especialmente na competição esportiva.

Este entendimento do treinamento esportivo é caracterizado como um *processo complexo de ações* e, ao mesmo tempo, deixa claro que o treinamento sempre tem efeitos sobre o desenvolvimento da *personalidade toda. Planejado* quer dizer que as diversas atividades, com relação aos objetivos do *aperfeiçoamento do estado de desempenho esportivo* e à *apresentação de desempenhos esportivos,* não são primordialmente decididas e executadas espontaneamente, mas são baseadas em pré-considerações e pré-decisões em longo prazo, orientadas em conhecimentos científicos, teorias de treinamento, experiências práticas de treinamento e em condições de situações relativamente duradouras. Da definição também resulta que o *treinamento esportivo* não precisa ser restrito ao esporte de alto nível, mas também pode ocorrer em muitas outras áreas de ação, como no esporte de lazer, no esporte escolar etc. Além da orientação no desempenho esportivo de alto e altíssimo nível, o objetivo principal de treinamento também pode ser metas ou normas muito variadas, colocadas como valores individuais.

Teoria do treinamento e ciência do treinamento

As áreas ou disciplinas que se confrontam sistematicamente com a problemática do treinamento esportivo são delimitadas diferentemente na discussão teórico científica e denominadas com diferentes termos técnicos; encontram-se, com mais freqüência, as denominações de *teoria do treinamento*, *ciência do treinamento* e *teoria e metodologia do treinamento*. As mais diversas definições conceituais e as tentativas de delineamento não são tratadas detalhadamente aqui. Deve-se observar somente que as descrições de seqüências motoras esportivas e as explicações sobre os efeitos do treinamento, relacionadas com instruções de treinamento, são publicadas desde o fim do século e constantemente modificadas ou aperfeiçoadas (Carl, 1978 e 1983; Letzelter, 1987; e outros). Desde aquele tempo, tentou-se, constantemente, descrever e explicar as diversas seqüências motoras esportivas e os diferentes aspectos do procedimento complexo do treinamento, tanto com métodos científicos como com base em observações subjetivas. Por este motivo, os procedimentos até então elaborados para treinadores, coordenadores e professores do esporte são baseados, por um lado, em conhecimentos de diversas ciências básicas, principalmente na medicina, psicologia, biomecânica ou em pesquisas orientadas em metodologias complexas de treinamento e, por outro, em conhecimentos sobre a experiência de especialistas em treinamento, principalmente de treinadores. Uma *disciplina científica independente*, que trata do treinamento esportivo como objeto central de maneira sistemática e sob diversos pontos de vista, tem, na área de língua alemã, seu princípio nos anos 60, na antiga República Democrática da Alemanha, e começa a se estabelecer na Alemanha em meados dos anos 70.

Com relação à ênfase de um ponto de vista rigidamente *científico* contra uma *metodologia de treinamento*, sugerimos a seguinte diferenciação entre teoria do treinamento e ciência do treinamento.

Como *ciência do treinamento*, denominamos a parte da ciência do esporte que analisa, do ponto de vista interdisciplinar, a descrição, os desempenhos esportivos e as condições de desempenho, bem como a fundamentação e avaliação das ações de desempenho no treinamento e na competição esportiva. O interesse pelos conhecimentos da ciência do treinamento, como em toda a ciência, é especialmente dirigido para comprovar ou refutar a veracidade de afirmações específicas do objeto, por meio de métodos científicos específicos. A relevância de ação das afirmações é comparavelmente de menor importância. De acordo com nossa opinião, principalmente com relação a esta ênfase, a ciência do treinamento diferencia-se da teoria do treinamento.

Definição:

A *teoria do treinamento* engloba todas as afirmações que têm como objeto regras e sistemas de regulação para ações no treinamento e em situações de prova esportiva, especialmente na competição.

Portanto, a teoria do treinamento é a teoria de ações do treinamento. Suas afirmações recorrem não só aos *conhecimentos científicos*, mas também às *experiências refletidas* dos que atuam na prática do treinamento ou que a observam sistematicamente. Diversas regras de ação e seus sistemas podem se referir ao treinamento esportivo total como *teoria geral de treinamento*. Ainda podem se referir, como *teorias específicas de treinamento*, a diversas áreas de ação, como o esporte de competição, de condicionamento físico ou para a saúde, a diversas modalidades esportivas e aos diversos tipos de treinamento, como, por exemplo, as várias formas do treinamento de condicionamento ou de técnicas.

Uma teoria do treinamento tem, como a teoria das ações de treinamento, a função de elaborar e estruturar as instâncias centrais e as categorias de ação, com base em análises de exigências de desempenhos esportivos (e em normas existentes de desempenho), e considerando os conhecimentos específicos e as experiências práticas de desempenho. Para isso, é necessário evidenciar as relações entre os elementos, precisar a linguagem técnica própria, estabelecer regras e princípios de ação e verificar a consistência lógica, a exatidão da linguagem e a efetividade da prática.

Os conceitos de ações do treinamento, desde cedo, surgiram principalmente com base em experiências práticas ou baseados em deduções análogas, quase sem comprovação específica, de conhecimentos científicos de outras disciplinas técnicas. Entretanto, com o aperfeiçoamento e a diferenciação houve, cada vez mais, a necessidade de ações científicas independentes. A transição de um "conhecimento de treinamento" ou "arte do treinamento" inicial para uma ciência do treinamento levou a afirmações cada vez mais específicas e difíceis, de tal maneira que a prática do treinamento, muitas vezes, não conseguiu entender os conhecimentos científicos ou, somente com dificuldade, considerou-os como não relevantes. Praticamente parece inevitável que, com a evolução do estado de desenvolvimento, a prática e a ciência do treinamento desenvolveram interesses próprios e parcialmente contrários e, para a avaliação das ações, orientaram-se em critérios diferentes. Entretanto, para garantir que novos conhecimentos científicos fossem transferidos para a prática do treinamento e que, por outro lado, a ciência do treinamento tivesse sempre acesso aos problemas atuais da prática do treinamento, é inevitável uma *instância de assimilação e de transmissão*. Para preencher esta tarefa, que vai além de uma simples teoria de ação, nós vemos especialmente este manual como função substancial da teoria do treinamento.

No nível atual de desenvolvimento da prática de treinamento, as ações efetivas de treinamento são sempre orientadas na teoria, principalmente no esporte de competição de alto nível, isto é, elas são baseadas sempre em conceitos e modelos generalizados (imagens simplificadas da realidade), mas sempre pressupõem, também, uma boa medida de experiência subjetiva dos esportistas, treinadores e acompanhantes envolvidos. Já em 1960, um dos gestores dos treinadores da Alemanha, Toni Nett, em seu livro sobre corrida, recomendou aos treinadores e coordenadores da Federação Alemã de Atletismo que aqueles que conhecessem os efeitos das leis naturais a respeito dos meios de treinamento não poderiam mais fazer nenhum erro fundamental no treinamento. O treinador de remo Karl Adam (1975), especialmente bem sucedido com seus oito nos anos 60, escreve, 15 anos depois, que sempre cuidou rigorosamente para que seu treinamento estivesse em total concordância com as leis asseguradas das ciências exatas da física, química e fisiologia.

A teoria de ação do prático

O acesso específico individual, a inclinação para conhecimentos científicos e as experiências específicas como atleta ou coordenador faz com que todo treinador chegue a um estilo e uma concepção de ação bem individual. Os fatores que determinam decisivamente uma concepção individual de ação – que chamaremos a seguir de *teoria do uso* – para um trabalho bem sucedido na prática do treinamento estão resumidos no seguinte esquema.

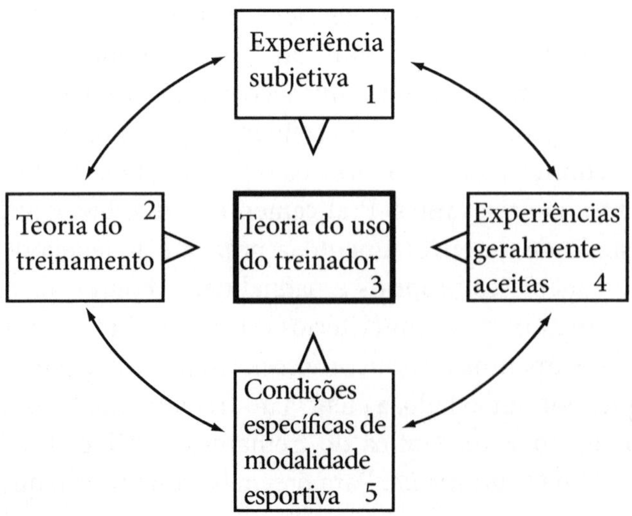

Figura 1 Os fatores de influência que originam uma "teoria do uso" do treinamento.

Os *conhecimentos científicos* entram na teoria do uso do treinador como perfis de exigência, empiricamente assegurados, de desempenhos específicos, como leis sobre processos de adaptação, especialmente sobre a relação entre solicitações específicas de treinamento e efeitos de treinamento, como procedimentos do diagnóstico de desempenho, como princípio de concepções de avaliação e como regras de treinamento verificadas por métodos científicos. O treinamento esportivo pode ser chamado de um "processo pedagógico do aperfeiçoamento esportivo, de acordo com conhecimentos científicos..." como faz, por exemplo, Harre (1982, p. 17). Na nossa opinião, isso pode ser visto e aceito como programa científico ideal, mas não como a realidade de ações práticas do treinamento.

Para a teoria do uso de cada treinador, as experiências resumidas e sistematizadas de muitos especialistas em treinamento e a experiência própria subjetiva e refletida representam sempre as precondições para ações não substituíveis por nenhum conhecimento científico. Como quarto complexo, entram na teoria do uso as condições específicas de uma modalidade esportiva e do local de treinamento. A observância de regras específicas de competição, a relação com aparelhos específicos de treinamento e de competição ou com os locais do esporte, bem como as prioridades e a combinação de tipos e formas de treinamento, deduzidas de perfis de exigência da modalidade esportiva, conduzem a um conhecimento específico da modalidade esportiva, que representa parte integrante substancial e imprescindível da teoria do uso.

As ações efetivas de treinamento de treinadores, professores do esporte e coordenadores pressupõem, contudo, uma teoria do uso bem ampla e diferenciada. Mas eles devem estar sempre cientes de que teorias e concepções comportamentais representam afirmações generalizadas, seguidas, apenas aproximadamente, por comportamentos individuais. Para perceber a regularidade do comportamento individual e considerá-la no planejamento das ações, é imprescindível que as execuções individuais de treinamento, os efeitos do treinamento e os desempenhos apresentados sejam cuidadosamente documentados e avaliados. Somente assim são possíveis a condução e a regulação do treinamento com sucesso. Se atualmente, principalmente por pessoas atuantes na prática do treinamento, for constatado um abismo entre ações teóricas e práticas, que dificulte uma cooperação, há três motivos, de acordo com nossa avaliação.

Primeiro, os práticos supõem que a teoria do treinamento já seja a "teoria do uso". A prática do treinamento raras vezes está ciente de que somente a capacidade para a síntese da experiência própria e da teoria generalizada qualifica para ações competentes. Segundo, as publicações da ciência do treinamento, com relação à estrutura e linguagem, muitas vezes, são de difícil compreensão para o atuante na prática do treinamento. Se ainda faltarem observações para a aplicação dos conhecimentos teóricos, os trabalhos científicos parecem ao prático, não raras vezes, irrelevantes. Terceiro, muitas vezes também falta disposição da prática para familiarizar-se com o procedimento e os padrões científicos.

Este manual quer, além do objetivo mencionado inicialmente de estabelecer princípios e regras para as ações de treinamento, construir pontes entre os atuantes na prática e na ciência do treinamento. Com isso, os envolvidos devem estar cientes que a prática do treinamento sempre fará perguntas que a ciência do treinamento não pode responder, e para as quais a teoria do treinamento não pode, de antemão, apresentar regras.

1 Análise do desempenho esportivo e do sistema de treinamento como precondições para ações efetivas de treinamento

1.1 O desempenho esportivo

1.1.1 Objetivos condutores do treinamento

Os objetivos condutores do treinamento são, fundamentalmente, a influência sistemática dos estados de desempenho esportivo a serem desenvolvidos individualmente, a apresentação de desempenhos esportivos e/ou o alcance de melhores sucessos possíveis individualmente, especialmente em competições esportivas. Com isso, o treinamento pode ser executado em diversas áreas de ação, em diferentes níveis de desempenho e partir da atuação individual. Portanto, o treinamento pode ocorrer no esporte de alto nível, de lazer (com ou sem participação em competições) ou no esporte para a saúde e de condicionamento físico, bem como no esporte escolar. Ele pode ser executado pelos melhores atletas do mundo, por pessoas com capacidade média ou por fracos em desempenho. O indivíduo pode treinar várias horas por dia ou cumprir uma unidade de treinamento por semana; ele pode chegar até o limite de suas reservas de capacidade ou solicitar-se moderadamente.

Da diferença entre os *objetivos de treinamento* pretendidos e o estado de desempenho já alcançado individualmente, resulta *o programa de treinamento* a ser executado. Dependendo do potencial genético individual, o treinamento realizado determina o tipo de evolução do estado de desempenho esportivo e, com isso, o nível do desempenho esportivo alcançável ou do sucesso esportivo.

Visto de maneira geral, o objetivo do treinamento esportivo consiste na influência objetiva do estado de desempenho esportivo. Ela ocorre por meio de solicitações que provocam reações correspondentes de adaptação (ver captíulo 3, seção 3.1.5). Desta maneira, podem ser desenvolvidas objetivamente, por exemplo, determinadas definições de capacidades de força, resistência ou habilidades motoras. Todavia, mesmo solicitações objetivas de treinamento causam sempre, também, influências sobre o estado geral psicofísico. Com isso, efeitos de aumento de desempenho em um sistema (estado de desempenho esportivo) podem causar diminuição de desempenho em outro (desempenhos escolares). Isso significa que o treinamento esportivo influencia, mesmo com o direcionamento objetivo a apenas um componente de desempenho, a capacidade complexa psicofísica de desempenho, o bem-estar de saúde e o estado emocional. Por outro lado, ações fora do esporte mostram conseqüências sobre o desenvolvimento do estado de desempenho esportivo. Portanto, no planejamento e na realização do treinamento esportivo, deve-se cuidar para que seus efeitos positivos não sejam unidos aos negativos, que prejudicam o desenvolvimento da personalidade ou conduzem-na em uma direção que os esportistas não queiram ou não tenham consciência.

A análise de desempenhos esportivos e a dedução de estratégias de treinamento a ela relacionadas nunca deveriam, portanto, considerar somente a área de atuação do esporte, mas, além disso, também a área total das ações humanas. Nisso, os treinadores, professores do esporte e assistentes têm a tarefa responsável de incentivar os esportistas sob seus cuidados como personalidades responsáveis. Por este motivo, faz parte dos *objetivos de treinamento*, além da influência objetiva do estado de desempenho esportivo, *a conscientização e a reflexão crítica das condições do sistema de treinamento e de desempenho, em suas relações com as ações e precondições de outras áreas sociais da vida.*

1.1.2 Definição e análise do desempenho esportivo

Quando se tem a tarefa de definir *desempenho esportivo*, reconhece-se que, tanto na linguagem cotidiana como na científica do esporte, diversos fatos são descritos com o conceito de desempenho. Entretanto, parece haver ampla concordância de que o desempenho esportivo seja visto como *resultado* de ação ou atividade esportiva. Neste sentido, são vistos como desempenho tanto os tempos de 10,15 s ou 13,5 s alcançados em uma corrida de 100 m quanto os 9,8 ou 7,2 pontos para um exercício na barra fixa ou a vitória de 4 a 3 de um time de futebol. Muitas vezes, para o reconhecimento de uma ação esportiva como desempenho, pressupõe-se que ele satisfaça critérios combinados ou reconhecidos, isto é, que seja visto pelos participantes como "bom" ou que a sua execução seja acompanhada de esforço subjetivo. Neste sentido, por exemplo, um resultado de 5,50 m no salto em distância, de um menino de 14 anos de idade, no âmbito da formação de classes, poderia ser visto como desempenho, enquanto o mesmo resultado, se alcançado para a classificação do Campeonato Juvenil Alemão, não seria avaliado como tal. Portanto, o desempenho esportivo, como resultado de ações esportivas, pode ser definido e usado tanto como *conceito livre de valor* quanto *conceito com valor*.

Ocasionalmente, o desempenho esportivo é visto não somente - como resultado de uma ação. São também incluídos na avaliação do desempenho, e também da definição do conceito, o meio e o esforço individual que levaram a este resultado; portanto, o *processo do desempenho*. Neste sentido, escreve, por exemplo, Gabler (1988, p. 19): "Entende-se como desempenho esportivo, por um lado, a execução de uma ação esportiva relacionada a um esforço próprio; por outro, os resultados destas ações". Definições conceituais com conteúdo semelhante encontram-se também em Thiess & Schnabel (1987, p. 109), em Grosser (1986, p. 14) e também em Wagner (1928, p. 7).

Diferenças na definição do desempenho esportivo são relacionadas ao fato de que o conceito de desempenho tem uma posição central em algumas ciências, tanto naturais como humanas, e é definido diferentemente por causa dos pontos de vista divergentes nestas ciências. Como exemplo de *definição do conceito livre de valor,* é mencionado o conceito de desempenho da *mecânica*: desempenho é o trabalho realizado num determinado período. Isto é:

Desempenho (rendimento) = Trabalho / duração do trabalho, escrito como fórmula $P = T/t$ ou $P = \Delta T/\Delta t$ ou $P = dT / dt$.

Ou ainda, tendo em vista a definição de trabalho,[1] como produto da força e da distância ($T = F \cdot s$), a fórmula equivalente é:

$$P = F \cdot s / t = F \cdot v \text{ (desempenho = força} \cdot \text{velocidade).}$$

Uma definição conceitual *livre de valor* também é usada na *fisiologia*. Lá se usa, geralmente, a definição de desempenho (rendimento) da mecânica. Hollmann & Hettinger (1980, p. 117) diferenciam, do ponto de vista da

[1] N.T.: Na mecânica, em vez de desempenho, a palavra mais usada é rendimento.

medicina do esporte, diferentes unidades para o desempenho: (1) a *unidade mecânica de desempenho*, (2) a *transformação aeróbia de energia por unidade de tempo* (medida como admissão de oxigênio por minuto) e (3) a *transformação anaeróbia de energia por unidade de tempo*. Ainda mais nitidamente relacionado com a energia, é denominado o desempenho como a transferência de energia por unidade de tempo (Orear, 1982, p. 100).

A *psicologia* define o desempenho, em geral, como a quantidade de tarefas corretamente resolvidas por uma pessoa em determinado tempo, ou como quantidade e qualidade das respostas dadas (Marschner, et al. 1976, II/1, p. 421). Entretanto, na *pedagogia* é muito difundido definir o desempenho como unidade de execução e resultado como *conceito com valor*. Como exemplo, é mencionada a definição de Klafki (1974, p. 90): "O resultado é a execução de uma atividade, combinada com esforço e eventualmente com sacrifício, reconhecida por padrões de qualidade e que seja avaliada". Entre outros, Wulf (1974, p. 382) chama atenção para a desuniformidade, na ciência da pedagogia, quanto às definições do conceito de desempenho: (1) no sentido de exigências colocadas, (2) para designar um processo no qual exigências são cumpridas ou não, (3) para caracterizar os resultados de um processo de desempenho e (4) para a avaliação do lucro de uma atividade.[2]

Com relação aos problemas na *ciência do treinamento*, na *teoria* e na *prática do treinamento* referentes à análise e ao prognóstico de resultado e à tarefa claramente distinta das análises do treinamento e seus efeitos, é conveniente delimitar a definição do desempenho esportivo ao resultado do desempenho. Todavia, especialmente para o esporte de competição, deve-se ser considerar que o resultado de uma atividade esportiva também tem duas dimensões: "o *ranking* dado a uma pessoa ou a um grupo; o *número da medida* associado às ações motoras de uma pessoa ou grupo, de acordo com as regras da competição". Recomenda-se, portanto, definir a primeira dimensão do resultado com o conceito de *sucesso esportivo*; e a segunda, como *desempenho esportivo* (Carl, 1983, p. 26). Disso, pode-se deduzir a seguinte definição:

> Definição:
>
> *Desempenho esportivo* é a consequência de uma ação esportiva que, principalmente no esporte de competição, tem seu resultado em um número mensurável, que associa a ação do movimento a regras anteriormente fixadas.

---

[2] N.T.: Na economia, a palavra mais usada é rendimento, e não desempenho.

Com relação às análises e decisões das ações de treinamento e da apresentação do desempenho, sistematicamente deduzidas posteriormente com detalhes, é necessário considerar, além das categorias do resultado de *sucesso esportivo* e *desempenho esportivo*, também as categorias de "desempenhar" (execução do desempenho) e, principalmente, as relações entre estas categorias na condução do treinamento, hoje na literatura técnica, muitas vezes, chamadas *de condução do treinamento* ou *condução e regulação do treinamento.*

Por causa da diversidade de ações motoras esportivas, resulta, necessariamente, uma grande variedade de desempenhos esportivos, em parte não comparáveis, o que leva a diferentes recomendações para a sistematização destes desempenhos esportivos e de suas ações motoras determinantes. As possibilidades de diferenciação para a teoria do treinamento são as descritas abaixo.

O desempenho esportivo pode ser apresentado pelo *tipo de verificação.* Röblitz (1970, p. 67) diferencia, no esporte de competição, quatro grupos: (1) desempenhos que devem ser medidos de acordo com o espaço, tempo e peso e, por isso, são absolutamente objetiváveis; (2) desempenhos relacionados a uma tabela prefixada de pontos; (3) desempenhos cujo critério é vencer o adversário e (4) desempenhos de acertos, principalmente na área dos jogos esportivos.

Segundo, os desempenhos esportivos também podem ser diferenciados pelo *tipo de habilidades* motoras, pelas quais são principalmente alcançados. Terceiro, os desempenhos podem ser diferenciados mediante parâmetros de condicionamento, como o desempenho muscular, por medidas da capacidade aeróbia, da velocidade de reação, da capacidade de aceleração etc.

Análises do *sucesso esportivo* são necessárias para determinar a posição de um esportista, ou um grupo de esportistas, em comparação ao seu concorrente; elas incluem principalmente deslocamentos de *ranking* e/ou a dimensão de diferenças interindividuais de desempenho.

As análises do *desempenho esportivo* são realizadas principalmente com o objetivo de, primeiro, mostrar os desenvolvimentos do desempenho, e depois deduzir *perfis de exigências* para determinados níveis de desempenho (valores teóricos de treinamento). Além disso, as análises de desempenho incluem a divisão de desempenhos complexos em *determinações parciais* e a apresentação das precondições de desempenho.

1.1.3 Condições do desempenho

Para a dedução de estratégias, a fim de atingir sucessos e desempenhos esportivos elevados e tomar decisões de treinamento, é preciso conhecer as condições necessárias para a realização e as suas bases. Essas condições devem ser observadas em diferentes níveis de sistematização. No nível mais elevado de abstração, parece ser conveniente diferenciar variáveis *pessoais* e *impessoais*, que ainda podem ser diferenciadas em níveis inferiores. A Figura 1.1 apresenta, resumidamente, as condições do desempenho, sem representar o contexto de suas relações.

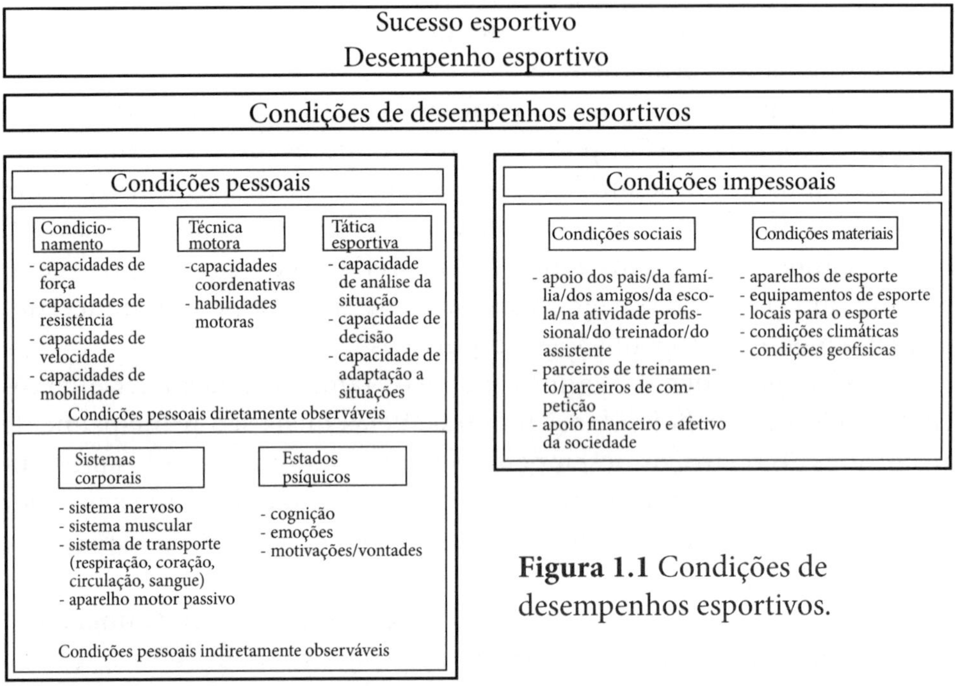

Figura 1.1 Condições de desempenhos esportivos.

As *condições pessoais* do desempenho esportivo são caracterizadas pela predisposição e por influências ambientais. Seu estado é parcialmente influenciável pelo treinamento. O desenvolvimento de algumas variáveis de condições é predeterminado ou fixado por predisposições genéticas ou influências ambientais sofridas até aquele momento. A dedução de regras de treinamento pressupõe o conhecimento da *treinabilidade* das diversas condições. Na prática e na teoria do treinamento, é amplamente usual diferenciar as condições pessoais no nível comportamental, diretamente observáveis, com relação às capacidades de condicionamento, à técnica motora e à tática esportiva, e diferenciar ainda para a fixação de prioridades na execução do treinamento. A principal característica das condições de desempenho diretamente observáveis é a dependência mútua relativamente grande. Isso significa que considerações analíticas causais, quanto à correlação entre a capacidade complexa de desempenho e as características diretamente observáveis, são possíveis somente de maneira limitada.

Para *análises causais, prognósticos de desempenho, ou talento,* e decisões individuais na condução e regulação do treinamento, é conveniente considerar as condições de desempenho relativamente independentes, observáveis somente indiretamente, especialmente os quatro *sistemas corporais* relacionados na Figura 1.2, porque sua forma e seu estado funcional determinam a capacidade de desempenho corporal individual (especialmente esportiva). Eles também estão em ação recíproca com os *estados psíquicos,* causadores da disposição para o desempenho. Na mesma figura, também se pode ver que, nas diversas condições pessoais de desempenho, diretamente observáveis, trata-se sempre de componentes psicofísicos *complexos* do desempenho, enquanto as condições de desempenho pessoais, indiretamente observáveis usam sempre funções específicas. Na teoria do treinamento, o nível total dos componentes pessoais determinantes do desempenho esportivo é chamado de estado de *desempenho esportivo.*

O desempenho esportivo alcançado ou alcançável por um esportista ou um grupo de esportistas não depende somente do seu respectivo estado de desempenho, mas também das condições associadas ao ambiente destes esportistas, como representado na Figura 1.2. Nessas, aqui chamadas de *condições impessoais* (Carl, 1983, p. 28; Mechling, 1989, p. 240), podem-se diferenciar condições de desempenho *materiais* e *sociais.* As condições materiais têm influência direta sobre o desempenho esportivo alcançável; não são influenciáveis pelo treinamento, mas em parte aproveitáveis e mutáveis conscientemente. Por exemplo, os aparelhos esportivos usados são conscientemente mutáveis, como os esquis no esqui alpino, equipamentos esportivos como a roupa do saltador etc.

As *condições sociais* têm, em parte, *influência direta* sobre o desempenho como, por exemplo, as observações táticas do treinador no tempo técnico no vôlei ou o apoio do ciclista de ponta por sua equipe na corrida de rua. Todavia, em outros casos, as condições sociais somente têm *influência indireta* sobre o desempenho esportivo alcançável. Exemplos para isso são a disposição dos pais de apoiar o engajamento esportivo de seus filhos, a disponibilidade permanente de treinadores qualificados e o apoio financeiro a atletas de alto nível, que lhes permite usar o tempo disponível para o treinamento esportivo em vez de uma atividade profissional. Nestes casos, nas condições sociais, não se trata de desempenho, no sentido mais restrito, mas de *condições no âmbito de incentivo ao desempenho* do treinamento.

1.1.4 O sistema de desempenho

Como já formulado no item anterior, o nível total dos *componentes pessoais de desempenho* que determinam um desempenho esportivo é chamado de *estado de desempenho esportivo*. Escolhemos este parâmetro disponível como *conceito central* para a descrição de parâmetros objetivos no desenvolvimento do desempenho no treinamento.

Definição:
O *estado de desempenho esportivo* resulta do nível atual dos componentes pessoais de desempenho (parâmetros de influência), cujo grau de manifestação se mostra no resultado da solução de uma tarefa.

Um determinado *estado de desempenho esportivo* é o objetivo do treinamento. Para um estado de desempenho, há condições e processos que estão em ação recíproca e formam um sistema: *sistema de desempenho*. Na teoria do treinamento, foi usado, até agora, principalmente o conceito de "estrutura do desempenho". Mas, como o conceito de sistema caracteriza exatamente os contextos aqui objetivados, usamos o conceito de sistema de desempenho. De acordo com Dorsch (1970, p. 406), um sistema é caracterizado por "um agregado de vários processos atuando reciprocamente conforme determinadas leis, isto é, possuem dependência dinâmica, no sentido de obter um efeito comum".

Definição:
O *sistema de desempenho* caracteriza a estrutura e a realização do estado de desempenho esportivo, como resultado dos parâmetros de influência determinantes do desempenho (componentes) e de suas correlações.

1.1.4.1 Modelo para a explicação do sistema de desempenho

Para apresentar os *parâmetros de influência* que determinam o estado de desempenho esportivo e as *correlações* destes parâmetros, podem ser usados diferentes acessos. Uma possibilidade de acesso foi mostrada na Figura 1.2.

Para a representação do sistema de desempenhos, concordamos com um modelo, que diferencia os parâmetros de influência no nível técnico e no conteúdo do treinamento dos níveis da personalidade toda (Figuras 1.3 e 1.4). No *centro* deste modelo está a *personalidade do atleta,* que influencia os efeitos do treinamento por meio de suas características, como motivos, experiências, predisposições genéticas e os respectivos estados de desenvolvimento. Ela subjetiva os parâmetros de influência do estado de desempenho e liga-as a uma ação global (Figura 1.2). De qualquer modo, todos os parâmetros de influência no estado de desempenho podem ser vistos somente por seu efeito global e na transformação individual pela personalidade do atleta.

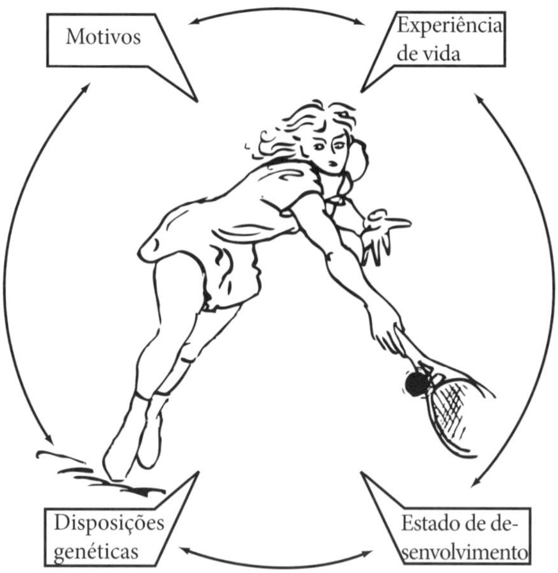

Figura 1.2 A personalidade do esportista com as características da personalidade, relevantes para o desempenho.

No nível *técnico de treinamento de conteúdo*, há três grupos de parâmetros de influência que determinam o processo de treinamento e seus objetivos:

1. O desenvolvimento do *condicionamento* e das diversas *capacidades de condicionamento*. Seu grau de definição depende de *processos de adaptação* na musculatura e no sistema cardiovascular e das possibilidades energéticas resultantes.
2. A aquisição da *coordenação* e das *capacidades coordenativas* e o aprendizado de *técnicas esportivas*. Seu nível é o resultado de *processos de adaptação e aprendizado*, que se refletem como desempenhos e domínio da memória e disposições do sistema nervoso central (SNC).
3. A aquisição de *capacidades táticas e cognitivas*. Elas são o resultado de *desempenhos inteligentes* da capacidade de memória de estruturas superiores do cérebro.

As capacidades coordenativas e de condicionamento, o estado de capacidade de técnicas esportivas e a capacidade de ação tática e os desempenhos cognitivos dependem todos das *propriedades psíquicas*, como a motivação e a disposição para o sucesso, posicionamentos e vontade. Dessa maneira, os *processos psíquicos* influenciam todos os outros parâmetros de influência do estado de desempenho.

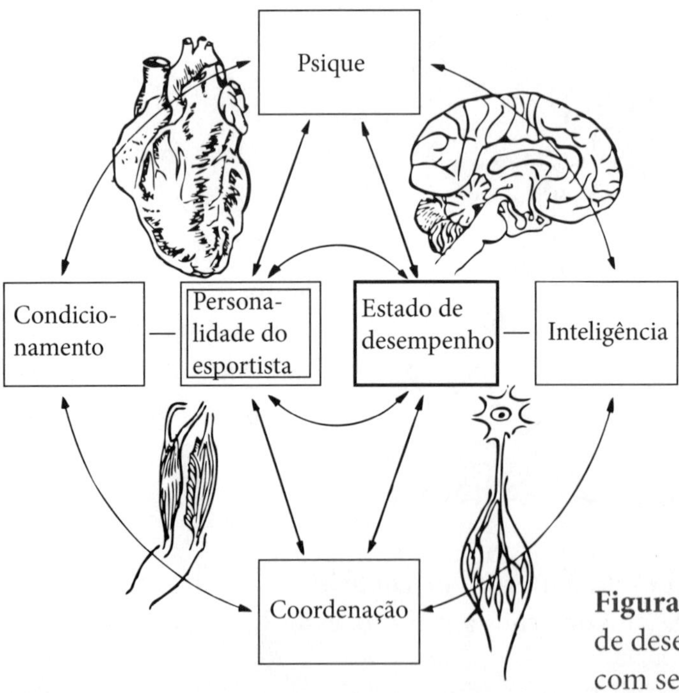

Figura 1. Modelo do sistema de desempenho esportivo com seus parâmetros de influência.

1.1.4.2 O caráter global do estado de desempenho esportivo

O estado de desempenho esportivo não pode ser nem melhor nem pior que a ação conjunta dos parâmetros de influência do sistema de desempenho ou dos seus diferentes graus de definição. Conforme mostrado nas Figuras 1.5 e 1.6 de maneira esquemática, atuam da mesma forma as capacidades de condicionamento, o nível de habilidades das técnicas esportivas, como as capacidades cognitivas e táticas, os componentes psíquicos e ainda as predisposições genéticas e as experiências gerais de vida. Com as atuais exigências do esporte de alto nível, o "atleta altamente incrementado fisicamente" (máquina de condicionamento) teria tão poucas chances de sucesso quanto o "atleta problemático", psiquicamente instável, ou o "campeão mundial de treinamento", o qual não consegue transformar os seus desempenhos de treinamento em resultados de competições.

Todos estes parâmetros de influência e estas condições unem-se a um todo, são assimilados pela personalidade e se aperfeiçoam. Ter *personalidade* exige certo grau de independência, consciência, capacidade para a automotivação, capacidades criativas, vontade para a atividade e o confronto consciente com o ambiente social. Um indivíduo tem personalidade quando enfrenta o seu ambiente social de maneira independente, criativa e agindo ativamente. Como a *personalidade do atleta,* com suas características (Figura 1.3), é a coluna de sustentação dos outros parâmetros de influência, geralmente relativos ao treinamento, deve-se entendê-lo sempre como processo pedagógico de formação da personalidade, que aceita, provoca e produz ativamente estas características. Este postulado deve ser transmitido sempre, e seriamente, aos treinadores, professores do esporte e coordenadores, que têm jovens "sob seus cuidados" (Martin, 1977, p. 24).

1.2 O sistema de treinamento

O treinamento esportivo já foi definido, no capítulo introdutório, como processo complexo de ação de esportistas e treinadores(as), dirigido, de maneira planejada, para o desenvolvimento de determinados estados de desempenho, com relação a diferentes objetivos. Entretanto, este processo de ação não deve ser entendido, no sentido restrito, como execução do treinamento.

Este deve ser considerado, principalmente, como um sistema completo, com a pretensão de ser sistemático e metódico, portanto, como *sistema de treinamento* que, dirigido a um objetivo comum, consiste de uma quantidade de diversos processos e medidas, que atuam em ação mútua, de acordo com as leis do desenvolvimento de desempenho esportivo e que dependem entre si de maneira dinâmica. Portanto, neste capítulo, há um confronto com a dúvida: "Quais são as *decisões* necessárias para um sistema de treinamento orientado para o desenvolvimento de determinados estados de desempenhos esportivos?". Como o capítulo 5 é dedicado detalhadamente ao sistema de treinamento, esta seção pretende introduzir resumidamente esta temática.

1.2.1 Condução e regulação do treinamento

A característica essencial de um sistema de treinamento esportivo são as suas constantes *condução* e *regulação*. Com isso, deve ser entendida a sintonização objetiva de todas as medidas necessárias para alcançar o estado de desempenho esportivo objetivado e os desempenhos esportivos ou os sucessos planejados (Carl, 1983; Thiess & Schnabel, et al. 1987). Isso significa que que o treinamento é planejado e executado de acordo com os seus objetivos, os efeitos de treinamento resultantes são observados, diagnosticados; o treinamento realizado é documentado e avaliado; e os resultados, tanto das observações do desempenho como das avaliações do treinamento, são usados como *feedback*, para que possam corrigir o plano e, com isso, a execução de acordo com o objetivo. Para este circuito regulador (círculo de regulação), na teoria do treinamento, impôs-se o conceito de *condução do treinamento* (Figura 1.5).

1.2.1.1 Objetivos superiores do treinamento

O sistema todo de treinamento esportivo é orientado para garantir a execução do treinamento de acordo com os objetivos do mesmo. A orientação em *objetivos* superiores, *condutores do treinamento*, que representam, como *decisões fundamentais* de longo prazo, o quadro de pretensões para a dedução de todas as decisões técnicas de treinamento no conteúdo, é uma característica importante de todos os processos de treinamento esportivo. Geralmente, este pode ser orientado: (1) para a formação de um determinado estado de desempenho esportivo, (2) para diversos componentes (parâmetros de influência) deste estado ou (3) para a apresentação do desempenho esportivo e o alcance de sucessos esportivos. O nível objetivado individualmente é uma das decisões fundamentais importantes no treinamento esportivo, das quais são deduzidas as diversas decisões técnicas para a estruturação do treinamento e, principalmente, para a execução do treinamento. Embora tenha validade para o treinamento esportivo todo, a orientação imprescindível em objetivos superiores, o sucesso ou o fracasso de tarefas específicas de ação é determinado, em primeiro lugar, pelas decisões técnicas sobre a execução do treinamento, portanto, pelas decisões metódicas e de conteúdo da prática do treinamento.

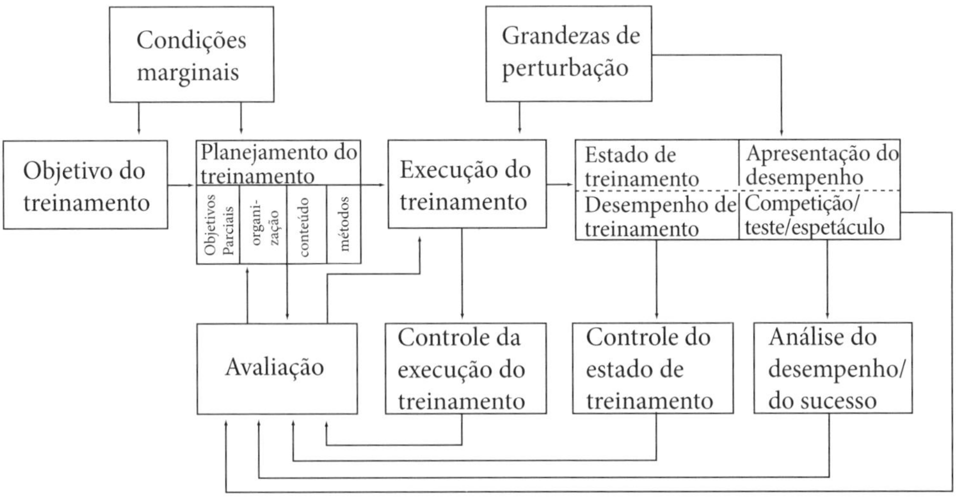

Figura 1.4 Circuito regulador da condução do treinamento (Carl, 1989, p. 219).

1.2.1.2 Solicitações no treinamento

A medida mais importante na condução e regulação do treinamento é a fixação da solicitação individual do mesmo, em virtude de normas reconhecidas da teoria do treinamento e de reações individuais a determinadas solicitações. (no capítulo 3 seção 3.1.4, abordaremos detalhadamente a relação entre problemas de exigência de solicitação e carga). Por enquanto, denominaremos *solicitação do treinamento* a totalidade das formas de treinamento realizadas por um(a) esportista. Para uma melhor caracterização da solicitação de treinamento, parece ser, inicialmente, conveniente, diferenciar parâmetros de descrição qualitativos e quantitativos (Carl, 1983, p. 36; Werchoschanski, et al. 1988, p. 93). Os parâmetros de descrição qualitativos da solicitação de treinamento são os diversos conteúdos de treinamento, execução e grau de dificuldade de habilidades motoras esportivas, técnicas e a seqüência de realização de diversas formas de exercícios dentro da estrutura total da unidade de treinamento. Os parâmetros de descrição quantitativos da solicitação do treinamento são os componentes de solicitação, como *freqüência do treinamento* (número de unidades de treinamento) por semana, *duração do treinamento*, isto é, a duração das diversas unidades de treinamento ou a duração total em um ciclo de treinamento, bem como a *dosagem da exigência de solicitação na unidade de treinamento*, descrita mais detalhadamente pelo volume, intensidade, duração e densidade da solicitação. Com o auxílio destes parâmetros, é possível quantificar precisamente as ações do treinamento.

Deve-se mencionar a existência de diferentes princípios na teoria do treinamento, quanto à definição de solicitação de treinamento. Ao contrário da nossa sugestão de definição de um parâmetro independente da pessoa, para a descrição da solicitação de treinamento, outros autores sugerem defini-la, por exemplo, como "processo do confronto do esportista com as exigências físicas e psíquicas a ele colocadas..." (Thiess & Schnabel, 1987), e reúnem em um conceito os dois aspectos: "quantidade das formas de treinamento realizadas" e "reações individuais independentes do esportista". Em vez disso, sugerimos, com base nos conceitos usados, principalmente na fisiologia do trabalho, determinar e definir o primeiro aspecto como solicitação do treinamento, e o segundo, como cargas de treinamento. *Cargas de treinamento* são as diferentes reações psicofísicas de um indivíduo perante formas de treinamento realizadas. Cargas de treinamento, como conseqüência de solicitações de treinamento, sempre significam alterações do estado de equilíbrio psicofísico (Nitsch, 1976, p. 16). Dependendo da qualidade e quantidade da alteração do estado de equilíbrio, pode haver: (1) restabelecimento do estado de equilíbrio original e, dessa maneira, a manutenção do estado de desempenho; (2) distúrbios de regulação duradouros e, com isso, estados de supertreinamento (ver capítulo 5) e diminuição do nível do estado de desempenho; ou (3) a estabilização de um estado de equilíbrio em nível mais alto, portanto, processos de adaptação. Estas adaptações podem dizer respeito aos estados psíquicos ou aos sistemas corporais. Pode-se tratar de mudança de posicionamentos, de adaptação dos sistemas de recepção e processamento central de informações, de mudança funcional ou quanto à forma dos sistemas energéticos.

No diagnóstico ou na análise causal destes processos de adaptação, há dificuldades consideráveis, porque os efeitos do treinamento podem aparecer em *diferentes momentos* e suas solicitações, executadas em momentos distintos com objetivos diferentes, podem se influenciar contrariamente em seus efeitos. Do ponto de vista metódico de treinamento, parece ser conveniente diferenciar três tipos de efeitos de treinamento: (1) *efeitos imediatos do treinamento* (por exemplo, o aprendizado da forma bruta de uma técnica esportiva), (2) *efeitos retardados do treinamento* (por exemplo, o aumento da seção muscular após um treinamento de várias semanas, principalmente de força máxima) e (3) *efeitos cumulativos do treinamento* (por exemplo, o melhoramento de resistência de força, específica do remo, como conseqüência do treinamento aeróbio específico de resistência e treinamento específico de força máxima).

Quanto aos efeitos do treinamento, pode-se diferenciar analiticamente entre reações físicas e psíquicas, no caso, solicitações. Porém, deve-se observar também que nunca se sente isoladamente física ou psiquicamente, mas sempre a pessoa toda é atingida e reage.

No âmbito da condução e regulação do treinamento, a solicitação do treinamento tem uma função dupla. Por um lado, é um parâmetro para o registro da reação imediata sobre as solicitações de treinamento realizadas; ela serve, portanto, para a avaliação da eficiência individual do treinamento e, com isso, é um parâmetro de controle e correção para a fixação da solicitação individual do treinamento. Por outro, é também um parâmetro de condução do treinamento. Por meio de uma exigência, orientada nos conhecimentos da teoria do treinamento, deve-se assegurar, para a solicitação planejada subjetivamente de cada unidade de treinamento, que possa haver reações ideais de adaptação, tendo em vista, principalmente, a influência mútua das diversas unidades de treinamento nos ciclos de treinamento (principalmente nos microciclos), de modo que os estímulos não sejam pequenos (e com isso, ineficazes), nem grandes demais (causando supertreinamento). Neste sentido, a solicitação de treinamento tem a função de princípio, portanto, de um objetivo parcial do treinamento.

1.2.1.3 Planejamento do treinamento

A primeira instância de ação no conceito da condução e regulação é o planejamento do treinamento. Trataremos deste assunto detalhadamente na seção 1.2.1.3.

Como *planejamento do treinamento*, é designado, em geral, à antecipação mental do programa de treinamento. Portanto, o planejamento do treinamento refere-se, principalmente, à *execução do treinamento*. As decisões orientadas nos objetivos do treinamento referem-se, principalmente, à estruturação metódica de conteúdo, observando os conhecimentos gerais e as experiências da teoria do treinamento, bem como particularidades individuais do estado e do desenvolvimento do desempenho. O planejamento inclui também as condições sociais e materiais sob os quais os esportistas treinam, e seus objetivos extraesportivos, principalmente na escola e na profissão. Dependendo das concepções de treinamento previstas, tornou-se habitual, pelo menos no esporte de competição, diferenciar três tipos de planos de treinamento: planos de treinamento em longo (de vários anos), médio (relativos ao ano de treinamento e aos grandes ciclos de treinamento de vários meses) e curto prazo (geralmente relativos à semana).

Os planos de treinamento em longo prazo objetivam fixar a estratégia global do treinamento. Os planos em médio prazo devem assegurar a adaptação do treinamento em longo prazo, e os planos do mesmo em curto prazo devem garantir a seqüência organizacional ótima das ações diárias do treinamento, especialmente a sintonização da solicitação do treinamento. O planejamento do treinamento é, originalmente, tarefa de treinadores. Entretanto, tendo em vista o objetivo pedagógico do treinamento de esportistas independentes, os treinadores acertam, com o avanço do processo de treinamento, cada vez mais, seu planejamento do treinamento com os esportistas e, no caso extremo, deixam as tarefas do planejamento a cargo deles.

1.2.2 Categorias de decisão do planejamento e da execução do treinamento

A instância mais importante no circuito regulador do treinamento e, com isso, do sistema de treinamento, é a execução do mesmo (Figura 1.5). Como *execução do treinamento*, devem ser designadas as medidas realizadas pelos esportistas, muitas vezes, com o apoio dos treinadores e assistentes, para alcançar os objetivos de treinamento, anteriormente fixados. As decisões da execução do treinamento referem-se, em certo paralelismo a modelos didáticos, à *fixação dos objetivos parciais* e à *estruturação do treinamento*, aos *conteúdos* e aos métodos *de treinamento*, e objetivam uma solicitação, que tenham como resultado efeitos otimizados de treinamento. A Tabela 1.1 resume as categorias de decisão mais importantes e as variáveis de decisão, às quais é feita a referência a seguir.

Tabela 1.1 Categorias e variáveis de decisão do planejamento e da execução do treinamento

Objetivos parciais do treinamento	**Estrutura do treinamento**	**Organização do treinamento**	**Conteúdos do treinamento**	**Métodos de treinamento**
Sucesso/ Desempenho Esportivo	Estruturação do treinamento durante vários anos	Execução do treinamento: - locais de treinamento - grupos de treinamento - treinador/assistente - meios de treinamento	Formas de exercícios	Concepções de treinamento
Estado de Desempenho Esportivo	Ciclos do ano de treinamento	Meios auxiliares da condução e regulação: - planos de treinamento - diagnóstico do desempenho - documentação do treinamento - observação nas competições - avaliação do treinamento e das competições	Competições de controle e treinamento	Execução do treinamento no sentido mais restrito
Diversos componentes do estado de treinamento	Microciclos	Busca e seleção de talentos	Temas cognitivos para a transmissão de conhecimento	Seqüência organizacional do treinamento
Solicitações de treinamento	Unidades de treinamento		Medidas que acompanham o treinamento (fisioterapia, nutrição etc.)	Formas de ação do treinador
	Competições esportivas			Avaliação do treinamento
			Formas de treinamento	

1.2.2.1 Objetivos parciais do treinamento

Como *objetivos parciais do treinamento*, são designados os valores teóricos da execução do mesmo, referentes aos períodos em curto e médio prazo. Eles determinam, portanto, a direção e o período dos efeitos almejados. Com relação à *direção*, os objetivos parciais do treinamento podem se referir à mudança do complexo estado de desempenho esportivo e a diversos dos seus componentes. Eles podem abordar processos de treinamento, orientados primariamente ao aprendizado motor relativamente isolado, a adaptações funcionais ou morfológicas do organismo ou à associação destes processos de aprendizado e adaptação, por exemplo, com relação à influência objetiva do desempenho complexo de competição. Na teoria do treinamento, tornou-se usual delimitar *tipos de treinamento* com relação à *direção* primária do desenvolvimento do desempenho, de modo que, na prática do treinamento, a seguinte diferenciação pôde se afirmar:

1. Treinamento de técnicas;
2. Treinamento de condicionamento;
3. Treinamento de táticas;
4. Treinamento complexo ou semelhante a competições.

O *período* no qual as adaptações devem ocorrer tem como objetivo parcial a influência direta sobre a dosagem da solicitação do treinamento. Das deduções dos objetivos parciais do treinamento, fica nítida a estrutura dos ciclos de treinamento em curto e médio prazos e das diversas unidades do mesmo.

1.2.2.2 Estrutura do treinamento

Após as decisões sobre os objetivos, são necessárias as sobre a estrutura do treinamento (Tabela 1.1), isto é, sobre a divisão do processo em períodos de treinamento com diferente duração, com objetivos, por um lado, únicos específicos; por outro, cíclicos repetitivos. Pelo menos, depois de Harre (1971), a estrutura cíclica é vista como fundamento das ações de treinamento. Com isso, as decisões sobre a estrutura do mesmo referem-se ao desmembramento *do processo de treinamento em longo prazo* em etapas de vários anos, desde o início até atingir o objetivo superior: o desmembramento do *ano de treinamento* em períodos de vários meses, chamados de *períodos de treinamento* ou *macrociclos*; o desmembramento desses em *períodos de treinamento menores*, chamados de microciclos de treinamento, até as diversas unidades do mesmo (ver capítulo 5).

1.2.2.3 Organização do treinamento

Outro componente parcial da ação efetiva de treinamento é uma organização transparente dele. As medidas organizacionais referem-se a três áreas.

Primeira, a *execução do treinamento*: fazem parte a disponibilização de *locais de treinamento* que ofereçam as melhores condições possíveis para atingir os objetivos; a organização do *grupo de treinamento*, considerando o tamanho do grupo e a força de desempenho; a disponibilidade de quantidade suficiente de *treinadores* e *assistentes* qualificados, e dos aparelhos necessários para a execução, os chamados *meios de treinamento*.

Segunda, os *meios auxiliares* para a condução e a regulação do treinamento: fazem parte a disponibilização e a aplicação de planos de treinamento suficientemente precisos, instrumental para o diagnóstico do desempenho, materiais para a documentação dos dados de treinamento para a observação das competições e concepções, para a avaliação do treinamento e das competições.

Terceira, a *busca de talentos* ou a *seleção de talentos*: para garantir, no esporte de competição, um incentivo contínuo de desempenho a um nível elevado, deve-se garantir medidas regulares de busca e seleção de talentos. Para isso, é necessário fixar datas repetitivas para processos de busca e seleção, e fazer acordos com parceiros de cooperação, por exemplo, escolas, associações esportivas, imprensa (ver capítulo 6).

1.2.2.4 Conteúdos do treinamento

As decisões previamente tomadas para os objetivos parciais do treinamento, suas estrutura e a organização formam as condições para as decisões seguintes sobre o conteúdo e a metodologia, que determinam principalmente os efeitos possíveis do treinamento. As decisões sobre o conteúdo referem-se ao "o quê?"; decisões sobre métodos, ao "como?". Como na teoria do treinamento são usados, em parte, conceitos diferentes quanto à caracterização desta categoria de decisões, parece ser conveniente tratar, resumidamente, as opiniões divergentes mais importantes e fixar definições inequívocas de conceitos. Deve-se delimitar, principalmente, os conceitos de conteúdos, meios, formas e métodos de treinamento (Carl & Kayser, 1976; para a discussão geral, ver também Kurz, 1988). Carl & Kayser (1983, p. 430), por exemplo, designam o conteúdo de treinamento como "as atividades (principalmente em exercícios esportivos) no treinamento". Praticamente o mesmo fato é designado por Thiess & Schnabel (1987, p. 164/165) como meio de treinamento. Todavia, Carl (1983, p. 422) entende como meios de treinamento "todos os aparelhos usados na realização do treinamento...". A seguir, conteúdos de treinamento devem ser entendidos como atividades no treinamento e meios de treinamento, no sentido de meios auxiliares do treinamento, especialmente aparelhos.

> Definição:
> *Conteúdo de treinamento* é o tipo de atividade no treinamento, em cuja execução devem ser pretendidos determinados objetivos de treinamento.

Os principais conteúdos de treinamento são formas de exercícios e temas cognitivos específicos, como concepções táticas, em cuja execução os esportistas podem influenciar seu estado de desempenho, mas também são competições de controle e treinamento. Além disso, podem fazer parte de conteúdos de treinamento medidas fisioterapêuticas e higiênicas para o desenvolvimento do estado de desempenho, assim como a alimentação específica necessária ou substituições medicamentosas (compare Carl, 1983, p. 33). Entretanto, esses são, a seguir, denominados medidas de apoio do treinamento.

Como *meios de treinamento,* são denominados todos os aparelhos usados na realização do treinamento, que servem ao desenvolvimento planejado da capacidade de desempenho (compare Carl, 1983, p. 421). Os meios de treinamento são, por exemplo, todos os aparelhos esportivos auxiliares e de medição usados no treinamento, principalmente aqueles usados para informação imediata ou simulação, que servem de apoio a processos de aprendizado ou para melhora da motivação; especialmente todos meios audiovisuais.

Também com base em Carl & Kayser (1976), a *forma de treinamento* é designada como a atividade de esportistas, definida por meio de tarefas precisas com relação ao conteúdo e ao método do treinamento. *Por este motivo, a execução ativa do treinamento é cumprida, em média, por meio das mais diversas formas de treinamento.*

1.2.2.5 Métodos de treinamento

Embora apresentemos os métodos de treinamento separadamente, com cada *tipo de treinamento* – por exemplo, com o treinamento de técnicas, força, velocidade, resistência, mobilidade, tática e condicionamento físico – queremos descrever detalhadamente, como introdução, alguns *princípios* que têm validade geral para as decisões sobre os métodos.

Geralmente é admitido, didaticamente, que decisões a respeito de objetivos têm preferência sobre as de conteúdo e métodos, sem questionar o contexto dessas implicação. Todavia, como decisões metódicas determinam o "*como*" do treinamento, elas têm, na execução do mesmo, um significado constitutivo, portanto, na prática de execução. Isso porque, quando os treinadores transferem algo aos esportistas, isto é, preparam conteúdos para a transmissão, subjetivam a dosagem de solicitação, controlam seqüências motoras, corrigem, usam procedimentos de *feedback* e usam meios importantes de treinamento (mídias) para o apoio e a reprodução de desempenhos de treinamento, mostram como avaliam desempenhos executados no aprendizado de técnicas, no treinamento de força e velocidade. Tudo isso faz parte do procedimento metódico.

Também, muitas vezes, depende do método como os esportistas vivenciam subjetivamente seu treinamento, como eles o consideram adequado e eficaz. Da mesma maneira, treinadores e professores do esporte deveriam saber que a avaliação de sua "competência técnica" pelos treinandos depende muito de "como" eles estruturam o treinamento, isto é, como são capazes de proceder com métodos.

Também são, na maioria dos casos, resultados do procedimento metódico as experiências de treinamento adquiridas pelos esportistas e os efeitos de treinamento que puderam ser alcançados. Dessa maneira, o procedimento metódico de treinamento tem, no âmbito da sua execução, uma relevância "direta" tanto para treinadores como para os esportistas, motivo suficiente para se confrontar mais detalhadamente com os princípios de decisões metódicas.

Definição:

Métodos de treinamento são procedimentos planejados na transmissão e estruturação de conteúdos de treinamento, para formas objetivas de treinamento.

A *execução do treinamento* "no sentido mais restrito" é realizada pelas *formas de treinamento*. Essas se obtêm pelo entendimento da definição anterior, pela associação e correlação "o quê" do conteúdo é executado e "como" este conteúdo é cumprido. Desta associação de conteúdos e métodos, por exemplo, são realizadas formas de treinamento, como a remada em decúbito ventral (como forma de exercício) com exigências fixadas de solicitações, compostas de volume, intensidade e densidade de solicitação, mas também da fixação do tipo de execução, como início explosivo do movimento e recuo lento. Ou no treinamento de técnicas quando, por exemplo, uma determinada habilidade, uma impulsão das técnicas do *slalom* (conteúdo) é associada a determinada intensidade de movimento, número de repetições, diferentes raios da mudança de direção e declives (métodos) para formas de treinamento.

A estruturação metódica dos conteúdos de uma forma de treinamento, principalmente pela dosagem de exigências de solicitação, é a decisão central do método de treinamento para sua execução em sentido mais restrito. Mas não é o único nível de decisão. Decisões metódicas, no sentido mais amplo, devem ser tomadas em cinco níveis (Tabela 1.2).

Tabela 1.2 Decisões do método de treinamento e suas características de realização

Níveis de decisão do método de treinamento	**Características de realização**
Concepção do treinamento	Tipos de treinamento deduzidos dos objetivos de treinamento
Execução do treinamento no sentido mais restrito	Seqüência das formas de treinamento com as exigências de solicitação e condições de execução
Seqüência organizacional do treinamento	Formas sociais, instalação de aparelhos, seleção e preparação do terreno, apoios, mídia
Formas de ação do treinador	Informações, correções, medidas de *feedback*, observações, locais de observação, avaliações
Avaliações do treinamento	Medir/controlar/observar – avaliar – interpretar (condução do treinamento no micronível da unidade de treinamento)

O ponto de partida para a estruturação de uma unidade de treinamento é a decisão pela *concepção* ótima *do treinamento*. Ela resulta do *objetivo parcial de treinamento* e do *tipo de treinamento* daí deduzido. Eis dois exemplos: para o jogo do próximo sábado, devem ser acertadas situações padrão, como escanteios e tiros livres, a concepção tática de defesa da equipe adversária (objetivo de treinamento). Para isso, é mostrada e discutida esta situação no quadro de demonstração num treinamento tático teórico e prático (tipos de treinamento) e, depois, treinado na prática sob as condições dadas de defesa. Ou na equipe de biatlo, deve ser melhorada a velocidade e a pontaria no tiro em pé (objetivo parcial do treinamento), sob pressão elevada de solicitação (alta freqüência cardíaca). Para isso, a corrida é de distâncias curtas de 1.200 m e atira-se cinco vezes no ponto de tiro, com tempo prefixado. Este tipo de treinamento é denominado *complexo*. A decisão sobre a concepção do treinamento precede a da execução do treinamento (no sentido mais restrito).

O planejamento da *seqüência organizacional do treinamento* é o nível seguinte de decisão. Nele, é fixada a forma social do treinamento, assim, o treinador, no nosso exemplo do biatlo, decidiu pela corrida e tiro com parceiros. São organizados: a montagem de aparelhos num treinamento de força de salto dentro do ginásio; medidas de segurança no ponto de tiro no treinamento do biatlo; fixação de raias de acordo com o desempenho e a técnica preferida no treinamento de uma equipe de natação; auxílio e apoio no treinamento de técnicas na ginástica em aparelhos; o uso de mídia; etc.

A seqüência organizacional otimizada é decisiva no "funcionamento" da unidade de treinamento.

A próxima decisão metódica deve ser tomada sobre as *formas* adequadas *de ações de treinadores*. Estas formas de ações determinam a intervenção, metodicamente correta, de treinadores, suas informações, correções, mas também os locais de permanência, por exemplo, no treinamento de resistência aeróbia, do esqui nórdico no terreno, no declive etc. As formas de ação dos treinadores são atividades que conduzem a execução do treinamento de maneira ótima. Elas devem ser planejadas para não acabarem em casualidade e improvisação.

Como quinto nível de decisão do método de treinamento (Tabela 1.2), ainda deve ser descrita a *avaliação do treinamento*. Neste conceito, reunimos todas as medidas usadas no controle e na observação do resultado, sua avaliação e interpretação. A eficiência ótima de uma unidade de treinamento, a solicitação correta, principalmente na área da intensidade, dependem substancialmente das avaliações do treinamento "incluídas" na seqüência do treinamento. Nos dois exemplos, do treinamento tático de futebol e do treinamento complexo do biatlo, são apresentadas algumas possibilidades de avaliação. O treinador aponta, após o término de cada situação padrão executada, erros de posicionamento ou possíveis outras variantes (*feedback*). Após o treinamento, ele ainda dá um resumo do treinamento todo no quadro de demonstração, em antecipação ao jogo. No treinamento do biatlo, a corrida é feita com controladores do pulso, avaliados após o treinamento. No ponto de tiro, é dada ao atirador, imediatamente, a imagem do acerto. Uma condução constante também significa avaliações contínuas dentro de uma unidade de treinamento. Os instrumentos usados são tão variados quanto as próprias ações metódicas do treinamento.

Além disso, seria possível, no sentido de treinamento como ação "social" de treinadores e esportistas, denominar as formas especiais de interação dos participantes como elemento metódico de treinamento. Entretanto, como as intenções destes parceiros, muitas vezes, são variadas e não se referem propriamente ao treinamento, no sentido mais restrito; a decisão nesta área não deve ser analisada, em geral, exclusivamente do ponto de vista do método de treinamento, porque, como tal, pode ser facilmente interpretada de forma errônea.

1.2.3 Princípios gerais do treinamento esportivo

Como *princípios de treinamento*, são denominadas as instruções superiores para ações no treinamento esportivo. Por este motivo, eles representam mais uma base geral de orientação e menos uma diretriz concreta de ação. Eles guiam as ações dos treinadores e atletas na fixação de projetos de ações. Nisso, eles se referem menos a operações concretas e mais a traços fundamentais de classes de ações (Schnabel & Müller, 1988, p. 97).

De acordo com o conceito de condução e regulação do treinamento, baseado nestes princípios, eles podem se referir a diferentes instâncias de ação, portanto, ao planejamento, à execução, ao controle e à avaliação do treinamento, e incluir, ainda, a apresentação dos resultados. Eles podem valer para as ações globais do treinamento, para diversas áreas de ação como o treinamento de nova geração ou determinados tipos de treinamento, por exemplo, o de técnicas, e ter validade no treinamento para diferentes grupos de pessoas.

Os princípios de treinamento como instruções de ação podem ser *exigências de normas*, que representem a evidência ou acordos sociais, como, por exemplo, o "princípio da manutenção e a garantia de saúde". Mas eles também podem ser deduzidos como *hipóteses de ação*, normas da ciência do treinamento ou experiências da prática do treinamento. Os princípios de treinamento previstos como normas são mantidos enquanto a sociedade os quiser. Os deduzidos de normas ou experiências não podem ser "verdadeiros" nem "errados", somente "mais ou menos efetivos". A sua conveniência se dá pelo grau de eficiência na prática do treinamento.

O conceito do *princípio de treinamento* deve ser diferenciado do conceito de *regra de treinamento*. Ambos designam instruções de ações, mas Schnabel & Müller et al. (1988/2, p. 99) et al. mencionam que eles são usados na teoria do treinamento, em parte, de maneira não uniforme. Assim como os autores acima mencionados, vamos considerar qual princípio, com relação a regras, tem maior grau de generalidade. As regras servem à interpretação e à concretização de princípios. Em uma concepção abrangente de ação do treinamento, as regras, têm principalmente, a função de guia para as decisões concretas na execução do treinamento. Nos capítulos seguintes sobre o treinamento tático, de técnicas e condicionamento, sempre se tentará formular regras *comprovadas* de treinamento como instruções concretas de ação, com base em conhecimentos científicos e experiências práticas de treinamento.

No passado, sempre foram organizados princípios gerais de treinamento como guia para a dedução e fundamentação de concepções de treinamento. Devem ser mencionados, por exemplo, os trabalhos de Deschka (1961), Harre (1971), Bauersfeld & Schröter (1979), Matwejew (1981); ultimamente, sobretudo, Schnabel & Müller (1988) e Müller (1988a, 1988b) discutiram detalhadamente a problemática dos princípios de treinamento. Entretanto, até agora não foi possível elaborar um conceito abrangente, aceito amplamente no meio especializado, sobre esses princípios. As principais causas para isso parecem ser tanto opiniões diferentes sobre a importância de um treinamento esportivo dentro de uma ordem social, como um estado de conhecimento ainda deficiente sobre o sistema de treinamento em si.

A seguir, tentou-se enumerar, em forma de tópicos, importantes princípios gerais de treinamento. Referimo-nos substancialmente aos autores acima mencionados; os princípios lá mencionados foram complementados por algumas instruções gerais de ação, não só referentes, à área de ação do treinamento esportivo.

Dentro dos princípios gerais de treinamento, parece ser conveniente diferenciar três classes.

- *Princípios pedagógicos* gerais, que, além das ações de treinamento, têm validade em diversos processos pedagógicos de ação;
- Princípios sobre a *estrutura* e a *organização do treinamento*;
- Princípios da *estruturação metódica de conteúdo* do treinamento.

1.2.3.1 Princípios pedagógicos para o treinamento

1. *Princípio do condicionalismo social das decisões sobre ações.* Nas decisões sobre ações, devem ser consideradas as diretrizes sociais globais.
2. *Princípio da preferência do desenvolvimento global da personalidade sobre o de desempenho esportivo.* As decisões sobre ações esportivas devem estar de acordo com os objetivos do desenvolvimento global da personalidade.
3. *Princípio da consciência da ação de treinamento.* As ações no treinamento e as condições de contexto destas ações com as outras condições de vida devem ser sempre conscientizadas, para que se tornem ações conscientes.
4. *Princípio da manutenção e garantia da saúde.* As decisões sobre ações devem ser tomadas de tal maneira que não haja nenhum perigo para a saúde dos atletas. Elas devem servir à garantia da saúde.
5. *Princípio da orientação das ações de treinamento nas necessidades e interesses dos atletas.* As ações de treinamento devem se orientar nas necessidades e interesses dos *atletas* (quanto às necessidades de crianças, compare, entre outros, Kurz, 1988).
6. *Princípio da conformidade do desenvolvimento das ações.* As decisões sobre as ações devem se orientar no estado individual de desenvolvimento dos treinandos. Nos jovens, devem ser usadas as diversas etapas de desenvolvimento com condições especialmente favoráveis para o desenvolvimento.

7. *Princípio da crescente auto-responsabilidade dos esportistas.* As concepções e decisões sobre ações devem ser organizadas de tal maneira que incentivem a auto-responsabilidade dos atletas. Elas devem ser tomadas principalmente com base no diálogo amplo entre treinadores e atletas.

8. *Princípio da apresentação clara e possibilidade de repetição de decisões sobre as ações.* Elas devem ser apresentadas aos participantes de maneira clara e transparente, e serem repetíveis em sua seqüência e importância.

1.2.3.2 Princípios sobre a estruturação e organização do treinamento

1. *Princípio da sintonia das decisões sobre treinamento.* As decisões sobre o treinamento necessitam, geralmente, da sintonização entre exigências parcialmente conflitantes, resultantes, principalmente, de exigências específicas de desempenho, particularidades de acordo com o desenvolvimento e necessidades individuais.
2. *Princípio da orientação na eficiência das ações de treinamento.* As ações de treinamento devem alcançar um grau de eficiência o mais alto possível, com relação aos objetivos previstos de desempenho.
3. *Princípio da divisão de processos de treinamento em longo prazo em etapas intermediárias.* Os processos de treinamento em longo prazo, como, por exemplo, o treinamento orientado ao alto nível, deve ser subdividido em etapas de treinamento de vários anos, relativamente independentes, para as quais devem ser fixados objetivos de treinamento específicos e com prioridades metódicas de conteúdo.
4. *Princípio da orientação em objetivos de treinamento.* Para os atetas, os processos de treinamento devem ser orientados sempre em objetivos atrativos, realizáveis dentro de períodos previsíveis.
5. *Princípio do desenvolvimento de desempenho geral e específico, ajustado mutuamente.* Em todas as etapas do desenvolvimento, deve haver uma relação bem sintonizada entre formas de treinamento gerais e específicas de modalidades esportivas, de

acordo com os respectivos objetivos. Desta maneira, deve haver sempre garantia de aperfeiçoamento e manutenção da capacidade de desempenho geral e específica da modalidade esportiva (Bauersfeld & Schröter, 1979, p. 38).

6. *Princípio da especialização a tempo e crescente.* Para usar plenamente o potencial de desempenho genético existente de um atleta, com relação a exigências específicas de modalidade esportiva e poder chegar a um estado de desempenho o mais alto possível, é necessária, com base na formação fundamental esportiva geral, uma especialização a tempo e crescente nos conteúdos e métodos de treinamento (Müller, 1988, p. 105).

7. *Princípio da individualização crescente.* Para alcançar os desempenhos individuais, os mais altos possíveis, as ações orientadas em métodos e regras gerais devem ser referidas, na seqüência do processo de treinamento às precondições e aos comportamentos individuais e orientados, cada vez mais, à formação otimizada dos pontos fortes individuais (Bauersfeld & Schröter, 1979, p. 35; Müller, 1988, p. 106).

8. *Princípio da condução e regulação permanentes do treinamento.* Para alcançar um objetivo de desempenho dentro de um período previsto, é necessária uma adaptação contínua das decisões a serem tomadas sobre o treinamento, em objetivos teóricos em longo prazo, com base em constantes comparações (diagnósticos de desempenho) entre o estado de desempenho planejado e realmente alcançado.

1.2.3.3 Princípios da estruturação metódica de conteúdo do treinamento

1. *Princípio do condicionalismo mútuo de precondições de desempenho de condicionamento, coordenativo e técnico motor, bem como de táticas esportivas.* Para avançar continuamente no desenvolvimento do estado de desempenho esportivo, deve-se observar que as precondições coordenativas e de condicionamento, a técnica motora e a tática condicionam-se mutuamente, e devem ser desenvolvidas sempre de maneira sintonizada.

2. *Princípio da complexidade de efeitos de treinamento.* Nas decisões sobre o treinamento, deve-se considerar que determinadas formas de treinamento nunca se refletem isoladamente sobre as diversas condições de desempenho, mas sempre sobre o estado complexo deste.

3. *Princípio da especificidade de adaptação do treinamento e da competição.* Com o aumento da idade de treinamento e do estado de desempenho, as formas de treinamento para alcançar as adaptações devem ser escolhidas, cada vez mais, considerando as condições da competição.

4. *Princípio da criação de fundamentos ótimos de orientação para a realização de ações de acordo com o treinamento.* Para melhorar o efeito de treinamento, especialmente no de técnicas e táticas, devem ser criados fundamentos ótimos de orientação como base para a recepção, o processamento e a armazenagem efetivos de informações (Müller, 1988, p. 175).

5. *Princípio da ativação psicofísica ótima.* Principalmente no treinamento coordenativo e de técnicas, deve-se cuidar do estado ótimo psicofísico de ativação dos atletas (Müller, 1988b, p. 176).

6. *Princípio da qualidade ótima de execução de exercícios de treinamento.* Principalmente no treinamento de coordenação e técnicas, deve ser mantida sempre uma qualidade de execução o mais alta possível (Müller, 1988, p. 176).

7. *Princípio da crescente solicitação no treinamento.* Para alcançar a melhoria contínua do estado de desempenho esportivo, deve-se garantir um aumento sistemático da solicitação no treinamento (Harre, 1982, p. 93).

8. *Princípio do treinamento contínuo.* Para manter um estado de desempenho esportivo em nível elevado e melhorá-lo, devem ser evitadas pausas maiores de treinamento (Harre, 1982, p. 97).

9. *Princípio da periodização das ações de treinamento.* Na estruturação do treinamento esportivo, deve-se observar que, dentro de diversos ciclos de treinamento e em ciclos subseqüentes, sejam colocados diferentes objetivos e formas variadas de treinamento; deve variar principalmente, a solicitação no treinamento.

2 Técnica esportiva e treinamento de técnicas

2.1 Treinamento de técnicas – característica e conceitos

2.1.1 A importância do treinamento de técnicas

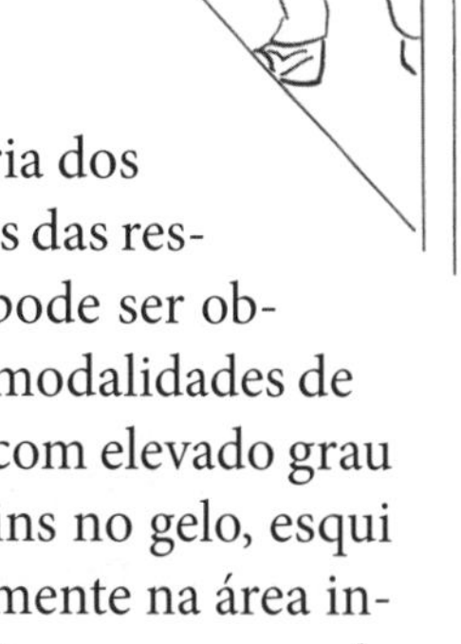

Colocamos o capítulo *Treinamento de técnicas* no início desta teoria do treinamento, pois deve ser documentado o *significado superior* do treinamento de técnicas dentro do processo global de treinamento.

O *acesso* a uma modalidade esportiva ocorre, na maioria dos casos, por meio do aprendizado das habilidades fundamentais das respectivas técnicas específicas da modalidade esportiva. Isso pode ser observado em todas as modalidades esportivas compostas, nas modalidades de duelo, de jogo e corrida, e até em modalidades de resistência com elevado grau do componente de técnicas, como natação, corrida com patins no gelo, esqui nórdico, remo etc. Nestas modalidades esportivas, principalmente na área infantil, são adquiridas as primeiras experiências de competição com o grau de capacidade atingido, antes mesmo de serem treinados outros componentes determinantes do desempenho, como as capacidades de condicionamento.

A importância do treinamento de técnicas deve ser vista ainda sob o aspecto de seu *efeito integrativo*. Como capacidades coordenativas e de condicionamento podem ser transformadas em desempenhos complexos de competição, depende muito do nível do estado de capacidade técnica esportiva. Por este motivo, Werchoschanski (1988, p. 74) chama o treinamento de técnicas também como o processo mais importante da adaptação em longo prazo do organismo porque a tarefa e o sentido do treinamento de técnicas consistem na utilização otimizada do potencial motor de condicionamento, em constante desenvolvimento, para a solução de tarefas técnicas.

Outro aspecto deste significado superior é a crescente *especialização* em todas as áreas da vida, como precondição para aumentos de desempenho. Ela também é evidente no esporte. Isso se refere primeiramente à seleção de uma determinada modalidade esportiva. Depois, dentro de algumas modalidades, é necessária a fixação a uma modalidade ou nas modalidades de bola, mesmo a uma posição dentro do jogo. Com isso, por meio de redução do treinamento de técnicas e com ênfase no exercício dos pontos técnicos fortes, em parte, a especialização é exagerada (Lehnertz, 1990b, p. 119).

A tese de que para se obter o maior sucesso possível é necessário elevado grau de especialização é apoiada, também, em orientações mais recentes da teoria do treinamento. Esta opinião faz parte de trabalhos mais atuais da ciência do treinamento. Boiko (1988) fundamenta a exigência por especialização pelas capacidades limitadas de adaptação do organismo humano, e dirige-se veementemente contra a tendência, observada nos últimos anos, da formação universal, porque as possibilidades de adaptação do organismo aumentam com a diminuição da quantidade de fatores, aos quais deve se adaptar. A causa está na restrição relativa da reserva de adaptação do organismo. Disso, pode-se concluir que uma concentração do treinamento na especialização deve levar a um aumento do desempenho máximo. Trataremos este problema objetivamente nas seções 3.1.1.2 e 5.1.1.

2.1.2 O problema da teoria do treinamento de técnicas dentro da teoria do treinamento

Os argumentos defendidos na seção anterior referem-se ao fato de que o treinamento de técnicas em cada modalidade esportiva, e também em cada parte de formação do treinamento infantil até o de alto nível, tem uma importância superior dentro do treinamento global. Da ciência de treinamento, é exigido o fornecimento de modelos teóricos correspondentes à pratica de treinamento. Todavia, de maneira autocrítica, deve-se admitir, a respeito desta exigência, que a formação de teorias da ciência do treinamento baseou-se, a este respeito, tradicionalmente em teorias do *aprendizado motor* e da *coordenação motora* (Martin, 1977; Letzelter, 1978; Weineck, 1980; Grosser & Neumaier, 1982; Harre, 1986), e negligenciou conceber uma teoria do *treinamento de técnicas*, que vai além disso ou é estruturada nisso. Também se operou na teoria do treinamento com um conceito de técnicas, que entendeu a técnica esportiva como uma ação conjunta de características cinemáticas e dinâmicas, concretamente observáveis, e exigiu da prática a elaboração de um modelo técnico específico de modalidade esportiva, por meio de características descritivas e dinâmicas, que deveria servir, de maneira típica ideal, como estrutura básica para informações sobre a técnica esportiva.

Certamente, treinadores, professores do esporte e coordenadores devem se informar sobre teorias do aprendizado motor, pois o treinamento de técnicas é sempre um t*reinamento de aprendizado motor*. Eles também devem ter um elevado grau de informação sobre as características de suas técnicas específicas e baseá-lo em conhecimento técnico biomecânico, porque informações precisas e objetivas sobre a técnica são acessíveis somente por meio de características biomecânicas. As teorias do aprendizado motor e da biomecânica podem servir à gama de características do treinamento de técnicas apenas parcialmente como modelo de explicação. Na maioria das modalidades esportivas, o elevado nível de capacidade técnica e a importância superior do treinamento de técnicas em todo sistema de treinamento exigem uma reorientação na teoria do treinamento de técnicas. Apresentamos uma concepção imaginável para a discussão, em diversas publicações, seminários de treinadores e simpósios (Lehnertz, 1990b; Martin, 1989; Martin & Lehnertz, 1989) e queremos ampliá-la aqui, principalmente sob pontos de vista de método de treinamento.

2.1.3 Técnica e treinamento de técnicas – conceitos

A *técnica* é a atividade criativa e a aplicação de procedimentos para a solução de tarefas, sob o uso de materiais e forças, levando em consideração as leis naturais (*Enciclopédia Grosser Brockhaus*, vol. XII, 1973, p. 517). Este entendimento geral do conceito de técnica contém dois componentes de ação: (1) a *aplicação* de procedimentos para a solução de tarefas, como o componente "técnico-prático", e (2) a *atividade criativa* destes procedimentos no sentido do aperfeiçoamento contínuo, como o componente "criativo-científico" (LEHNERTZ, 1990b, p. 116).

Transferido para a problemática do treinamento de técnicas, isto quer dizer que, quando esportistas usam o conhecimento tecnológico para a solução de suas tarefas esportivas, é a ação *técnica-prática* mencionada. Nesta categoria de ação, estão todos os esportistas, que tentam copiar o comportamento técnico-esportivo de modelos. Além disso, treinadores e os esportistas devem estar empenhados em ampliar a capacidade de ação além do âmbito conhecido, por meio de experimentos com a capacidade e o conhecimento existentes. Neste caso, eles atuam de maneira *criativo-científica*.

O experimento é uma parte ampliada, mas relevante, do treinamento de técnicas. Este apelo tem validade porque a prática do treinamento tenta realizar as tarefas técnicas sempre melhor e, com isso, criar vantagens momentâneas. Estes experimentos referem-se a mudanças de técnicas esportivas em si (*Fosbury-flop*, técnica de *skating* no esqui nórdico) ou na ginástica em aparelhos, na patinação artística no gelo, na ginástica rítmica esportiva, a criação constante de novas habilidades isoladas e a mudança contínua de sua aplicação coreográfica. Outra área do experimento técnico é o desenvolvimento de aparelhos de treinamento, nos quais podem ser, por exemplo, imitadas ou simuladas técnicas (a fase aérea do salto de esqui, a partida para uma corrida de trenó ou de *bobsled* etc.), ou ainda, são desenvolvidos aparelhos com os quais é possível um treinamento específico de força semelhante à técnica. Uma outra área do mesmo experimento refere-se ao aperfeiçoamento do equipamento de competição ou o desenvolvimento de procedimentos de teste para a seleção correta do aparelho ótimo de competição. Durante os últimos anos, ficaram conhecidas centenas destes exemplos inovadores muito difundidos. Este aspecto de um entendimento ampliado do treinamento de técnicas pôde ser mencionado brevemente, mas ele é responsável por muitas mudanças e aperfeiçoamentos na área técnica do esporte e do treinamento.

Ambas as categorias de ação, a *técnica-prática* e a *criativo-científica*, podem ser tendencialmente delimitadas, mesmo que estejam muito ligadas entre si. Teoricamente, pode ser útil estreitar a área técnica para o aspecto técnico-prático. Praticamente as duas áreas estão ligadas.

> Definição:
> A *técnica esportiva* é uma seqüência motora comprovada, conveniente e efetiva para a solução de uma tarefa definida em situações esportivas.

As propriedades inerentes à técnica esportiva, como a comprovação, a conveniência e a eficiência não se referem somente à tarefa principal admitida, a *solução da tarefa*, mas também à função como *modelo* (THIESS & SCHNABEL, 1987, p. 163), *modelo ideal típico* e *movimento normativo*. Estas funções têm o papel orientador principalmente na condução da capacidade técnica de desempenho. Por este motivo, os modelos de técnicas são construídos pela qualidade das informações das características que se baseiam na sua seqüência motora. Podem ser características qualitativas e quantitativas (Tabela 2.1). As características qualitativas são acessíveis por meio de uma observação visual direta; as características cinemáticas e dinâmicas (quantitativas) não são observáveis diretamente, são objeto de medições biomecânicas. As técnicas esportivas podem realizar sua função de modelo orientador, principalmente com base nas informações quantitativas.

TABELA 2.1 Características qualitativas e quantitativas de seqüências motoras de técnicas esportivas (BALLREICH, 1983, p. 74)

Seqüência motora				
Características motoras qualitativas	Características motoras quantitativas			
	Características da estrutura motora cinemática	Características da estrutura motora dinâmica		
Ritmo de movimentos				
Associação de movimentos				
Seqüência de movimentos	Características de comprimento	Forças	Estados de energia	
Precisão de movimentos	Características de tempo	Momentos de força	Cinéticos	Potenciais
Constância de movimentos	Características de ângulos das articulações do corpo	Impulso de força		
Volume de movimentos	Características de localização			
Velocidade de movimentos	Características de velocidade			
Intensidade de movimentos	Características de aceleração			

O treinamento de técnicas designa a totalidade de medidas e procedimentos que servem para aprender sistematicamente as técnicas com suas habilidades motoras esportivas e sua aplicação, bem como sua utilização técnica, e colher experiências ótimas em situações específicas esportivas. Além disso, no treinamento de técnicas, há a expectativa de tornar utilizáveis, de maneira ideal, os conhecimentos científicos na modalidade esportiva específica.

Esta idéia do treinamento de técnicas engloba não só o aprendizado e a "fixação" de técnicas comprovadas, mas também a adaptação a novos desenvolvimentos técnicos (de aparelhos), bem como o esforço de transformar conhecimento científico em ferramenta técnica esportiva. Com relação a isso, chamamos atenção para dois conceitos que deixam clara a sintonia individual de medidas de treinamento orientadas para técnicas: a técnica ideal e a objetivada. A *técnica ideal* é uma idéia orientada no estado momentâneo da ciência, sobre o procedimento mais conveniente de solução de uma tarefa motora esportiva. A *técnica objetivada* é uma idéia sobre o procedimento de solução mais conveniente da tarefa motora esportiva, orientada para a técnica ideal e ajustada às possibilidades da pessoa ou do grupo.

Das descrições, fica óbvia a estreita relação entre a técnica ideal e a objetivada. Mas também fica claro que, no processo de ensino e aprendizado, deve haver um ajuste da técnica ideal com relação ao grupo objetivado. Nisso, vale o seguinte: quanto mais alto o nível técnico-motor do grupo objetivado, tanto mais estreita é a ligação entre a técnica ideal e a objetivada.

2.2 Estrutura e sistemática do treinamento de técnicas

Neste capítulo, foi mostrado o *déficit* evidente de uma teoria na ciência do treinamento sobre o treinamento de técnicas. Nesta seção, tentamos dar a esta teoria uma base orientada para a prática, por meio da sistematização do treinamento de técnicas.

2.2.1 A problemática da generalização de afirmações sobre o treinamento de técnicas

Com a pretensão acima mencionada, de início, surge prontamente a pergunta central: pode a ciência do treinamento realmente fazer afirmações generalizadas sobre o treinamento de técnicas, considerando-se a quantidade inimaginável de técnicas esportivas, das mais diversas modalidades, e a possibilidade de milhares de variações de situações e aplicações?

Até agora, foram feitas algumas tentativas de ordenar em um esquema, de maneira clara, a grande quantidade de técnicas esportivas e formar, mediante diversas características, grupos de técnicas. Faz-se referência à divisão das exigências de técnicas em quatro grupos, como faz Starosta (1988, p. 40) à sistemática da classificação de Roth, que descreve cinco tipos de habilidades (Willimczik & Roth, 1983, p. 148), e à divisão de técnicas segundo Mechling (1988, p. 39). Ele diferencia quatro *tipos de habilidades*, as quais estão ligadas ao caráter motor *cíclico* ou *acíclico*, ou se apresentam em uma *unidade fechada*, ou seja, uma constância de condições externas na execução das habilidades, ou uma *abertura*, isto é, quando as condições de situação mudam e, em parte, não são previsíveis.

O *tipo 1* é uma habilidade fechada, com estrutura estável de execução, com seqüências motoras cíclicas (corrida com barreiras) ou acíclicas (levantamento de peso).

O *tipo 2* engloba a união de diversas partes para um desempenho total (ginástica em aparelhos, ginástica esportiva), sob condições ambientais estáveis.

O *tipo 3* é uma habilidade aberta com estruturas fundamentais bem estáveis, mas em seqüência não padronizada (esqui alpino, salto de esqui, esqui nórdico).

O *tipo 4* é caracterizado por tipos abertos de habilidades, como nos jogos esportivos ou nas modalidades de luta, mas que estejam baseadas em habilidades dominadas isoladamente ou combinações de habilidades.

Com base em um modelo de classificação deste tipo, para o treinamento de técnicas, pode-se generalizar o seguinte *princípio*:

Todas as técnicas (tipos de habilidades) específicas de modalidade esportiva, sejam cíclicas ou acíclicas, sejam abertas ou fechadas, são baseadas em padrões fundamentais técnicos estáveis, isto é, em habilidades automatizadas duradouras, que mantêm sua função como padrões motores fundamentais, mesmo no âmbito de combinações motoras, no uso variável e em condições externas instáveis e em mudança. Como este *princípio* tem validade geral, vale também para os *objetivos de treinamento* deduzidos para o treinamento de técnicas de todas as modalidades esportivas.

2.2.2 Os objetivos do treinamento de técnicas

Ações de técnicas esportivas abrangem a execução das habilidades motoras esportivas, que possibilitam a solução mais conveniente de tarefas específicas. Fala-se em *uma técnica boa e bem sucedida* quando são alcançados o nível ótimo biomecânico atual, um elevado grau de virtuosidade, estabilidade, a aplicação variável e o resultado esportivo pretendido. Do entendimento de técnicas, deduzem-se os seguintes objetivos para o treinamento de técnicas:

1. *Aprendizado das habilidades motoras esportivas que formam a base para as técnicas específicas de modalidade esportiva.*
2. *A aquisição do grau de domínio da técnica esportiva, com o qual possa ser caracterizado o nível ótimo biomecânico.* Este grau de domínio garante, da melhor maneira possível, a conveniência, efetividade e economia da aplicação da técnica específica de modalidade esportiva.
3. *A estabilidade do domínio da técnica.* Determina a imutabilidade e a relativa constância no comportamento, em caso de aparecimento de mudanças das condições externas ou internas.
4. *O domínio virtuoso da técnica.* Tem uma importância relevante, principalmente nas modalidades esportivas compostas. Quando observamos, por exemplo, a perfeição das fases aéreas de Dieter Thoma ou de Jens Weissflog, o manejo com a bola de bons jogadores ou ginastas esportivas na sua apresentação, esta capacidade técnica não é explicável pelo ótimo nível biomecânico, pela elevada estabilidade, mas pelo conceito de virtuosidade. Ele significa domínio da técnica com perfeição de mestre. O treinamento deve objetivar, como grau mais alto de definição, esta virtuosidade.
5. *A capacidade para a aplicação variável das técnicas, de acordo com a situação*, nas respectivas condições e exigências específicas de modalidade esportiva.

Se aceitarmos estes cinco objetivos como guia para o treinamento de técnicas, eles devem ser sistematizados tanto pela organização do treinamento quanto pelo conteúdo. A seguir, descrevemos um exemplo praticado de sistematização, e apresentamos um modelo de validade geral, o qual foi discutido em vários seminários de treinadores e recebeu aceitação geral.

2.2.2.1 Um exemplo prático – Ginástica em aparelhos

Temos, como exemplo, as "Instruções para o coordenador na ginástica em aparelhos", da antiga RDA (SCHMIDT et al., 1987), de como esta sistematização pode ser realizada. A Figura 2.1 tenta estruturar claramente as diversas áreas parciais do treinamento de técnicas, da maneira como puderam ser extraídas destas instruções.

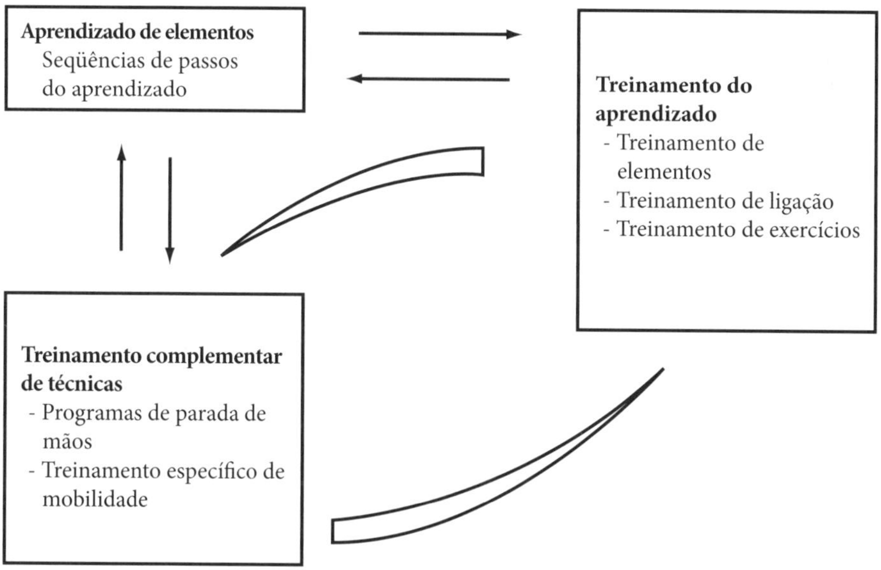

Figura 2.1 O sistema de áreas parciais do treinamento de técnicas, no exemplo da ginástica em aparelhos (SCHMIDT et al., 1987).

O sistema de treinamento de técnicas é desmembrado em três áreas parciais: (1) O *aprendizado de elementos de ginástica*. Com isso, são aprendidas as habilidades fundamentais na seqüência do aprendizado. (2) No *treinamento do aprendizado*, os elementos devem ser estabilizados, dominados de maneira virtuosa, executáveis em várias composições e unidos a exercícios totais. O treinamento do aprendizado deve ser denominado de *treinamento de técnicas*, no sentido mais restrito. (3) O *treinamento complementar de técnicas* consiste em programas complementares. Se resumirmos as observações sobre o treinamento de técnicas de diferentes modalidades esportivas, chegaremos aos seguintes resultados:

- Em quase todas as modalidades esportivas, há programas que descrevem, na *seqüência do aprendizado*, o acesso metódico às habilidades motoras esportivas determinantes de técnicas específicas de modalidade esportiva;
- Da mesma maneira, para as diversas técnicas há, na maioria das modalidades esportivas, *descrições de técnicas* e *modelos*, e, parcialmente, *resultados de estudos biomecânicos*;
- Não há uma *sistematização* do próprio treinamento de técnicas, da teoria geral de treinamento, nem em teorias de treinamento específicas de modalidade esportiva. O modelo de sistematização aqui apresentado, da ginástica em aparelhos, é uma exceção louvável;
- Na maioria dos casos, as indicações sobre a *estruturação de solicitações* e a *condução do treinamento de técnicas* são muito globais e dificilmente podem ser denominadas de regras de ações para a prática de treinamento.

2.2.2.2 Um conceito de sistematização não específico de modalidade esportiva

Lehnertz (1990b, p. 153) desenvolveu um conceito não específico de modalidade esportiva ao diferenciar o *treinamento de aquisição de técnicas* e o *treinamento de aplicação de técnicas*. As medidas de treinamento, para a melhora de capacidades coordenativas, estão estreitamente ligadas à prática. Por este motivo, Martin (1989) ampliou o modelo de dois componentes pelo chamado *treinamento complementar de técnicas*, o que não é coerente na teoria, mas serve à aplicação prática do modelo. A etapa inicial, como mostra a Figura 2.2, é sempre o aprendizado de *habilidades motoras esportivas* fundamentais.

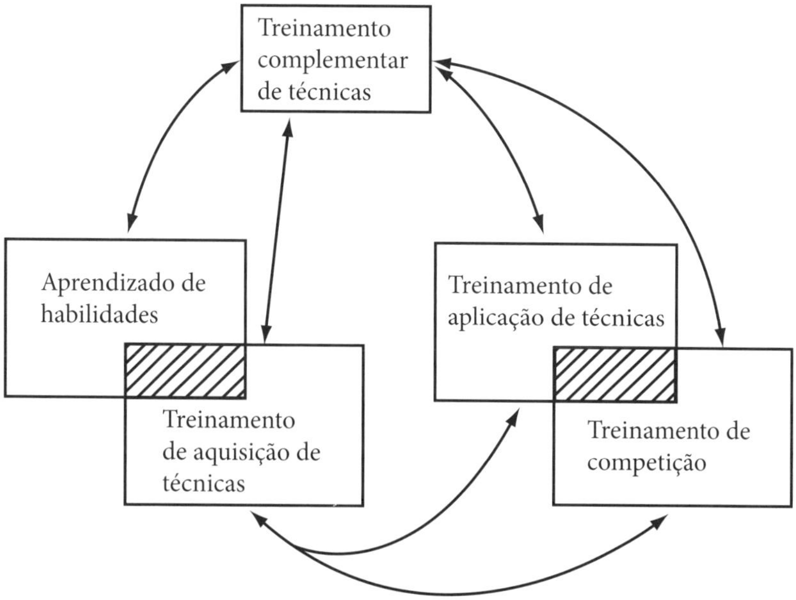

Figura 2.2 O treinamento de técnicas deve ser desmembrado, por motivos de sistematização, nos tipos de treinamento: "treinamento de aquisição de técnicas", "treinamento de aplicação de técnicas" e "treinamento complementar de técnicas". Estes tipos de treinamento são apoiados pelo aprendizado necessário de habilidades e pelo treinamento de competição. Todas as áreas atuam em conjunto como um processo.

2.2.2.3 O aprendizado de habilidades como primeira fase do treinamento de técnicas

Ao treinamento de técnicas, no sentido mais restrito, precede o aprendizado das habilidades motoras esportivas, constitutivas para as técnicas específicas de modalidade esportiva. Já na etapa da "entrada" na especificidade de uma modalidade esportiva ou na primeira fase do treinamento de técnicas, Hotz (1982, p. 15) e Hotz & Weineck (1988, p. 14) também fazem uma divisão deste processo em aquisição e *aplicação*. Eles aplicam o seguinte plano sistemático seqüencial para a aquisição de habilidades: (1) primeiro confronto com o modelo motor; (2) desenvolvimento da idéia do movimento, ou seja, da concepção do movimento; (3) primeiras tentativas de aplicação com *feedback* e correções, que levam à diferenciação da idéia do movimento e ao detalhamento do projeto do movimento; e (4) uma especificidade crescente da coordenação geral (grossa) à fina, da respectiva habilidade.

A *aplicação* ocorre, então, (1) por meio de muitas repetições mentais e reais e (2) pela fixação em situações ambientais variáveis, para disponibilizar esta habilidade de maneira variável.

O processo todo do aprendizado de habilidades, como mostrado na sistemática destes autores, é o começo de um processo de treinamento de vários anos. Ele forma a entrada na modalidade esportiva, principalmente na área do treinamento infantil. É avaliado como uma concepção real, porque representa sua antecipação da sistemática do treinamento de técnicas seguinte em "escala menor".

2.2.2.4 O treinamento de aquisição de técnicas

O treinamento de aquisição de técnicas conduz ao domínio automatizado de habilidades motoras esportivas, que devem se distinguir por um elevado grau de "estabilidade", isto é, por uma imutabilidade estável na imposição destas habilidades, mesmo sob condições de mudanças internas e externas.

Como descrito na seção 2.4, o fundamento do aprendizado motor e do treinamento de aquisição de técnicas nele baseado é a capacidade de memória de estruturas neurais. No fim da escala dos processos neurais estão a percepção, a armazenagem, a lembrança e o novo acesso, em parte inconscientes e em parte conscientes às informações contidas nos padrões de estímulo (Henatsch & Langer, 1983, p. 51). O armazenamento duradouro das informações adquiridas pelo aprendizado é visto pela maioria dos autores como encadeamento interneural, formando conjuntos de células nervosas ligadas através de sinapses, em uma *unidade de encadeamento*, ou seja, um *engrama. O engrama é uma consolidação de rastros de um determinado conteúdo de memória* e provavelmente a base para a armazenagem de informações na memória em longo prazo (Laudin, 1977, p. 56; Sinz, 1981, p. 208). Somente com base em engramas adequados, são possíveis as programações motoras específicas para o domínio de tarefas esportivas.

A programação de *seqüências motoras automatizadas* necessárias para a solução de tarefas relacionadas ao esporte pressupõe a constante repetição das seqüências de ações. Desta maneira, a consciência pode ser aliviada sistematicamente, pouco a pouco, de modo que ela precise se concentrar somente nos poucos nódulos desta seqüência do programa e, em acontecimentos imprevistos, sua atuação será necessária. Com o processo da programação inconsciente, os detalhes da execução do movimento são transferidos amplamente de centros superiores para inferiores do cérebro, e também aos *diversos mecanismos espinhais* são atribuídos uma independência limitada (Henatsch & Langer, 1983, p. 52). Deve-se supor que engramas de formação fraca estejam muito sujeitos à inibição, e os de formação forte sejam muito resistentes a influências e, mesmo em caso de inibição, ainda sejam fortalecidos (Laudin, 1977, p. 131). A conclusão desta teoria seria a seguinte: o treinamento de aquisição de técnicas tem a função de fixar engramas de formação forte, resistentes a distúrbios, que as respectivas habilidades determinantes de técnicas tenham pré-programadas até a automatização. Para a realização desta exigência, devem ser garantidos dois *princípios do método de treinamento.*

Primeiro: O processo de fixação das habilidades exige repetições de exercícios com seqüências motoras as mais parecidas possíveis. Esta exigência significa que o *treinamento de aquisição de técnicas* sempre deve ser feito sob condições *ótimas, não sujeitas a distúrbios*, de preferência sob *condições padronizadas.* Como é provavelmente impossível executar uma cópia exata do movimento de uma ação motora anterior, sempre haverá desvios mínimos. Todavia, manter estes desvios os menores possíveis somente tem sucesso com condições de treinamento relativamente padronizadas.

Segundo: O processo de fixação das habilidades exige uma *quantidade enorme de repetições.* Portanto, o *superaprendizado contínuo* é o segundo princípio do método de treinamento de aquisição de técnicas. Conceitualmente, o superaprendizado descreve nada mais que o processo de um treinamento exageradamente extenso e com constantes repetições. Observações na prática do treinamento mostram que o superaprendizado representa realmente um procedimento fundamental do treinamento de técnicas, sem que fique completamente consciente de qual procedimento se trata e como deve ser manuseado como princípio metódico. No superaprendizado do treinamento de técnicas do esporte de alto nível, não se trata somente de uma melhor fixação dos programas, mas de muito mais: primeiro, de uma integração permanente de *condições energéticas de condicionamento,* quase constantemente em mudança e, segundo, da *consciência de experimentar* a disponibilidade de milhares de *possibilidades de mudanças mínimas do programa,* porque, como mencionamos, cópias exatas de seqüências de habilidades não são possíveis sob condições de treinamento, nem de competições.

2.2.2.5 O treinamento de aplicação de técnicas

No treinamento de aplicação de técnicas, são treinadas as habilidades pertencentes às técnicas, sob as condições mais variadas possíveis e específicas de competição de uma modalidade esportiva.

A questão do método de treinamento que se coloca neste caso é a seguinte: como deve ser treinada a aplicação da técnica por meio da variabilidade de condições específicas de modalidade esportiva? Esta pergunta só pode ser respondida adequadamente quando se possui conhecimento sobre como os atletas conseguem, com sucesso, aplicar sua técnica mesmo sob exigências variáveis de sua modalidade esportiva.

Supõe-se, em geral, como em Roth (1983, p. 150), que, por exemplo, jogadores de futebol, basquete, tênis etc. devem ter condições de variar as habilidades dominadas de maneira variável e *imprevisível*. Entretanto, com base no estado atual de teoria e conhecimento, é muito difícil questionar a posição de que, em diversas modalidades esportivas, as habilidades devam ser variadas de maneira imprevista. Apesar disso, deve-se constatar o seguinte: o problema da *disponibilidade variável* de habilidades motoras esportivas, sob condições instáveis externas ou internas, não está solucionado teoricamente. Isso mostra também as duas posições diferentes a respeito deste problema, dentro das teorias do aprendizado motor. Uma supõe que uma habilidade motora esportiva deveria ser adquirida, primeiramente, de forma relativamente constante, antes de se tornar disponível de maneira variável. Mas a outra diz que o tipo de habilidade objetivada deveria ser variado desde o início. Esta posição refere-se às teorias mais novas de aprendizado, que se tornaram conhecidas como concepções ampliadas de programa ou teorias do esquema (Schmidt, 1975, 1976).

Quanto à problemática da chamada "disponibilidade variável" de habilidades, apresentaremos um outro princípio e partir da seguinte hipótese:

A disponibilidade bem sucedida de habilidades motoras esportivas, nas situações variáveis das soluções de tarefas técnicas, baseia-se em duas capacidades: (1) na capacidade de antecipação devido à experiência *e* (2) na capacidade *estável* de determinação de habilidades automatizadas *contra perturbações externas e internas.*

Em todas as modalidades esportivas, por exemplo, de jogos, duelos, esqui alpino, salto de esqui, *slalom* de canoagem etc., nas quais a decisão sobre o domínio da situação, que aparece momentaneamente, deve ser tomada em milésimos de segundos, teríamos, no sentido das *teorias de reação,* que lidar com reações complexas ou de seleção. A prática, entretanto, parece contradizê-lo.

Na seção 3.3.3.1, tratamos detalhadamente da velocidade de reação e pudemos mostrar claramente, no exemplo do goleiro de handebol, que *desempenhos de reação* aperfeiçoados dificilmente podem ser conseguidos pelo melhoramento do fluxo de informação, mas somente por meio de constante aprendizado motor e exercício de programas motores. Isso apóia a hipótese apresentada de que desempenhos técnicos de adaptação, no sentido da "disponibilidade variável de habilidades motoras esportivas", pressupõem *desempenhos de antecipação*. Desta maneira, a antecipação pode ir tão longe que a seqüência de "desempenhos de reação" esteja já programada estruturalmente devido a *experiências*. Podemos diferenciar duas formas (com relação a isso, ver também Rüssel, 1976, p. 84; Meinel & Schnabel, 1987, p. 75): Primeiro, a *"antecipação da situação"*: a ação é preparada devido a percepções e experiências analíticas da situação, sem que a reação, retardada pelo tempo de reação, precise atuar. Nestes casos, dados de percepção e experiência estão disponíveis de situações adequadas anteriores, permitindo antecipar as condições de espaço e tempo. Segundo, a *"antecipação da ação";* neste caso, a reação ocorre com as ações que, devido às experiências, foram bem sucedidas e adequadas à situação.

Ainda haveria mais exemplos práticos para a justificativa de que a chamada disponibilidade variável de habilidades motoras esportivas, principalmente na área do esporte de alto nível é devida à capacidade de *antecipar* a situação e a solução técnica para *impô-la*, mesmo contra resistências. É mencionado ainda o comentário de um dos saltadores de esqui mais bem sucedidos, dado depois dos saltos do Campeonato Mundial no Holmenkollen, em 1989. Sobra a pergunta na conferência com a imprensa, "como ele conseguiu manter-se com estas rajadas laterais de vento?", os jornalistas receberem a seguinte resposta: "Deve-se impor, às vezes, simplesmente sua técnica, mesmo que o salto deva ser corrigido". Afirmações sobre este fenômeno, de impor sua técnica mesmo que na situação pareça ser impossível, conhecemos de excelentes judocas, corredores de esqui alpino, jogadores e jogadoras de hóquei, handebol, vôlei etc. Nestes casos, a mensagem é de que, em situações difíceis, é necessária a estabilidade de técnicas, e não a aplicação variada.

A disponibilidade variável de habilidades é determinada, em primeiro lugar, pela qualidade e estabilidade de programas fixados. Somente em segundo lugar, pela própria situação variável, porque em situações imprevistas ou surpreendentes, apenas as habilidades mostram-se como relativamente livres de transtornos, que estão baseadas em alta qualidade e automatização.

Observações em diversas modalidades esportivas mostraram que atletas, em chamadas situações variáveis, principalmente quando estão sob pressão de tempo, mesmo tendo a possibilidade de reagir a esta situação com diferentes habilidades, quase sempre recorrem àquela que dominam "dormindo". Estas observações apóiam a tese de que a qualidade da disponibilidade variável de habilidades depende também da estabilidade dos programas. O treinamento de aplicação de técnicas deve perseguir dois objetivos: (1) *antecipar soluções técnicas ideais* em situações variáveis e (2) poder *impor* a técnica, mesmo sob condições difíceis. Ambas as capacidades são baseadas em aquisições contínuas e sistemáticas de experiências, adequadas à situação.

2.2.2.6 O treinamento complementar de técnicas

Com o complexo do treinamento complementar de técnicas, tenta-se determinar conceitualmente a parte do treinamento de técnicas que existe na prática de maneira muito variada, mas que ainda não foi sistematizado. *O treinamento complementar de técnicas abrange todas as medidas, que formam, adicionalmente, a virtuosidade, a estabilidade, a coordenação de técnicas específicas de modalidade esportiva.* Alguns exemplos práticos devem mostrar os tipos de treinamento complementar comprovados na prática.

Programas de formação adicional: eles são usados quando a habilidade determinante da técnica deve ser dominada, de maneira estável, sob diversas condições, possibilidades de expressão, formas de aplicação etc. Um exemplo típico para estes programas de formação adicional é o programa de parada de mãos, já mencionado, da ginástica em aparelhos (Figura 2.3).

Figura 2.3 Parte do programa de parada de mãos (segundo Schmidt et al., 1987, p. 26).

Figura 2.4 Formação de balé de patinadoras artísticas no gelo.

1. Programas de *formação de dança e balé*: mostraram-se indispensáveis nas modalidades esportivas, cuja apresentação é baseada substancialmente na coreografia de movimentos de expressão (Figura 2.4).

2. Além disso, deve ser mencionado o *aprendizado prioritário de uma capacidade coordenativa determinante de técnicas*. Principalmente quando determinada capacidade coordenativa estabiliza a execução de uma habilidade sob condições variáveis, esta capacidade deve ser treinada adicionalmente ao treinamento de técnicas (Figura 2.5).

Figura 2.5 Exemplo: treinamento de equilíbrio de Armin Bittner.

3. Deve-se mencionar, ainda, um *treinamento especial de mobilidade*, e pensar em modalidades esportivas como ginástica rítmi-

ca esportiva, dança no gelo, ginástica em aparelhos, e também a natação, a corrida com barreiras etc. Estas modalidades esportivas desenvolveram, em parte, programas de mobilidade, que necessitam de um movimento efetivo da articulação ou de uma amplitude impressionante de movimento (Figura 2.6).

Figura 2.6 Exercícios do programa de mobilidade de ginastas (segundo SCHMIDT et al., 1987, p. 26).

4. No *treinamento por imitação*, um modelo é transformado em forma de movimento. Ele é aplicado, principalmente, quando, para a aquisição de técnicas, seria necessário um superaprendizado, e também quando o treinamento complexo de técnicas deva ser realizado com grande dispêndio em organização e com elevado risco, e, desta maneira, não permita as repetições necessárias para o superaprendizado. Exemplos são os procedimentos de encaixe da vara no salto com vara, exercícios de apoio de atiradores e biatletas, exercícios de salto nos saltadores de esqui etc.

Praticamente, não há modalidade esportiva tecnicamente exigente que possa dispensar um treinamento complementar de técnicas. Nesta área, são exigidos métodos e experimentos e, em parte, já foram construídos aparelhos de treinamento, nos quais podem ser imitadas técnicas como, por exemplo, a fase aérea no salto de esqui, a partida de corrida de trenó ou *bobsled* etc. Apesar disso, ainda falta, na maioria das modalidades esportivas, a sistematização deste indispensável treinamento complementar de técnicas.

Figura 2.7 Treinamento por imitação no salto de esqui (saída e fase aérea).

Para a *temática* total *da sistematização do treinamento de técnicas*, pode-se estabelecer o seguinte:

O aprendizado de uma técnica esportiva no nível ótimo biomecânico, sua formação adicional para a estabilidade, a virtuosidade e a aplicação variável fazem necessária uma sistematização do treinamento de técnicas com a diferenciação de *aprendizado motor, treinamento de aquisição de técnicas, treinamento de aplicação de técnicas* e o *treinamento adicional de técnicas.*

A *aquisição de técnicas* por meio de muitas repetições no nível ótimo biomecânico só pode ser conseguida quando o treinamento pode ser realizado sob condições quase iguais. Deve resultar em elevado grau de estabilidade das técnicas.

Entretanto, o *treinamento de aplicação de técnicas* deve desenvolver a imposição de técnicas estáveis sob as respectivas condições variáveis da modalidade esportiva. Ele tem de resultar em aquisição de experiências variadas.

Em virtude dos diferentes objetivos – primeiro, a fixação de habilidades e segundo, o exercício de sua disponibilidade variável –, estes dois tipos de treinamento de técnicas necessitam de dois métodos diferentes de treinamento.

Em modalidades esportivas com um componente elevado de técnicas, o treinamento somente de técnicas não é suficiente para a aquisição, a estabilização e o virtuosismo da técnica. Ele deve ser complementado por determinados programas de formação adicional, treinamento por imitação, principalmente treinamento de coordenação etc. Este *treinamento adicional de técnicas* ainda está sujeito a achados ocasionais e à imaginação individual, e, na minoria das modalidades esportivas, é sistematizado por programas.

2.3 O aprendizado de capacidades coordenativas

2.3.1 Conceito e importância

O aprendizado de capacidades coordenativas não é avaliado uniformemente na execução prática do treinamento, porque a exigência de coordenação é variada. Quando velocistas falam de corridas de coordenação, eles pensam em corridas que organizem as coordenações inter e intramuscular, isto é, o comando de agonistas e antagonistas, bem como a seqüência de recrutamento no músculo em nível espinhal (seção 3.3.3.3). No treinamento infantil, o aprendizado de capacidades coordenativas tem outro significado. Neste caso, deve-se desenvolver uma variedade de movimentos não específicos de modalidade esportiva, a capacidade de aprender rapidamente movimentos, adaptá-los a situações, ser hábil com os movimentos, ágil e rápido em reações. Ainda poderiam ser mencionados outros exemplos para o entendimento prático das capacidades coordenativas. Na definição do conceito, orientamo-nos nos trabalhos de Hirtz (1985, p. 17):

Definição:
Capacidades coordenativas são qualidades de seqüência de processos de condução motora, específicas e, de acordo com a situação, baseadas em experiências motoras.

Elas são, portanto, precondições de desempenho para o domínio especialmente de exigências coordenativas, e desenvolvem-se na base de mecanismos funcionais do sistema nervoso central. Por este motivo, sua eficiência e definição mostram-se principalmente também no aprendizado de habilidades motoras esportivas, na sua disponibilização em situações variadas e na transformação de possibilidades energéticas de condicionamento em desempenhos de habilidades.

Sua participação real no desempenho esportivo é de difícil "medição" e comprovação. Apesar disso, deve-se admitir que um comportamento motor efetivo, de acordo com a situação, é baseado, com grande probabilidade, em experiências coordenativas gerais e na capacidade de desempenho. Na prática do treinamento, o aprendizado de capacidades coordenativas mostra-se sob as seguintes *relações* e *conteúdos:*

- No *treinamento infantil*, como oferta variada e adicional de movimentos, além da modalidade esportiva específica;
- Como *treinamento complementar de técnicas*, geralmente da capacidade coordenativa dominante para a estabilização e a disponibilidade variável, como pôde mostrar o exemplo do aprendizado de equilíbrio no esqui alpino;
- Pela *atividade de outra modalidade esportiva*, além da modalidade específica, assim como os saltadores de esqui jogam sistematicamente vôlei, saltam no trampolim etc.

Todavia, também se observa que no treinamento é praticado o aprendizado de capacidades coordenativas com conteúdos não específicos de modalidade esportiva, orientado no equilíbrio, na reação, no ritmo etc.

2.3.2 O modelo da coordenação motora

A idéia fundamental de que os programas de comando armazenados participam da realização de seqüências motoras consta de todas as *idéias de modelos da coordenação motora*. Além disso, impôs-se a idéia de que coordenações objetivadas são baseadas em informações sensoriais de *feedback*. Comandos independentes do *feedback* são admitidos somente em movimentos extremamente rápidos (balísticos). De acordo com Roth (1987, p. 192), em geral, a coordenação motora é apresentada, atualmente, por modelos de circuito de regulação de *feedback* e orientados no erro, os quais são denominados de teorias fechadas ou do esquema.

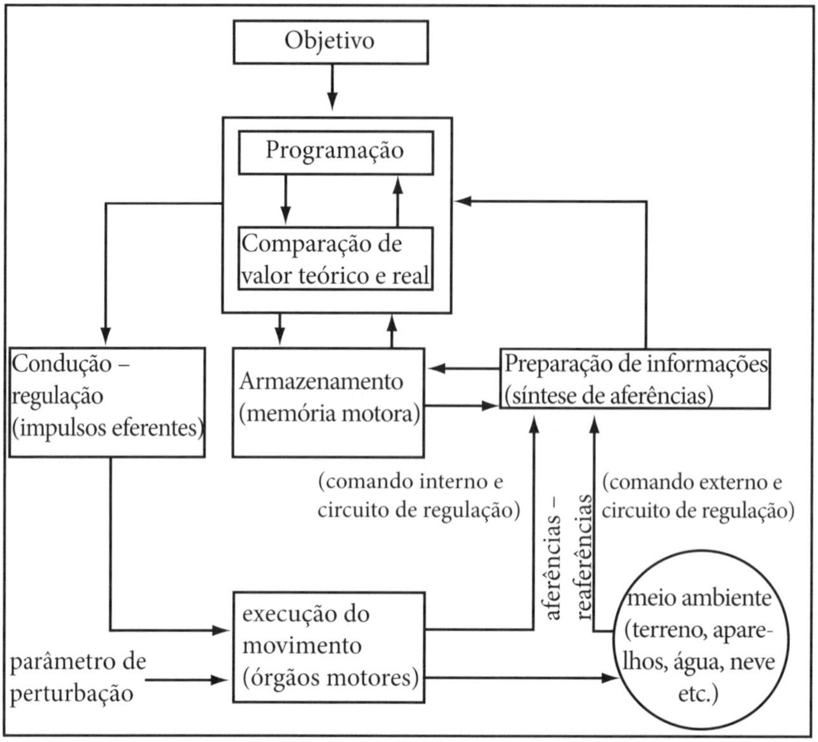

Figura 2.8 Modelo da coordenação motora (Meinel & Schnabel, 1987, p. 66).

Os principais processos parciais destas teorias da coordenação motora são os seguintes:

- A recepção e preparação de informações orientadoras e motivadoras por meio de analisadores;
- A programação da seqüência motora e a antecipação do resultado, com base nos objetivos de ação, nas informações sensoriais sobre a situação inicial e na avaliação da memória motora;
- A emissão dos impulsos de comando para a musculatura (inervação);
- A execução do movimento pelos órgãos motores em ação recíproca de forças musculares e externas;
- O *feedback* constante com relação à seqüência motora;
- A comparação do *feedback* com o objetivo antecipado e o programa (comparação de valor teórico e real);
- A emissão de impulsos de regulação (comandos de correção aos músculos) (Roth, 1987, p. 192).

Na seção 2.4, serão descritas as relações neurofisiológicas.

2.3.3 As capacidades coordenativas

Durante a pesquisa da motricidade, as capacidades coordenativas surgiram como diferenciação de um *complexo* que, por muito tempo, foi denominado, na teoria do treinamento, com o conceito de *agilidade*. Entretanto, desde a metade dos anos 1960, tenta-se estruturar esta área por meio de procedimentos científicos. Na prática esportiva, ganham importância principalmente as diferenciações de Hirtz (1977, 1985), Meinel & Schnabel (1987) e Harre. De acordo com Hirtz (1985, p. 17), as capacidades coordenativas atualizam-se em *programas de ação*, na *velocidade*, na *maneira do aprendizado* de habilidades motoras ou técnicas esportivas, bem como em *aplicações adequadas à situação*. Este autor diferencia cinco capacidades coordenativas: (1) a *capacidade de diferenciação cinestésica*, pela qual os movimentos recebem sua diferenciação detalhada e o escalonamento devido, principalmente, a informações cinestésicas dos músculos e dos tendões; (2) a *capacidade espacial de orientação* é baseada em observações e processamento de informações, principalmente ópticas, para o comando motor de orientação espacial; (3) a *capacidade de equilíbrio* abrange a manutenção e a restauração do equilíbrio em situações alternadas, e a solução de tarefas motoras com condições instáveis de equilíbrio; (4) a *capacidade complexa de reação* é a iniciação e execução adequada de ações motoras de pouca duração a partir de sinais distintos; (5) a *capacidade de ritmo* determina o registro, a armazenagem e a representação de estruturas pretendidas e dinâmicas de tempo, e contidas no próprio movimento.

Harre (1988, p. 187) vê a diferenciação e a importância de capacidades coordenativas relacionadas mais ao treinamento esportivo e, principalmente, à otimização no aprendizado de capacidades motoras esportivas. Como diversas modalidades esportivas, no âmbito de seu treinamento específico de coordenação, baseiam-se na diferenciação de Harre, este modelo também é apresentado aqui. Ele divide a coordenação em sete capacidades: (1) a *capacidade de associação* coordena movimentos parciais do corpo, diversos movimentos e operações a um movimento global objetivo; (2) a *capacidade de orientação* determina a mudança de posição do corpo no espaço e tempo e, com isso, é a capacidade para a antecipação orientada no espaço e no tempo, e para o comando motor; (3) a *capacidade de diferenciação* possibilita a sintonia fina de diversas fases do movimento, e diferencia com precisão parâmetros de força, espaço e tempo; (4) a *capacidade de equilíbrio* permite manter formas de equilíbrio estático e dinâmico durante e após as execuções e restabelecê-las; (5) a *capacidade de reação* é a capacidade de poder reagir a sinais em determinado momento e com a velocidade requerida pela tarefa (seção 3.3.3.1); (6) a *capacidade de reorientação* representa a base para adaptar o programa de ação a novas realidades, em caso de mudança de situação. (7) A *capacidade de ritmo* permite adaptar movimentos a ritmos pretendidos externa e internamente (este princípio deve ser visto como complementação do modelo de Hirtz).

Apesar de vários esforços científicos e formações de modelos, para a coordenação ainda não há diferenciação para diversas capacidades aproximadamente exatas, como é o caso do condicionamento. A constatação de Mattausch (1973), levantada há anos, de que a penetração científica de componentes coordenativos do desempenho estaria no começo, ainda vale hoje, apesar de todos os esforços de trabalhos como o de Hirtz et al., por exemplo. Com base em Frey (1977), pode-se constatar, resumidamente, o seguinte: *as capacidades coordenativas abrangem o poder de aprender movimentos, com relativa rapidez, e dominar ações motoras de maneira segura e efetiva, em situações previsíveis e imprevisíveis.*

2.3.4 O aprendizado de um nível geral universal de capacidades coordenativas

O aprendizado de um nível geral universal de capacidades coordenativas orienta-se, freqüentemente, no *modelo de divisão de conteúdo* de Hirtz (1985). Do ponto de vista do método, as capacidades coordenativas podem ser desenvolvidas por meio de *formas de exercícios exigentes na coordenação*. Essas são formas de exercícios, primeiro, novas e não habituais; segundo, complexas e difíceis; e, terceiro, com seqüências motoras dificultadas por variações e/ou combinações. Os jogos esportivos, principalmente, possuem muitas possibilidades para o desenvolvimento de capacidades coordenativas (Hirtz, 1985, p. 73). *Portanto, para todas as modalidades esportivas individuais, a realização, tecnicamente exigente, de jogos esportivos significa também um desenvolvimento amplo de um nível "complexo" de capacidades coordenativas.* Isso porque os métodos mais importantes para o aprendizado de capacidades coordenativas são a *variação dos exercícios* e *as variações na execução motora e das condições dos exercícios*. Estas exigências metódicas são sempre inerentes aos jogos esportivos. Um nível geral universal pode ser desenvolvido também de maneira específica. Isso tem significado principalmente no *treinamento infantil*, além do *aprendizado motor específico de modalidade esportiva*, durante o *aprendizado universal* exigido. A este respeito, deveriam ser exercitadas, sistematicamente, as cinco capacidades coordenativas seguintes, diferenciadas por Hirtz.

A *capacidade de diferenciação* é exercitada por meio de *tarefas de diferenciação*, nas quais é importante, para uma solução bem sucedida, diferenciar e processar informações sobre as características espaciais e temporais dos movimentos próprios, por meio do grau de tensão e relaxamento muscular. Com isso, as tarefas de diferenciação têm uma relação estreita com tarefas de orientação. Tarefas de diferenciação devem ser executadas com grande precisão do movimento. Exemplos:

- Arremessos a um alvo com diferentes aparelhos e formas de arremesso;
- Saltos a um alvo, com diferentes formas de salto, zonas de alvo, alturas de salto e distâncias de salto, a partir da posição parada e com diferentes ritmos de partida;
- Exercícios de tensão e relaxamento;
- Corridas com mudança exata de velocidade.

A *capacidade de orientação* é exercitada por meio de *tarefas de orientação*, com as quais devem ser determinadas a posição e a situação do corpo no espaço, as condições espaciais de jogadores próprios e adversários, e aparelhos de jogo. Além dos jogos esportivos, a capacidade de orientação é exercitada principalmente por meio de "jogos pequenos". Exemplos são dribles de bola, queimada de campo a campo, peteca com três campos, alerta, queima de vôlei, taco e muitos outros. As tarefas de orientação são ligadas estreitamente a tarefas de diferenciação.

A *capacidade de equilíbrio* é exercitada por meio de *tarefas de equilíbrio*, com as quais devem ser treinados a manutenção do equilíbrio ou seu restabelecimento. Exemplos:

- Movimentos de rotação, saltos de rotação;
- Exercícios no banco de ginástica virado e na trave;
- Movimentos de rotação do minitrampolim para pisos macios.

A *capacidade de reação* é exercitada por meio de *tarefas de reação*, com as quais aprende-se a reagir a sinais ópticos e acústicos, e a objetos em movimento. Nas tarefas de reação, é importante a constante variação dos momentos de emissão do sinal.

A *capacidade de ritmo* é exercitada por meio de *tarefas de ritmo*, com as quais deve ser aprendida, principalmente, a estrutura dinâmica no tempo dos ritmos previstos de movimentos. Exemplos:

- Ritmos de corrida, salto e pulos;
- Diferentes ritmos no drible, no arremesso e na pega;
- Combinações de dança e ginástica.

2.3.5 Aprendizado de capacidades coordenativas como treinamento complementar de técnicas

Um conteúdo substancial do treinamento complementar de técnicas é, entre outros, o *desenvolvimento específico de modalidade esportiva e de desempenhos específicos de coordenação.*

Segundo Schramm (1987, p. 267), o aprendizado das capacidades coordenativas não é ressaltado como parte separada do treinamento, quando os conteúdos do treinamento de técnicas são determinados pelo aprendizado e aperfeiçoamento de habilidades motoras esportivas, tendo em vista o desenvolvimento paralelo dessas habilidades e capacidades coordenativas. Ele vê a ligação da técnica esportiva e das capacidades coordenativas da seguinte maneira: na fase do treinamento de técnicas, caracterizada pelo aprendizado constante e aperfeiçoamento de habilidades gerais e específicas, há sempre um desenvolvimento paralelo das habilidades e das capacidades coordenativas, de modo que estas não precisam ser treinadas separadamente. Somente com base em técnicas dominadas e suas aplicações variáveis, e de acordo com a situação, os detalhes determinantes do desempenho das capacidades coordenativas são especialmente desenvolvidos, apresentando-se como "treinamento complementar de técnicas" e, com isso, como conteúdos de treinamento independentes. Um exemplo para esta opinião é o aprendizado específico de equilíbrio no esqui alpino.

Para o treinamento da natação, isso significa, por exemplo, segundo Schramm (1987, p. 268): como aprendizado das capacidades coordenativas, é "entendida a definição acentuada de comandos motores relevantes para o desempenho", que se estrutura com base nas formas finas das técnicas de natação já dominadas.

Também de acordo com a nossa opinião, o aprendizado das capacidades coordenativas é uma parte integrante de todo sistema de treinamento de técnicas com as partes de *treinamento de aquisição de técnicas, treinamento de aplicação de técnicas* e *treinamento complementar de técnicas*. Todavia, é tarefa do *treinamento complementar de técnicas* desenvolver especialmente as capacidades coordenativas relevantes para o desempenho, para a garantia da *estabilidade*, da *virtuosidade* e da *aplicação variável de técnicas, de acordo com a situação*. Em dois exemplos específicos de modalidade esportiva, é mostrado como as capacidades coordenativas são exercitadas no contexto do treinamento adicional de técnicas.

1- *Natação*

Neste exemplo, referimo-nos a Schramm (1987, p. 279): primeiro deve-se constatar, entretanto, que não há métodos específicos para o aprendizado de capacidades coordenativas. Valem os mesmos princípios metódicos, como no aprendizado motor e no treinamento de técnicas.

Os conteúdos para o aprendizado de *capacidades coordenativas gerais* são, entre outros:

- natação com barreiras;
- mergulho de distâncias com mudança de direção;
- drible de pólo aquático;
- jogo de pólo aquático.

Os conteúdos para o aprendizado de *capacidades coordenativas específicas* e *particularidades coordenativas* são:

- nado em raias com mudança após pequenas distâncias parciais;
- combinação de movimentos dos braços e das pernas com diversas técnicas de nado;
- mudança do número de movimentos das pernas em cada ciclo do braço;
- rolos, giros em torno do eixo longitudinal, virada livre;
- nado com freqüências pré-estabelecidas dos movimentos;
- mudança da freqüência dos movimentos com a mesma velocidade de nado;
- mudança da velocidade de nado com a mesma freqüência dos movimentos.

2- *Ginástica em aparelhos*

Este exemplo (Schmidt, 1987, p. 37) é baseado nas diferenciações das capacidades coordenativas, segundo Herre (seção 2.3.). São exercitadas, principalmente, as capacidades associação, de equilíbrio estático e diferenciação.

A *capacidade de associação* é parte constante, no treinamento, de elementos interligados. No treinamento de principiantes, devem ser solucionadas tarefas de exercícios de ginástica, para definir especialmente esta capacidade, por exemplo:

- movimentos simultâneos e iguais dos braços ou dos braços e das pernas;
- combinação de movimentos iguais e simultâneos dos braços com movimentos desiguais das pernas;
- mudança de uma forma motora para outra, por meio de seqüências de movimentos desiguais do tronco, dos braços e das pernas.

O aprendizado específico da *capacidade de diferenciação* deve dar aos ginastas, principalmente, a possibilidade de manter os ângulos necessários do corpo com grande precisão, bem como a tensão muscular correta. Isso deve ser conseguido pelo controle óptico próprio dos esportistas e por meio da formação adicional do registro consciente das sensações de tensão na musculatura, em determinadas posições angulares.

No aprendizado da *capacidade de equilíbrio estático*, devem ser compensados desvios da posição deste equilíbrio, na posição de avião e na parada de mãos (por exemplo, programa de parada de mãos). Por isso, são realizadas, por exemplo, paradas de mão com diferentes posições da cabeça em aparelhos baixos e muito altos, em diversos aparelhos com diferente estabilidade e com várias rotações etc.

Resumidamente, pode-se estabelecer a seguinte regra: no treinamento do desempenho, o aprendizado de capacidades coordenativas é executado principalmente como treinamento adicional de técnicas. Ele serve à estabilização e à possibilidade de execução virtuosa das habilidades específicas esportivas.

2.4 Modelos científicos explicativos para a motricidade

A *motricidade* abrange a totalidade das estruturas e funções de comando que originam *movimentos*. Ela é baseada em funções e estruturas de determinadas áreas parciais do *sistema nervoso central* (SNC). Para entender os processos motores, primeiramente, daremos, com base em Schmidt (1977, p. 180), uma visão geral sobre os centros motores do SNC, sob ponto de vista neurofisiológico. Consideramos necessários os conhecimentos sobre a ação conjunta de centros motores para o entendimento dos efeitos e métodos do treinamento de técnicas.

2.4.1 Centros motores supra-espinhais

Acima da medula (supra-espinhal) estão localizados os seguintes centros motores: o córtex motor no córtex cerebral, os gânglios da base e o cerebelo, bem como o tronco encefálico. As setas da Figura 2.9 representam, de maneira esquemática, o fluxo de informações destes centros entre si. Uma posição-chave no processo do comando motor tem o córtex motor. Ele atinge os centros motores da medula, tanto através do tronco encefálico, como através de uma via direta (trato cortiço-espinal). O córtex motor é a última estação supra-espinhal para a transformação das ações motoras, induzidas no córtex associativo, em programas motores. Com ele, inicia-se a cadeia de estruturas de comando, responsáveis pela execução do movimento.

O *tronco encefálico* engloba somente alguns núcleos motores menores. Os *gânglios da base* estão localizados na imediata proximidade do *tálamo*, que representa o núcleo sensível mais importante do cérebro, mas está incluído no sistema motor somente com alguns núcleos. Os gânglios da base são um importante elo entre o córtex motor e o córtex cerebral todo. Sua tarefa consiste em cooperar nas transformações dos planos de ação, partindo do córtex associativo em programas motores correspondentes. Os gânglios da base devem ser responsáveis, principalmente, pela iniciação e execução de movimentos lentos. Eles e o *cerebelo* são centros hierarquicamente iguais. As fibras eferentes dos núcleos do cerebelo influenciam, em parte o córtex motor, através do tálamo, em parte diretamente os centros motores no tronco encefálico. O cerebelo ainda é responsável pela programação de movimentos rápidos e pela sua correção. Esta *motricidade espinhal* será descrita na seção 3.3.3.3.

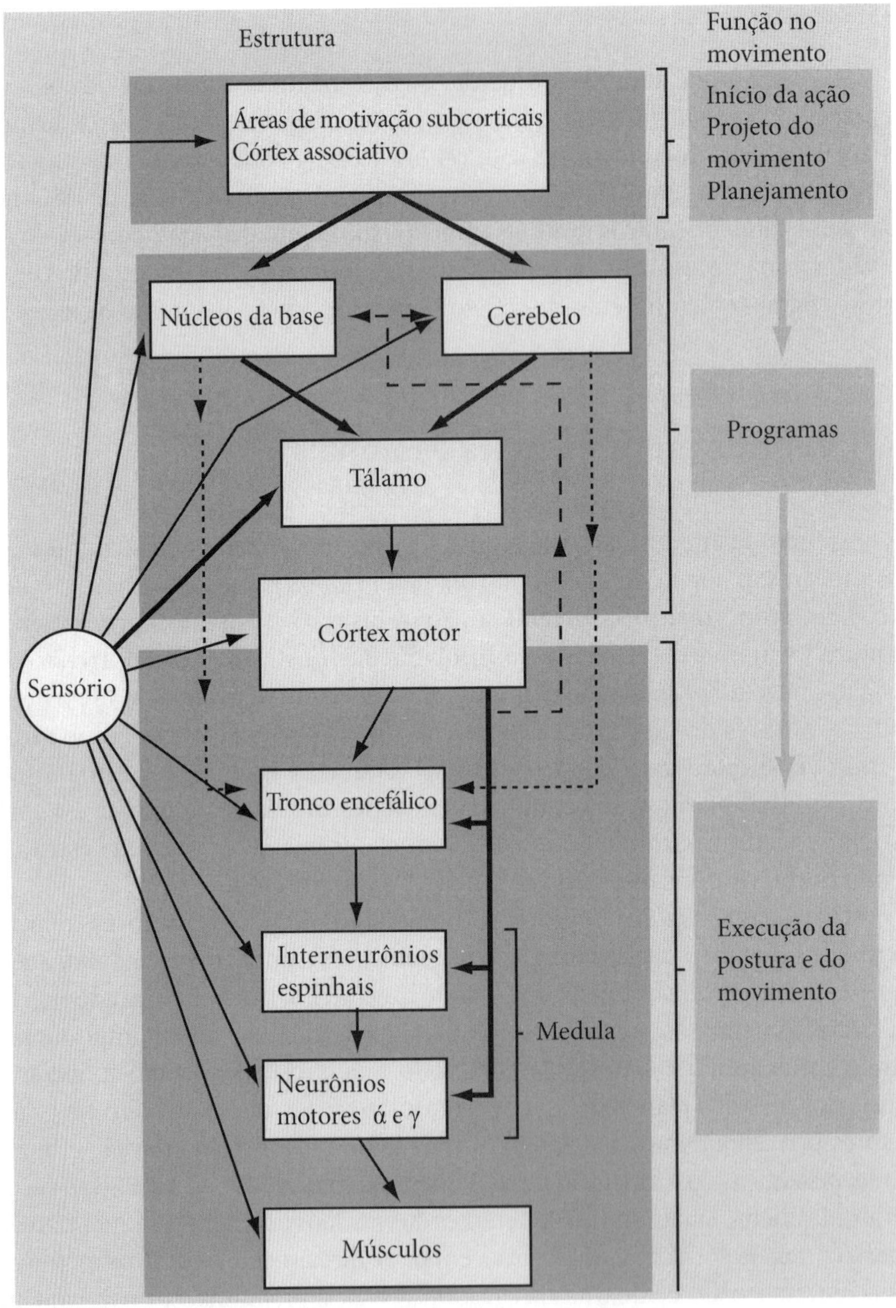

Figura 2.9 Diagrama de blocos dos centros motores supra-espinhais e espinhais com fluxos sensoriais unidos (SCHMIDT, 1977, p. 181).

2.4.2 A ação conjunta do córtex cerebral e do cerebelo

Do ponto de vista neurofisiológico, no exercício de movimentos são formados *padrões de sinais* pelo córtex cerebral, enviados através das *vias* do sistema nervoso à *musculatura*. Os músculos formam uma força que influencia, através do *aparelho motor passivo*, o movimento de partes do corpo e do corpo todo. Ao mesmo tempo, o *córtex cerebral* recebe, através de várias "vias", *feedback* sobre o resultado dos padrões de sinais por ele formado. Em primeira aproximação, as regiões do córtex cerebral podem ser divididas em três áreas funcionais: o *córtex mental* (córtex cerebral), o *córtex somatossensorial* e o *córtex motor* (Lehnertz, 1986b, p. 28; 1990b, p. 123).

Destas relações, pode-se perceber quais tarefas são efetuadas prioritariamente pelas áreas do córtex cerebral. Na seção seguinte, serão descritas as funções do *cerebelo*, uma parte essencial do *córtex motor* como depósito de habilidades. Será descrito por que desempenhos esportivos são somente possíveis quando há determinada quantidade de habilidades motoras esportivas no cerebelo. Mas isso é apenas *uma* condição mínima do desempenho, pois, visto globalmente, todo movimento objetivado é uma realização total do SNC, devendo o córtex cerebral usar, necessariamente, as unidades subordinadas ao SNC. Nisso, valem os seguintes princípios: (1) todo movimento objetivado é uma *realização global coordenativa do SNC*, sob comando do córtex cerebral; e (2) as idéias de movimentos do córtex cerebral somente podem ser transformadas em movimentos reais com a *ação conjunta de unidades subordinadas ao SNC*.

2.4.2.1 O córtex cerebral como central de comando

Quando executamos um movimento esportivo, não há a possibilidade de pensar em todas as unidades do movimento. Devido à pequena capacidade do córtex mental (córtex cerebral) para processos conscientes, a atenção pode ser dirigida, simultaneamente, para poucos detalhes de uma ação esportiva. Por exemplo, os jogadores de tênis têm consciência de jogar *forehand long line*. O córtex cerebral, que comanda os processos conscientes, não percebe como isso ocorre dentro do corpo. Apesar disso, o movimento é executado sem erros por jogadores bem treinados e todos os músculos trabalham coordenados, graças às habilidades armazenadas dentro do cerebelo (Lehnertz, 1990b, p. 124).

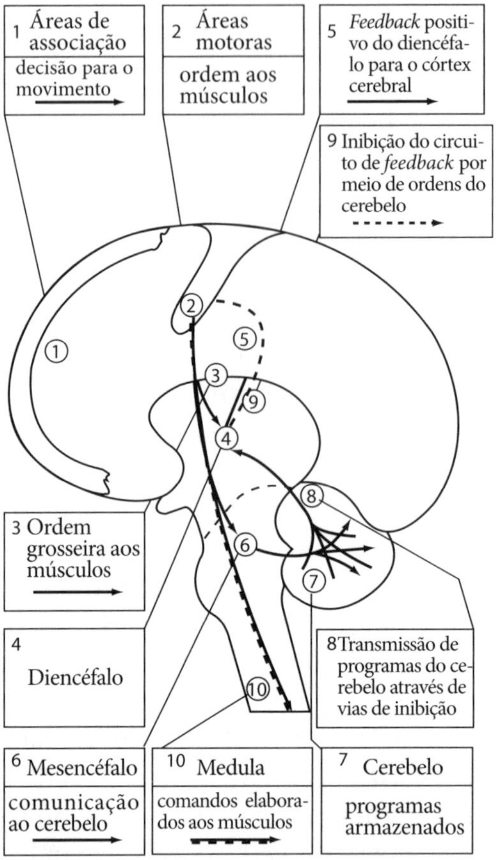

Figura 2.10 Ação conjunta do córtex cerebral e do cerebelo na coordenação de movimentos (Miram e Scharf, 1981, segundo Eccles, 1979).

O córtex motor, e em movimentos rápidos principalmente o *cerebelo*, é responsável pelo trabalho fino dos músculos no comando do movimento. De acordo com a Figura 2.10, o processo do comando do movimento pode ser explicado da seguinte maneira: a decisão para o movimento origina-se nas áreas de associação do córtex cerebral (1). Ele contém a informação sobre as partes do corpo que devem executar o movimento. Esta decisão é enviada às chamadas áreas motoras (córtex motor) (2), que possuem células nervosas específicas para todas as partes musculares. Estas células nervosas enviam a ordem para formar força nos músculos dos membros inferiores e superiores, necessária para o movimento (3). Somente em virtude destas ordens, o movimento seria executado de maneira muito grosseira e com coordenação insuficiente, ampliando a imprecisão ainda pelos impulsos do diencéfalo, uma parte do córtex somatossensorial (tálamo) (5). Ao mesmo tempo, a ordem grossa vai para o cerebelo através de conexões transversais (6). Lá estão armazenados programas para todos os movimentos exercitados, que contêm informações para a coordenação fina do trabalho muscular (7). Com base nestes programas motores (de habilidades), o cerebelo amortece, com sinais inibidores, os impulsos no círculo de *feedback* (8) de maneira que as células nervosas das áreas motoras somente emitem ordens que correspondem exatamente aos movimentos previstos (9). Uma ordem modelada desta maneira chega, através da medula, aos músculos dos membros participantes (10), e faz com que, finalmente, formem força de maneira bem sintonizada e coordenada.

Este processo pode ser resumido da seguinte maneira: a solução de tarefas motoras esportivas ocorre sob a condução do córtex cerebral, com base nos programas de habilidades armazenadas no cerebelo. A precisão dos programas armazenados no cerebelo, muito variada, depende do volume e da intensidade de treinamento do movimento. Os atletas de alto nível têm, para as formas motoras mais importantes de sua modalidade esportiva, armazenados no cerebelo programas que trabalham com muita precisão e eficiência, apropriados por meio de treinamento de técnicas durante muitos anos. Mas, em classes de desempenho mais altas, não basta mesmo a técnica mais brilhante. Somente os de mais alto nível devem ser capazes de usar, da melhor maneira possível, a capacidade técnica em qualquer situação (LEHNERTZ, 1990b, p. 127).

Freqüentemente, competições são vencidas, principalmente, em modalidades esportivas de luta e de jogos, por atletas que conseguem uma vantagem em situações surpreendentes. Para o domínio de situações de competição inesperadas, surpreendentes e eventualmente "desconhecidas", também é indispensável a ação conjunta do córtex cerebral e do cerebelo. A importância da capacidade de desempenho do córtex mental é maior quanto mais surpreendente for a situação e quanto menos exercitados forem os movimentos necessários para o domínio da situação. Nestes casos, o córtex cerebral não deve somente acionar programas correspondentes no cerebelo, mas, primeiramente, reconhecer a situação e depois escolher, entre as possíveis alternativas de ação a mais promissora. Certamente, durante uma "pausa para pensar" para preparar a ação, também pode mudar o objetivo. Por este motivo, freqüentemente processos de decisão não estão concluídos, mesmo quando a ação motora já está iniciada. Por exemplo, no tênis os jogadores ainda podem decidir durante a corrida à bola, onde e como querem jogar a *backhand*. Com isso, fica claro o grau de participação do córtex cerebral na coordenação de movimentos relacionados ao esporte (LEHNERTZ, 1990b, p. 127).

2.4.2.2 Cerebelo, o depósito de habilidades

A capacidade de coordenar movimentos objetivados, de acordo com a situação, é o resultado de *processos de aprendizado*, que causam mudanças estruturais no SNC. O resultado das mudanças neurais, causadas pelo aprendizado e pelo exercício, é chamado por psicólogos geralmente de *memória*, e quando relacionado especificamente a experiências motoras, fala-se *memória motora* (LEHNERTZ, 1986a, p. 5). Na área da neurofisiologia, os rastros de memória são descritos como *conceito de engrama*, com relação à introdução do conceito de treinamento de aquisição de técnicas, e que será apresentado mais detalhadamente.

Esquematizado de maneira simplificada, do ponto de vista *psicológico*, uma tarefa motora é solucionada quando, após a percepção de uma situação que exige um movimento e por meio dos processos de motivação ligados a isso, ocorre uma ação motora. Principalmente em movimentos rápidos, o sucesso da ação depende de como as partes de uma seqüência motora podem ocorrer sem participação da consciência, portanto, de certa maneira, *automaticamente*. Para a solução de tarefas esportivas, devem estar disponíveis, portanto, *automatismos motores* (habilidades), cujos programas estejam baseadas no "subconsciente".

Com grande probabilidade, deve-se admitir que programas para movimentos rápidos são armazenados no *cerebelo, que* é um órgão intercalado em muitos *sistemas de feedback* e, portanto, pode controlar os programas sensório-motores. Em tentativas de aprender novas técnicas motoras, há um fluxo de impulsos dos centros motores do córtex cerebral, ao qual o cerebelo é subordinado, aos neurônios motores na medula, para executar o movimento pretendido. Há um *feedback* da execução do movimento para o cerebelo através de vias de órgãos sensoriais e, caso haja erros de programação, o cerebelo atua para melhorar o desempenho. Entretanto, este mecanismo chega tarde demais em caso de movimentos rápidos, e não é suficiente para explicar a função do cerebelo em caso de movimentos rápidos e exatos (LEHNERTZ, 1990b. p 127).

Na *coordenação* de movimentos rápidos e objetivos, o cerebelo participa da *programação* capacitado por meio das experiências armazenadas durante os processos de aprendizado e exercício. Em caso de movimentos já dominados, antes de seu início são descarregados neurônios do cerebelo que participam da moldagem do *programa final*. Portanto, se no córtex cerebral foi tomada a decisão para a execução do movimento, há uma troca de informações, extremamente rápida e eficiente entre o córtex cerebral e o cerebelo. O córtex cerebral não pode iniciar uma ação sem que o cerebelo tome conhecimento imediatamente. Não há dúvidas de que o córtex cerebral seja o centro de comando, mas todas as instruções que ele manda para os neurônios motores da medula entram imediatamente no "sistema computacional" do *córtex do cerebelo*. Supõe-se que o *input* é processado no córtex do cerebelo por meio de seus *depósitos de memória* e, após mais um processamento nos núcleos do cerebelo, devolvido para a mesma região motora do córtex cerebral (Eccles, 1979, p. 168).

Hoje, os neurofisiologistas aceitam, geralmente, que atividades neurais intensivas deixam rastros no SNC, que aparecem primeiramente em chamados *engramas dinâmicos*. Entende-se, com isso, uma organização neural dentro do cérebro, baseada em uma formação específica de padrões de transmissão de impulsos, que se mantêm por algumas horas e existe somente devido a este processo estruturado de maneira prolongada. Supõe-se que as sinapses participantes na formação do padrão de impulsos sejam muito sensíveis a estímulos repetidos durante o tempo do engrama dinâmico. Ao aprendizado de habilidades motoras de técnicas esportivas, é importante que, para a estabilização de um padrão motor avaliado como correto e, portanto, digno de ser armazenado, ocorra a próxima tentativa antes da extinção do engrama dinâmico. Neste caso, o padrão de impulsos neurais é "fixado" por meio de mudanças permanentes das sinapses envolvidas, e se torna um engrama permanente, expresso psicologicamente: torna-se domínio da memória. Por outro lado, o domínio da memória motora esportiva é idêntico ao repertório de técnicas esportivas (Lehnertz, 1986a, p. 6; 1990b, p. 132).

Trataremos novamente deste fato com relação a questionamentos metódicos.

2.5 Métodos no treinamento de técnicas

2.5.1 Um conceito metódico geral para a aquisição de habilidades

No início do capítulo, foi mencionado que, na elaboração do conteúdo do treinamento de técnicas, a teoria do treinamento baseia-se principalmente em conceitos da teoria da motricidade, o que vale, principalmente, para a metodologia do treinamento de técnicas. Ela se baseia, na maioria dos autores (Martin, 1977; Letzelter, 1978; Weineck, 1980; Harre, 1986; Grosser & Neumaier, 1982), em teorias do *aprendizado motor* e na *coordenação motora*. Com isso, geralmente é associada à seqüência de fases do aprendizado motor, segundo Meinel (1960) e Meinel & Schnabel (1987), ou seja, o desenvolvimento da *coordenação grossa, da coordenação fina* e da *estabilização*, com as medidas metódicas necessárias da transmissão e do exercício. A Tabela 2.2 fornece uma visão geral sobre este assunto.

Tabela 2.2 Comparação entre fases de aprendizado, medidas metódicas e objetivos (Martin, 1977, p. 223)

Fase/etapa de aprendizado	**Medidas metódicas**	**Objetivo na respectiva fase do aprendizado/etapa de aprendizado**
Preparação para o exercício objetivado Coordenação grossa do exercício objetivado	Exercício elaborado	Pré-formas do exercício objetivado Coleta de experiências motoras fundamentais
Coordenação fina do exercício objetivado	1. Formas de apresentação	Forma grossa global do exercício objetivado
	Informações visuais	Forma fina do exercício objetivado, treinamento consciente
	Demonstrar Mostrar Apresentar *Informações verbais* Descrição do movimento Explicação do movimento Exigência do movimento 2. Tarefas de observação 3. Reflexão	
Estabilização e fixação do exercício objetivado	1. Apresentação de detalhes	Aperfeiçoamento da técnica esportiva,
	2. Ligação de partes isoladas com exercícios específicos de condicionamento	Estabilização dos processos centrais,
	3. Experimentar	Aprendizado da consciência e dos projetos mentais das ações
	4. Aplicação de situações extremas e de estresse	
	5. Uso do pensamento e de outros processos centrais	

Este conceito pode ser resumido da seguinte maneira: no início do aprendizado de técnicas para desenvolver pré-formas, formas fundamentais e, mais tarde, a forma bruta global, é usado o método do "exercício da elaboração". A característica principal é a constante troca de informações entre o professorde esporte e o esportista, com base na associação externa de *feedback*. Com isso, as atividades dos dois sobrepõem-se constantemente entre o exercício (os que aprendem) e a instrução motora (os que ensinam), exercitar e demonstrar, exercitar e ajudar, exercitar e novas tarefas etc. O comportamento dos que aprendem é, em parte, receptivo (percepção de informações) e, em parte, produtivo (exercitar). A tarefa mais importante dos que ensinam é a constante condução da atividade dos atletas. Eles registram imediatamente as execuções motoras dos atletas, avaliam-nas e dão, no processo de *feedback*, novas instruções motoras e novas tarefas, ajudam, elaboram auxílios no terreno, demonstram e mandam demonstrar novamente etc. (Stiehler, 1974. p. 199). O objetivo da etapa do aprendizado correspondente não deve ser visto somente no aprendizado da forma grosseira, mas também para buscar uma *experiência motora universal*. Ela pode ser adquirida melhor na universalidade do "exercício elaborado" que com outros métodos. Com o aumento da coordenação fina, o exercício elaborado não basta. Então, são usados métodos da produção unilateral de informação, resumidos sob a denominação superior de "formas de apresentação". Quando se começa a estruturar o movimento de coordenação fina, a produção de informações parte unilateralmente, sobretudo, dos que ensinam. Inicialmente, a descrição dos movimentos e a demonstração são usadas como informação audiovisual. Na demonstração, os que aprendem recebem primeiramente uma idéia visual da seqüência espacial. Na repetição da demonstração, também recebem as relações temporais da execução do movimento. É importante que: (1) a demonstração corresponda ao comportamento motor esperado, e ainda não a um tipo ideal; (2) a demonstração seja repetida várias vezes; (3) a demonstração seja feita, conscientemente, em câmara lenta para reduzir a grande densidade de informações; (4) as principais fases do movimento sejam demonstradas exageradamente (Fetz, 1973, p. 83; Stiehler, 1974, p. 192).

A demonstração é unida à descrição do movimento para uma informação audiovisual. As instruções sobre movimentos são textos básicos curtos, que descrevem, com poucos conceitos inequívocos, o comportamento motor esperado pelos que aprendem. Elas não contêm "informações fundamentais". Um erro muitas vezes constatado na prática do treinamento é que, já no estágio inicial na formação de uma habilidade, há explicações e informações demais que não podem ser assimiladas pelos que aprendem.

Somente quando a estrutura e a forma finas de um movimento estão disponíveis, inicia-se o processo denominado "aprendizado consciente". Ao contrário da fase anteriormente descrita, as informações verbais são mais amplas, precisas e explicativas, e se orientam mais no tipo ideal da técnica esportiva. Medidas metódicas são a mostra de séries de imagens, a apresentação de filmes e registros em vídeo, a explicação e a exigência do movimento. A "explicação do movimento" transmite conformidades e aponta relações de causa e efeito, fala da distância de aceleração e fundamenta sua função. Ela tenta estabelecer a compreensão de relações de conformidade. A "exigência do movimento" não se orienta, como na descrição do movimento, no comportamento motor esperado, mas nas características da técnica esportiva.

No processo do "aprendizado consciente", não podem faltar duas medidas metódicas: a tarefa da observação e a reflexão. Na "tarefa da observação" (seção 2.5.4), a atenção dos que aprendem é dirigida a características bem definidas do comportamento motor de outros ou do próprio, e são acompanhadas de reflexão. A "reflexão" é, sabidamente, a retrospectiva da atenção para "dentro", um direcionamento à vivência interna, uma consideração, um pensamento sobre a ação executada neste momento. A pergunta do treinador "qual foi sua sensação no salto?" é um apelo para a reflexão. A reflexão é extremamente eficaz no aprendizado, e forma principalmente a consciência (Martin, 1977, p. 223).

A *metodologia do treinamento de técnicas* no sentido mais restrito inicia-se apenas na estruturação do conteúdo e da organização do treinamento de aquisição de técnicas. De acordo com a opinião tradicional, esse seria o ponto de interseção (Tabela 2.2) entre a *coordenação fina* e a *estabilização* de habilidades motoras esportivas.

2.5.2 Métodos do treinamento de aquisição de técnicas

2.5.2.1 Considerações preliminares

A principal diferença entre os métodos do *aprendizado motor* e os do *treinamento de técnicas* deve ser observada pelo fato de que, nos métodos do aprendizado, estão em primeiro plano as formas do exercício e da informação, enquanto os métodos de treinamento ainda se baseiam em *solicitações* ótimas. Desta maneira, a dosagem das solicitações tem uma importante função de condução e regulação em todos os métodos de treinamento.

Com base em Werchoschanski (1988, p. 87) pode-se dizer que a relação entre o estado de desempenho de um atleta e a solicitação correta para o desenvolvimento do desempenho é, por princípio, uma questão central da ciência do treinamento. Todavia, o estado de conhecimento atual nesta área é o elo mais fraco no sistema de condução do treinamento, "que exige um trabalho científico inadiável".

Entende-se como solicitação do treinamento um *parâmetro de descrição do trabalho de treinamento* a ser cumprido, mas que, com o mesmo desenvolvimento, pode exigir *cargas* físicas e psíquicas individualmente diferentes. Através destas cargas, devem ser alcançados efeitos de treinamento. Por este motivo, no treinamento de condicionamento, através de parâmetros de solicitação, volume, intensidade, duração e densidade, é objetivada uma carga com o efeito de fadiga física, principalmente muscular, cujos processos de regeneração devem causar estados de supercompensação no organismo, com adaptações subseqüentes (seção 3.1.4, capítulo 3). Deste resumo da estruturação da solicitação, pode ser deduzida a seguinte hipótese: *Os fundamentos metódicos do treinamento de condicionamento, que descrevem as solicitações, no sentido do trabalho de treinamento a ser realizado, em volume, intensidade, duração e densidade, têm, para o treinamento de técnicas, somente validade de maneira condicional ou modificada.*

Disso resulta a pergunta: quais fundamentos metódicos teriam validade, então, para a dosagem da solicitação no treinamento de técnicas? Deve-se admitir que esta pergunta dificilmente pode ser respondida, tendo em vista o estado de conhecimento atual da ciência do treinamento. Por isso, para tratar desta problemática, devem ser apresentados algumas teorias e conhecimentos científicos que, possivelmente, possam contribuir para princípios futuros de modelos na formação da estrutura de solicitação no treinamento de técnicas.

2.5.2.2 Teorias e conhecimentos científicos com relação à problemática de solicitação

Primeiramente, a seguinte hipótese sobre a solicitação muscular do treinamento de técnicas é importante. *Reduções no desempenho da musculatura, devido à aplicação de elevadas forças de curta duração, regeneram paralelamente à re-síntese de fosfato de creatina, portanto, em poucos segundos.*

Esta hipótese pôde ser apoiada através de nossos estudos e também deve ser fundamentada mediante teorias correspondentes. A base da formação de força na musculatura consiste de reações bioquímicas, das quais resulta força mecanicamente eficiente. Com isso, um músculo pode formar força máxima pelo tempo que houver fosfato de creatina em quantidade suficiente para a re-síntese rápida de ATP (adenosina trifosfato). Por meio do fosfato de creatina, o ADP (adenosina difosfato), como resultado do uso de ATP, é re-sintetizado em ATP pela "via curta", a chamada *reação de Lohmann* e, ao mesmo tempo, são absorvidos os prótons produzidos pela divisão do ATP. Devido à rápida reposição de fosfato de creatina, após aplicações temporárias de força máxima, no caso de um *sprint*, por exemplo, um salto, mas também no exercício de habilidades de técnicas, o depósito de fosfato de creatina está totalmente pronto, em menos de três segundos, para a reação de Lohmann (ressíntese de ATP) (Küchler, 1983, p. 143; Lehnertz, 1985a, p. 32; Lehnertz & Martin, 1985, p. 39). Desta maneira, a capacidade, quase imediata, de regeneração do depósito de fosfato de creatina dá uma recuperação muscular imediata, embora havendo, ocasionalmente, concentração relativamente elevada de produtos de eliminação no sangue como, por exemplo, lactato.

Portanto, o *processo de regeneração* muscular ocorre muito rapidamente. Dessa forma, no treinamento de técnicas com elevadas exigências temporárias de coordenação rápida, dificilmente deve haver fadigas musculares. Os tempos de execução das diversas repetições de técnicas permanecem na área de disponibilização de energia anaeróbia alática, não havendo acidificação muscular causadora de fadiga.

As fadigas no treinamento de técnicas parecem ser causadas mais de maneira central-nervosa. Por isso, devemos tentar, aqui, examinar teoricamente este segundo aspecto. A função do *cerebelo* é inibidora, de acordo com Eccles (1979, p. 184). Das células dos núcleos responsáveis por seqüência motoras, vêm correntes de excitação muito fortes, porém mais ou menos difusas, modeladas em padrões de impulsos, de acordo com a intenção do movimento, por meio do efeito inibidor das células de Purkinje (seção 2.4.2.2), ao diminuir as cargas básicas por inibição. Entretanto, as precondições para o trabalho de modulação do cerebelo são as seguintes: primeiro, a existência de respectivos engramas e, segundo, a existência suficiente de *substâncias de transmissão* (Lehnertz, 1986a, p. 7).

Deve-se supor que, em caso de fadiga da capacidade de desempenho coordenativo, ocorra uma diminuição da função inibidora do cerebelo e, desta maneira, ele possa controlar os movimentos somente de forma ineficiente (Eccles, 1985, p. 356). Visto de maneira bioquímica, a função restrita do cerebelo sobre a diminuição da síntese de transmissores ocorre pela alta concentração de amônia no SNC (Lehnertz, 1986a, p. 8).

Na prática do treinamento, estas fadigas coordenativas são percebidas quando, no movimento, é necessário começar a pensar, isto é, a fadiga do cerebelo deve ser compensada por maior atividade do córtex cerebral. Com isto, mesmo seqüências motoras automatizadas, tornam-se mais conscientes e defeituosas. Esta consciência subjetiva, que faz com que, mesmo nas habilidades motoras já automatizadas, comece-se a pensar, pode ser avaliada como sinal para a diminuição da função inibidora do cerebelo.

2.5.2.3 Exigência de solicitação e métodos no treinamento da aquisição de técnicas

O treinamento de técnicas deve ocorrer em um estado sem fadiga central, para que se possa dispor sem inibição de habilidades automatizadas? Certamente, a resposta a esta pergunta não é simples, e deve ser resolvida futuramente de maneira empírica. Apesar disso, a partir da lógica, pode-se formular a seguinte tese: *O treinamento de aquisição de técnicas, como treinamento de fixação de engramas, deveria ocorrer principalmente sob condições de regeneração central-nervosa.* Entretanto, como também se deve aprender impor a estabilidade de uma técnica sob condições de fadiga central-nervosa, o treinamento de aquisição de técnicas deve levar, em determinados períodos, até a fadiga central-nervosa, para provocar um estado no qual a programação de uma habilidade exige, novamente, mais o córtex cerebral. A função do comando motor do córtex cerebral, portanto a transformação de idéias de movimentos, com necessidade consciente em padrões ótimos de impulsos neurais, é exigida principalmente no estresse extremo de competição. Sob condições de estresse, os programas de habilidades motoras altamente automatizadas e reguladoras do movimento estão sujeitos a restrições semelhantes às condições de fadiga. Desta maneira, no treinamento de técnicas sob condições de fadiga, pode ser exercitado o comportamento de técnicas esportivas para o estresse extremo na competição.

Os pontos de partida para as seguintes considerações metódicas são novamente os objetivos a serem pretendidos; (1) a "fixação de engramas das habilidades determinadas por técnicas no ótimo biomecânico"; (2) a "estabilidade e capacidade de imposição das técnicas" com condições externas e internas em mudança; e (3) a "virtuosidade da dominação de técnicas" (seção "Os objetivos do treinamento de técnicas").

O método fundamental para o treinamento de aquisição de técnicas é o superaprendizado, como já explicado. A concepção metódica do treinamento do superaprendizado deve ser composta por dois parâmetros. Primeiro, da intensidade do movimento (este conceito é usado conscientemente nesta relação, em vez da intensidade de solicitação), com a qual uma habilidade deve ser treinada, e, segundo, do número de repetições. Estes dois parâmetros, "intensidade do movimento" e "número de repetições", devem ser combinados metodicamente, de acordo com a respectiva intenção do treinamento.

Há três escalonamentos para a *intensidade do movimento* no treinamento de técnicas:

- Uma execução motora da habilidade sem aplicação plena da força numa seqüência motora cinematicamente exata e a possibilidade de controle externo;
- Uma execução motora da habilidade com aplicação plena da força para a formação da imagem interna do movimento das seqüências das forças determinantes;
- Uma execução sob pressão de tempo, maior que sob condições de competição, deve incentivar a imposição das habilidades automatizadas, sem possibilidade de usar processos de raciocínio.

Cada uma destas intensidades do movimento deve ser associada a um determinado *número de repetições*, que deve ser elaborado de acordo com a dificuldade específica da modalidade esportiva e do volume, e da duração de execução de uma habilidade isolada (pensemos na diferença de volume e tempo de um *top-spin* no tênis de mesa e de um salto triplo na patinação artística no gelo).

Na associação do *número de repetições*, partimos da seguinte hipótese: *o treinamento de técnicas deveria ocorrer principalmente sob condições central-nervosas regeneradas, mas também parcialmente sob condições central-nervosas de fadiga*. Visto desta maneira, no método de treinamento, deve-se operar, em primeiro lugar, com número de repetições que vão até o limite da fadiga. Entretanto, de vez em quando, o limite de fadiga deveria ser ultrapassado intencionalmente. A Tabela 2.3 mostra uma combinação possível de *intensidade do movimento* e *número de repetições*.

Tabela 2.3 Relação entre intensidade do movimento e número de repetições no superaprendizado do treinamento de técnicas

Intensidade do movimento		Número pequeno de repetições, abaixo do limite de fadiga central-nervosa	Número elevado de repetições, acima do limite de fadiga central-nervosa
1	Execução do movimento da habilidade, sem uso da força plena	+++	+
2	Execução do movimento da habilidade, com uso da força plena	+++	+
3	Execução do movimento sob condições de pressão de tempo	+	+

Legenda: +++ = participação boa do treinamento
+ = pequena

2.5.3 Métodos do treinamento de aplicação de técnicas

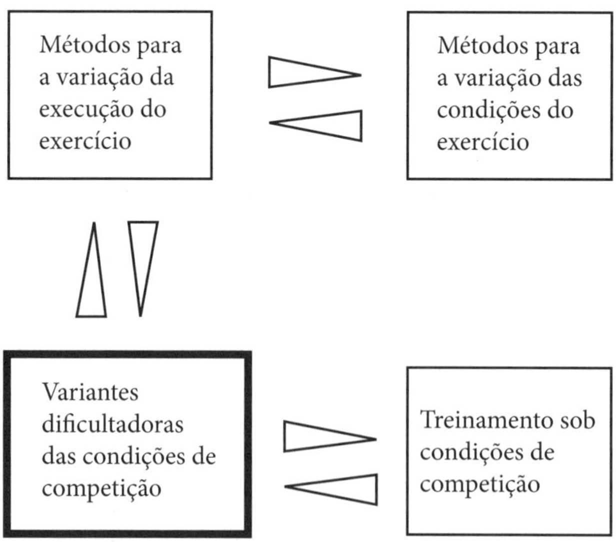

Figura 2.11 Métodos do treinamento de aplicação de técnicas (Martin, 1989, p. 12).

Na Figura 2.11, estão resumidas as medidas metódicas para o treinamento de aplicação de técnicas. Por meio destes métodos, devem ser *adquiridas* e *fixadas* as *experiências* que desenvolvam adaptações e reorientações de ações motoras a situações em mudança. Para isso, deve-se ter imaginação, porque o processo metódico consiste em construir situações que variam a execução do exercício ou suas condições, e imitam diferentes situações de competição.

2.5.4 Observações de movimentos e análise de erros no treinamento de técnicas

2.5.4.1 Fundamentos

Em métodos intensivos de aprendizado do treinamento de técnicas, ocorre um processo reciprocamente eficiente (com *feedback*) entre a idéia e a execução do movimento. Na execução do movimento, conduzido de maneira cognitiva (consciente), o papel principal é da *idéia do movimento* "certa" e do *propósito do movimento* daí deduzido. O resultado do movimento mostra sempre se a idéia do mesmo foi certa e se o seu propósito daí deduzido foi adequado (Lehnertz, 1990b, p. 159). O resultado do movimento leva a um desempenho mensurável ou observável. A percepção de *resultados de movimentos* é um componente importante do treinamento de técnicas com aspectos que se referem a processos de percepção de atletas e treinadores.

Apesar de todas as possibilidades modernas de conservar parcialmente movimentos por meio da mídia e usar as "conservas" repetidamente para a observação dos movimentos registrados, a *observação direta* ainda tem seu papel importante no aprendizado e treinamento de técnicas esportivas. Isso ocorre porque de um lado, nem todos os treinadores têm a aparelhagem necessária; e de outro, determinadas qualidades do movimento são acessíveis somente à observação direta. Trata-se principalmente de *componentes dinâmico-rítmicos* de seqüências motoras, que fogem amplamente da conservação por imagens de filme ou vídeo. Tanto pela falta da terceira dimensão, como pela representação geralmente diminuída em áreas de projeção ou monitores, não são representadas as *relações* reais *de espaço e tempo* e, desta maneira, transmitida uma imagem errada da dinâmica e do ritmo do movimento. Além disso, a prática mostra sempre como é difícil a comunicação entre treinadores e atletas, quando devem ser trocadas *informações* sobre características dinâmico-rítmicas de movimentos. Geralmente, isso só ocorre de maneira razoavelmente satisfatória quando treinadores dominam, em alto nível, a técnica a ser treinada. Neste caso, é possível transmitir parte do ritmo do movimento por meio de demonstração da seqüência motora com complementação acústica, mas a otimização da *dinâmica do movimento,* por meio do modelo do movimento dos treinadores na área de alto nível, tem seus limites naturais (idade do treinador). Em contrapartida, do nível mais baixo ao médio, a dinâmica dos movimentos pode ser influenciada eficientemente pelo modelo do movimento dos treinadores. Entretanto, deve-se considerar que os esportistas assumem tanto as particularidades positivas como negativas do modelo do treinador. Isso ocorre, às vezes, conscientemente, com mais freqüência, entretanto, de maneira inconsciente (LEHNERTZ, 1990b, p. 161).

Do fato de que *copiar*, ou melhor, assumir a dinâmica de um movimento é um processo geralmente inconsciente, resultam as seguintes conseqüências: (1) o atleta deve ter oportunidade, tantas vezes quanto possível, de observar diretamente os *modelos dos movimentos* adequados a ele; e (2) os treinadores devem ter a capacidade de perceber quais dos atletas de alto nível são adequados como *modelos para técnicas esportivas* para seus atletas.

A necessidade de observação direta de modelos de movimentos nos processos de aprendizado e exercício deve-se contrapor à problemática da visão. A *visão* não é somente um processo fisiológico, pelo qual é representado, objetivamente, o ambiente dos observadores no sistema visual. Antes, a visão é "influenciada" subjetivamente, entre outros, também pelo efeito influenciador da percepção do chamado valor esperado. Em cada percepção, entra o valor esperado do observador, que depende, em parte, do seu estado emocional. Em cada observação deveria ser lembrada a seguinte orientação: *Cada um faz a sua imagem da realidade!* (LEHNERTZ, 1990b, p. 163).

Uma parte central da competência de ação de treinadores é a *capacidade* de *identificar* erros técnicos, *interpretá-los* e *corrigi-los* adequadamente. Em geral, os erros são entendidos como desvios da norma. A identificação de desvios da norma e sua interpretação são denominadas de *análise de erros*. Ela ocorre, pelo menos no esporte de alto nível, cada vez mais com o auxílio de *aparelhos técnicos*, como filme, vídeo, câmera, processos biomecânicos de medição, etc. Apesar de todos os auxílios técnicos, a observação ainda tem uma importância extraordinária (ver acima).

A análise de erros pela observação livre está sujeita a uma série de parâmetros de influência, cujo conhecimento é importante para a avaliação da *objetividade* de um resultado de observação. Os parâmetros de influência referem-se tanto aos que observam quanto ao objeto observado. Por exemplo, os seguintes parâmetros de influência são importantes (segundo BAUMANN, 1988):

Com relação a treinadores como *pessoa que observa*:

- *Qualidade* dos conhecimentos específicos dos movimentos;
- Capacidade motora *própria*;
- *Atitude sobre a expectativa;*
- *Fadiga;*
- *Atenção;*
- *Movimento ocular;*
- *Capacidade* de memória de curto prazo.

Com relação aos *esportistas* a serem observados:

- *Nitidez* (figura e fundo);
- *Densidade dos acontecimentos* (velocidade da seqüência e duração de um movimento);
- *Tamanho* do objeto fixado para observação em função da distância.

Resumidamente, pode-se deduzir das bases psicológicas que a *análise de erros,* por meio de *observação dos movimentos,* somente é eficiente quando se desenvolvem *estratégias de observação* adequadas. A necessidade para o desenvolvimento destas estratégias de observação é devido à capacidade restrita da *memória em curto prazo.* Ela tem papel importante, pois nela deve ocorrer o processamento consciente de informações do ambiente e de conteúdos de memória de longo prazo. Como o espaço na memória de curto prazo é muito pequeno, há limites estreitos com relação à análise de erros por meio de observações livres. Portanto, as estratégias de observação devem ter o objetivo de receber informações adequadas ao respectivo *objetivo de observação* e, além disso, garantir ao observador um amplo processamento de informações. Isso exige uma condução da percepção, sendo necessário o desmembramento de um movimento em unidades (segundo BAUMANN, 1988).

Como observado acima, as percepções são comandadas pela expectativa. Pelo direcionamento da atenção, a percepção pode ser dirigida a determinadas informações numa seqüência motora. A base para a observação de movimentos são os chamados *esquemas de antecipação*, com os quais a observação é estruturada de acordo com o objetivo. Eles preparam os observadores para perceber, preferencialmente, determinados tipos de informação em detrimento a outros; eles comandam, desta maneira, a visão.

Os esquemas podem se referir tanto a um movimento, como um todo, como a partes de um movimento. Na percepção global, a observação é dirigida a *desvios da norma* com relação à qualidade coordenativa do movimento como um todo. A identificação do erro seria referida, neste caso, a desvios da norma de diversos padrões comportamentais, por exemplo, do ritmo do movimento. Por isso, na análise de erros, a percepção seletiva tem um papel superior ao de uma percepção global. Formulado de maneira generalizada, a percepção seletiva consiste na identificação e interpretação de determinadas partes do movimento, com relação a desvios de unidades padronizadas de observação. Durante uma seqüência motora, as relações espaciais do corpo com o ambiente mudam, e também mudam estas relações das partes do corpo entre si, em uma seqüência de tempo. As mudanças formam, durante a ação do movimento, posições expressivas descritíveis. Estas posições, importantes para o controle da seqüência motora, podem ser denominadas de *posições chave* (Baumann, 1988, p. 73). Na análise de erros, a atenção é dirigida para as posições-chave, determinadas com base em análises seqüenciais funcionais.

Embora as possibilidades de medição, por meio de aparelhos, de parâmetros relevantes do desempenho, como forças de reação do solo, valores de aceleração e velocidade tenham, cada vez mais aplicação na prática do treinamento, o uso de meios visuais ainda está em primeiro plano. Principalmente com o auxílio da técnica do vídeo, hoje é possível fazer um controle permanente de movimentos, com custos relativamente baixos. Mas este controle somente é conveniente quando a gravação com vídeo é otimizada até o processo de medição. Para isso, é necessário padronizar o processo e as condições de gravação de modo que possam ser comparadas gravações de diferentes dias de treinamento. Tivemos bons resultados com o seguinte método:

Exemplo: *Arremesso de peso*

Primeiro foi construído um grande quadro de 3 m por 3 m, com perfis de alumínio. Os perfis tinham furos em distâncias de 20 cm, nos quais foram introduzidas cordas brancas (plastificadas) (de secador de roupa), de modo que foi obtida uma tela com quadrados de 20 cm. Esta tela é colocada a uma determinada distância, sempre igual com relação ao plano do movimento dos atletas. A câmera de vídeo recebe, como a tela, um lugar fixo. Com isso, a distância para a tela, a altura da câmara e a posição de *zoom* da objetiva devem ser sempre iguais (Figura 2.12) (Lehnertz, 1990b, p. 167).

Com uma retícula deste tipo, é possível analisar, com muita precisão, as seqüências motoras de algumas modalidades esportivas estacionárias. Mediante a tela de referência, podem ser medidos até valores de velocidade com relativa precisão, quando se trabalha com câmara de vídeo com dispositivo de *high-speed-shuttle*. Desta maneira, pode-se calcular com "unidades da tela" ou relacionar o valor dessas unidades ao nível do movimento. Para o acerto, grava-se no plano do movimento, em vez do atleta, uma régua, na qual pode ser visto o valor a ser associado à retícula. Com um procedimento deste tipo, evitam-se algumas possibilidades de erro por *distorções ópticas*, que ocorrem com o uso de retículas no monitor do vídeo (Lehnertz, 1990b, p. 169).

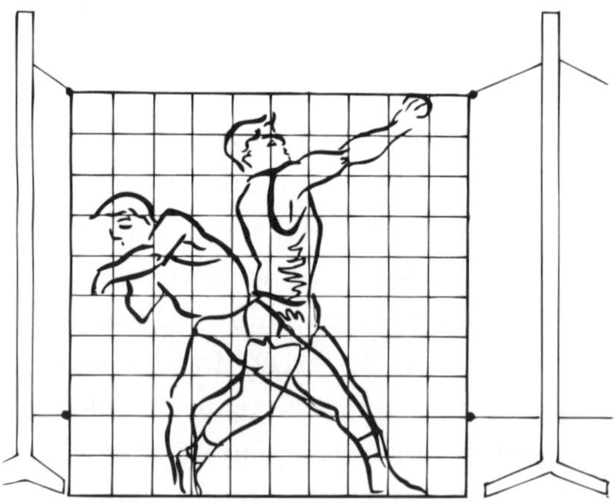

Figura 2.12 Retícula no plano anterior como auxílio da análise quantitativa de gravações de vídeo e filme (Lehnertz, 1990b, p. 168).

2.5.4.2 Aprendizado da percepção do movimento

Em relação ao *treinamento de aquisição de técnicas*, tratamos até aqui somente da "vista externa". Isso se refere, por um lado, aos treinadores que vêem os atletas sempre por fora; por outro, também aos atletas que fizeram, por meio de gravação de vídeo ou filme, uma "imagem externa" de seus movimentos. Uma precondição essencial para atingir habilidades de técnicas esportivas funcionando otimamente é o aprendizado da *percepção de processos internos da motricidade*. Os atletas devem estruturar, de certa maneira, também uma imagem interna de seus movimentos. Dever-se-iam aprender principalmente, a percepção do *feedback cinestésico*. Em geral, a percepção de processos internos está sujeita a mecanismos semelhantes aos da percepção do meio ambiente. No aprendizado da percepção de movimentos, deve-se considerar especialmente o seguinte: tendo em vista que após a tentativa motora o engrama formado (seção 2.4.2) fica "nítido" durante um curto prazo e "desbota" muito rapidamente, devem ser realizadas *séries de movimentos*. Com isso, garante-se que as sensações cinestésicas, ligadas aos engramas, ficam conservadas de uma tentativa a outra. Isso possibilita uma precisão nas percepções.

- As repetições não devem ser "sufocadas" em um esquema. Caso contrário, ocorre o efeito de adaptação, no sentido de diminuir a capacidade de sensação. Apesar de múltiplas repetições da seqüência motora, sempre se deve aplicar o método da variação. Por meio do exercício variado, ocorre, em cada vez, um desvio da imagem ideal do movimento. Esta diferença evita uma "estereotipia só" e uma diminuição da percepção dos movimentos;
- Se o *limiar de acesso* dos atletas estiver relativamente elevado, isto é, o *feedback* cinestésico não for percebido ou, somente em parte, este deverá ser mais nítido. Para isso, o *feedback* é ampliado (aparelhos mais potentes, aparelhos com resistência à fricção maior etc.) ou são criadas condições que deixam claro o desvio da seqüência motora (erros) (objetivos menores, esqui liso para o esqui nórdico, área de apoio mais estreita);
- Em caso de tentativas especialmente bem sucedidas, é importante uma *avaliação verbal*. Desta maneira, pode ser descrita e denominada a posição chave decisiva e melhor percebida nas tentativas seguintes;
- Um *depoimento objetivo* sobre a execução motora estimula a auto-observação;
- Para um *reforço* de percepções de movimentos, é útil uma execução mais lenta do movimento;
- Para deixar mais claras determinadas posições do corpo ou das articulações, pode-se deixar o atleta *imóvel* em uma *determinada posição* (ficar imóvel na posição de arremesso de peso evidencia a posição do eixo do quadril);
- É importante *criar expectativas* que dirigem a atenção dos atletas, conscientemente, a determinados detalhes na seqüência motora;
- A sensibilidade das sensações cinestésicas pode ser melhorada mediante o desligamento temporário ou a restrição das *informações ambientais* (Grosser & Neumaier, 1982).

- A referência a *sensações motoras,* em combinação com movimentos treinados, facilita a formação de "sensações chave". Por exemplo, no esqui, em neve profunda, vale a observação de ficar em posição inclinada na curva, como no ciclismo.

Chama-se novamente atenção à subjetividade da observação, que também pode causar avaliações erradas na auto-observação. "Por este motivo, deve-se tentar sempre ligar a auto-observação a dados objetivos" (LEHNERTZ, 1990b, p. 171).

2.5.5 Treinamento mental

Queremos mostrar, por meio de algumas citações, o que atualmente se entende por treinamento mental e onde estão suas vantagens e limites: "Como treinamento mental, também chamado de treinamento ideomotriz, entende-se o aprendizado ou aperfeiçoamento de uma seqüência motora, por meio da imaginação intensiva, sem exercício simultâneo real". "Precondição para o treinamento mental é uma clara imaginação do movimento." ... "O treinamento mental encurta os tempos do aprendizado para a aquisição de técnicas esportivas."... "O treinamento mental permite freqüências relativamente altas de repetição por unidade de tempo e traz, portanto, economia de energia."... "Devido à fadiga elevada de concentração, o treinamento mental é utilizável somente com limitação de tempo (cerca de dois a três minutos por unidade de treinamento). O treinamento mental não abrange o movimento dos músculos e dos membros em si e seu controle (mediante processos de *feedback*), se o movimento realmente foi executado corretamente. Quando o treinamento mental é usado exclusivamente ou por tempo demais, devido a falta de controle sob condições reais, podem se desenvolver e fixar seqüências motoras erradas" (WEINECK, 1983, p. 272).

Os efeitos do treinamento mental, mencionados nas citações, não são conhecimentos comprovados cientificamente, mas suposições baseadas na combinação de experiências relatadas por treinadores, atletas ou psicólogos. Ainda não existe nenhum trabalho realizado sistematicamente no esporte de alto nível, o que comprova que o treinamento mental, como definido acima e como *imaginação de movimentos separados do exercício prático*, traz efeitos positivos com relação ao melhoramento da disposição de técnicas esportivas (LEHNERTZ, 1990b, p. 159).

Esta constatação não deve ser entendida como objeção geral com relação às medidas de treinamento mental. Mesmo quando, do ponto de vista teórico de informação, unidades de treinamento mental são realizadas desvinculadas do exercício prático e prejudicam mais do que ajudam, podendo ter um efeito positivo em "atletas sensíveis", no sentido da *regulação psíquica individual*. Como não queremos tratar de medidas psicorreguladoras, este aspecto não será mais detalhado aqui.

Por outro lado, não deve haver dúvida que a *capacidade de desempenho mental representa um fator substancial do comportamento de técnicas esportivas no treinamento e na competição*, porque, para a utilização melhor possível da capacidade de técnicas esportivas, faz parte tanto a *segurança motora* como a *certeza cognitiva* (mental) (LEHNERTZ, 1990b, p. 156).

Quando nós mencionamos a capacidade de desempenho mental no contexto de discussões com relação ao tema do treinamento de técnicas, trata-se de funções do cérebro, especialmente do *córtex cerebral*. No cérebro, que chamamos de maneira simplificada de *córtex mental*, ocorrem todos os *processos mentais*, mas nem todos são benéficos à otimização do comportamento de técnicas esportivas porque, como todo esportista sabe, pensar demais causa, freqüentemente, distúrbios de coordenação (LEHNERTZ, 1990b, p. 159; seção 2.4.2).

"Ser forte" mentalmente significa ter os pensamentos adequados no momento certo. Para o comportamento ideal de técnicas esportivas no treinamento e na competição, são adequados somente os pensamentos que exercem funções de condução motora. Geralmente, são imaginações e impressões cinestésicas para seqüências motoras que conduzem um movimento global. Os atletas ligam as imaginações e impressões a símbolos visuais ou sinais verbais. Com isso, eles formam a estrutura mental do movimento, na qual os pontos chave do movimento são conectados a uma *estrutura motora*.

Lamentavelmente, os atletas experimentam quase diariamente o fato de estas estruturas mentais não serem *estáveis nos efeitos*. Não é extraordinário que uma combinação de conceitos bem sucedida no dia anterior seja pouco útil no dia seguinte e influencie o movimento negativamente. Portanto, deve-se examinar sempre novamente, por meio do exercício prático, se os conceitos chave atuam da maneira intencionada. Além disso, é muito importante, que os atletas aprendam a formular "estruturas motoras" adequadas à situação. Isso só pode ser aprendido em situações reais, nas quais o sucesso do movimento mostra se a intenção mental é adequada como parâmetro condutor. Por estes motivos, o treinamento mental, desligado da execução motora prática, não é um procedimento para a otimização da técnica esportiva. "Os efeitos positivos de medidas mentais são somente garantidos em um processo recíproco (*de feedback*) entre a imaginação e a execução do movimento" (LEHNERTZ, 1990b, p. 160).

2.6 Planejamento e condução do treinamento de técnicas

A dosagem das solicitações não é somente o problema de uma unidade de treinamento, mas de todo o sistema de treinamento, principalmente da microestrutura. O processo de especialização do treinamento com a capacidade de desempenho crescente, descrito no início deste capítulo, torna o treinamento de técnicas, na maioria das modalidades esportivas, a parte integrante mais importante de toda a execução do treinamento.

A temática a ser abordada é difícil de ser tratada, porque, para o enquadramento do treinamento de técnicas na estrutura global do treinamento e as solicitações psicológicas causadas por ele, praticamente não há estudos científicos e, conseqüentemente, quase não há modelos explicativos na ciência do treinamento. A prática do treinamento integra o treinamento de técnicas específicas de modalidade esportiva, diferentemente dentro de seus micro e macrociclos. Com isso, ela soluciona o dimensionamento, o enquadramento e a dosagem de solicitações do treinamento de técnicas, mais por acaso, e não sistematizado da mesma maneira e orientado em parâmetros, como o treinamento de condicionamento.

2.6.1 O treinamento de técnicas na microestrutura

Depois das teorias sobre o *engrama dinâmico* (ver seções 2.4.2.2 e 2.5.2.2), ainda devem ser acrescentados alguns aspectos importantes sobre a *hipótese de consolidação*. Assim, a suposição mais simples sobre a base neural do aprendizado, de acordo com SCHMDT, é "que uma informação é armazenada, primeiramente, em forma de um *estímulo circulante,* em um padrão ordenado espacial e temporalmente, como *engrama dinâmico* (Figura 2.13). Este estímulo circulante causa, em seguida, mudanças estruturais nas sinapses participantes e, desta maneira, a *consolidação* de um *engrama estrutural.* O conteúdo da memória pode ser acessado por meio da ativação correspondente destas sinapses" (1977, p. 315).

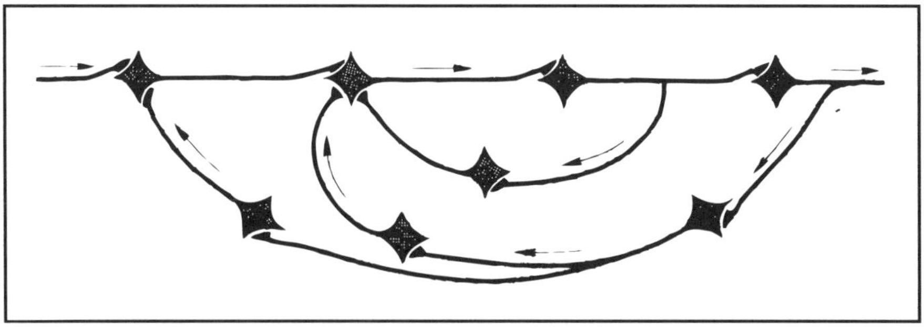

Figura 2.13 Conexão de neurônios que pode causar (hipoteticamente) estímulos circulantes (Schmidt, 1977, p. 116).

Destas relações, Deutsch (1973) tira a conclusão de que não seria obrigatoriamente necessária a separação da função da memória em duas fases (de curto e longo prazo), mas seria melhor substituir pela idéia de se tratar de um fortalecimento contínuo do engrama.

Após o registro de informações e o término da fase de aprendizado de vivências, os conteúdos ainda estão sujeitos a processos fisiológicos prolongados, no sentido da formação específica de padrões de transmissão de impulsos, que se mantêm ainda por horas. Todavia, enquanto um rastro de memória não estiver fixado duradouramente e ainda existirem os processos circulares eletrofisiológicos da atividade dos neurônios, pequenas perturbações podem causar restrições consideráveis e mesmo a desagregação (Rogge, 1981, p. 261). De acordo com Laudin (1977, p. 57), é exigido um processo de consolidação que possa atuar durante algum tempo após o aprendizado.

Além da hipótese de consolidação, para uma estruturação ótima da microestrutura, deve-se considerar também, a fadiga do treinamento.

Em diversas modalidades esportivas, o treinamento de técnicas é parte integrante contínua de todos, ou quase todos, os microciclos, sendo que, de um microciclo a outro, são estruturadas unidades de treinamento, em número diferente, com a prioridade do treinamento de técnicas. Podem haver também formas mistas de unidades de treinamento, nas quais ocorrem partes de treinamento de técnicas e partes de treinamento de condicionamento. Nossos projetos de pesquisa com relação *à fadiga no treinamento* trouxeram diversos conhecimentos, provavelmente importantes, para a condução do treinamento de técnicas. Destes resultados, pode-se deduzir, com grande probabilidade, que a fadiga no treinamento, devido à soma de solicitações, ocorre em duas fases (seções 5.2.4.2 e 5.4.1).

Na *primeira fase*, as diminuições de desempenho causadas por solicitações podem ser regeneradas rapidamente e em paralelo ao recarregamento de depósitos de energia musculares. Todavia, em caso de soma de solicitações, a partir de um determinado momento, há um acúmulo de restos de solicitação e uma diminuição do desempenho, que não pode ser eliminada em curto prazo (seção 2.5.2.2).

A *segunda fase* é chamada de *fadiga complexa*, que deve ser causada centralmente. Esta fadiga em fases foi confirmada pelos estudos durante três anos, nos quais os indivíduos testados cumpriram microciclos de diferente duração, sempre com o seguinte resultado:

A capacidade de desempenho de coordenação rápida, como a capacidade de *sprint* e aceleração, as velocidades de salto e de extensão do braço, mesmo os desempenhos de força rápida, medidos antes e depois das unidades de treinamento cumpridas, recuperou-se plenamente até, aproximadamente, o meio da semana, durante os intervalos disponíveis para a recuperação. Entretanto, a partir do meio da semana, após aproximadamente seis ou sete unidades de treinamento, a capacidade de desempenho de coordenação rápida não se recuperou mais dentro dos intervalos entre as unidades de treinamento disponíveis para a recuperação. Isso significa que os valores da velocidade não voltaram mais aos valores iniciais, medidos antes da solicitação. Disso, deduz-se o ciclo habitual da semana, ao qual segue uma fase de recuperação e uma de regeneração ativa. Este fenômeno será tratado mais detalhadamente nas seções 5.2.4.2 e 5.4.1, no capítulo 5.

Possivelmente, este processo de fases vale principalmente para os microciclos que exigem esforços físicos elevados. No esporte de alto nível, com duas, às vezes três, unidades de treinamento por dia, pode ser que este processo de fases realmente tenha validade geral para microciclos fortemente solicitados. Por esse motivo, este modelo deve ser baseado hipoteticamente para as considerações seguintes sobre os métodos de treinamento. Se realmente for assim – que na primeira metade de um microciclo predomina um estado de desempenho continuamente regenerável e as diminuições de desempenho não forem causadas centralmente –, então, deve haver a realização do *treinamento de técnicas*, que ocorrem sob *condições ótimas*, no estado geralmente regenerado, isto é, durante os três primeiros dias de um microciclo.

Mas, como o treinamento de técnicas, no nosso ponto de vista, deve ocorrer também *sob o estado de fadiga causado centralmente*, todavia com outros objetivos, e ser executado na segunda metade do microciclo.

Independente de o fato do treinamento de técnicas ser parte integrante contínua da execução do treinamento ou ser feito em blocos, ele deve ser integrado na microestrutura de maneira efetiva. A teoria do treinamento desenvolveu, para isso, *modelos de seqüenciamento* que se orientam numa suposta "transmissão positiva" das diversas partes e nos prováveis efeitos de fadiga e regeneração destas partes (conteúdos) (Martin, 1977, p. 61; Grosser & Neumaier, 1982, p. 17). Certamente, estes modelos de seqüenciamento devem ser revidados com relação ao treinamento de técnicas. Eles supõem que, no caso de várias prioridades dentro de uma unidade de treinamento, o treinamento de técnicas sempre deve ser cumprido antes de unidades de treinamento de condicionamento. Todavia, com isso não se considera um fato importante, o qual Lehnertz (1990b, p. 175) menciona primeiro com relação ao treinamento de técnicas. Como já destacado anteriormente na discussão teórica, após o treinamento de técnicas, ainda permanecem, por várias horas, os engramas dinâmicos, isto é, os estímulos circulantes. Isso tem duas conseqüências relevantes para o método de treinamento. Primeiro, o *processo de consolidação* da formação de engramas é muito perturbado e mesmo extinto por qualquer outra atividade, executada depois do treinamento de técnicas. Segundo, supõe-se que as sinapses participantes na formação do padrão sejam muito receptivas a estímulos adicionais durante o tempo dinâmico do engrama. Estas teorias fazem necessários determinado conceito de seqüenciamento e certa microestrutura de unidades de treinamento de técnicas, com as seguintes características:

(1) Um treinamento de técnicas necessita, em seguida, de uma *fase de consolidação*, dentro da qual os estímulos circulantes possam se fixar como engramas estruturais. Por este motivo, o treinamento de técnicas é a parte final da unidade de treinamento.

(2) Quando, no treinamento de técnicas, a *intensidade do movimento* é feita com uso de força plena, recomenda-se até mesmo antepor parcelas intensivas, mas de curta duração, de velocidade e força explosiva à parte de técnicas da unidade de treinamento, para que elas não se tornem cansativas devido ao volume baixo de solicitações.

2.6.2 O treinamento de técnicas na macroestrutura

Em determinadas modalidades esportivas, impuseram-se modelos de periodização caraterizados por uma mistura de *divisão clássica em períodos*, *formação de blocos* e *estruturação brusca de solicitações* 5.2.3).

Principalmente nas modalidades esportivas como, por exemplo, salto de esqui, esqui alpino, combinação nórdica, estilo livre no esqui, biatlo, caiaque em corredeiras, *slalom* de canoagem etc., nas quais a técnica deve ser treinada, principalmente de maneira complexa e relacionada à aplicação, comprovou-se o *treinamento em blocos* como treinamento de técnicas. Além disso, nessas modalidades esportivas, a execução de técnicas está sujeita a um grande risco e a esforços físicos enormes, e o treinamento de técnicas somente pode ser realizado com grande dispêndio organizacional. De análises da prática do treinamento em blocos, resultaram algumas características (Figura 2.14).

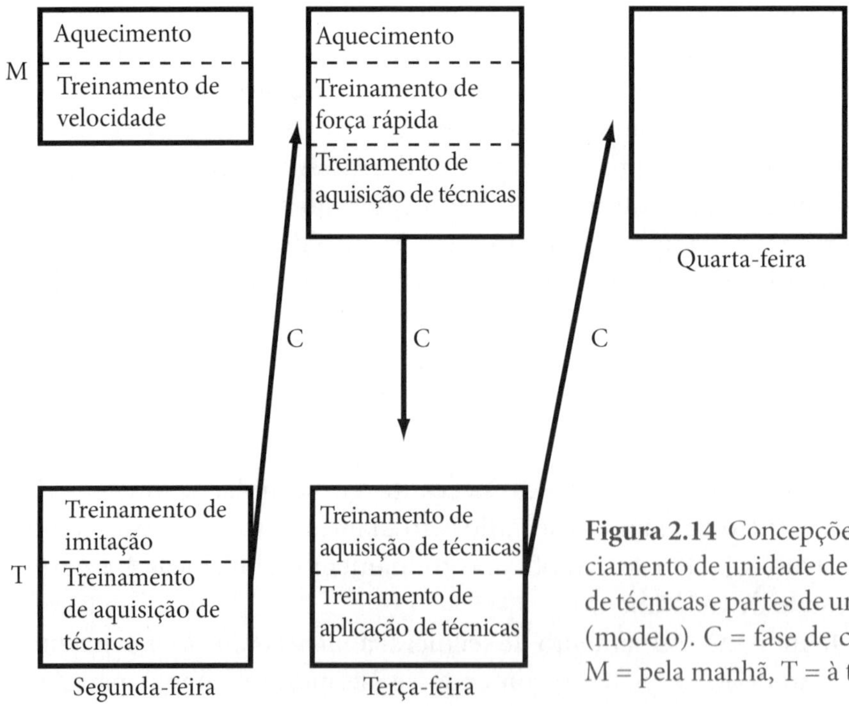

Figura 2.14 Concepções de seqüenciamento de unidade de treinamento de técnicas e partes de um microciclo (modelo). C = fase de consolidação, M = pela manhã, T = à tarde.

Nas modalidades esportivas anteriormente denominadas, o treinamento de técnicas é realizado principalmente em blocos durante o *período de preparação*. Entre os blocos, há, pelo menos, um microciclo com diferente estrutura de conteúdo. Nos blocos, o conteúdo do treinamento de técnicas ocorre com dois terços pelas manhãs. Os microciclos entre os blocos de técnicas são necessários, com grande probabilidade nas modalidades esportivas de risco, para a regeneração dos esforços físicos extraordinários. Esta temática é aprofundada na seção 5.2.3.

2.6.3 Características do treinamento de técnicas em modalidades esportivas de resistência

Desempenhos de resistência são relacionados, em elevado grau, à capacidade e ao rendimento do metabolismo. Além disso, eles dependem do uso simultâneo de diferentes capacidades de condicionamento e mecanismo exigentes de regulação, que podem ser diferenciados em processos de condução e regulação *energéticos* e *central-nervosos*. Neumann (1984, p. 174) constata que, em todos os desempenhos esportivos de resistência, os programas motores devem causar conduções neurais diferenciadas das fibras musculares de contração rápida e lenta. Mas a manutenção de uma solicitação de resistência somente é possível quando a musculatura pode reagir *energeticamente* a estes sinais central-nervosos. A precondição é, pelo lado dos processos de condução e regulação, que o "padrão" das técnicas determinantes do desempenho estejam fixadas.

Desta maneira, o treinamento de resistência deve ser orientado para desenvolver grande *economia de técnicas* e *elevada eficiência* de técnicas. Estes dois conceitos devem ser introduzidos, portanto, no treinamento de técnicas na área de resistência, e tratados de maneira diferenciada, porque é o resultado de duas formas de treinamento de técnicas, anteriormente descritas. O *treinamento de aplicação de técnicas* serve para a "economia" da técnica, também sob condições externas variáveis e variantes de táticas, o *treinamento de aquisição de técnicas* serve para o desenvolvimento e para a estabilização de uma *técnica mais eficaz*. Treinadores de alto nível, de diversas modalidades esportivas de resistência, executam esta diferenciação de maneira muito conscienciosa e fazem, principalmente, um treinamento sistemático de aquisição de técnicas. Schramm (1987, p. 205) dá as seguintes características para o *treinamento de aquisição de técnicas* na natação:

- Ele deve ser realizado com o objetivo exclusivo de melhora da execução motora de técnicas. O condicionamento é secundário;

- Ele deve ser introduzido sistematicamente no processo de treinamento;
- A duração efetiva do treinamento de técnicas é de 20 minutos (na natação);
- A freqüência de treinamento depende do estado técnico de desempenho do grupo de treinamento;
- Geralmente, a intensidade do movimento deve ser relativamente elevada, para aprender o deslocamento "sentindo";
- A tarefa do treinamento de técnicas é, de qualquer maneira, o aprendizado do analisador tátil e cinestésico e uma sensação melhor de impulsão.

PUNKKINEN, o treinador da equipe nacional italiana de esqui nórdico, deu outro exemplo durante uma conferência num seminário internacional de treinadores, em junho de 1988. Sua equipe cumpriu durante os meses de julho, agosto e setembro cursos de puro treinamento de técnicas, cada um com seis dias na neve, com as seguintes características:

- As condições externas (capacidade de deslizamento da neve) devem ser tão boas que permitam uma execução motora ótima das técnicas;
- Por dia de treinamento, é realizada somente uma unidade de treinamento de técnicas, com cerca de duas horas;
- O treinamento de técnicas é acompanhado pelo treinamento de velocidade em terra;
- A intensidade do movimento corresponde à velocidade de corrida, ou é mesmo maior, para poder sentir melhor as características decisivas de deslocamento. O treinamento é interrompido por pausas curtas;
- Por dia, é executada somente uma técnica (ou o passo diagonal, a técnica de patins ou a técnica com dois bastões);
- As seqüências motoras são gravadas em vídeo e, à noite, discutidas com a equipe.

2.6.4 Princípios gerais para a condução do treinamento de técnicas

A condução do treinamento de técnicas considera as seguintes medidas metódicas:

- Determinação de *freqüência* e *relação recíproca* de treinamento de aquisição e aplicação de técnicas, o aprendizado adicional de habilidades e o treinamento complementar de técnicas;
- Fixação dos *componentes do método* de treinamento de aquisição de técnicas, como a forma da técnica a ser treinada, as condições de padronização, a intensidade do movimento e a freqüência de repetições;
- Fixação dos *métodos* do treinamento de aplicação de técnicas, como a mudança das condições;
- *Concepção da microestrutura* com número e estrutura das unidades de treinamento, a qual deve considerar principalmente os processos de consolidação posteriores ao treinamento;
- *Periodização* do treinamento de técnicas com as características de enquadramento temporal, formação de blocos e proporções.

3 Condicionamento e treinamento do condicionamento

3.1 Condicionamento – conceito e condições de desenvolvimento

3.1.1 Condicionamento e capacidades de condicionamento – conceitos

Na linguagem cotidiana, condicionamento significa *condição*. Determinadas ciências, como a psicologia e a teoria do treinamento, usam este conceito como especificamente técnico e expressam o estado momentâneo da capacidade de desempenho psicofísico. Na teoria do treinamento, o conceito de condicionamento é usado como uma *estrutura*, isto é, um modelo de explicação para a combinação de propriedades e capacidades, que resulta nos *parâmetros* "*energéticos*" do estado de desempenho. Energia é, sabidamente, a capacidade de um sistema realizar trabalho mecânico. Desta maneira, a teoria do treinamento delimita, atualmente com mais rigor do que antigamente, o condicionamento da *coordenação*, que deve ser avaliada como parâmetro *informacional e condutor do movimento* do estado de desempenho. Mesmo que o condicionamento seja, primariamente, determinado por processos energéticos, a realização de desempenhos de condicionamento depende, ainda, de propriedades psíquicas, como desempenhos de vontade e outros (Thiess; Schnabel, 1987, p. 91). Assim, chegamos à seguinte definição de conceito:

Definição:

Condicionamento é um componente do estado de desempenho. Ele se baseia, primariamente, na ação conjunta de processos energéticos do organismo e da musculatura e mostra-se como capacidade de força, velocidade, resistência, bem como mobilidade, no contexto das propriedades psíquicas necessárias para estas capacidades.

De acordo com esta definição, o condicionamento atualiza-se em *capacidades de condicionamento*. Como sinônimos deste conceito, há na literatura também "propriedades corporais" (Zatsiorsky, 1972), "propriedades de movimento" (Stiehler, 1974), "propriedades motoras fundamentais" (Martin, 1977; Letzelter, 1978) e "formas de carga motora" (Hollmann & Hettinger, 1976).

A divisão do condicionamento em diversas áreas de capacidades torna-se necessária e conveniente, tanto por motivos analíticos, como também devido a experiências práticas do método de treinamento. O motivo pelo qual o conceito de *propriedades*, usado antigamente, é atualmente substituído pelo conceito de *capacidades*, deve ser porque as propriedades descrevem, primariamente, os componentes habituais da regulação das ações (Clauss et al., 1976, p. 118) e as capacidades descrevem mais as precondições e disposições congênitas e desenvolvidas durante a vida, para a realização de desempenhos (Gundlach, 1968, p. 199). Esta diferenciação é certamente acadêmica e para a prática de importância secundária. O uso do conceito de *capacidades de condicionamento* é um acordo mais novo na teoria do treinamento. Seguimos este conceito porque estamos empenhados num conceito inequívoco e, com isso, em um entendimento entre a teoria e a prática.

3.1.2 Um modelo de estruturação do condicionamento

As capacidades de condicionamento são precondições delimitáveis da motricidade. Sua mudança segue durante o desenvolvimento, mesmo sem influências do treinamento, um processo natural de mudanças. Assim, por exemplo, a força aumenta em homens de 20 a 25 anos de idade naturalmente, isto é, no sentido do crescimento. As capacidades de força, resistência e mobilidade devem ser vistas, na motricidade humana, como função energética, e sem elas não seria possível uma existência de auto-realização. A vida humana tem um ativo de capacidades de condicionamento devido ao amadurecimento, e aperfeiçoa-o independente de posicionamentos e influências conscientes, de acordo com o crescimento e por meio de estímulos normais do meio ambiente, até um nível de realização da vida (Martin, 1977, p. 36). Entretanto, um aperfeiçoamento destas capacidades, além deste nível, somente pode ser garantido por estímulos de atividades físicas (Zatsiorsky, 1972, p. 3). *Disso resulta que o desenvolvimento de capacidades de condicionamento esteja em ação recíproca com os estímulos colocados pelo esforço muscular.*

Por meio de diferentes formas de treinamento de condicionamento e dos métodos aplicados, na prática e na teoria do treinamento são diferenciadas *quatro áreas de capacidades de condicionamento.* Todavia, somente duas destas áreas, a força e a resistência, correspondem aos critérios da definição do conceito de condicionamento (seção 3.1.1). Já mencionamos (seção 1.2.2) que nas *capacidades de velocidade* e na *mobilidade* atuam conjuntamente, de maneira complexa, componentes energéticos e coordenativos. Todavia, por motivos de métodos de treinamento e sistematização, ambas são associadas às capacidades de condicionamento).

1. As *capacidades de força* são realizadas por desempenhos musculares com resistências externas maiores.
2. As *capacidades de velocidade* baseiam-se na combinação neuromuscular em movimentos rápidos.
3. As *capacidades de resistência* resultam de processos do organismo de disponibilização de oxigênio e energia.
4. A *mobilidade* é condicionada ao raio de ação das articulações e à capacidade de alongamento da musculatura.

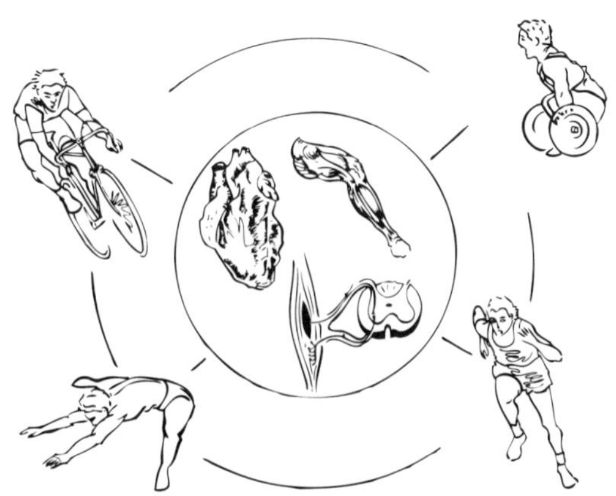

Figura 3.1 Modelo do condicionamento, representado como esquema de relacionamento de desempenhos visíveis e substratos energéticos.

A Figura 3.1 mostra, como modelo, as relações entre as diversas *capacidades de condicionamento* e como elas se sobrepõem. Na teoria geral e nas teorias do treinamento, específicas de modalidade esportiva, este modelo foi ainda mais diferenciado, principalmente devido a pontos de vista estruturais e métodos de treinamento (Martin, 1977, p. 36; Letzelter, 1978, p. 121; Grosser, Starischka & Zimmermann, 1981, p. 9). Na descrição das diversas capacidades de condicionamento, seguimos o seguinte modelo de diferenciação (Figura 3.2):

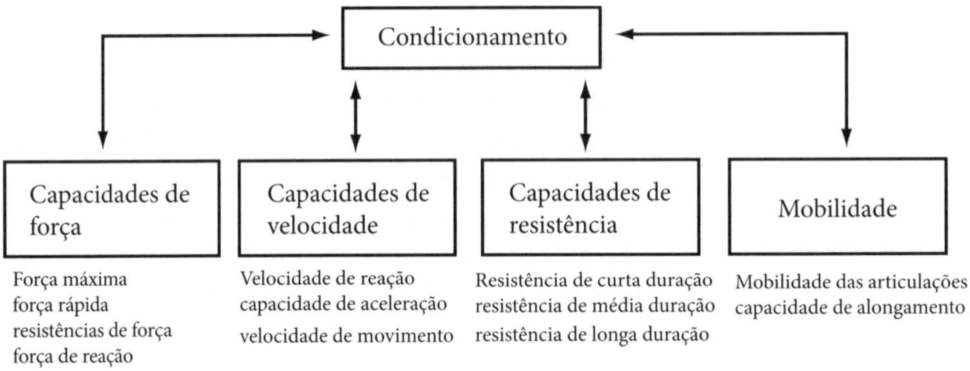

Figura 3.2 Modelo de diferenciação das capacidades de força, velocidade e resistência, bem como da mobilidade.

3.1.3 Importância e áreas de aplicação do condicionamento

Como as técnicas esportivas, as capacidades coordenativas, a tática e as propriedades da vontade podem ser transformadas efetivamente somente na medida em que os desempenhos musculares, causados energeticamente, permitem, o condicionamento é uma precondição essencial para o nível do estado de desempenho esportivo. Ele é, assim, *conditio sine qua non*, a base de todo o desempenho esportivo e o treinamento de condicionamento é parte integrante da execução do treinamento em qualquer modalidade esportiva, é o meio para o fim do aumento sistemático de desempenho.

A aquisição do condicionamento obteve uma importância central, com um quase "caráter de exclusividade", no *treinamento do condiciona-*

mento físico no esporte de massa. Neste caso, principalmente, o condicionamento é o objetivo motor, porque um condicionamento melhor garante, comprovadamente, uma saúde mais estável, prevenção, resistência ao estresse e outras qualidades de vida. O treinamento de condicionamento encontra aqui sua razão em si mesmo. Tendo em vista este fato, dedicamos o último capítulo deste livro ao tema "treinamento do condicionamento físico".

No *esporte de alto nível*, diferencia-se, sempre, entre condicionamento geral e específico, isto é, um condicionamento que descreve o nível geral de processos energéticos do organismo e um grau de desenvolvimento, específico de modalidade esportiva, de capacidades de condicionamento.

No processo de vários anos no desenvolvimento de desempenho de condicionamento, representando de maneira simplificada, diz-se que os desenvolvimentos do condicionamento, geral e específico, estrutura-se um sobre outro. Esta seqüência vale também, parcialmente, para o seguimento dos conteúdos do treinamento, dentro de um ciclo anual, de modo que a seqüência do treinamento geral e específico de condicionamento alcançou uma certa norma dentro do desenvolvimento do condicionamento, específico de modalidade esportiva (Martin, 1977, p. 173).

O treinamento de condicionamento deve ser decidido de duas maneiras: primeiro, sobre a importância do conteúdo, isto é, qual a composição específica que ele deve apresentar, e, segundo, até que grau de desenvolvimento esta complexidade específica deve ser treinada. Isso porque a importância da estrutura e o grau de desenvolvimento do treinamento de condicionamento variam para cada modalidade esportiva. Assim, cada modalidade desenvolve um *perfil* próprio *de exigência de condicionamento*, que contém definições de características extremamente específicas.

É tarefa do diagnóstico de desempenho específico da modalidade esportiva, com a inclusão de experiências e do planejamento de treinamento, "construir" um perfil de exigências correspondente à modalidade esportiva, porque, para a maioria das modalidades, praticamente não há resultados sobre perfis de exigência. Além disso, a ciência do treinamento, nesta área, ainda está no início. Por este motivo, da maioria das modalidades esportivas é exigido o desenvolvimento de uma concepção de condicionamento específico.

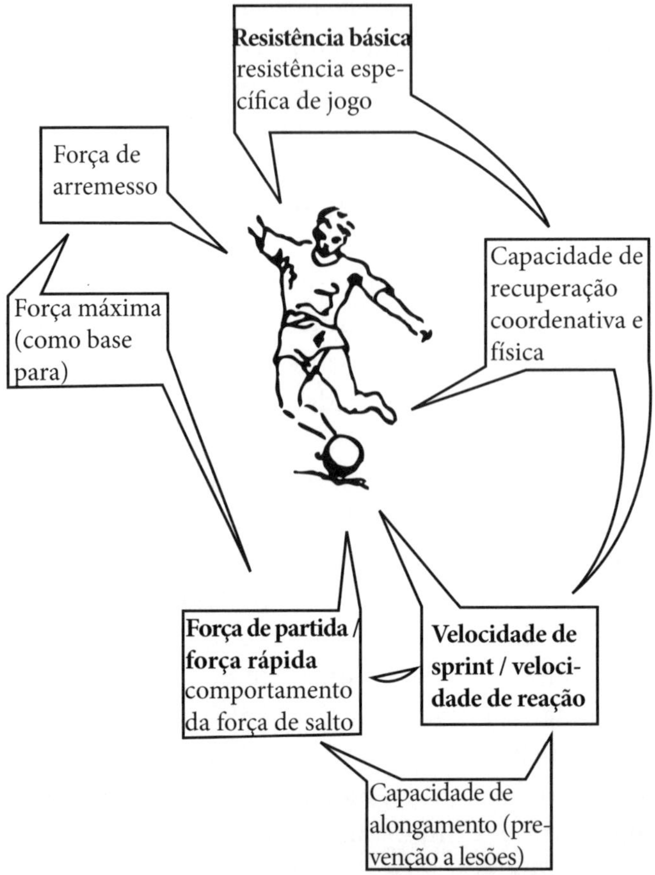

Figura 3.3 Exemplo de um perfil de exigência, específico de modalidade esportiva.

3.1.4 A solicitação como parâmetro metodológico de condução para o desenvolvimento do condicionamento

O treinamento do condicionamento é executado mediante determinadas formas de *técnicas motoras e formas de exercícios,* e associado, de maneira metódica, à combinação de *solicitações e formas de treinamento.* Nisso, as solicitações conduzem o processo de desenvolvimento do condicionamento.

Como *solicitação do treinamento,* é entendida, geralmente, a medida do trabalho de treinamento realizado (Werchoschanski, 1988, p. 87). Com isso, ela serve como parâmetro de descrição das exigências colocadas no treinamento (Röthig, 1983, p. 419), com as quais são causadas mudanças funcionais, bioquímicas, morfológicas e psíquicas, que conduzem ao desenvolvimento de desempenho esportivo, em forma de adaptações. A complexidade da problemática de solicitação levou a diferenciar, antigamente, na teoria do treinamento, entre *solicitação externa* (como descrição metódica dos componentes de solicitação) e *solicitação interna* (como o processo individual da realização de solicitação). Temos a opinião de que estas relações necessitam de um esclarecimento conceitual. Por este motivo, partimos primeiramente da seguinte explicação simples: no treinamento de condicionamento, uma "exigência de solicitação" origina certos "estímulos" no organismo que resultam, individualmente, em "cargas" (Figura 3.4). Por este motivo, introduzimos o conceito de "exigência de solicitação" como *parâmetro do método de condução.*

Definição:
A *exigência de solicitação* é um parâmetro descritivo do método de treinamento para desempenhos de trabalho no treinamento. Este, para sua condução, tem os seguintes componentes: o tipo de execução do exercício, o volume, a intensidade, a duração e a densidade da solicitação.

As exigências de solicitação causam *estímulos*. Um estímulo é, no sentido fisiológico, o disparo de um potencial de ação, que despolariza a célula (Schmidt, 1977, p. 55), ou uma mudança físico-energética, que excita os receptores do organismo (Drever & Fröhlich, 1972, p. 227). Por este motivo, no método de treinamento, com relação à fixação das exigências de solicitação, é pouco conveniente falar de volume do estímulo, intensidade do estímulo etc., porque estes são mensuráveis somente com relação ao seu limiar, e sempre devem atingir o seu limiar para disparar reações correspondentes.

Carga é a designação da contração das funções participantes do desempenho do trabalho do homem (Clauss, 1976, p. 61) e, portanto, de uma perturbação do equilíbrio interno devido a uma solicitação (Nitsch & Hackforth, 1987, p. 33). Devido a esta diferenciação conceitual de "exigência de solicitação", "estímulo" e "carga", as relações metódicas podem ser descritas da seguinte maneira:

O *grau de desenvolvimento da exigência de solicitação* é determinado metodicamente pela fixação de *componentes de solicitação* (veja definição), que devem ser descritos, de preferência, qualitativamente. Quando, por exemplo, um esportista cumpre uma corrida de uma hora com uma velocidade média fixada em 1 km/4 min (= 4,16m/s), são quantificadas a *duração* e a *intensidade da solicitação,* e dados como parâmetros descritivos da exigência de solicitação. A reação individual a esta exigência de solicitação, como descrita, será assimilada como *carga.* Quando dois atletas treinam, de acordo com os componentes de solicitação do exemplo anterior, as cargas individualmente alcançadas podem diferir consideravelmente e, com isso, as reações individuais de adaptação resultantes podem ter evoluções diferentes. Se, por exemplo, o atleta A cumpriu a corrida de uma hora com uma freqüência cardíaca média de 172/min e alcançou um valor de 4,3 mmol/l de lactato no sangue, e o esportista B com uma freqüência cardíaca de somente 156/min e um valor de 3,1 mmol/l de lactato, as cargas individuais eram, com certeza, diferentes, mesmo com as mesmas exigências de solicitação. Os *estímulos* disparados nos dois casos dificilmente podem ser determinados na prática. A Figura 3.4 mostra claramente estas relações, de maneira esquemática.

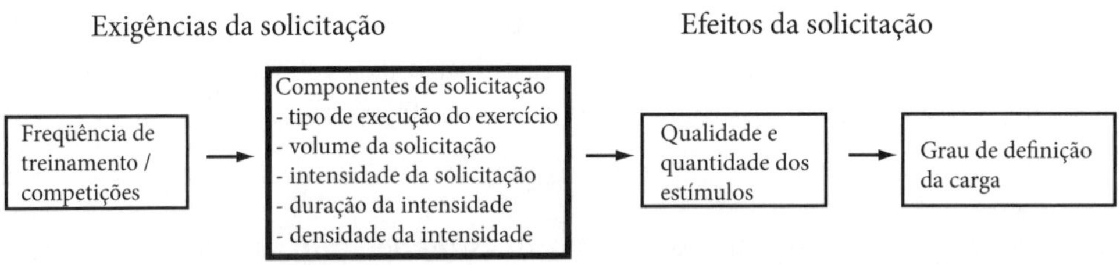

Figura 3.4 Relações entre exigência de solicitação, estímulo e carga.

A *freqüência de treinamento*, o *volume de solicitação*, a *intensidade de solicitação*, a *duração de solicitação* e a *densidade de solicitação* são os "parâmetros de descrição" das exigências de solicitação, que indicam a maneira que determinado tipo de execução do exercício foi realizado, isto é, com qual volume, intensidade, quantas vezes, por quanto tempo e com quais intervalos.

1. O *volume de solicitação* é determinado pela distância do trajeto a ser cumprido, pela carga total de resistências externas, pela freqüência de repetições, pelos tempos de treinamento. As *unidades* são: km, kg, número de repetições, horas, minutos.

2. A *intensidade de solicitação* é determinada pelo grau de esforço e pela maneira da execução do exercício. As *unidades* para a intensidade são: medidas de tempo em minutos, segundos, as velocidades em metro/segundo, km/min, mas também parâmetros descritivos fisiológicos, como, por exemplo, freqüência cardíaca/min, mmol/l de lactato ou *watt*; no treinamento de força a carga em kg, como percentual do melhor resultado ou em qualidades, como máxima, submáxima, pouca.
3. A *duração de solicitação* é determinada pelo tempo da atuação da solicitação, mas ela também serve, com relação ao comprimento do trajeto, para a determinação da intensidade. As *unidades* para a duração são: segundos, minutos, horas.
4. A *densidade de solicitação* é determinada pela seqüência de diversas solicitações e da relação entre solicitação e recuperação. As *unidades* para a densidade são: intervalos de tempo, pausas entre as diversas solicitações em segundos e minutos.

3.1.5 Processos biológicos de adaptação como precondição para o desenvolvimento do condicionamento

Para a explicação dos processos de adaptação e, com isso, dos efeitos de treinamento, a teoria do treinamento recorreu, tradicionalmente, ao *modelo teórico da supercompensação*, e até mesmo o declarou como princípio superior do treinamento (Zimmermann, em Röthig, 1983, p. 423). Com isso, foi admitido que as solicitações de condicionamento, com uma determinada carga, causariam sempre a supercompensação. Esta opinião deve ser corrigida porque, experimentalmente, ela pode ser relacionada somente a processos do metabolismo do glicogênio. Mas, também neste caso, deve-se diferenciar pelo nível inicial, tipo da solicitação, alimentação e outras influências. Por este motivo, mesmo no metabolismo do glicogênio, não foi suficientemente comprovada a validade generalizada dos processos: → solicitação → fadiga → recuperação → supercompensação, sobre um eixo do tempo (Figura 3.5) (Blom et al., 1987). Uma transferência do modelo de supercompensação para outras áreas do metabolismo não é admissível.

Mas, para completar, parece conveniente apresentar, brevemente, o modelo teórico da supercompensação.

Tabela 3.1: Determinação dos componentes das exigências de solicitação no treinamento de força, velocidade e resistência

	Treinamento de força	**Treinamento de velocidade**	**Treinamento de resistência**
Volume da solicitação é determinada por	(1) Carga (kg) que é movimentada, em uma unidade de treinamento (UT), com determinada forma de exercício. (2) Freqüência (f) (repetições) de determinadas formas de exercício (saltos, arremessos etc.).	(1) Distâncias (m), suas repetições e séries, cumpridas em uma unidade de treinamento, com determinada forma de exercício. (2) Freqüência (f) (repetições) de determinadas formas de exercício.	(1) Distâncias (m, km), suas repetições e séries, cumpridas em uma unidade de treinamento, com determinada forma de exercício.
Intensidade de solicitação é determinada por	(1) Tamanho do impulso (Ns) de uma forma de exercício. (2) Percentual (%) da força máxima concêntrica. (3) Percentual (%) da força máxima isométrica. (4) Qualidade do impulso de uma forma de exercício (em saltos, arremessos, etc.: máxima e submáxima).	(1) Percentual (%) relativo aos valores máximos de velocidade, em determinada forma de exercício. (2) Qualidade do impulso de determinada forma de exercício (máxima, submáxima). (3) Freqüência do movimento (f) dentro de um tempo pré-estabelecido).	(1) Velocidade do movimento (m/s; km/min; km/h). (2) Freqüência cardíaca média (FC/min), mantida em uma distância. (3) Percentual (%) de determinado desempenho em uma distância ou de um outro valor.

Duração de solicitação é determinada por	(1) Duração (s; min) de uma seqüência de exercícios com ou sem freqüência fixada de exercícios (por exemplo, no treinamento de circuito).	(1) Tempo (s) para o cumprimento de uma distância. (2) Tempo (s) para um número determinado ou indeterminado de repetições de movimentos.	(1) Tempo (s; min; h) para o cumprimento de uma distância.
Densidade de solicitação é determinada por	(1) Duração da pausa (s; min) entre repetições, séries.	(1) Duração da pausa entre distâncias parciais, repetições, séries. (2) Determinada relação (1:2; 1:3) entre a duração da solicitação e duração da pausa.	(1) Duração da pausa entre distâncias parciais, repetições, séries. (2) Determinada relação (1:2; 1:3) entre a duração da solicitação e a duração da pausa.

3.1.5.1 O modelo teórico da supercompensação

De acordo com este modelo teórico, no estado de repouso, todos os órgãos e sistemas de órgãos do corpo estão em *estado de prontidão de reação*. Este estado é designado como *homeostasia*, isto é, o estado de equilíbrio do organismo, ou como expressa Jakowlew (1972, p. 367), como manutenção do estado bioquímico da parte interna do organismo. Todo organismo tende a manter, também no treinamento, o equilíbrio dinâmico, a homeostasia, mesmo em caso de elevadas exigências de desempenho.

Com determinadas exigências de solicitação, são disparados estímulos que solicitam, de diferente maneira, o mecanismo do metabolismo, o suprimento de sangue e de oxigênio, e outros mecanismos de regulação. Esta *solicitação* causa, em seguida, um *processo de fadiga*, e depois uma *fase de recu-*

peração. Com isso, após uma carga suficientemente grande, os processos de recuperação apresentam uma compensação maior. As reservas de energias, os mecanismos de metabolismo e regulação não voltam ao estado inicial antes da solicitação, mas o ultrapassam temporariamente. A conseqüência é que também a capacidade de desempenho energético do sistema de órgãos solicitado é temporariamente maior. Este mecanismo biológico é designado de *supercompensação*.

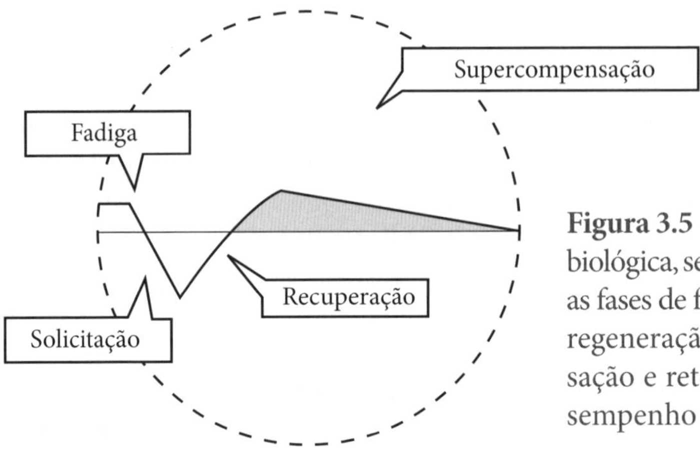

Figura 3.5 Esquema da adaptação biológica, segundo JAKOWLEW, com as fases de fadiga após a solicitação, regeneração até a supercompensação e retorno do estado de desempenho até o nível inicial.

Quando incide uma nova solicitação, do tipo anterior, no organismo ou em determinados sistemas de órgãos, durante o estado de supercompensação, ocorre o mesmo processo de carga orgânica e regeneração. Haverá uma *sobreposição* e uma *ampliação dos efeitos da supercompensação* e, provavelmente, uma *adaptação* no organismo, no sentido de aumento do estado de desempenho energético. Com isso, instalou-se um estado de equilíbrio, uma *homeostasia*, em um nível mais alto de carga (FINDEISEN, LINKE & PICKENHAIN, 1980, p. 213).

Com a reação de adaptação atingida, a área das solicitações limites desloca-se para cima. Caso se queira atingir mais efeitos de solicitação, devem ser aumentadas as solicitações (FINDEISEN, LINKE & Pickenhain, 1980, p. 212). Os efeitos da mesma solicitação sobre o organismo mudam, porque as mudanças biológicas são menores com a adaptação a solicitações dadas. Assim que ocorre uma adaptação a uma determinada solicitação e não há mais supercompensação, esta solicitação não produz mais nenhuma mudança positiva. Para alcançar mais acréscimos de potências funcionais, devem ser aumentados o volume e a intensidade da solicitação.

3.1.5.2 Conhecimentos mais novos quanto à adaptação do treinamento

A literatura médico-fisiológica sempre tratou com reserva a problemática de adaptação, no sentido da supercompensação (Hollmann & Hettinger, 1976; 1980; De Marées, 1979), porque, esta até agora, não foi comprovada experimental nem teoricamente, da maneira como supõe o modelo (Figura 3.5). Elevá-la ao princípio (Zimmermann, 1983) não parece ser justificado, porque as possibilidades de solução da problemática de efeitos de treinamento, causados por adaptação orgânica, parecem existir somente quando estas adaptações podem ser relacionadas às solicitações de treinamento responsáveis para isso, e quando os efeitos de treinamento podem ser descritos estatisticamente em séries de tempo, por meio de análises de tendência. Além disso, deve-se supor que as mudanças de parâmetros de condicionamento possam ser avaliadas, provavelmente, apenas individualmente e, por isso, dificilmente possam ser explicadas com base em uma teoria tão generalizada como a da supercompensação.

Com base em Werchoschanski (1988, p. 32) e Mader (1989), tentamos apresentar, para o problema das *adaptações*, outro modelo teórico e colocá-lo em discussão. O ponto de partida para este modelo é a seguinte tese: *as manifestações de processos de adaptação não podem ser consideradas como continuáveis infinitamente, em curto nem em longo prazo.* O modelo da supercompensação permitiria realmente a possibilidade de adaptações infinitamente continuáveis, mas observações mostram que, com adaptações repetidas a um nível mais elevado de desempenho, a margem para aumentar ainda mais este nível fica cada vez menor. Isso permite a conclusão que o volume das capacidades totais de adaptação do organismo tem um limite, determinado geneticamente.

Este limite individual da capacidade de adaptação utilizável é chamado de *reserva de adaptação* (Mader, 1989). Independe desta reserva de adaptação individual há, sempre, certa *capacidade funcional atual.* Ela determina o nível atual de desempenho e é o resultado de processos anteriores de adaptação (efeitos de treinamento). Esta capacidade forma o limite superior da *reserva funcional* atualmente disponível, que deve ser vista como diferença entre a capacidade funcional atual e carga atual. A Figura 3.6 esquematiza estas relações.

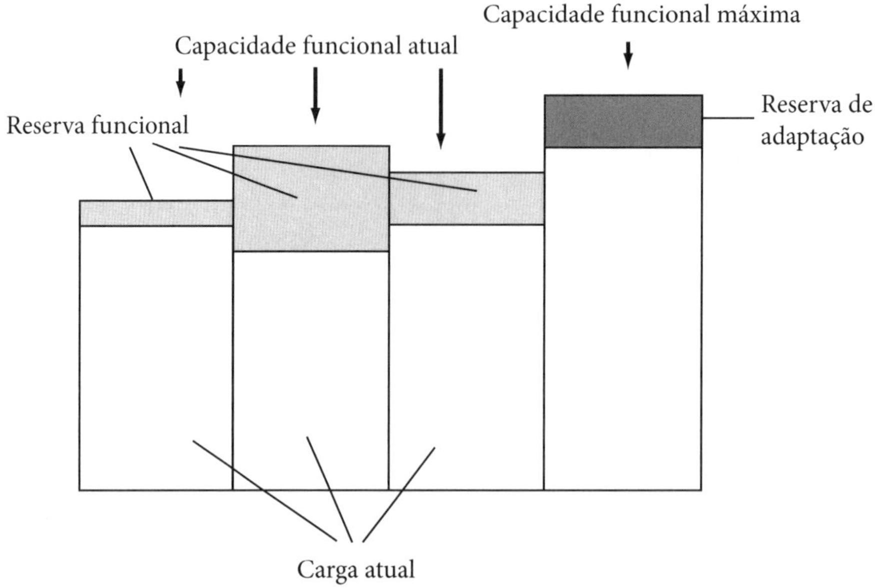

Figura 3.6 Esquema das relações entre a capacidade funcional atual A, B, C, a reserva funcional como diferença entre a capacidade funcional e a carga atual, e a capacidade funcional máxima com a reserva de adaptação.

De acordo com este modelo, a exigência de solicitação pode ser vista como ótima quando as reservas funcionais atuais são *usadas* até a proximidade da capacidade funcional atual. Se as exigências de solicitação e as cargas resultantes forem menores que a reserva funcional disponível, ou se a capacidade funcional atual for ultrapassada, então, em ambos os casos, o efeito de treinamento será menor que o esperado (Werchoschanski, 1988, p. 42).

Os métodos para a avaliação do uso corrente de reservas funcionais deveriam ser vistos na definição do valor teórico para a síntese de proteína (Mader, 1981). Este aspecto não será detalhado aqui. Na prática do treinamento, podem ser usados procedimentos adequados para o diagnóstico de desempenho, que determinam certos parâmetros, continuamente, com o respectivo processo de treinamento. Com base em medições contínuas de desempenhos de treinamento, Werchoschanski (1988, p. 43) pôde comprovar duas evoluções dinâmicas diferentes de efeitos de treinamento, em modalidades esportivas de força rápida (Figura 3.7).

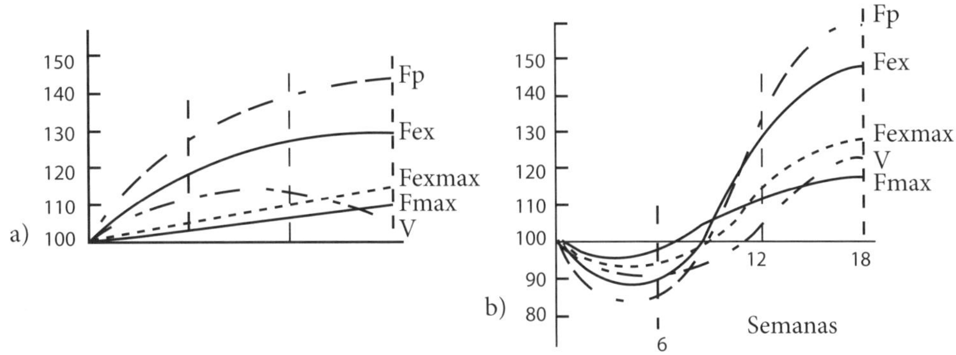

Figura 3.7 Duas formas de diferentes processos de adaptação (efeitos de treinamento) no processo de treinamento, de modalidades esportivas de força rápida. Fmáx = força máxima; Fex = força explosiva; Fp = força de partida; Fexmáx = força explosiva máxima; v = velocidade do movimento (segundo Werchoschanski, 1988, p. 44).

A primeira forma do desenvolvimento do desempenho (Figura 3.7a) resultou do aumento gradativo do volume de solicitação. Com isso, as reservas funcionais não puderam ser usadas otimamente e as perdas energéticas puderam ser compensadas continuamente. As observações que mostram este tipo de seqüência dos efeitos de treinamento apontam para uma compensação constante de perdas energéticas. Esta dinâmica de solicitação e o desenvolvimento dos efeitos de treinamento devem ser objetivados em atletas de nova geração e atleta que não pertencem ao esporte de alto nível.

No pico do desempenho, deveria ser objetivada a segunda forma da dinâmica de solicitação (Figura 3.7b). De acordo com Werchoschanski (1988, p. 44), esta forma mostrou-se eficaz para todas as modalidades esportivas de força rápida. Neste caso, o treinamento é feito com considerável volume, na primeira metade das etapas iniciais do período de preparação, conscientemente em uma área de solicitação da *capacidade funcional atual*, o que causa uma queda de desempenho considerável, mas estável. Após a diminuição do volume de solicitação, haverá a adaptação pretendida, no sentido de um efeito de treinamento retardado em longo prazo. Na seção 5.1.3, esta problemática é tratada novamente, porque a duração dessas medidas de treinamento influencia substancialmente os efeitos de treinamento (adaptações) em longo prazo. Como resultado destas considerações, pode ser fixado o seguinte:

As *exigências corretas de solicitações* causam cargas que utilizam otimamente as *reservas funcionais atuais*. O efeito de treinamento é crescente até determinado nível. *Volumes elevados de solicitação* levam a cargas na área da *capacidade funcional atual* e, em parte, acima. Com a dosagem correta de solicitações, ocorre primeiro uma queda de desempenho na mudança da solicitação para um volume menor; mas com intensidade maior, ocorre um *efeito de treinamento retardado em longo prazo* (Figura 3.7).

3.1.6 A execução do exercício no treinamento de condicionamento

Na Figura 3.4, fica claro que o *tipo de execução do exercício* é mais um componente das exigências de solicitação, com o qual o treinamento é realizado. Isso significa que as exigências de solicitação são realizáveis somente com base em sua transformação em seqüências motoras. Esta transformação é determinada no conteúdo pelo tipo de execução do exercício. De acordo com nossa análise da prática do treinamento, os conteúdos do treinamento de condicionamento consistem no exercício de (1) determinadas *formas de exercícios*, (2) *formas de jogos e de competição* e (3) *técnicas esportivas*.

1. *Formas de exercícios* são seqüências motoras construídas, executadas, com ou sem aparelhos, com resistências externas diferentes e variáveis e com um objetivo claro de conteúdo. O critério mais importante para o uso e o tipo de execução de determinada forma de exercício é o *objetivo*, e com isso surge a pergunta: o que deve ser alcançado com uma forma de exercício correspondente? No treinamento de condicionamento (principalmente nos treinamentos de força, de velocidade e da mobilidade) foram aprovadas formas de exercícios cuja efetividade, relacionada ao objetivo, pode ser bem avaliada e comprovada.
2. *Formas de jogo e competição* estruturam o exercício no âmbito de uma idéia de jogo ou competição. Estas formas do treinamento de condicionamento têm sua justificativa não só no treinamento infanto-juvenil, mas, por exemplo, também no treinamento de velocidade de *sprint*, no qual são aplicáveis, de maneira variável, o *sprint* de perseguição e os jogos de pegar. No treinamento de resistência, são usadas corridas com revezamento e “corrida de seis dias” como formas de treinamento com intervalos e, naturalmente,

também no treinamento de condicionamento de todas as modalidades de jogo esportivo e de duelo, que desenvolvem, na prática, formas variadas de jogo e competição. O treinamento mediante formas de jogo e competição pode ser feito, objetivamente, para as precondições específicas de modalidade esportiva, com efeito complexo, o que traz diversidade para a monotonia do treinamento.

3. As *técnicas esportivas* são usadas principalmente no treinamento de resistência e velocidade. Estas técnicas são parcialmente modificadas por meio de execução motora mais lenta, mais rápida, com outros aparelhos (por exemplo, *rollerski* em vez de esqui), com resistências externas maiores, por meio de perfis adequados de terreno, com amplitude restrita do movimento (por exemplo, trabalho com, apenas, os membros inferiores na natação) etc.

No treinamento de condicionamento, as formas de exercícios, jogos e competição são repetidas com determinado número de vezes, de acordo com um método. Disso não se deve concluir que as repetições ocorram sempre da mesma forma de seqüência e com o mesmo efeito. A repetição é o acontecimento importante do exercício e do treinamento. *No exercício, apesar da repetição da mesma forma de exercício ou de jogo, deve-se fazer com que os objetivos destes sejam atingidos sempre de forma diferente*, isto é, deve-se verificar se a qualidade da execução ainda corresponde à intenção ou ao objetivo inerentes. O exercício não deve tornar-se pura reprodução. É um perigo que freqüentemente ocorre na prática do treinamento, porque se verifica somente o número de repetições, e não a tarefa baseada no conteúdo e, com isso, a qualidade do exercício. HARRE escreve, em 1971 (p. 62), que a forma do exercício é o meio mais importante no aumento de desempenho no esporte. Certamente esta afirmação necessita de modificação. Mas para os treinadores, as relações a seguir são importantes.

Há uma série de resumos e catálogos de formas de exercícios, gerais e específicas de modalidade esportiva, de força, velocidade, mobilidade e alongamento, mas ainda não há nenhuma estruturação, cientificamente fundamentada, das formas de exercícios quanto a sua função e eficiência. A *seleção* e a *aplicação* das formas de exercício, jogo e competição, e as técnicas esportivas no treinamento de condicionamento estão sujeitas, portanto, às exigências de treinadores, coordenadores e professores do esporte. Aqui há o perigo de aplicar no treinamento sempre as formas antigas e tradicionais, sem questionar se poderia haver uma forma mais efetiva do treinamento. A seleção da forma correta do exercício necessita de método, isto é, ela deve ocorrer segundo determinados critérios, como (1) a *conveniência* com relação ao objetivo do treinamento, (2) a *realizabilidade* qualitativamente boa, (3) a *efetividade* e (4) *ser inofensivo* (Martin, 1977, p. 43).

Estes critérios são generalizados, mas, se servissem aos treinadores como critérios de qualidade nas suas decisões, determinadas formas de exercício seriam vistas mais criticamente e possivelmente seriam mudadas.

3.1.7 Os métodos do treinamento de condicionamento

O treinamento do condicionamento tem sempre um objetivo concreto e, para isso, são tomadas decisões de conteúdo. Os métodos usados não podem ser separados das decisões de objetivo e conteúdo, porque decisões metódicas pressupõem as de conteúdo. O conceito de métodos de treinamento foi descrito na seção "Conteúdos do treinamento". Eles determinam "como" o treinamento será executado; se se orientam (1) no objetivo do treinamento, (2) nas diretrizes (aparelhos, espaço, mídias), (3) no nível dos participantes e recebem, através das formas de ação dos treinadorese coordenadores, suas condições subjetivas.

De acordo com esta opinião, por exemplo, o treinamento de circuito ainda não é um método de condicionamento. Ele descreve somente determinada forma de organização. Somente a disposição e a seqüência das diversas estações a serem percorridas, as exigências de solicitação, como o número de repetições e a duração das pausas, são decisões metódicas e podem, por exemplo, tornar determinado treinamento de circuito num *método* de desenvolvimento geral de resistência de força. No treinamento de condicionamento, o método de treinamento real é determinado, em primeiro lugar, pela *exigência de solicitação*, isto é, pela fixação do volume, da intensidade, da duração e da densidade das solicitações; em segundo lugar, pela organização da seqüência do treinamento (circuito, estações, âmbito de jogos ou competições); em terceiro lugar, pela *execução do exercício;* e em quarto, pelas *formas de ações* de treinadores. Da associação destes quatro componentes, desenvolveu-se uma série de diferentes métodos no treinamento de condicionamento. A simplificação feita, em parte, na teoria do treinamento, segundo a qual todos os métodos podem ser atribuídos ao princípio contínuo, de intervalo e repetição, à competição e ao controle, e que seriam válidos para todo o treinamento de condicionamento (Scholich, 1979, p. 31; Letzelter, s/d. p. 17), não pode ser apoiada por nós, tendo em vista as possibilidades metódicas existentes na prática e o número de componentes, que constituem um método. A Tabela 3.2 resume dos métodos mais importantes no treinamento de condicionamento.

Tabela 3.2 Resumo dos métodos mais importantes no treinamento de condicionamento

Treinamento da resistência	**Treinamento da força**	**Treinamento da velocidade**	**Treinamento da mobilidade**
Métodos contínuos	Métodos de uso temporário da força máxima	Métodos intensos com intervalos	Métodos da ginástica para a mobilidade das articulações
Métodos alternados	Métodos de solicitações submáximas repetidas	Métodos de repetição	Métodos de alongamento (*stretching*)
Métodos com intervalos	Métodos de treinamento de força rápida	Métodos de treinamento de reação	
Métodos de repetição	Métodos de treinamento para o desenvolvimento da força de reação	Formas de jogo	
Métodos de competição	Métodos de resistência de força	Métodos de competição	
Métodos de controle	Métodos de treinamento específico de força		
Formas de jogo	Etc.		

A seguir, serão descritas as diversas capacidades de condicionamento, na seqüência de força, velocidade, resistência e mobilidade, sob especial consideração dos aspectos metódicos.

3.2 Força e treinamento de força

O treinamento de força é hoje, em toda modalidade esportiva, parte integrante do treinamento de condicionamento, mesmo que ainda haja, em determinadas modalidades, por exemplo, na área do esporte de resistência aeróbia e jogos, incertezas justas sobre as solicitações adequadas. Além disso, o treinamento de força ganha, cada vez mais, orientação de esporte de massa, como fisiculturismo, musculação ou biotreinamento, e é usado com métodos muito objetivos e aparelhos de comando eletrônico, em academias e na reabilitação após lesões. A gama de aplicação do treinamento de força e uma série de novos resultados de pesquisa (Bührle; Schmidtbleicher; Letzelter; Lehnertz) possibilitam aprofundar a fundamentação científica do treinamento de força. Isso exige não só a continuidade dos conceitos atuais da teoria do treinamento, mas, também em parte, novos princípios no entendimento da força, assim como repensar alguns métodos com suas dosagens características de solicitações.

3.2.1 Desempenho de força e de músculos – característica e conceitos

Desempenhos esportivos são, principalmente, desempenhos de movimentos, que estão baseados no efeito acelerado de forças. Deste ponto de vista, é possível descrever o efeito da força muscular principalmente com base em *leis mecânicas*. Todavia, a definição física da força é insuficiente para determinar completamente a "força" como capacidade de condicionamento.

Como parâmetro físico, a força descreve a interação mecânica entre corpos. Por meio desta interação, os corpos sofrem deformações (= efeito deformador da força) e, sob determinadas condições, uma mudança de seu estado motor (= efeito dinâmico da força). O valor da força pode ser determinado pela medição da *deformação* de elementos padronizados (balanças de mola, tira de medição da dilatação etc.) ou pela *mudança do estado motor* dos corpos participantes. A fórmula para o cálculo da *força* é: $F = m \cdot a$ (força (F) é igual à massa (m) vezes aceleração (a)). A unidade de medida para a força é hoje o Newton (N). 1 N é a força contínua, que acelera um quilograma em um segundo, do repouso à velocidade de 1 m/s (a unidade antiga é o quilograma-força (kgf), e corresponde a 9,81 N).

Os *desempenhos musculares de força* devem ser caracterizados de maneira um pouco diferenciada. As forças musculares não podem ser tratadas simplesmente como forças resultantes, porque as ações de forças em movimento são causadas por um sistema de *estruturas* com *grupos musculares*, complexos e com muitos graus de liberdade (seção 3.2.3.1). Geralmente são incluídas várias articulações, desenvolvendo alguns grupos musculares, os chamados *sinergistas*, força na mesma direção, outros, os *antagonistas*, em sentido contrário. Devido à disposição das articulações e da musculatura que as ativa, dá-se um funcionamento deste sistema, cuja transmissão de força é originada pelos momentos de torção nas articulações participantes. Na seção 3.2.3.1 entraremos em mais detalhes sobre estas relações. Aqui fica anotado que a descrição do comportamento da força na atividade esportiva, com categorias puramente mecânicas, é um procedimento muito complicado e atualmente quase impraticável. Para determinar os contextos adequadamente com relação à característica da força como capacidade de condicionamento, deve-se seguir outro caminho. Com isso, os seguintes argumentos podem ser associados:

A formação de força é uma das características substanciais do desempenho da musculatura; devido a sua microestrutura, principalmente o músculo esquelético é capaz de elevados desempenhos. Como já descrito na seção "O sistema do treinamento", designa-se como desempenho a transferência de energia por unidade de tempo, de uma forma de energia em outra ou de um sistema a outro. Durante a atividade corporal, a *energia bioquímica*, disponibilizada pelos sistemas de alimentação, respiração e circulação na musculatura, é transformada em *força* e *calor*. Com isso, o valor do trabalho realizado em determinado tempo, mais o valor do calor desenvolvido, corresponde ao *desempenho muscular* fisiológico.

Com relação ao desempenho esportivo, no *desempenho muscular fisiológico* é importante, em primeiro lugar, a parte transformada em trabalho. Como o *trabalho* (T) é definido fisicamente como a força (F) vezes a distância (d) ($T = F \cdot d$), o *desempenho (rendimento) mecânico* (D), como trabalho por tempo (t), dá a definição de força vezes distância pelo tempo ($F \cdot d/t$). A distância pelo tempo (d/t) é igual à velocidade (v) e, desta maneira, o desempenho mecânico pode ser definido também como força vezes velocidade ($F \cdot v$). Com isso, temos uma vinculação direta da linguagem com um importante *objetivo do treinamento de força*, ou seja, o aumento da *velocidade de formação de força* como precondição para a obtenção de elevados desempenhos. A base funcional para isso é o melhoramento da *capacidade de inervação da musculatura*. Além disso, é evidente que o objetivo principal adicional do treinamento de força deve estar na criação da base estrutural para a formação de *força muscular adequada à modalidade esportiva*. Desta maneira, resultam os dois *objetivos* superiores do treinamento de força: (1) *o melhoramento da capacidade de inervação da musculatura*, como condição para o aumento da velocidade de formação de força; e (2) a *ampliação do potencial de energia da musculatura*, por hipertrofia das estruturas musculares como base para o aumento do nível de força muscular. Além disso, o *melhoramento no fluxo de energia* no músculo é um objetivo adicional do treinamento para a otimização da capacidade de força (seção 3.2.5.1).

A definição do conceito de capacidade de força tem um estreitamento na teoria do treinamento. Embora todos os movimentos humanos e as posturas corporais sejam causados por forças, assim também a corrida de resistência que, por coerência, deveria ser enquadrada na área de força, o que não é feito amplamente. BÜHRLE (1985, p. 82), referindo-se a HETTINGER (1964, p. 51), recomenda que, para poder diferenciar teoricamente os comportamentos de força, resistência e velocidade, fala-se de comportamento de força somente quando ações de força são atualizadas, que estão acima de um terço das forças realizáveis individualmente. Baseado nisso, a capacidade de força pode ser definida da seguinte maneira:

Definição:
Capacidade de força é a base de condicionamento para desempenhos musculares com ações de força, cujos valores estão cerca de 30% acima do máximo individualmente realizável.

3.2.2 Estruturação e formas de manifestação da força

Com base nos chamados resultados analíticos dimensionais, BÜHRLE & SCHMIDTBLEICHER (BÜHRLE, 1985; 1989; SCHMIDTBLEICHER, 1984; BÜHRLE & SCHMIDTBLEICHER, 1981) recomendam a classificação da força em capacidades chamadas complexas, como força máxima, força rápida e resistência de força. Outras formas de classificação, como, força de arremesso, lançamento, salto, *sprint* etc., como fazem, por exemplo, LETZELTER (1978, p. 81; citado por BÜHRLE, 1985, p. 82), embora sejam apropriadas à explicação de objetivos específicos no treinamento prático, misturam demais os aspectos coordenativos com os de condicionamento e energéticos da força, e não permitem, desta maneira, colocar em primeiro plano, de maneira bem nítida, o desempenho próprio da musculatura. Na representação da força como uma capacidade de condicionamento, os aspectos do condicionamento deveriam ser de importância superior. Conforme o atual estado de conhecimento, uma classificação em *força máxima, força rápida, força de reação* e *resistência de força* é conveniente.

Antes de entrar mais detalhadamente nestas formas de manifestação da força, deve-se fazer referência ao seguinte contexto: força máxima, força rápida, força de reação e resistência de força não devem ser consideradas de mesma categoria, mas agrupadas de modo que, tanto as forças rápida e de reação, bem como a resistência de força, dependem muito do potencial de ativação intencional e, com isso, sempre da força máxima. Portanto, elas devem estar subordinadas hierarquicamente.

3.2.2.1 Força máxima

A teoria do treinamento diferencia a força máxima, tradicionalmente, de acordo com os *modos de trabalho* da musculatura de vencer, manter ou ceder, e as *formas de contração* realizadas em dimensões *concêntrica, isométrica* e *excêntrica.*

Bührle (1985, p. 87) & Schmidtbleicher (1984, p. 1786) são contra uma diferenciação da força máxima em isométrica e concêntrica. Eles argumentam o seguinte: quando uma pessoa ainda consegue levantar uma carga perto de seu limite individual de carga, deve desenvolver primeiramente uma contraforça a esta resistência. Nisso, a musculatura trabalha de maneira isométrica. Depois, a carga pode ser levantada somente muito devagar, o que quer dizer que, para a aceleração, só se pode usar uma parcela pequena da força. Com isso, a força máxima concêntrica se aproxima da isométrica.

Os *valores de força máxima concêntrica* estão, dependendo do procedimento e/ou do músculo, e da alça muscular, cerca de 5 a 20% abaixo dos valores alcançáveis isometricamente. Entretanto, quanto melhores são os níveis de força e de treinamento, tanto menor é a diferença entre força máxima concêntrica e isométrica.

A equiparação de força máxima concêntrica e isométrica feita por Bührle & Schmidtbleicher não é conveniente sob o ponto de vista molecular-mecânico. Embora seja correto que o processo de desenvolvimento inicial da força não se diferencie em ambas as formas, no momento do trabalho de manutenção originam-se outras modalidades energéticas no trabalho do movimento: na manutenção de uma força, não ocorre um processo de deslizamento entre filamentos de miofibrilas grossas e finas, o que influencia consideravelmente a formação de força e a transformação de energia (Lehnertz, 1984, p. 30; 1988b, p. 48) (seção 3.2.3.2).

Como deve ser enquadrada a *força máxima excêntrica* dentro deste contexto? Ela pode ser vista como dimensão independente? Primeiramente, deve-se constatar que a força máxima excêntrica pode ser de 5 a 45% maior que a isométrica (Bührle, 1985. p. 89). Isso é explicado, até então, da seguinte maneira: no alongamento do sistema ativo de músculo e ligamento, as forças passivas de elasticidade somam-se ao valor da força realizada pela ativação intencional. Além disso, no alongamento do músculo ocorrem reflexos de alongamento pelos fusos musculares ativados, que causam um aumento da atividade de intervenção e, com isso, uma contração maior (Schmidtbleicher, 1984, p. 1786). Também, aqui chegamos, como na explicação da força máxima isométrica e concêntrica, a um outro ponto de vista, devido a aspectos moleculares-mecânicos (Lehnertz, 1988a, p. 112) (seção 3.2.3.2, capítulo 3).

Empiricamente, pode-se constatar que pela inervação intencional pode ser mobilizada somente uma parte da força desenvolvível de maneira absoluta. Desta maneira, por exemplo, pessoas normais (não treinadas) poderiam ativar, de maneira intencional, somente 70% de sua chamada *força absoluta*. O potencial de força que não pode ser ativado intencionalmente é denominado de *reserva autônoma,* e o valor limite de força atingível intencionalmente como *limiar de mobilização* (Bührle, 1985, p. 90). Estas reservas de força podem ser ativadas por estimulação elétrica. *Portanto, a força absoluta é aquela que um músculo forma com estimulação elétrica máxima sob condições isométricas.*

Disso resulta que a força máxima depende da parcela da força absoluta que pode ser ativada intencionalmente. Por outro lado, a força absoluta depende da seção muscular e da composição do músculo. Ela representa o potencial total disponível de força muscular. Mediante este conceito, seria possível determinar se e em que extensão a capacidade máxima de força pode ser melhorada, sem aumento da seção muscular e, conseqüentemente, de massa. Com base em Harre (1979; 1986), Letzelter (1986) e outros, o conceito de força máxima pode ser deduzido destes contextos da seguinte maneira:

Definição:
Força máxima é a força mais alta possível que o sistema neuromuscular consegue executar com contração máxima intencional.

3.2.2.2 Força rápida

O comportamento da força rápida é o *componente energético-mecânico* decisivo para a *execução* correta e a *eficiência de técnicas* em muitas modalidades esportivas, sobretudo, porque para isso é decisiva a velocidade com a qual uma força realiza trabalho (desempenho mecânico-muscular) (seção 2.2.1, capítulo 2). Por este motivo, o treinamento de força rápida também se torna um conteúdo importante no treinamento da maioria das modalidades esportivas.

Apesar desta importância, na teoria do treinamento, a força rápida não é descrita de maneira tão uniforme quanto a força máxima. Isso depende provavelmente dos diferentes modelos de explicação tomados como base. Vários autores *consideram a força rápida como capacidade para realizar elevados valores de força por unidade de tempo*, definindo-a como quociente do valor da força máxima e do tempo necessário para alcançar este valor. Esta capacidade também é chamada de *força explosiva*. Verkhoshanski & Tatjan (1975, p. 61) e Bührle (1985, p. 99), também deduzem a quantificação da força explosiva como um componente da força rápida, dos valores de inclinação de curvas de força-tempo.

Como fator substancial para a realização da força rápida, principalmente Schmidtbleicher (1980; 1984) e Bührle (1985) vêem em seus trabalhos a *força máxima*. Do ponto de vista físico, a argumentação é a seguinte: na prática do esporte, sempre se fala em força rápida quando se trata de acelerar, de maneira vigorosa, o próprio corpo, partes do corpo ou aparelhos esportivos. O valor da aceleração é determinado tanto pela força desenvolvida como pela massa dos corpos ou aparelhos a serem acelerados. Quando, sobre um corpo com massa (m), atua uma força (F), a aceleração é o quociente da força pela massa ($a = F/m$). Desta maneira, o comportamento da aceleração de cargas pequenas seria determinado pela força máxima, desde que F dependa sempre do potencial de força máxima. Todavia, F pode ser tanto maior quanto maior for a massa (m), como mostraremos mais tarde.

O produto F · t é chamado de impulso de força e medido em Newton · segundo (Ns). O impulso de força (impacto) é representado graficamente como a área sob uma linha de uma função de força-tempo (Baumann, 1973. p, 365). O tamanho da área é determinado, além da duração do tempo, substancialmente do valor máximo atingido da força (que depende fortemente da força máxima correspondente) e do ângulo de inclinação da curva de força-tempo.

De acordo com Bührle (1985, p. 104), também o comportamento da força rápida depende de um terceiro componente, ou seja, da *força de partida*. Ela designa a capacidade da reação rápida no desenvolvimento da força, isto é, a capacidade de desenvolver um aumento elevado de força imediatamente após o início da contração. Para a avaliação da força de partida, Bührle considera o desenvolvimento da força durante os primeiros 30 ms (milissegundos) do início da inclinação da curva força-tempo. A Figura 3.8 ilustra os parâmetros da força rápida admitida por Bührle.

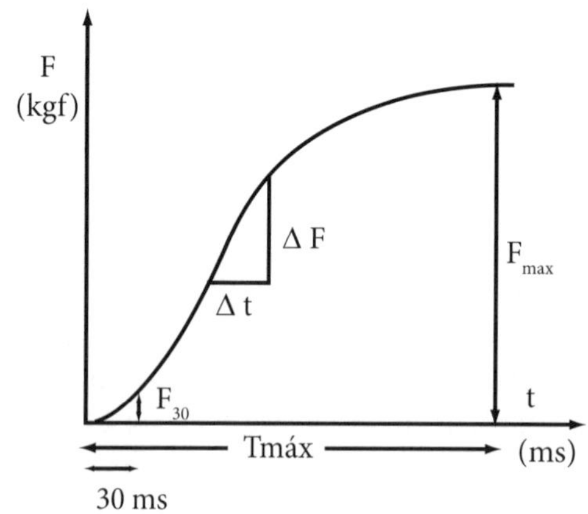

Índice de força rápida IFr = ${}_{Fmáx}$ / $T_{máx}$
Força explosiva Fex = Δ F / Δ t
Força de partida Fp = F_{30}

Figura 3.8 Parâmetros da força rápida (Bührle, 1985, p. 104).

Schmidtbleicher (1984, p. 1.787) recorre, na definição da capacidade de força rápida, ao conceito físico de impulso. Falamos a este respeito de impulso de força e descrevemos com isso uma mudança de impulso. *A força rápida é, portanto, a capacidade de produzir um impulso de força maior possível dentro do tempo disponível.* Em primeira análise, isso depende de aumento rápido de força, do máximo de força alcançado e da duração da ação da força. Todavia, análises mais detalhadas chegam ao fato de que um aumento máximo de força não leva, em qualquer caso, ao impulso maior possível de força e, com isso, à aceleração máxima do movimento.

Em muitas modalidades esportivas, nos desempenhos de força rápida, não se trata de desenvolver uma elevada *aceleração inicial*, mas que seja atingida uma *velocidade final* elevada, na distância disponível para a aceleração (arremesso de peso, impulsão no salto de esqui, arremesso de frente no handebol, cortada no vôlei etc.). Com isso, os parâmetros de força rápida ganham outra importância que aquela deduzida da Figura 3.8, pela fórmula: muita força no tempo mais curto possível. Pudemos comprovar em nossos experimentos com impulsão com ambas as pernas de uma placa de medição de força, que nos saltos com o uso da força máxima no início do salto (= com força de partida e força explosiva mais alta possível), atingiu-se uma velocidade final menor na impulsão que nos saltos, cuja curva de salto tem inclinação menor (LEHNERTZ, 1985b). Um aumento precoce da força máxima não tem como conseqüência, necessariamente, uma velocidade final mais alta possível, o que pode ser também comprovado teoricamente por meio de argumentação molecular-mecânica (LEHNERTZ, 1984; 1985b; 1987b; 1988b, c).

Já HOCHMUTH apontou os fundamentos biomecânicos deste fato: embora os fatores força e distância de aceleração tenham a mesma importância, esta igualdade somente existe se, pelo aumento da distância de aceleração, a força média de aceleração não for influenciada negativamente, isto é, não seja diminuída. HOCHMUTH (1974, p. 193) supôs que as propriedades biomecânicas da musculatura humána condicionam esta influência negativa à força média.

Portanto, estabelecemos o seguinte: desempenhos de força rápida no esporte objetivam, sobretudo, o alcance de uma velocidade final máxima numa distância determinada de aceleração. Quanto menor for a distância de aceleração, mais a velocidade final depende das forças de partida e explosiva; quanto maior for a distância de aceleração, mais importante é uma força com aumento "reservado". Disso resulta que a definição da força rápida através de um impulso de força é problemática, principalmente quando se devem deduzir conseqüências para um comportamento ótimo de força. Parece-nos menos problemática a definição com relação à velocidade de formação da força ou à "capacidade de contração rápida" (BÜHRLE, 1989, p. 315). Desta maneira, igualamos a força rápida à *velocidade de formação da força*, com a ressalva que se deve diferenciar entre o comportamento melhor possível da força na obtenção de desempenhos de força rápida e uma precondição importante para isso.

Definição:
A *força rápida* é a capacidade de formar força o mais rápido possível.

3.2.2.3 Força de reação

A força de reação é definida como a capacidade de realizar um grande impulso de força no ciclo rápido alongamento-encurtamento de um grupo muscular (BÜHRLE, 1989, p. 319). *Estecido designa a combinação de contrações excêntricas e concêntricas.* Nele pode ser aumentado consideravelmente, principalmente, o desempenho da contração concêntrica. A causa do aumento de desempenho no ciclo alongamento-encurtamento e do comportamento reativo da força é atribuída ao comportamento elástico da musculatura durante, e imediatamente após, a contração excêntrica. Com isso, pelo alongamento, as condições no músculo são mudadas de maneira que o efeito da fase concêntrica seguinte possa estar aumentado. Por exemplo, num salto para baixo e para cima, cai-se sobre a área de queda e, em seguida, tenta-se, o mais rápido possível, dar um impulso e saltar. Na queda, a musculatura sinergística já está inervada e tensionada, e ela atua como fitas elásticas. Na fase de agachamento, esta musculatura é alongada e freia o corpo. A energia cinética do corpo em queda é modificada pela frenagem em energia de deformação do sistema de tendões e músculos, e armazenada temporariamente. Na extensão concêntrica seguinte, ocorre a transformação em energia cinética, o que equivale ao aumento de um impulso de força formado concentricamente (BÜHRLE, 1989, p. 320).

Quando um músculo ativado é alongado ou quando um músculo alongado passivamente é ativado, aumenta sua tensão e armazena energia elástica em suas partes de séries elásticas; quando as condições de tempo entre o alongamento e o encurtamento são favoráveis, uma parte da energia armazenada pode ser reutilizada; quando o alongamento do músculo leva muito tempo, uma parte da energia armazenada é perdida em forma de calor. Se, entretanto, logo após o alongamento do músculo ativado (contração excêntrica), seguir um encurtamento (contração concêntrica), para a capacidade positiva de trabalho há à disposição uma parcela considerável de energia armazenada na fase "excêntrica" (fase de trabalho negativo) (KOMI, 1985, p. 256).

Em outros princípios, é defendida a opinião de que uma considerável parcela da elasticidade de série esteja nas pontes cruzadas, entre os filamentos de actina e miosina. De acordo com HUXLEY & SIMMONS (1971, citado por KOMI, 1985, p. 256), durante o processo de alongamento, as cabeças de miosina giram e retrocedem, contrárias à sua tendência natural, para uma posição de energia potencial mais elevada. Como a duração de ligação varia entre 15 e 120 ms, para tornar a energia armazenada utilizável, é vantajoso, que tanto o alongamento, como o período de transição entre alongamento e encurtamento sejam curtos. Um tempo prolongado de alongamento tem como conseqüência a soltura das pontes cruzadas existentes, perdendo-se o potencial elástico armazenado. Um período curto de transição evita, porém, a soltura de pontes cruzadas e, desta maneira, usa melhor o potencial armazenado de energia durante a fase seguinte de encurtamento. Lehnertz (1988a) atribui o aumento de desempenho no ciclo alongamento-encurtamento a fatores moleculares (seção 3.2.3.2).

As formas reativas de movimentos (por exemplo, no salto), descritos mediante os parâmetros da curva força-tempo, devem ser divididas em duas fases: a que é usada para o amortecimento da energia elástica e a que leva à aceleração do corpo em direção ao salto. *O comportamento motor reativo ótimo ocorre quando, de uma fase de amortecimento relativamente curta, segue um impulso de salto maior possível.* Isso exige tempos curtos de contato com o chão, nos quais devem ser realizados elevados valores de força por unidade de tempo (Schmidtbleicher & Gollhöfer, 1985, p. 277).

De acordo com Verkhoshanski (1972, p. 136), a força rápida desenvolvida de maneira explosiva (como necessária em formas motoras reativas) é uma "qualidade motora independente", o que é de importância para o método de treinamento. Bührle (1989, p. 320) admite que, além da *força máxima* e da capacidade de *contração rápida* (velocidade de formação de força), mais uma capacidade delimitável na dimensão determina a força reativa como parâmetro adicional de influência. Esta capacidade delimitável, Bührle (1989, p. 323) denomina de *capacidade reativa de tensão,* e é a capacidade de poder manter a tensão muscular na fase excêntrica do ciclo alongamento-encurtamento.

Definição:

Força de reação é o desempenho muscular que gera um impulso aumentado de força, dentro de um ciclo alongamento-encurtamento. Ela depende da força máxima, da velocidade de formação de força e da capacidade reativa de tensão.

3.2.2.4 Resistência de força

O entendimento, parcialmente diferente, de resistência de força expressa-se em diversas definições, recomendadas na literatura da teoria do treinamento. A maioria das definições (Martin, 1977, p. 65; Ehlenz, Grosser & Zimmer-

MANN, 1985, p. 67; WEINECK, 1980, p. 205) refere-se a HARRE (1970, p. 125), que escreve: "A resistência de força é a capacidade de resistência à fadiga do organismo em caso de desempenhos prolongados de força". LETZELTER (1978, p. 137) segue amplamente esta definição, mas pensa que desempenhos prolongados de força sejam um parâmetro impreciso demais, e define: "Resistência de força é a capacidade de manter desempenhos de força durante um período determinado pela competição ou a queda menor possível do nível de força". Com estas definições, os desempenhos de resistência de força dificilmente podem ser quantificados e tornam, em conseqüência disso, os componentes de solicitação, para o método de treinamento, de difícil determinação. Como *critério bruto para a quantificação*, SCHMIDTBLEICHER (1984, p. 1792) sugere, portanto, calcular a resistência de força com o valor da soma de impulsos (melhor: soma de impulsos de força, seção 3.2.2.2), dentro de um período definido.

Esta insegurança geral na representação da resistência de força nos motiva a colocar em discussão uma ampla descrição para esta forma de aparência da força, a fim de satisfazer a exigência de que a resistência necessita, urgentemente, de um parâmetro quantificável para sua operacionalização (SCHMIDTBLEICHER, s/d).

Partimos, inicialmente, do esquema conhecido de que, em desempenho de resistência de força, duas características têm um papel: a primeira depende da força máxima, ou seja, do *domínio de uma carga*; mas a segunda, a *duração do domínio da carga*, depende dos *desempenhos do metabolismo da musculatura*. Essa é a característica real da resistência de força e a que se diferencia das outras formas de ocorrência da força. Nos desempenhos de resistência de força, é importante fazer repetir um determinado valor do desempenho muscular numa tarefa motora específica (remada, salto vertical/ no bloqueio no vôlei), por períodos mais longos possíveis, com o mesmo valor, ou manter uma carga numa determinada tarefa motora por um tempo prolongado. Reconhecemos em nossos estudos que sujeitos testados, iniciando com um desempenho motor correspondente ao seu impulso máximo de força, dentro de 60 segundos, e que tentaram repeti-lo 24 vezes em intervalos de 2,5 segundos, estão sujeitos a diferentes diminuições do valor dos impulsos de força. Exatamente este fenômeno, o *valor da diminuição individual do impulso máximo de força*, medido com base em determinado número de repetições, dentro de um tempo predeterminado é o indicador quantificável da resistência de força. Isso, porque a resistência de força deve fazer com que um impulso máximo de força, por exemplo, no salto vertical, possa ser mantido em várias repetições.

Para a medição da resistência de força, foi desenvolvido um teste de duas fases (seção 3.2.4), com o qual pode-se avaliar a diminuição do valor do impulso de força com determinado número de repetições, mediante o cálculo da mudança do impulso da massa acelerada (detalhes deste procedimento de teste, ver seção 3.2.4.1).

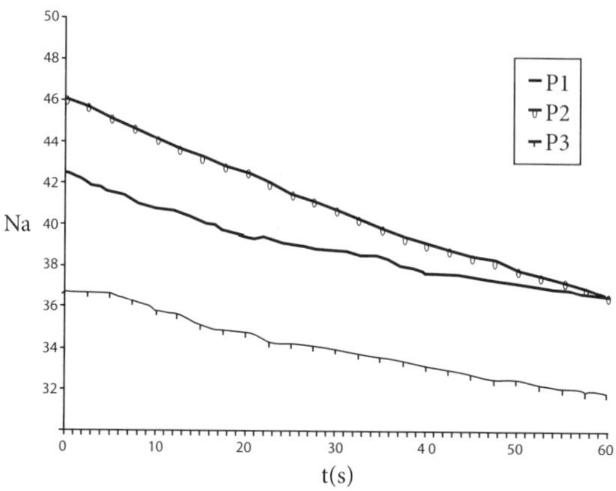

Figura 3.9 Resultados de teste de três indivíduos testados. A diminuição dos impulsos da massa acelerada (impulso da massa = indicador para o impulso de força) com 24 repetições em 60 segundos. P1 diminui seu impulso de força para 79,7 % (de 46 para 36,7 Ns), P2 para 86,5 % (de 42,4 para 36,6 Ns) e P3 para 87 % (de 36,8 para 32 Ns).

O teste de duas fases usado com a puxada horizontal com barra em decúbito ventral, sendo específico de remo, mostra, como na Figura 3.9, se os esportistas necessitam, por exemplo, de força máxima (valor do impulso de força) ou de mais treinamento de resistência de força (diminuição do valor do impulso de força). Com base na operacionalização relatada, chegamos à seguinte definição:

Definição:
Resistência de força é a capacidade, com determinado número de repetições de impulsos de força, de manter a diminuição dos valores do impulso de força a menor possível, dentro de um período definido.

3.2.3 Modelos científicos de explicação da força

Nas respectivas seções que tratam de modelos científicos de explicação, são reunidos conhecimentos da *ciência natural* e da *psicologia*, referentes ao treinamento de força, velocidade, resistência e mobilidade, que facilitam entender as relações e as idéias da teoria do treinamento e, ao mesmo tempo, tentar coordenar o conteúdo destas seções dentro de determinada sistemática.

3.2.3.1 A macroestrutura de desempenhos de força

Análises anatômicas funcionais mostram que, mesmo em seqüências motoras simples, uma combinação de grupos musculares sempre participa. Estes grupos reunidos nestas combinações são chamados de *alças musculares* (Figura 3.10). Elas são as ligações dos grupos musculares, os quais têm a função principal em determinado movimento e estão sintonizados entre si. A suposição anterior de que cada músculo, de acordo com sua origem e sua inserção, realiza uma determinada tarefa, não pode ser sustentado plenamente. A função principal de diversos músculos é determinada pela combinação de grupos musculares, dos ossos e das articulações envolvidos, e é caracterizada pela ação de resistências externas. *As alças musculares são unidades funcionais que atuam em uma ou várias articulações para estender, flexionar e fixar*. Mediante o efeito de uma alça de extensão em um movimento básico simples, as relações são mostradas praticamente:

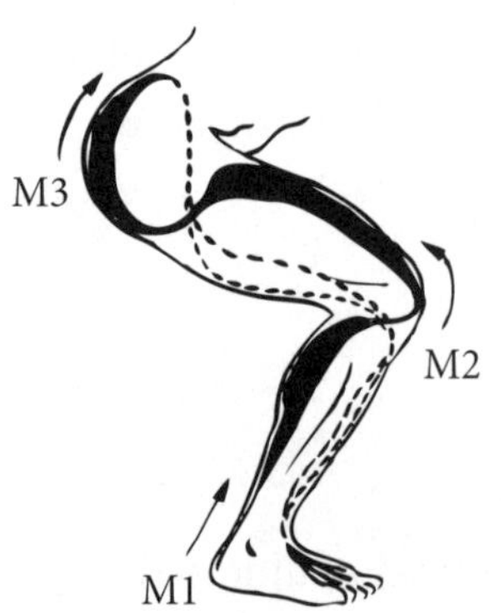

Figura 3.10 Posição inicial para o salto de um membro inferior flexionado nas articulações do quadril, joelho e tornozelo, com uma alça de extensão e os momentos de torção (M1, M2, M3); mais detalhes no texto (segundo Tittel, 1985, p. 331).

Por meio de flexão preparada, os músculos participantes da alça muscular podem se encurtar otimamente a partir de determinada posição. Já pela forma plástica da superfície dos membros participantes, geralmente são possíveis conclusões para o procedimento de extensão dos músculos ativados. Assim, por exemplo, na Figura 3.10, supõe-se a participação do músculo glúteo máximo, do quadríceps femoral, do músculo gastrocnêmio e do músculo sóleo. Para a frenagem e a sintonia antagonística deste movimento de extensão, participam o grupo muscular isquiocrural na parte posterior da coxa (músculo, bíceps femoral, semitendíneo e semimembranáceo), assim como a musculatura na parte anterior da coxa (músculos tibial anterior, extensor longo do hálux e dos dedos do pé). Eles estão representados na Figura 3.10 em forma de uma segunda alça muscular mais fraca (pontilhada), de acordo com seu desempenho de trabalho (Tittel, 1985, p. 333). O problema das alças musculares é abordado somente mediante um exemplo e resumido da seguinte maneira: todos os desempenhos de força da musculatura, de extensão, de flexão e de fixação são executados por determinadas alças musculares, de acordo com as resistências externas e das formas motoras usadas. Nestas alças musculares, agem, como unidade funcional, conjuntamente, os grupos musculares necessários. *As formas de exercício do treinamento de força devem considerar, portanto, a unidade funcional de alças musculares.*

Todavia, o modelo das alças musculares permite a determinação da participação dos diversos grupos musculares, no valor total de força, somente de maneira estimativa. Como mostra a Figura 3.10, a soma do valor da força resulta das participações dos três momentos de força e momentos de torção (M1 + M2 + M3). Os momentos de torção sempre ocorrem na formação de força de um músculo, quando a linha de ação de sua força de tração resultante não passa pelo meio da articulação, mas a uma distância a estes pontos de rotação. Esta distância é o braço de alavanca do músculo. O momento de torção de determinada força muscular é tanto maior quanto maior for o braço de alavanca do músculo. Disso resulta o seguinte: *o momento de torção é o produto da força F com sua distância vertical r (= braço de alavanca) da sua linha de ação até o ponto de rotação*: $M = F \cdot r$ (Baumann, 1989, p. 55).

Da Figura 3.10, fica evidente que várias combinações dos diversos momentos de torção podem chegar ao mesmo valor final da força, do impulso de força ou da velocidade de toda alça de extensão. Isso significa inversamente que não podem ser feitas afirmações sobre os desempenhos dos diversos grupos musculares, por meio de medições de forças, velocidades etc., causadas pelo efeito de uma alça muscular. Isso exigiria um diagnóstico diferencial dos momentos de torção das articulações do tornozelo, joelho e quadril. Entretanto, este tipo de análises ainda está no início da elaboração científica, e haveria necessidade de estudos biomecânicos complexos, com parâmetros de descrição cinemáticos, dinâmicos e antropométricos (Baumann, 1989, p. 154).

Sob o ponto de vista macroscópico, outro fenômeno tem importância na prática do treinamento: a *característica de contração* da formação de força em seqüências motoras complexas. As *alças musculares* trabalham com tarefas diferenciadas, dependendo do objetivo motor. Desta maneira, quase todas as seqüências motoras estão baseadas em determinada característica de contração, composta de diferentes *formas de contração* e *transições*. O protótipo de uma característica de contração é o desenvolvimento da força de reação no ciclo alongamento-encurtamento (seção 3.2.2.3). Mas também há outras características: a extensão (contração concêntrica) a partir de uma posição fixa (contração isométrica), como, por exemplo, na impulsão para o salto no esqui, a contração excêntrica, a partir da posição fixa anterior (contração isométrica) com extensão concêntrica seguida, como no salto de partida na natação etc. No exemplo seguinte, é representada a característica de contração da alça de extensão dos membros inferiores na arrancada (Figura 3.11).

A problemática da *visão macroestrutural* de desempenhos de força foi abordada sucintamente, mas ela deveria deixar consciente que, na prática de treinamento, devem ser avaliados, de *maneira funcional-anatômica*, desempenhos de força, específicos de modalidade esportiva. Com isso, pode-se elaborar quais músculos participam dentro da unidade funcional de uma alça muscular, no âmbito de determinadas seqüências motoras. Este conhecimento facilita a seleção de formas efetivas de exercício. O valor total da força gerado por uma alça muscular é analisável com diversos métodos de medição. Entretanto, a participação dos diversos momentos de força pode ser constatada somente com um dispêndio elevado de exame. Estes conhecimentos seriam altamente vantajosos para o treinamento de força. Por outro lado, a característica de contração, na qual uma seqüência motora se baseia, pode ser bem avaliada. O conhecimento sobre isso pode ser usado principalmente na determinação do tipo de execução de exercícios de força.

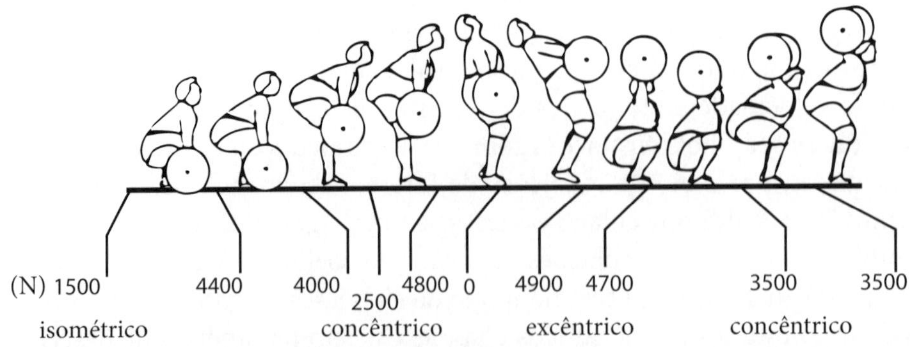

Figura 3.11 Valores de forças e característica de contração na arrancada (segundo Baumann, 1989, p. 145).

3.2.3.2 A microestrutura de desempenhos de força

Embora a força muscular sempre tenha sido objeto de pesquisas biológicas e há muitos diagnósticos experimentais, ainda falta uma teoria, geralmente aceita, para descrever *como a energia química dentro do músculo pode ser transformada em força atuante para fora*. Há algumas idéias sensatas sobre etapas parciais deste processo de transformação de energia, mas falta um modelo teórico, que resume adequadamente os principais diagnósticos. Nós apresentamos um modelo que fecha a lacuna. Neste modelo, parte-se da suposição de que todas as forças atuantes mecanicamente, e assim, também, as forças musculares, devem ser causadas por *forças físicas* (Lehnertz, 1984, p. 28). Mas, primeiramente, eis o conhecimento básico sobre o músculo, necessário para o entendimento do modelo.

A Figura 3.12 dá uma visão esquemática sobre a *microestrutura* de músculos transversos, também chamados de músculos esqueléticos, responsáveis pela formação de força nos movimentos ativos do corpo. O *músculo esquelético* (Figura 3.12a) é composto de *fascículos musculares* (Figura 3.12b), que ainda são bem visíveis a olho nu, por exemplo, as fibras da carne cozida de gado. As diversas *fibras musculares de um fascículo* (Figura 3.12c) são células de alguns a muitos centímetros de comprimento e de um diâmetro de 10 a 100 μm (1μm = 1/1.000 mm). Elas percorrem, geralmente, o comprimento total do músculo e entram nas duas extremidades nos tendões de tecido conjuntivo. Na observação microscópica, as fibras musculares mostram estriamentos transversais, causados pelas *miofibrilas* ao longo da fibra (Figura 3.12d), localizadas ordenadamente uma ao lado da outra. O estriamento transversal das miofibrilas é originado pela seqüência de partes de refração dupla forte e fraca da luz, de modo que as partes de refração dupla forte apareçam mais escuras que as de refração dupla fraca. Elas são representadas na figura 3.12d como *faixas anisotrópicas A* e *faixas isotrópicas I*. No meio da faixa I, há uma parte escura fina, chamada de *linha Z*. A distância entre duas linhas Z é chamada de *sarcômero*, e é a menor unidade funcional da miofibrila (Dudel, 1977, p. 132).

Por meio do microscópio eletrônico (Huxley & Niedergerke, 1954; Huxley, 1963), a microestrutura do sarcômero pode ser vista mais detalhadamente (Figura 3.12e-i). Fica visível que da linha Z saem *filamentos finos* em ambas as direções para dentro do sarcômero. Na parte média do sarcômero, entre os filamentos finos, há *filamentos grossos* (Figura 3.12e). Imagens de cortes transversais (Figura 3.12f-i) mostram uma disposição regular semelhante a cristais dos miofilamentos finos e grossos. Por meio de análises químicas, foi comprovado que os filamentos finos se consistem principalmente de *proteí-*

na globular actina (Figura 3.12j), enquanto os filamentos grossos são compostos de moléculas compridas de proteína, a *miosina* (Figura 3.12k-m) (DUDEL, 1977, p. 132).

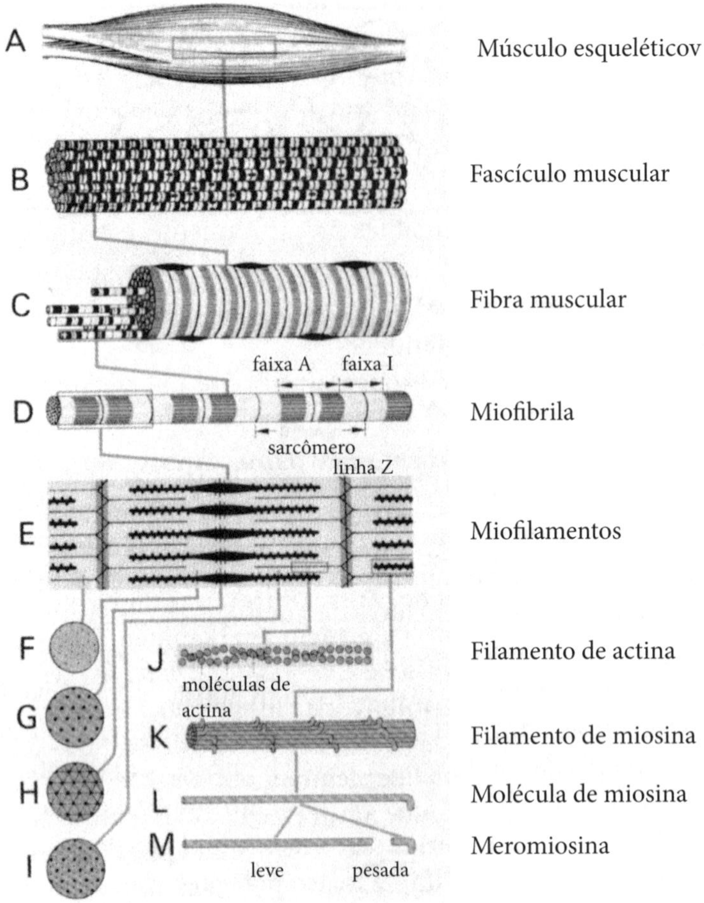

Figura 3.12 Microestrutura do músculo esquelético (DUDEL, 1977, p. 136).

Este conhecimento comprovado sobre a *estrutura fixa do músculo* é complementado por conhecimentos sobre substâncias diluídas no plasma muscular, cuja ação recíproca garante a disponibilização da energia química necessária às ações musculares. Através da *cinética dos processos químicos*, com base em muitos experimentos, surgiu a teoria do metabolismo do músculo, modificada e ampliada quase diariamente (CIVAN & PODOLSKY, 1966; SOBIESZEK, 1982; WHITE & THORSON, 1973). O mesmo vale para a teoria da transformação da energia química muscular em energia mecânica do processo de encurtamento do sarcômero (SUGI & POLLACK, 1977), descrito mais adiante.

Cada *encurtamento do músculo esquelético* é baseado no encurtamento de muitos sarcômeros "ligados" em série e em paralelo. Segundo a teoria dos filamentos deslizantes (HUXLEY & NIEDERGERKE, 1954; HUXLEY & SIMMONS, 1971), durante o encurtamento, o comprimento dos filamentos de miosina e de actina fica constante, isto é, a mudança do comprimento dos sarcômeros consiste no deslizamento de miofilamentos finos e grossos. A *teoria das pontes cruzadas*, discutida há 30 anos (NOBLE & POLLACK, 1977) diz que o acionamento necessário para o processo de deslizamento consiste de movimentos semelhantes a remadas das "cabeças" de miosina, que se fixam, puxam e "se soltam", alternadamente, no filamento fino, puxando, desta maneira, os filamentos finos entre os grossos.

No modelo (Figura 3.13) sugerido, além disso, é descrita a estrutura de um mecanismo de funcionamento, no qual uma força física conhecida, a *força de campo elétrico*, é transformada em energias potencial (força elástica da miosina) e cinética (movimento de deslizamento dos miofilamentos). A força baseada neste mecanismo segue a lei de Coulomb.

Na sua forma mais simples, a lei de Coulomb diz que partículas com cargas de mesmo sinal se repelem, e de sinal contrário se atraem, sendo o valor da força de atração ou repulsão determinado pelo valor e pela distância da carga. Quanto maior a carga e menor a distância, maior é a força. Esta lei sobre forças de campo elétrico, e é válida em todas as dimensões, portanto também na área biomolecular.

No modelo da Figura 3.13, as condições estruturais possibilitam a soma de minúsculas forças de campo, em torno dos íons participantes, para forças de atuação macroscópica. Uma destas condições é a existência regular de cabeças de miosina nos filamentos grossos e sua relação periódica com os pontos de contato nos filamentos finos. Isso determina no músculo ativado amplamente a dinâmica dos ciclos de ação das pontes cruzadas.

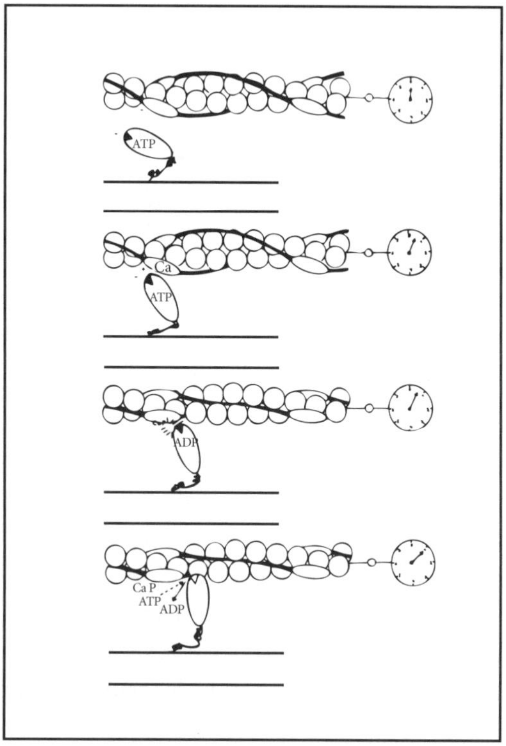

Figura 3.13 Modelo de pontes cruzadas com ação alternada eletrostática (a – músculo não ativado, b-d – fases de um ciclo de ação) (LEHNERTZ, 1984, p. 30).

O *ciclo de ação de uma ponte cruzada* depende da estrutura da miosina e do filamento fino, bem como das condições de carga, que mudam sob a ação dos íons participantes, o que são átomos ou moléculas com carga. As pontes de miosina consistem de *caudas* elásticas e *cabeças duplas* com centros altamente ativos enzimaticamente, nos quais ocorre a importante divisão da "molécula energética" ATP (adenosina trifosfato) em ADP (adenosina difosfato) e Pa (fosfato inorgânico). O filamento duplo do filamento fino de actina possui, em distâncias regulares, uma proteína com carga negativa, chamada de *troponina* (Hitchcock, 1981; Hitchkock & Zimmermann, 1981). Entre as troponinas, há proteínas alongadas, chamadas de *tropomiosina*.

Os íons mais importantes para os mecanismos musculares são o ATP^{--} e Ca^{++} (cálcio) (Weber & Winicur, 1961; Weber & Murrey, 1973). A Figura 3.13a mostra as condições no músculo não ativado, caracterizadas pelo campo negativo em torno de locais de troponina e a cobertura das cabeças de miosina por ATP (mais precisamente por um complexo de magnésio e ATP), também negativo. Disso resulta uma força repulsiva entre troponina e miosina, e há um "coxim de deslizamento" comparável às condições de um veículo de deslizamento magnético. Por este motivo, um músculo deste tipo pode ser facilmente estendido, sem resistência. Isso muda quando o músculo é excitado. Então fluem íons de cálcio (Ca^{++}) para dentro dos sarcômeros, ocupando as troponinas (Weber & Murrey, 1973).

Sobre os detalhes dos mecanismos da fusão de cálcio e troponina, há idéias diferentes, admitindo à maioria dos modelos um contato entre o complexo de ATP e do filamento grosso de miosina e a do filamento fino de actina. Nestes modelos, o cálcio tem somente a função de desbloquear, através da ligação com a troponina, o bloqueio de tropomiosina na actina, mas diagnósticos mais recentes de experimentos bioquímicos contradizem isso. Sendo assim, nós modificamos nosso modelo com relação aos tradicionais num ponto importante.

De acordo com nossas idéias, em conseqüência do contato de cálcio, a troponina "muda de sinal" e se origina uma força de campo de atração com relação ao complexo de miosina e ATP. Disso resulta, primeiro, *uma aproximação da cabeça dupla de miosina na troponina*, aumentando a força de campo, de acordo com a lei de Coulomb, e, segundo, *uma armazenagem de energia de tensão* (força elástica) na cauda elástica de miosina (Figura 3.13b). Em seguida, o ATP ligado à cabeça de miosina chega dentro da área de atuação do Ca ligado à troponina (Lehnertz, 1987a, p. 44-6), que se divide imediatamente em ADP e Pi (Figura 3.13c). Como conseqüência, o ADP e a miosina saltam da troponina e a cabeça da miosina fica temporariamente presa na actina (com a perda do ADP), como um grampo na corda (Figura 3.13d). Após a admissão de um novo ATP nos centros ativos, a miosina se solta da actina e está pronta para um novo ciclo (Figura 3.13a).

Decisivo para o *tamanho da força* que uma unidade muscular pode fornecer é o número de finalizações eletromagnéticas de força entre o ATP-miosina e a cálcio-troponina, antes que o fosfato terminal seja separado do ATP, sob a ação do cálcio. Imediatamente após a separação, nenhuma ligação de ponte cruzada participa, momentaneamente, da ação de força. Como em um músculo que se encurta ativamente, em cada contato de ponte cruzada, no local reativo do filamento fino, ocorre uma reação de consumo de ATP; durante o tempo de reação, a respectiva ponte cruzada deixa de ser uma fonte de força. Esse é um dos motivos pelo qual um músculo encurtado pode desenvolver menos força que um músculo ativado sob condições isométricas ou excêntricas (Lehnertz, 1984; 1988a, p. 114).

Como a distância da troponina é menor que a da miosina, sob *condições isométricas* (sem deslocamentos de filamentos de miofibrilas), somente cerca de uma entre oito pontes de ATP-miosina tem contato de cálcio-troponina com reação eficiente. Todavia, em duas a três pontes cruzadas, de um total de oito, há contato eletromagnético com força efetiva. Finalmente, sob *condições excêntricas* ocorre o encontro de ATP-miosina e cálcio-troponina de direções contrárias. Neste caso, não ocorre divisão do ATP, ficando mantida a plena ação recíproca eletromagnética em cada contato de ponte e com força eficiente. Em outras palavras: no modo de trabalho excêntrico, um músculo ativado oferece resistência considerável sem consumo de fosfato (Lehnertz, 1984; 1988a, p. 114).

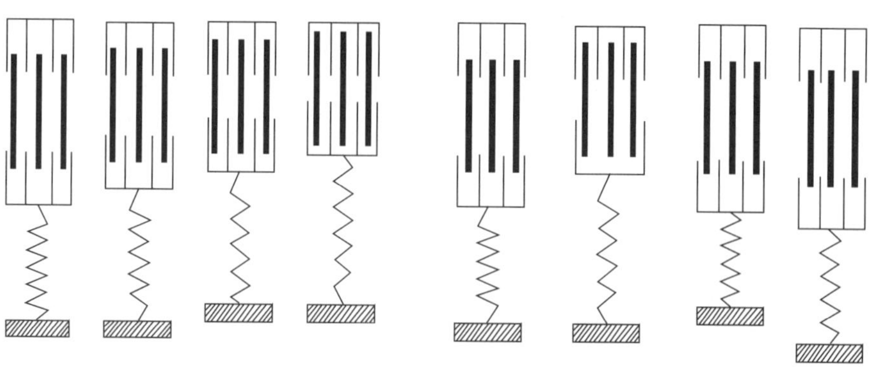

Figura 3.14 A = ação conjunta dos elementos contráteis e elásticos, na contração concêntrica; B = na contração isométrica; e C = na contração excêntrica.

Na Tabela 3.3, estão resumidos, mais uma vez, os modos de trabalho e as formas de contração, descritas acima, do músculo esquelético, com os conceitos mais importantes. Desta maneira, todos os experimentos da área da pesquisa muscular mostram que um músculo em contração, dependendo do valor da força contrária atuando sobre, encurta, mantém seu comprimento inicial ou fica mais comprido. Hoje se diferencia, conceitualmente, entre *forma de contração concêntrica* (Figura 3.14a, o músculo encurta), *isométrica* (Figura 3.14b, o comprimento do músculo mantém-se) e *excêntrica* (Figura 3.14c, o músculo é estendido), e entre *modo de trabalho positivo, estático e negativo* (Tabela 3.3). Quando o músculo é estimulado em sua contração máxima possível, os picos de força desenvolvidos, e também outros parâmetros, dependem das forças contrárias e, com isso, da mudança ou constância de comprimento do músculo.

Tabela 3.3 (Em cima) Modos de trabalho e formas de contração do músculo esquelético, (em baixo) formação de força, transformação de energia e atividade eletromagnética (sinal eletromiográfico) com diversas formas de contração (Lehnertz, 1988b, p. 48)

Comprimento muscular	*Modo de trabalho*	*Forma de contração*
mais curto	positivo	Concêntrico
constante	estático	Isométrico
mais comprido	negativo	Excêntrico

Força	Concêntrica	<isométrica	<excêntrica
Energia	Concêntrica	>isométrica	>excêntrica
EMG	Concêntrica	>isométrica	>excêntrica

A não ser a contração muscular isométrica que mantém a postura corporal, nos movimentos relativos ao esporte, o tipo mais freqüente de formação de força é a combinação de formas de contração concêntrica e excêntrica. Geralmente, os músculos e grupos musculares que agem em determinada direção do movimento, os chamados *agonistas*, são alongados pelos seus contraentes, os *antagonistas*, (movimento de rotação). Neste caso, antes do ponto de inversão, os agonistas contraem-se *excentricamente* e realizam, nesta fase, um trabalho negativo. De maneira semelhante, o efeito de forças de massa e inércia realizam trabalho negativo na musculatura "de manutenção". Como já descrito, assim é possível um desempenho maior no trabalho positivo, imediatamente depois dos músculos trabalhando, então, *concentricamente*. Os músculos que juntos formam força na mesma direção também são chamados de *sinergistas*.

3.2.3.3 Inervação muscular e tipos de fibras musculares

A base neural de todo desdobramento muscular são os *processos* neurais *de excitação* (inervações), que se originam no sistema nervoso central (SNC) e chegam como sinais elétricos ao músculo, através de vias neurais e locais de comutação. Lá, eles provocam o trabalho muscular por meio de processos descritos nas seções anteriores.

Os impulsos elétricos que chegam através do sistema neural periférico ao músculo esquelético são chamados de *potenciais de ação*. Eles são emitidos por células nervosas específicas da medula, os *neurônios motores*, e conduzidos para a *célula muscular* (fibra muscular) através de *fibras nervosas* (axônios). Neste processo, um neurônio motor excita várias fibras musculares. A amplitude é de cinco a 2.000 fibras musculares por neurônio motor. Um neurônio motor, com seu axônio, os dendritos dos axônios e as fibras musculares ligadas, denomina-se *unidade motora* (Figura 3.15). Uma unidade motora é a menor estrutura "autônoma" no sistema neuromuscular, e pode ser ativada isoladamente.

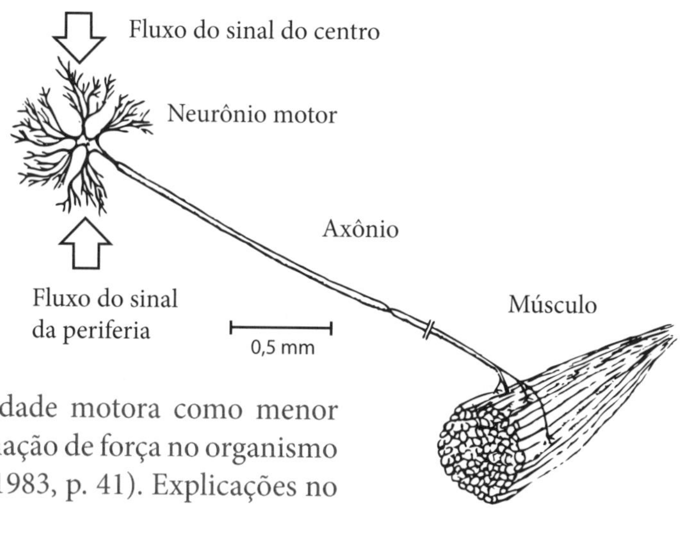

Figura 3.15 Unidade motora como menor elemento de formação de força no organismo vivo (KÜCHLER, 1983, p. 41). Explicações no texto.

A força formada por um músculo é a soma dos valores de força que cada unidade motora produz. *Com isso, a força de contração de cada unidade é regulada através da freqüência de descarga do neurônio motor*. Estes dois mecanismos para a regulação da força muscular denominam-se *recrutamento neuronal*. Além disso, fala-se de *recrutamento mecânico*. Este conceito refere-se, principalmente, ao processo da associação eletromecânica.

O *recrutamento neuronal* significa a integração constante no processo de trabalho muscular, de unidades novas, até então não ativas. De acordo com o princípio de recrutamento, admitido primeiro por Hennemann (1965), as unidades motoras são ativadas sempre na mesma seqüência: com *valores baixos de força* trabalham apenas as *unidades pequenas lentas*, enquanto, em *contrações mais fortes*, são ativadas *unidades* cada vez *maiores, mais fortes* e *mais rápidas*.

Para cada unidade motora, pode-se definir um *limiar de recrutamento* como sendo o valor da força, com o qual é ativado pela primeira vez. Este valor de limiar correlaciona-se estreitamente com o tamanho do neurônio motor, a velocidade de condução e a força potencial da unidade. Por este motivo, as unidades motoras com um limiar maior de recrutamento fornecem um aumento absoluto de força que as menores. Em contrapartida, o aumento relativo é aproximadamente igual em todas as unidades motoras. Com isso, este princípio de recrutamento possibilita uma regulação escalonada e uniforme da força de contração de um músculo (Müller, 1987, p. 9).

Aqui se deve chamar atenção, mais uma vez, para a diferença entre recrutamento neural e mecânico: uma unidade motora é considerada recrutada neuronalmente quando é ativada independente do valor da força. Como recrutamento mecânico, é entendido o processo de associação mecânica. Nas explicações anteriores, o recrutamento mecânico ocorre em função do volume e da intensidade do recrutamento neuronal e das resistências contrárias nas fibras musculares ativadas.

Embora todas as fibras do músculo esquelético tenham praticamente a mesma estrutura, há certas diferenças histoquímicas, assim como diferentes graus de definição de determinados componentes estruturais. Isso tem como resultado funcional, por exemplo, que, em diferentes músculos humanos, os tempos de contração variam entre 25 e 199 ms.

Em função das diferentes propriedades mecânicas observadas dentro de um músculo esquelético e outras características funcionais, morfológicas e histoquímicas, há a subdivisão em *fibras lentas* e *rápidas*. Esta divisão grossa é mais diferenciada com base em experimentos com animais. Desta maneira, há diferenças dentro da gama das fibras rápidas quanto à *possibilidade de fadiga* e ao *teor de mitocôndrias*, e aos *sistemas de enzimas oxidantes*. Isso leva à subdivisão em um *tipo de fibra rápida fatigável* (FF = fibra de contração rápida fatigável e FG = fibra de contração rápida glicolítica) e um tipo de *fibra rápida relativamente resistente à fadiga* (FR = fibra de contração rápida resistente à fadiga e FOG = fibra de contração rápida glicolítica oxidante) (Küchler, 1983, p. 44).

As fibras musculares rápidas se diferenciam das lentas em duas características: primeiro, as fibras musculares rápidas têm uma *miosina* que transforma mais rapidamente o ATP que a miosina dos músculos lentos; segundo, o *retículo sarcoplasmático* em fibras rápidas tem uma formação mais forte e mais regular que em fibras lentas. Com isso, o chamado "manejo de cálcio" (RÜEGG, 1987) é melhorado: a velocidade de absorção do retículo sarcoplasmático de íons de Ca, nas fibras rápidas, é de cinco a seis vezes maior que nas fibras lentas. Isso significa um recrutamento mecânico mais rápido e o tempo de afrouxamento mais curto. Voltaremos a isso na seção 3.3.

3.2.4 Procedimentos de prognóstico de desempenho para a determinação de capacidades de força

Para o treinamento de força, o diagnóstico de desempenho tem as seguintes tarefas:

- A *determinação do estado atual de desempenho* e componentes deste estado para a comparação de desempenho interindividual dentro de um grupo de treinamento em determinado momento;
- A *análise da mudança de componentes do estado de desempenho* durante o treinamento para documentar o desenvolvimento do desempenho;
- O *reconhecimento de interações* de um parâmetro de influência sobre o outro, para poder constatar as relações existentes, por exemplo, entre uma mudança da força máxima concêntrica da musculatura de extensão dos membros inferiores e os desempenhos de força de *sprint* ou do salto vertical;
- A *determinação da carga exata de resistência* (intensidade de solicitação) para os diferentes métodos de treinamento.

Não queremos fazer nenhuma referência à teoria de teste, mas, somente, a respectiva literatura para esta temática, a BALLREICH, 1970; WURDEL, 1972; WILLIMCZIK et al., 1977; GROSSER; STARISCHKA, 1981; LETZELTER & LETZELTER, 1983; NEUMAIER, 1983).

No treinamento de força, para o diagnóstico de desempenho são realizados "métodos biomecânicos de exame" e "testes motores esportivos". Os primeiros dão um *diagnóstico fino*; os testes motores esportivos são "testes usuais" para o *diagnóstico grosso*. Ambos os procedimentos devem ser realizados sempre sob condições padronizadas, caso contrário, os resultados verificados não são comparáveis entre si. Padronização significa que as condições para a execução em todas as fases do teste, a avaliação e a interpretação devem ser fixadas, para todas as repetições de teste, de maneira inequívoca e uniforme (Ballreich, 1970, p. 17). Outro ponto de vista é que os exercícios de teste devem ter, preferencialmente, formas que se apliquem ao treinamento de força na respectiva modalidade esportiva. A seguir, são mostradas e interpretadas algumas possibilidades do diagnóstico de desempenho.

3.2.4.1 Determinação do limiar do desempenho muscular

Como as ações de força, no âmbito de técnicas esportivas, devem ser realizadas em forma de impulsos de força, o *desempenho muscular máximo* torna-se o componente decisivo do desempenho, tendo em vista a duração e a distância limitadas da ação. O desempenho é a medida para a velocidade com a qual uma força realiza trabalho (seção 3.2.1, neste capítulo). No futuro, isto é, quando as medições de velocidade do domínio da carga tornam-se possíveis nos diversos aparelhos de treinamento de força, parece-nos que a *determinação do limiar de desempenho muscular* (LDM) torna-se o procedimento mais adequado para o diagnóstico do desempenho.

O desempenho muscular máximo é alcançado com a relação ótima da carga a ser dominada e da velocidade da carga movimentada (Figura 3.16). Como na maioria dos movimentos esportivos, não se trata de movimentar a maior carga possível, mas (em modalidades esportivas de força rápida) realizar um desempenho muscular mais alto possível ou (nas modalidades esportivas de resistência aeróbia) manter por maior tempo possível um desempenho médio, parece que a *medição do desempenho muscular é também o parâmetro mais importante para a determinação da capacidade de força e para a definição da intensidade de solicitação em métodos do treinamento de força*. Lehnertz & Pampus (1988) apresentaram um procedimento, com o qual pode-se calcular o limiar do desempenho muscular (LDM), através da determinação da mudança do impulso de uma carga acelerada.

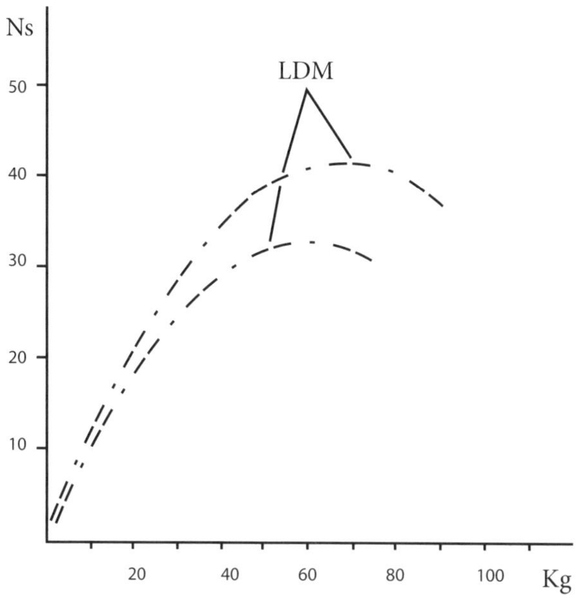

Figura 3.16 Característica da curva de desempenho muscular (determinado através do impulso da massa acelerada) de dois indivíduos testados, com os limiares do desempenho muscular, induzidos pelo impulso, de 42, e 30 Ns e das massas dos limiares de 50 e 70 kg. A curva de desempenho muscular foi determinada na puxada horizontal com barra em decúbito ventral (Figura 3.17).

Definição:

Como *limiar do desempenho muscular* (LDM), é determinado o ponto culminante da curva de desempenho e carga (peso). A carga (o peso) atingida com o maior desempenho chama-se *carga* (peso) *do limiar*.

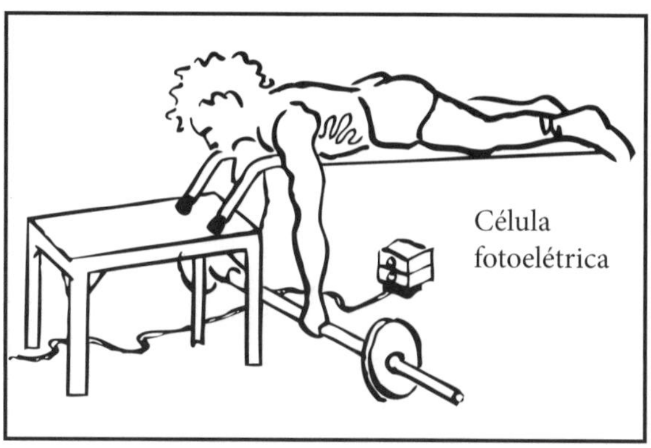

Figura 3.17 Montagem do experimento para a determinação do limiar do desempenho muscular (LDM) na puxada horizontal com barra em decúbito ventral.

A Figura 3.17 mostra a montagem do experimento para a determinação da característica individual do desempenho na puxada horizontal com barra em decúbito ventral: o sujeito está em decúbito ventral em cima de uma tábua estofada, com a distância do chão tal que ele possa pegar uma barra com pesos com os braços estendidos. A barra com pesos deve ser puxada com "toda força" (uso máximo da vontade) até o canto inferior da tábua. Acima da barra, há células fotoelétricas de infravermelho, com as quais é medido o tempo, que a barra necessita para passar a distância entre as células fotoelétricas. Para a determinação do desempenho muscular maior possível, são feitas seis tentativas com o acréscimo escalonado de 10 kg cada vez. Para a avaliação, é considerada a média calculada do tempo das cinco melhores tentativas e calculado o impulso, através da distância e da carga levantada (impulso = massa vezes velocidade). Mediante as mudanças obtidas de impulsos para cada carga, pode-se determinar a curva de desempenho muscular (Figura 3.16) e constatar a carga, com a qual pôde ser alcançado o maior impulso.

A mudança do limiar do desempenho muscular, durante o processo de treinamento, dá uma medida precisa sobre o desenvolvimento da força. Além disso, a determinação da *intensidade de solicitação*, por meio deste método, é mais viável que por meio da medição dos valores de forças máximas isométricas e concêntricas, porque elas são de difícil determinação (e nas isométricas envolve dores) e, como mostrou a experiência, dependem muito da motivação.

3.2.4.2 Determinações da força mediante curvas de força e tempo

Atualmente, o diagnóstico biomecânico de força é baseado principalmente no registro de *curvas de força e tempo*. Por meio delas, podem ser determinados os seguintes parâmetros de influência do comportamento da força ou do desempenho muscular:

(1) *força máxima isométrica*;

(2) *impulso de força* $I = \int_{t_0}^{t_1} F\,dt$;

(3) *comportamento da força de partida e da força explosiva*; (4) *valor de força máxima excêntrica*; (5) *evoluções de força e tempo no ciclo de alongamento e encurtamento*; (6) *velocidades de impulsão no salto* (em m/s) e (7) *picos da força máxima concêntrica* (Fmáx.).

Equipamentos para o registro de curvas de força e tempo são associações de aparelhos eletrônicos de placas de medição de força ou receptores de força e de aceleração com computadores, monitor e impressora. Estas possibilidades de diagnóstico estão atualmente disponíveis em várias instituições.

Os diagnósticos de força mediante curvas de força e tempo são importantes porque, no movimento esportivo, a força nunca é constante durante seu efeito dinâmico. Trata-se sempre de forças variáveis. Nestas curvas de força e tempo, ficam visíveis as relações entre a força aplicada (F) e os momentos ($t_1 - t_2$) e, com isso, registra as evoluções da força no tempo. O exemplo seguinte (Figura 3.18) mostra a integral de tempo da força sob a curva de força de um impulso de força entre t_0 e t_1.

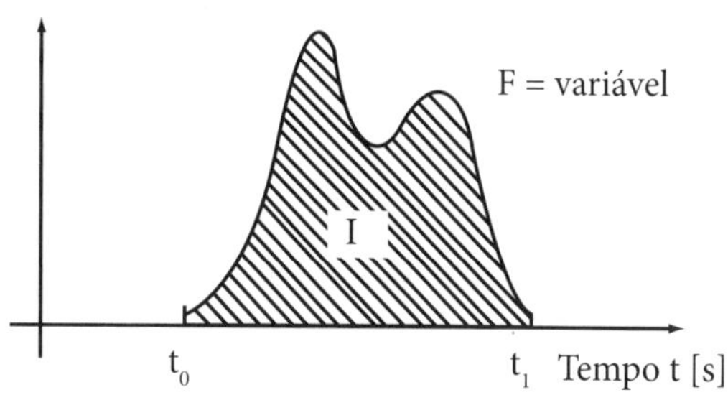

Figura 3.18 Impulso de força (impacto) I com força variável F durante um tempo t ($t_1 - t_0$) (segundo BAUMANN, 1978, p. 25).

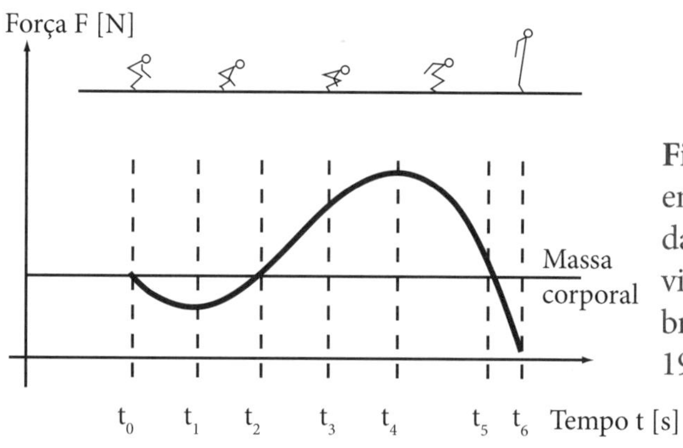

Figura 3.19 Força vertical F em um salto estendido a partir da posição agachada, com movimento inicial e impulso dos braços para trás (BAUMANN, 1978, p. 27).

Mediante mais exemplos, são representadas algumas possibilidades de diagnóstico da força, com base de curvas de força e tempo. O primeiro exemplo mostra a evolução da força em um *salto estendido com movimento inicial* (Figura 3.19). A curva deve ser interpretada da seguinte maneira: no início do movimento (t_0), a força (F) corresponde à força da massa do indivíduo testado. Pelo abaixamento na flexão da articulação, ocorre uma aceleração para baixo do centro de gravidade corporal (CGC), com seu maior valor em t_1, e atinge seu valor inicial em t_2. Em t_4, é alcançada a maior força com a maior aceleração, estando, neste momento, as articulações do pé, do joelho e do quadril ainda relativamente bem flexionadas e aparecendo somente no início da extensão. Embora a força dirigida para cima diminua constantemente entre t_4 e t_5, o CGC atinge aqui a maior velocidade. No momento t_5, a força F corta o valor da massa corporal e, ao deixar o chão, em t_6, F atinge o valor zero.

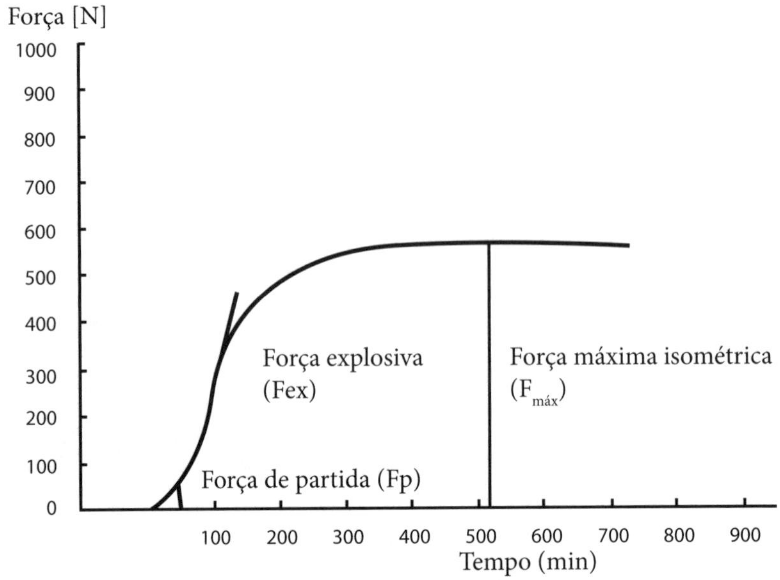

Figura 3.20 Curva isométrica de força e tempo com medições da força de partida e força explosiva (Gollhofer, 1987, p. 119).

A próxima curva de força e tempo mostra resultados da *força máxima isométrica* determinada com um aparelho de medição de força da perna (Figura 3.20). Ela é medida, sob condições estáticas, contra uma resistência intransponível. Os parâmetros da curva de força e tempo, apresentada como exemplo, são: (1) o valor máximo realizado da força ($F_{máx}$); (2) a maior inclinação da curva (F_{exp}), como indício da força explosiva; e (3) o valor da força alcançada 50 ms após o início da contração e denominada de *força de partida* (Fp). Além disso, são representados os parâmetros correspondentes de tempo. A medição da força máxima isométrica descreve o valor mais alto da força realizada com uma contração intencional. Podem ser determinados, como mostra a curva de força e tempo, dois componentes da força rápida, ou seja, a *força de partida* e a *força explosiva* (seção 3.2.2.2). A força de partida caracteriza a capacidade do sistema neuromuscular de desenvolver, a partir do momento inicial da contração, maior força possível num tempo mais curto (50 ms). A força explosiva refere-se à capacidade do sistema neuromuscular de transformar um aumento iniciado de tensão, com a máxima rapidez, em valores elevados de força (Schmidtbleicher, 1984, p. 1787).

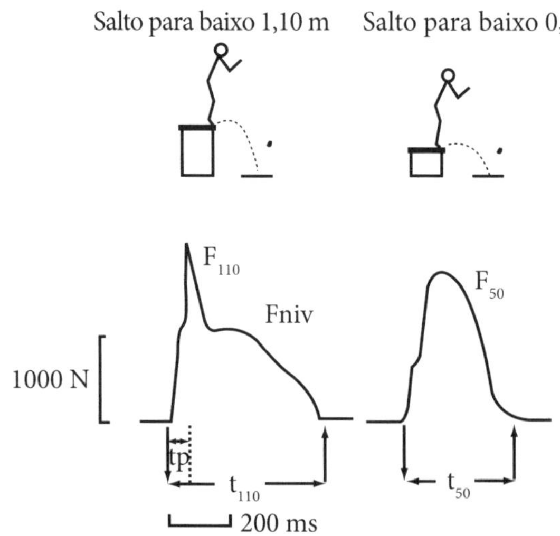

Figura 3.21 Curvas de força e tempo, de impulsões após saltos para baixo de 1,10 m e 0,50 m de altura (SCHMIDTBLEICHER & GOLLHOFER, 1985, p. 274).

O último exemplo mostra medições da *força de reação* em saltos para baixo de uma altura de 1,10 m e 0,50 m, sobre uma placa de medição de força com impulsão imediata (Figura 3.21). Da evolução da força, são determinados os picos de forças excêntrica e concêntrica e os tempos de contato com o chão.

3.2.4.3 O teste de duas fases para a determinação da resistência de força

Na seção 3.2.2.4, deste capítulo, descrevemos um novo entendimento de resistência de força como resultado de nossas pesquisas nesta área. Dessa maneira, entendemos a *resistência de força* como capacidade de força que pode manter um desempenho muscular definido (aqui induzido pela altura do impulso), durante determinado período, com determinada freqüência de exercício e com a diminuição menor possível da altura do impulso (seção 3.2.2.4). Para a medição da resistência de força, desenvolvemos um *teste de duas fases*.

Na primeira fase, é determinado o *limiar do desempenho muscular* (seção 3.2.4.1). O peso alcançado do limiar serve como peso de teste para a segunda fase. Segundo o exemplo da Figura 3.16, o peso do limiar em um caso é de 50 kgf, no outro é de 70 kgf. Como exercícios de teste, podem ser executados por nós a "puxada horizontal com barra em decúbito ventral" (Figura 3.17) e a "extensão dos membros inferiores em posição sentada" (Figura 3.22).

Figura 3.22 Representação esquemática da montagem do teste e do treinamento.

Na segunda fase, é medida e calculada a *diminuição da altura do impulso* de acordo com o seguinte procedimento de teste: os sujeitos testados movimentam-se com "puxada horizontal com barra em decúbito ventral" ou "extensão dos membros inferiores em posição sentada", 24 vezes por minuto, com intervalos de 2,5 segundos (sinal digital) e com velocidade ótima. Com os aparelhos de teste, podem ser determinados os três parâmetros necessários, *distância do trabalho* (m), *peso* (kgf) e *velocidade* (m/s), para calcular o impulso e a mudança do tempo. Na tabela seguinte, são comparados os valores deste teste de dois indivíduos (remadores jovens):

TABELA 3.4 Como valores comparativos, foi medida, ainda, a força máxima isométrica e a concêntrica. O quociente da resistência de força resulta do impulso médio (Ns): diminuição calculada (%)

Indivíduo testado	Força máxima isométrica (kgf)	Força máxima concêntrica (kgf)	Peso no LDM (kgf)	Impulso máximo (Ns)	Impulso médio ($\bar{x}$) (Ns)	Diminuição calculada do impulso (%)
TF	311,2	290	141,5	155,6	123,1	20,9
AH	270,6	260	136,5	154,9	146,1	5,7

Os valores são do teste "extensão dos membros inferiores" (Figura 3.22).

Como mostram os valores da Tabela 3.4, os dois indivíduos testados têm capacidades de força diferentes que, neste movimento, são transformadas em desempenhos musculares (alturas de impulso) de maneira diferente. O indivíduo AH alcança, com capacidades de força máxima menor, com aproximadamente o mesmo peso do limiar, quase a mesma altura máxima de impulso em seu limiar de desempenho muscular, como o indivíduo TF, embora esse possua a melhor base de força máxima. As causas podem ser a melhor qualidade neuromuscular de AH. Uma diferença considerável também é mostrada em suas capacidades de resistência de força. Com o indivíduo TF, diminui a altura do impulso no teste em 20,9%, mas com AH, somente em 5,7%. Ele mantém um impulso grande por mais tempo. Esta diminuição diferente mostra-se, também, no impulso médio ($\bar{x}$). O exemplo aqui representado mostra que a capacidade de resistência de força seja, provavelmente, uma qualidade independente, sendo a força máxima apenas um dos seus componentes. Com 22 indivíduos (remadores e estudantes de esporte), no âmbito deste estudo, mostrou-se uma amplitude de diminuição de 3,3% até 22,2%, com um valor médio de 13,8% e um desvio padrão de 5,1%. Com este teste de duas fases, as diferenças de desempenho das capacidades de resistência de força são registradas precisamente. Lamentavelmente, por motivos de aparelhagem e eletrônica, as possibilidades de diagnóstico só foram possíveis para dois exercícios de teste.

3.2.4.4 Testes motores esportivos para o diagnóstico das capacidades de força

Os *diagnósticos* de desempenhos de força são feitos por meio de testes motores esportivos. Na literatura (Grosser & Starischka, 1981), há uma série de testes para a *medição da força de salto* (teste com cinto de salto, saltar e alcançar, salto triplo em uma perna, impulsão horizontal) e *de arremesso* (teste de arremesso de *medicine ball*, teste de arremesso em posição parada), para a *avaliação da resistência de força* (levantamento do tronco superior na posição de decúbito ventral, elevação da posição de decúbito dorsal, abdominal, agachado em um pé, flexão de um joelho, flexão de braço, tração na barra fixa) e para a determinação da *força máxima concêntrica* (como puxada horizontal com barra em decúbito ventral, supino reto). Os procedimentos de teste motores esportivos, especialmente apropriados para o diagnóstico grosso da determinação da força, são apresentados aqui. Os testes de resistência de força até agora usados praticamente não permitem avaliações da qualidade da resistência de força.

Figura 3.23 Teste de saltar e alcançar (salto diferencial), para a determinação do valor diferencial do salto vertical.

Os *desempenhos de salto* devem ser medidos principalmente pelo diagnóstico fino. Quando são determinados por meio de testes motores esportivos, com a impulsão horizontal, o teste com cinto de salto ou o de saltar e alcançar, podem ser feitas conclusões a respeito de desempenhos de salto horizontal e vertical. Um teste de aplicação amigável é o *teste de saltar e alcançar* (salto diferencial) (Figura 3.23); com ele é medida a diferença entre o "alcance em pé" (com um ou dois braços) e o "alcance no salto", em uma escala centimétrica, aumentando a precisão de medição com a ponta dos dedos preparados com magnésia. Para a precisão de afirmação deste teste, é necessário *padronizar* a posição do salto, a pega em posição estendida para a altura de alcance e o movimento inicial. Isso vale para saltos com uma perna ou duas e para a pega com um ou dois braços. Somente com a padronização, as diferenças de desempenho intraindividuais são registráveis. Valores de comparação interindividuais, por exemplo, dentro de um grupo de treinamento, são apropriados somente para a avaliação tendencial de eventuais diferenças.

Com uma combinação do *salto para baixo* com *saltar e alcançar* e com o valor diferencial obtido, obtêm-se conclusões sobre o *comportamento da força de reação*, quando este valor é relacionado com a diferença alcançada no teste normal de saltar e alcançar. Também para este teste, vale o seguinte: *padronização das condições de teste.* (Recomendações: nos saltos com uma perna, a profundidade é de 30 a 40 cm; nos saltos com as duas pernas, de 50 a 70 cm, dependendo da capacidade de desempenho das pessoas testadas).

A avaliação da *força máxima concêntrica* serve para a constatação, quanta carga (em kgf) ainda pode ser movimentada em *determinada distância de trabalho*. Isso é possível mediante exercícios com halteres (Figura 3.25), mas, também, em aparelhos de treinamento de força, quando as condições podem ser padronizadas. Para a avaliação da força máxima concêntrica, devem ser usadas somente formas "simples" de exercícios, que também possam ser utilizadas no treinamento. A prática de treinamento mostrou, entretanto, que estas verificações dependem muito da motivação e estão submetidas a grandes flutuações.

Figura 3.24 Combinação de salto para baixo, e saltar e alcançar (aqui com uma perna), segundo Kuhlow (1972, p. 21).

Figura 3.25 Exemplos para a determinação da força máxima concêntrica na "puxada horizontal com barra, em decúbito ventral", e no "supino reto".

3.2.5 Métodos do treinamento de força

3.2.5.1 Relação entre objetivos e métodos

Na seção 3.2.1, neste mesmo capítulo, observamos que, com o *treinamento geral de força,* são perseguidos dois objetivos: (1) *o melhoramento da capacidade de inervação da musculatura* e (2) *a ampliação do potencial de ener-*

gia da musculatura. Quando estes objetivos são combinadas com as formas de manifestação da força (força máxima, força rápida, resistência de força, força de reação) e com os métodos de treinamento de força, há as relações mostradas na Figura 3.26. No treinamento específico de força, os objetivos devem ser ampliados.

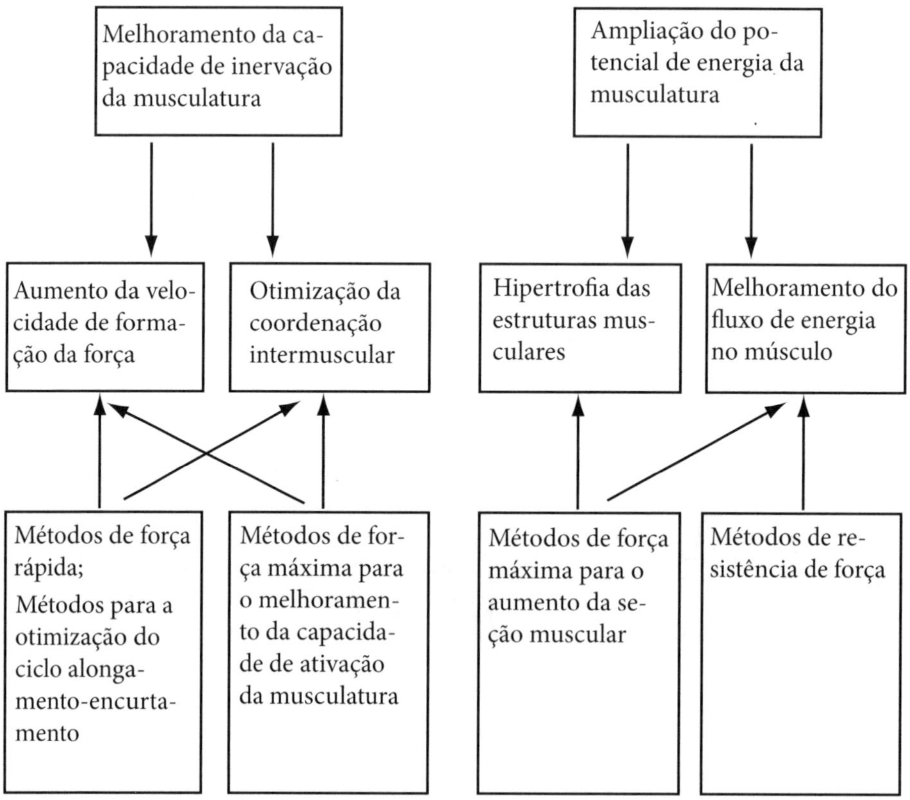

Figura 3.26 Relações entre os objetivos e métodos do treinamento geral de força.

O treinamento de força procura, com relação ao respectivo objetivo, sempre o estímulo ideal de treinamento. Por este motivo, os métodos do treinamento de força não são classificados segundo sua estrutura de solicitação, mas de acordo com seu *efeito de treinamento.* A *ampliação do potencial de energia* depende, principalmente, do aumento da seção do músculo (força máxima) e do melhoramento da resistência de força; o melhoramento da *capacidade de inervação* é determinado, por sua vez, pelo melhoramento da capacidade de ativação intencional da musculatura e da velocidade de formação de força (capacidades de força rápida). Estas relações podem ser consideradas como asseguradas, de acordo com o estado atual de conhecimento.

Antes de entrar mais detalhadamente nos métodos de treinamento de força e suas direções de efeito, devem ser esclarecidos problemas superiores de métodos, como a importância de componentes da *estrutura de solicitação* (seção 3.1.4).

O componente mais importante da estrutura de solicitação é a *intensidade de solicitação*. Sua fixação é difícil, porque suas bases de determinação devem ser diferenciadas de acordo com o respectivo objetivo do treinamento de força. Na prática do treinamento, impôs-se um procedimento praticável para a determinação da intensidade. Verifica-se o *máximo da carga concêntrica* (em kgf) a ser alcançado com determinada forma de exercício, e o designa como 100% da intensidade. São feitos escalonamentos percentuais. Esta determinação da intensidade é adequada, quando os *objetivos de treinamento* são a "ampliação do potencial de energia", isto é a "hipertrofia das estruturas musculares" e o "melhoramento do fluxo de energia no músculo" (Figura 3.26).

Quando o objetivo de treinamento é dirigido ao "melhoramento da capacidade de inervação da musculatura", portanto, um "aumento da velocidade de formação de força" e a "otimização da coordenação intermuscular", a intensidade de solicitação, orientada no máximo de carga concêntrica, não é muito conveniente. Neste caso, com orientação em cargas aceleradas, dever-se-ia tomar como base a altura do máximo impulso possível em newtonsegundos (Ns), como 100% de intensidade de solicitação, porque este parâmetro descreve o ótimo entre a carga, da distância da carga e da velocidade com a qual a carga é movimentada em determinada forma de exercício. Mas isto é condicionado à medição do limiar de desempenho muscular (seção 3.2.4.1) o que, na prática do treinamento, é possível somente em poucos casos, e ainda é relativamente desconhecido.

O *impulso máximo* (como indicador para o desempenho muscular máximo) é alcançado, segundo os resultados de nossos estudos, sob duas precondições: (1) com 60 a 70% do máximo da carga concêntrica (kgf) e (2) com a velocidade máxima realizável com vontade. Quando a carga está abaixo de 60 a 70% do máximo da carga concêntrica, a velocidade do movimento da carga é maior, e o valor do impulso, menor. Esta intensidade de solicitação é recomendada, pela maioria dos autores, para o treinamento de força rápida. Quando a carga está acima de 60 a 70% da carga máxima concêntrica, a velocidade e o impulso diminuem (Figura 3.26). Esta intensidade de solicitação é usada, principalmente no treinamento de força máxima intermuscular. Portanto, deve-se supor que, com carga menor, mas com velocidade maior, não podem ser recrutadas mecanicamente todas as estruturas de formação de força do respectivo grupo muscular (seção 3.2.3.3). Em contrapartida, com cargas acima do peso do limiar, cada "passo parcial" molecular da transferência de energia é mais lento. Consideramos, portanto, uma *intensidade* na área do limiar de desempenho muscular como acordo ótimo para a execução de treinamento muscular de qualidade.

O *volume da solicitação* dá-se no treinamento de força no domínio de cargas externas, com o *número de repetições* reunidas em *séries* multiplicado com a carga movimentada (kgf). Em exercícios, nos quais é movimentado o próprio corpo ou, junto a ele, aparelhos leves, ou somente aparelhos leves (*medicine ball*), o volume se dá no número de repetições reunidas em séries.

Para a condução metódica do treinamento, é importante a fixação da *densidade de solicitação*, isto é, a duração das pausas entre as diversas repetições e entre as séries. Desta maneira, para a duração ótima da pausa, deve-se considerar, no treinamento de força rápida, o princípio da ressíntese do fosfato de creatina. Este princípio diz que o fosfato de creatina é ressintetizado "subitamente" (3 a 5 segundos). Além disso, também deve ser considerada a concentração. Na intensidade de solicitação, que exige a máxima ação de vontade e a velocidade de realização mais alta possível, a duração da pausa deve ter em conta a concentração necessária. Conforme *os objetivos de treinamento* (Figura 3.26), há três densidades de solicitação entre as repetições dos exercícios: (1) no *treinamento de resistência de força*, as repetições são seqüenciadas praticamente sem pausas (no máximo três segundos); (2) no *treinamento de força máxima para o melhoramento da seção muscular,* são suficientes pausas entre as repetições de quatro a oito segundos; e (3) o *treinamento de forças rápida, de reação e máxima* necessitam, *para a otimização da coordenação intermuscular*, às vezes, de pausas de concentração de mais de dez segundos. As pausas entre séries têm duração de três a quatro minutos. Este tempo é suficiente para a ampla ressíntese do depósito de energia, após um determinado número de repetições.

Além da fixação dos componentes de solicitação (intensidade, volume, densidade), para a descrição do método de treinamento, é necessária, também, a determinação da *forma de contração* da musculatura e, assim, a descrição da execução dos exercícios. Isso porque há *possibilidades de execução de exercícios isométricos, excêntricos, concêntricos e combinações de duas ou três formas de contração* (seção 3.2.3.1).

3.2.5.2 Métodos de treinamento de força máxima para o aumento da seção muscular

Com base em Bührle (1985, p. 94) e Schmidtbleicher (1985, p. 28), pensamos que os *métodos das solicitações submáximas repetidas*, que chegam até o esgotamento local, são os mais eficientes (Tabela 3.5).

Tabela 3.5 Métodos de solicitações submáximas repetidas, para o aumento da seção muscular, com base em Bührle (1985, p. 96)

		Método padrão I - cargas constantes	*Método padrão II - cargas crescentes progressivamente*	*Método de fisiculturismo I (excessivo)*	*Método de fisiculturismo II (intensivo)*	*Métodos isométricos*
	Formas de contração - concêntrica - isométrica - excêntrica	Concêntrica	Concêntrica	Concêntrica	Concêntrica	Isométrica
Intensidade	Velocidade - rápida - vigorosa - lenta	Vigorosa	Vigorosa	Lenta	Vigorosa	
Intensidade	Valor da carga %	80%	70-80-85-90%	60 a 70%	85 a 95%	100%
Volume	Repetições	8 a 10	10 10 7 5	15 a 20	5 a 8	1
Volume	Séries	8 a 10	1 1 1 1	3 a 5	3 a 5	3 a 5
Volume	Duração da solicitação					10 a 12 s
Densidade	Pausa entre repetições - 4 a 10 s. - contínua	4 a 10s	4 a 10s	Conc.	4 a 10s	
	Pausa entre séries	≥ 3 min	≥ 3 min	≥ 2 min	≥ 3 min	≥ 3 min

Nos métodos padronizados I e II, são usadas, principalmente, *formas de exercícios* nas quais participam *alças musculares* na execução; nos métodos do fisiculturismo participam, na maioria dos casos, somente *grupos musculares.*

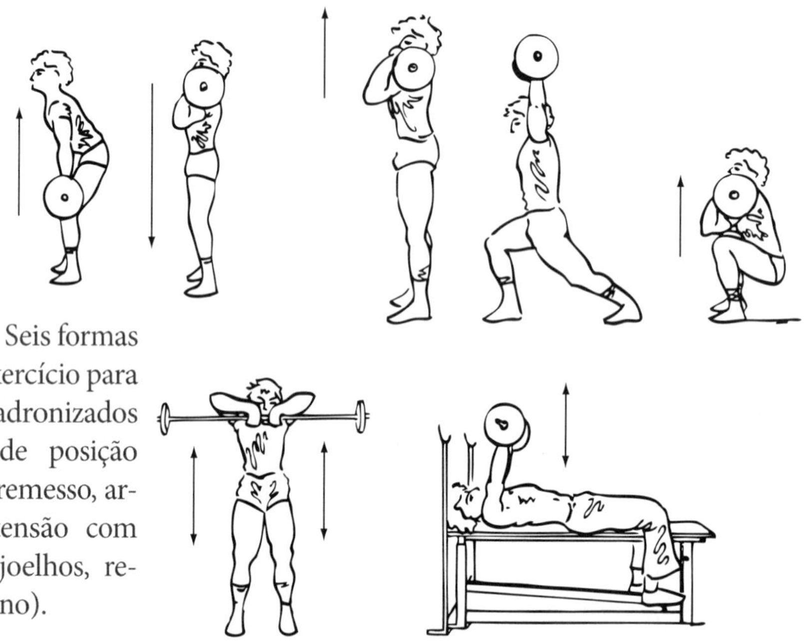

Figura 3.27 Seis formas típicas de exercício para métodos padronizados (mudança de posição da carga, arremesso, arranque, extensão com flexão dos joelhos, remada e supino).

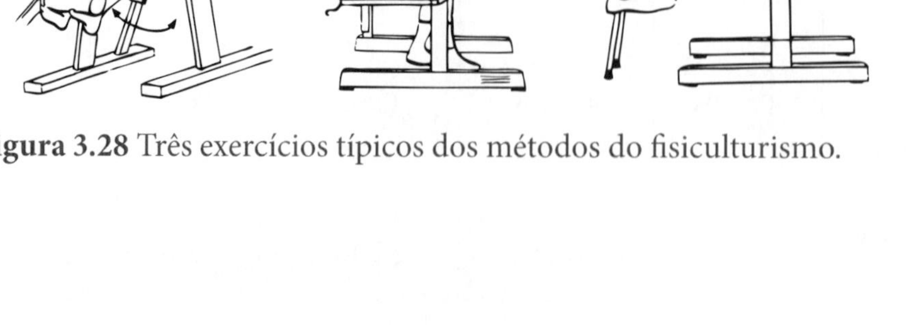

Figura 3.28 Três exercícios típicos dos métodos do fisiculturismo.

3.2.5.3 Métodos de treinamento de força máxima para o melhoramento das capacidades de inervação da musculatura

No aumento da força máxima, quando deve ser melhorada a *capacidade intencional de ativação*, e não a seção muscular e, com isso, diminuído o *déficit de força*, as condições metódicas devem ser mudadas. O *déficit* de força diminui quando músculos e alças musculares são inervados intencionalmente com uma freqüência mais alta e, com isso, com uma atividade elétrica mais alta (Bührle, 1985, p. 97: Método das contrações máximas temporárias). Já Zatsiorski (1972, p. 49) estabeleceu a regra que o método mais eficiente para o melhoramento da coordenação inter e intramuscular é um treinamento com cargas muito elevadas, baixo número de repetições e grandes intervalos de recuperação. Este melhora a capacidade de mobilizar, rapidamente, grandes atividades de inervação. Como causa desta adaptação, supõe-se um recrutamento mais rápido de unidades motoras e um aumento da capacidade de assimilação de grandes freqüências de inervação (Schmidtbleicher, 1985, p. 26).

Supõe-se que os *métodos de uso temporário de força máxima* trazem o melhoramento da força máxima sem aumento considerável da massa muscular (Verkhoshansky, 1972, p. 132). Acreditamos de que um método com uma intensidade de solicitação, que se orienta no impulso máximo atingível, portanto, no *limiar do desempenho muscular*, também atinge este objetivo, com vantagens para o comando de otimização da coordenação inter e intramuscular, quando a força máxima deve ser aumentada como base para o desenvolvimento da força rápida.

Tabela 3.6 Métodos de uso temporário de força máxima e do impulso máximo no limiar do desempenho muscular (ver Bührle, 1985, p. 98)

		Ações máximas de força	*Ações submáximas de força*	*Método de solicitação pelo princípio do limiar de desempenho muscular*	*Método de pirâmide*
	Formas de contração - concêntrica - isométrica - excêntrica	concêntrica	concêntrica	concêntrica	concêntrica
Intensidade	Velocidade - idealmente rápida - vigorosa - lenta	idealmente rápida	idealmente rápida	idealmente rápida	idealmente rápida
	Ação de força - explosiva	explosiva	explosiva	explosiva	explosiva
	Valor da carga %	100%	90-95-100%	ca. 55-60%	80-85-90-95-100-90-80%
Volume	Repetições	1 a 2	4 3 1 a 2	6 a 8	7 5 3 2 1 3 7
	Séries	5	2 2 2	3-5	1
Densidade	Pausa entre repetições - 10 segundos	10 s	10 s	10 s	10 s
	Pausa entre séries	≥ 3 min	≥ 3 min	≥ 3 min	≥ 3 min

3.2.5.4 Métodos do treinamento da força rápida

Com o treinamento da força rápida, deve ser melhorada, principalmente, a *velocidade de formação de força.*

Em técnicas esportivas, mostram-se diferentes *características de aceleração* na formação de força. Trata-se de atingir elevadas *forças de partida e explosiva* (seção 3.2.2.2), em outras técnicas para aumentar progressivamente a força até a velocidade final ótima. Portanto, deve-se diferenciar, no treinamento da força rápida, dois tipos de características de aceleração:

Tipo I: uma elevada *velocidade inicial* na formação da força (comportamento de força explosiva e de partida);

Tipo II: uma elevada *velocidade final* na formação da força (comportamento progressivo de aceleração).

Como foi possível comprovar, com base em nossos estudos, uma elevada velocidade de partida ainda não garante alcançar a velocidade final melhor possível. Para atingir velocidades finais elevadas, é necessário conduzir a execução motora também no treinamento, a fim de conseguir acelerações finais elevadas. Por motivos coordenativos, o treinamento da força rápida deve abranger tanto a elevada velocidade de partida como a elevada velocidade final, e estabelecer respectivas ênfases. Os métodos de treinamento foram diferenciados convenientemente. Disso, faz parte, também, uma variante metódica, denominada *treinamento de sensação de força* (Lehnertz, 1988a, p. 109-123). Com este procedimento, os esportistas devem ser sensibilizados para aspectos mecânicos musculares.

Tabela 3.7 Métodos de treinamento de força rápida com a respectiva estrutura de solicitação e característica de aceleração

		Método de força rápida		Método de solicitação pelo princípio do limiar de desempenho muscular	
		Tipo I	Tipo II	Tipo I	Tipo II
Modo de trabalho – concêntrico		concêntrico	concêntrico	concêntrico	concêntrico
Intensidade	Velocidade	máxima	máxima	máxima	máxima
	Característica de aceleração com velocidade inicial explosiva	partida explosiva		partida explosiva	
	2) com velocidade final máxima		aceleração progressiva		aceleração progressiva
	Valor da carga %	35 a 50%		55 a 60%	
Volume	Repetições	7		8	
	Séries	5		4	
Densidade	Pausa entre repetições - 10 s	10 s		10 s	
	Pausa entre séries	≥ 3 min		≥ 3 min	

3.2.5.5 Métodos do treinamento da resistência de força

O objetivo do treinamento de resistência de força é o *melhoramento do fluxo de energia no músculo* e, com isso, a manutenção, por longo tempo, de um determinado valor do impulso de força (seção 3.2.2.4). Para o desenvolvimento de elevada taxa do metabolismo e para a manutenção, por longo tempo, de determinado impulso de força, principalmente a *duração da solicitação* da execução do movimento, tem um papel de comando, e os métodos de treinamento recebem a seguinte estrutura de solicitação:

- Elevados números de repetição, com relação à carga;
- Método 1: com uma intensidade de solicitação de 40 a 70% da força máxima concêntrica, 20 repetições em 3 a 5 séries;
- Método 2: com uma intensidade de solicitação de 30 a 40%, 30 repetições em 4 a 6 séries;
- Execução motora conscientemente muito lenta, no trecho concêntrico e excêntrico (como no método de fisiculturismo), somente para o treinamento de fundamentos da resistência de força;
- Impulso ótimo de força, com ênfase para manter constante o valor do impulso de força durante as repetições, para a resistência específica de força;
- Sem pausas entre as repetições (método de fisiculturismo); ou
- Duração de pausa de acordo com o perfil de exigência específico de modalidade esportiva, mas menos que 3 segundos;
- Pausas curtas entre séries:
  método 1: < 2 minutos;
  método 2: < 1 minuto.

A Figura 3.29 mostra como são decisivos a execução motora conscientemente lenta e o exercício sem pausas. Em um estudo, dois grupos de treinamento (GT I e GT II) de remadores cumpriram um treinamento com o mesmo número de repetições, séries e cargas a serem movimentadas, na puxada horizontal com barra, em decúbito ventral. O GT I, com movimentos rápidos e pausas curtas entre as repetições e o GT II, sem pausas entre as repetições e com execução motora lenta. Enquanto no GT I, após o aquecimento, a produção de lactato diminui constantemente de série em série, o valor de lactato do GT II aumenta. Com este estudo, pôde-se mostrar que, para uma elevada taxa do metabolismo como base para o melhoramento da resistência de força, faz-se necessária uma repetição sem pausas.

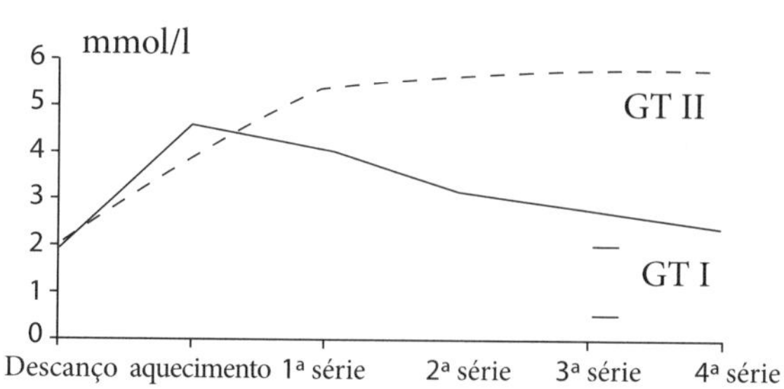

Figura 3.29 Valores médios das medições de lactato durante uma unidade de treinamento de dois grupos (Pampus, Lehnertz & Martin, 1989, p. 9).

3.2.5.6 Métodos de treinamento da força de reação

O desenvolvimento do *comportamento da força de reação* tem dois objetivos:

- Diminuição da *fase de comutação* no ciclo alongamento-encurtamento, com aceleração ótima do trabalho concêntrico;
- Melhoramento da capacidade de poder manter a *tensão muscular*, com elevadas solicitações de alongamento na fase excêntrica do ciclo alongamento-encurtamento (capacidade reativa de tensão) (Bührle, 1989, p. 323).

Figura 3.30 Quatro raias com aparelhos e diferentes combinações de salto.

Para alcançar o primeiro objetivo, são realizados, principalmente, *combinações de salto* em raias com aparelhos. Estas raias são compostas por combinações de aparelhos com plintos de salto, barreiras, suportes de salto, colchonetes etc. O treinamento é organizado de maneira que, geralmente, haja quatro raias com aparelhos para diferentes combinações de salto. Estas quatro combinações de salto formam uma série. Entre cada combinação de salto, há uma pausa de 10 a 20 segundos; entre cada série, uma pausa de cerca de 3 minutos. No total, são realizadas de 3 a 5 séries. *Deve-se cuidar para haver uma execução motora exata e explosiva, com transição ótima do alongamento para o encurtamento, com trabalho concêntrico explosivo.*

O exemplo da Figura 3.30 mostra quatro raias com aparelhos com diferentes combinações de salto.

Raia 1: Oito saltos grupados sobre plintos e barreiras.

Raia 2: Saltos passados sobre quatro plintos ou bancos, com queda sobre os dois pés e transição imediata para o ritmo de três.

Raia 3: Salto em altura e distância com corrida, sobre a escada de plintos (ritmo de três = só um contato em cada plinto).

Raia 4: Corrida sobre um banco, salto para baixo sobre a perna de impulsão, com salto imediato em altura e distância; esta combinação de salto é cumprida duas vezes seguida.

Para o melhoramento da *capacidade reativa de tensão,* são escolhidas formas de exercício e solicitações que causam, dentro de um ciclo alongamento-encurtamento, uma tensão elevada na fase excêntrica (Figura 3.31).

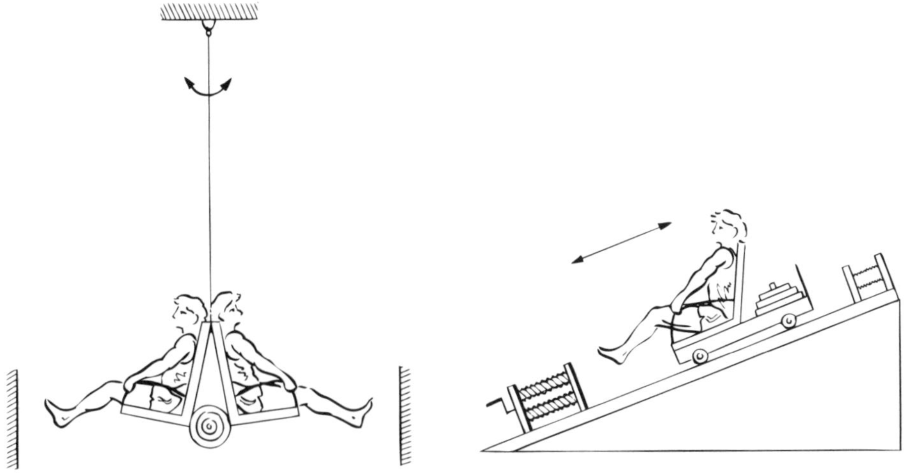

Figura 3.31 Exemplos de exercício para o melhoramento da capacidade reativa de tensão em aparelhos especiais.

A estrutura de solicitação tem as seguintes características: são executadas séries de oito repetições com pausas curtas; a pausa entre séries é cerca de três minutos. A *execução dos exercícios* é importante. Para ela, valem as seguintes regras: (1) *A fase excêntrica deve conduzir a uma posição inicial tranqüila com grande tensão (trabalho curto de manutenção), antes de começar a fase concêntrica*; (2) *a fase concêntrica começa com uma explosão extrema, com grande trabalho de aceleração*; e (3) *em cada série, devem ser mudados os ângulos de flexão do trabalho de manutenção (fim da fase excêntrica)*. Por isso, a determinação individual da carga ótima é de grande importância.

3.2.5.7 Formas de organização do treinamento de força

Decisões metódicas implicam também em questões organizacionais sobre a realização do treinamento com um *grupo*, com as *condições externas* existentes, aparelhos disponíveis, com os espaços, as *exigências de segurança* necessárias e de maneira metodicamente eficaz, isto é, com as formas corretas de exercício, com a estruturação das pausas (sem tempos de espera) (seção 1.2.2.4, capítulo 1). A eficiência de um treinamento é freqüentemente um problema organizacional. Para o treinamento de força, oferecem-se quatro formas de organização:

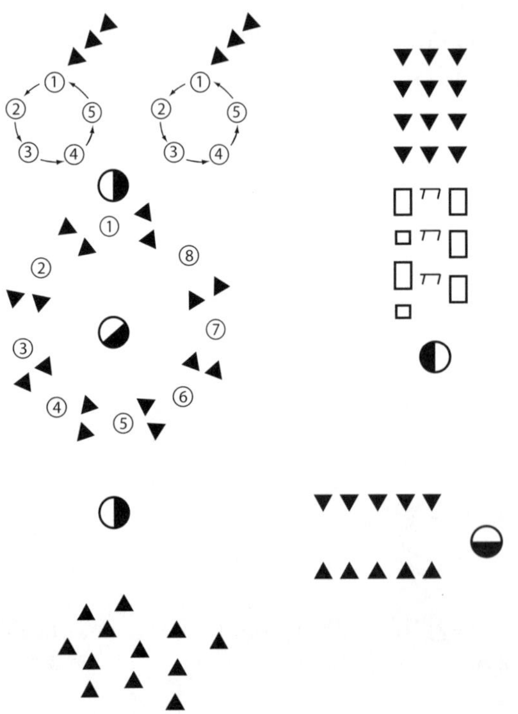

Figura 3.32 Formas organizacionais do treinamento de força. A = treinamento em estações, B = treinamento em circuito, C = treinamento em série, D = duas formas de treinamento frontal.

- No *treinamento em estações*, os treinandos percorrem uma seqüência precisa de formas de exercícios a serem cumpridos sucessivamente em aparelhos apropriados. Cada um treina com a mesma seqüência das formas de exercícios (estações). Em caso de existência de aparelhos suficientes, também podem ser organizados dois percursos paralelos de estações (Figura 3.32), para treinar simultaneamente com um grupo maior. O treinamento em estações é apropriado principalmente para o treinamento de forças máxima e rápida;
- No *treinamento em circuito*, as formas de exercícios e os aparelhos também devem ser cumpridos sucessivamente mas a seqüência não tem importância, isto é, o grupo de participantes pode iniciar e terminar o treinamento em conjunto, porém em estações diferentes. O treinamento em circuito é muito apropriado para o treinamento de resistência de força; os métodos de fisiculturismo e outros métodos são apropriados para o aumento da seção muscular;
- O *treinamento em série* é feito em diferentes raias de aparelhos. Com isso, as séries mudam, em conjunto, essas raias. Cada série cumpre as formas de exercícios de cada raia de aparelhos (Figura 3.32). Esta forma organizacional é usada principalmente para o treinamento da força de salto e de formas de saltos, com ênfase no ciclo alongamento-encurtamento;
- No *treinamento frontal*, o grupo de treinamento executa, em conjunto, as formas de exercícios. A disposição no espaço pode ser feita mediante formas soltas de ordem, séries com uma em frente a outra etc. Esta forma organizacional é usada principalmente no treinamento de resistência de força e de força rápida (por exemplo, com o *medicine ball*).

3.2.6 Treinamento específico de força

3.2.6.1 Objetivos e tarefas do treinamento específico de força

O treinamento segue, na sua estruturação em mais longo prazo, sempre a tendência de *especialização*. Esta temática é tratada nas seções 2.1, capítulo 2, e 5.1, capítulo 5. Aqui persiste a pergunta: quais são as tarefas do treinamento específico de força na especialização? Esta dúvida pode ser respondida, por enquanto, globalmente, da seguinte maneira: cada técnica esportiva é realizada por meio de determinado *padrão de ação de força*. Os padrões de ação de força, como condução das ações de força e a resultante evolução dinâmica da força, fornecem, para cada modalidade esportiva, um típico *perfil específico de exigência de força*.

O objetivo do treinamento específico de força é, portanto, a otimização do padrão de ação de força e a evolução da força para o perfil específico de exigência de modalidade esportiva. A tarefa de cada modalidade esportiva é "construir" o perfil específico de exigência de força, porque somente sob as condições deste perfil, o treinamento específico de força pode ser concebido eficientemente. Este perfil origina-se na fixação e na descrição das seguintes características:

- As *alças musculares* (alça de extensão e/ou de flexão), participantes na evolução de força;
- Os *ângulos das articulações*, sob os quais os grupos musculares de uma alça devem ser ativados;
- A *linha de ação* e o *valor* da evolução da força, porque a ação total de força de uma alça muscular é resultado da soma dos momentos de torção dos sistemas de articulação participantes, e os braços de alavanca decidem sobre o tamanho dos momentos de torção;
- A *combinação de contração*, porque a maioria das seqüências motoras consiste de combinações excêntricas, isométricas e concêntricas;
- A *freqüência*, o número e a duração dos diversos impulsos.

Destas características de um perfil de exigência de força, resultam as seguintes regras do treinamento específico de força:

As características cinemáticas, dinâmicas e funcional-anatômicas da *técnica* e da *condução de competição*, específicas de modalidade esportiva, determinam a concepção do treinamento específico de força.

As *formas de exercícios* orientam-se nas alças musculares participantes e nos ângulos de articulações, no desenvolvimento de força e na linha de ação da força.

A *execução do exercício* é baseada na combinação de contrações do desenvolvimento de força.

A *exigência de solicitação* é orientada, entre outros, no valor, na freqüência e na duração dos impulsos de força.

Estas regras são detalhadas em um exemplo prático, que também mostra a necessidade de *dados biomecânicos* para a construção de um perfil de exigência de força.

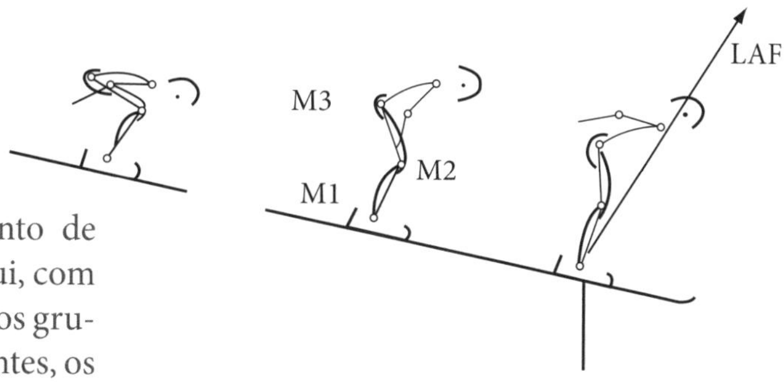

Figura 3.33 O movimento de impulsão no salto do esqui, com o ângulo da articulação dos grupos musculares participantes, os momentos de torção $M_1 - M_3$ e a linha de ação da força LAF (segundo BAUMANN, 1978, p. 7).

A Figura 3.33 mostra a impulsão no salto de esqui. Neste caso, deve ser gerado, em determinada linha de ação da força e uma distância curta do centro de gravidade corporal, um elevado impulso de força pelos músculos da alça de extensão dos membros inferiores. Com isso, a articulação do quadril estende-se de cerca de 25º para 115º. O valor da força (N) do impulso de força (Ns) resulta da soma dos momentos de torção $M_1 + M_2 + M_3$. Geralmente, a força "específica" dos membros inferiores é treinada com levantamento de halteres com flexão dos joelhos ou exercícios na *leg press*, porque ainda não há aparelhos específicos de treinamento. Mas, em muitos casos, não é dada a devida atenção às reais características do perfil específico de exigência de força.

Na forma de exercício descrito na Figura 3.34, a linha de ação da força segue um arco de círculo. O ângulo do quadril é de, aproximadamente, 65º, com um ângulo dos joelhos de 90°. No final da extensão dos membros inferiores (ângulo dos joelhos = 175°), o ângulo do quadril é de 93°. A coordenação intermuscular da alça de extensão, dos três momentos de torção (Figura 3.33), atuantes no momento da impulsão, aqui não pode ser treinada adequadamente. Todavia, a forma do exercício apresentado no exemplo da Figura 3.35 segue muito mais às condições do perfil específico de exigência, ou seja, o uso de toda a alça de extensão, com os respectivos ângulos das articulações, sobre a linha de ação da força. Se, além disso, ainda se leva em conta a respectiva combinação de contração, esta forma de exercício corresponde às características mencionadas anteriormente.

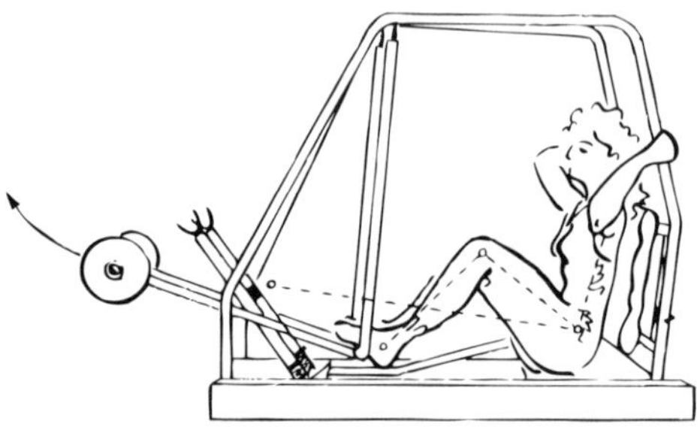

Figura 3.34 Exemplo de forma de exercício que não pode satisfazer ao padrão de uso de força nem à linha de força do perfil específico da exigência de força.

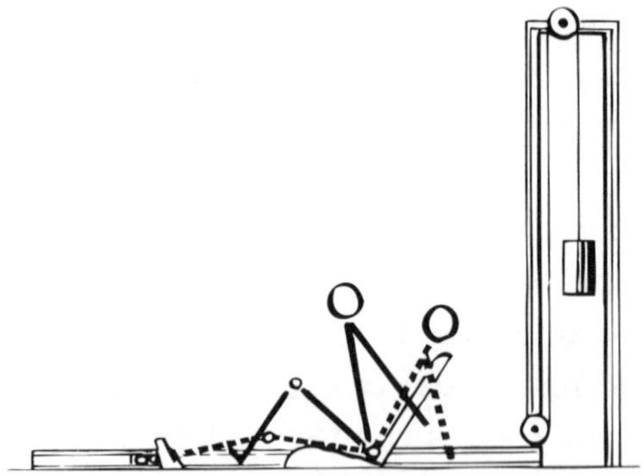

Figura 3.35 Forma de exercício *leg press* modificado, regulada para as condições de ângulos das articulações do salto de esqui: ângulo dos joelhos = 85° no início da extensão, no final 156°; ângulo do quadril = 25° para 115°. A execução do exercício tem a seguinte seqüência: manter por cinco segundos a posição inicial (contração isométrica) – impulso explosivo de força por meio de extensão dos joelhos e do quadril.

3.2.6.2 Exemplo: Esporte de corrida de esqui alpino

Os modelos de treinamento surgiram com a cooperação de treinadores da Federação Alemã de Esqui, com base em estudos biomecânicos, observações fenomenológicas das diversas técnicas de esqui e experiências práticas dos treinadores. No sentido de um perfil específico de exigência de força, foram elaborados os seguintes princípios:

- Para os picos elevados e explosivos de força na impulsão do esqui (mudanças de direção), principalmente os causados pela *extensão* da articulação do joelho, com extensão mínima do quadril, deve ser desenvolvida uma *força concêntrica explosiva* e de partida máxima possível, com uma distância de aceleração relativamente curta do centro de gravidade corporal;
- Esta força concêntrica explosiva e de partida é gerada pela manutenção de determinada posição de deslizamento = *posição inicial isométrica,* ou de um alívio de curta duração = *desenvolvimento de força de reação.* As evoluções de força nos diferentes impulsos são, portanto, combinações de contração (isométrico - concêntrico; isométrico - excêntrico - concêntrico; concêntrico - excêntrico - isométrico);
- A *duração da competição* exige uma manutenção longa de ação de força ótima, bem como a manutenção, de mesma duração, da posição de deslizamento e, com isso, um desempenho *específico de resistência de força.*

Destas exigências específicas de força, podem ser concebidos os seguintes métodos:

Método 1

Objetivo do treinamento: melhoramento da combinação de contração isométrica - concêntrica - excêntrica - isométrica. Com isso, deve ser treinada, principalmente, a capacidade reativa de tensão da musculatura (seção "Força de reação", deste capítulo).

Forma de exercício: ver Figura 3.36.

Combinações de contração (execução do exercício):

- Manter por curto tempo o peso (3 segundos) com um ângulo do joelho de 80 a 90° = *fase isométrica;*

- Impulsão explosiva = *fase concêntrica*;
- Cair e frear com um ângulo do joelho de 80 a 90º = *fase excêntrica*;
- Manter o peso neste ângulo de joelho (3 a 5 segundos) = *fase isométrica*; próxima execução do exercício.

Exigência de solicitação para uma unidade de treinamento: três a quatro séries, cada uma com 8 a 10 repetições com 70 a 80% (dependendo do nível de treinamento) do domínio possível da carga concêntrica. Pausas entre as séries: de 3 a 4 minutos.

Figura 3.36 Exercício de força de reação. Impulsos a partir do trabalho de manutenção, queda para o trabalho de manutenção com o haltere na nuca.

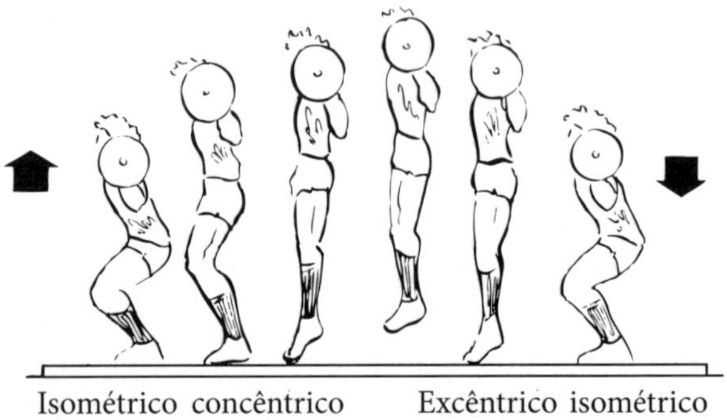

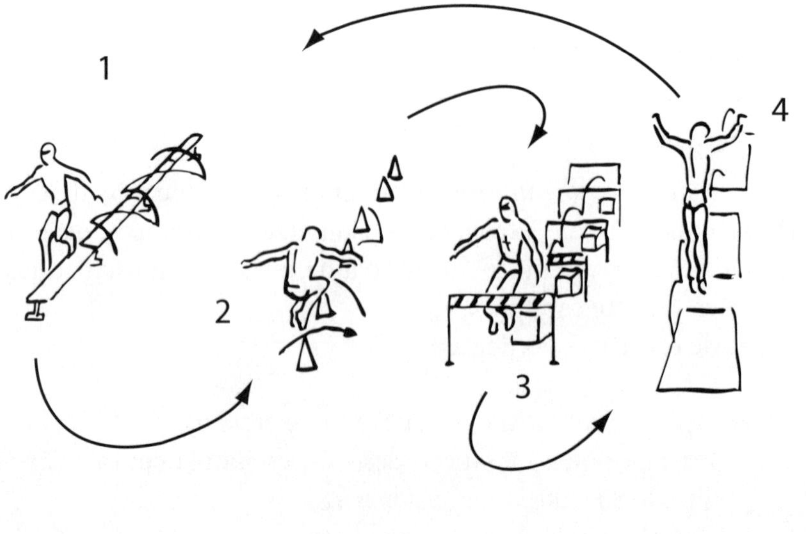

Figura 3.37 Quatro raias de aparelhos para o exercício da resistência de força.

Método 2

Objetivo do treinamento: melhoramento do fluxo de energia no músculo para o desenvolvimento da resistência de força dos grupos musculares dos membros inferiores e do tronco.

Formas e organização dos exercícios: Para isso, no ginásio, são montadas raias de aparelhos para exercícios de salto (Figura 3.37) e, ao lado, um circuito para exercícios do tronco e dos membros superiores. Neste treinamento, são executados primeiro os exercícios de salto, imediatamente depois, os exercícios do tronco e dos membros superiores.

Essas quatro raias contêm as seguintes formas de exercícios: (1) saltos laterais contínuos, com uma perna (da esquerda para a direita, da direita para a esquerda) sobre o banco comprido = 12 saltos; (2) saltos laterais contínuos, com ambas as pernas, na posição agachada, inclinado para frente, entre uma série de cones; (3) combinações de salto do plinto pequeno, salto para baixo – impulsão firme sobre um obstáculo – seguindo no plinto pequeno, etc. (execução do exercício ininterrupto, o mais rápido possível); (4) saltos estendidos contínuos ao longo de colchonetes, da posição e para a posição de agachado.

Exigência de solicitação: saltos contínuos durante 60 a 120 segundos, com execução exata dos movimentos. Logo após, é cumprido o circuito com os exercícios do tronco e dos membros superiores.

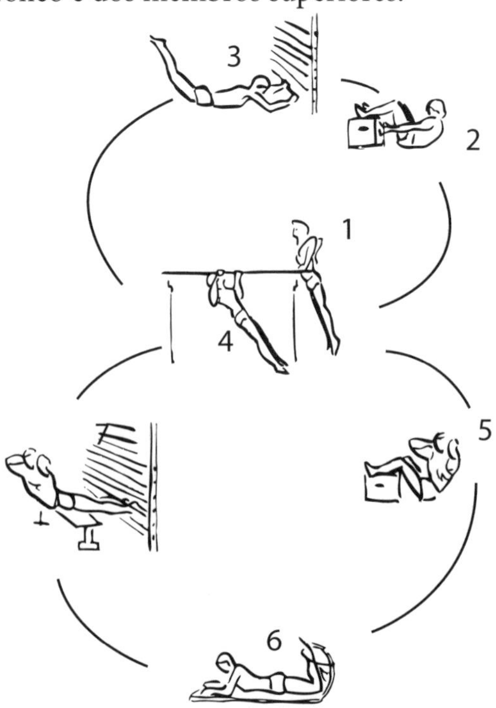

Figura 3.38 Circuito para o exercício da resistência de força.

Esse circuito contém as seguintes formas de exercício:

(1) flexão e extensão dos membros superiores com apoio na barra;

(2) abdominais com joelhos flexionados e o tronco superior levantado;

(3) levantamento dos membros inferiores na posição de decúbito ventral;

(4) tração na barra fixa em posição inclinada;

(5) abdominais com torção dos ombros para esquerda e direita;

(6) levantamento das pernas na posição de decúbito ventral, os pés estão pendurados em uma corda esticada no colchonete, com isso o colchonete levanta junto;

(7) levantamento do tronco da posição em decúbito ventral, com torção do ombro para direita e esquerda. Todos os exercícios devem ser cumpridos com execução exata dos movimentos.

Exigência de solicitação: os exercícios são executados em cada aparelho, sem pausas e de maneira vigorosa. O tempo de solicitação por estação é de 30 a 45 segundos, de acordo com o estado de desempenho; não há pausas entre as estações.

Ambas as combinações de aparelhos, as raias de aparelhos e o circuito são percorridos, inicialmente, numa unidade de treinamento, duas a três vezes sucessivamente. Com estado melhorado de desempenho, os tempos de solicitação são aumentados nas raias de aparelhos até 180 segundos, e nas estações de circuito, 60 segundos.

3.2.6.3 Exemplo: Natação

Como segundo exemplo, escolhemos uma *modalidade esportiva de resistência aeróbia* e resumimos os trabalhos de Counsilman (1980, p. 112) e Schramm (1987, p. 290). Disso resultam os seguintes princípios para o treinamento específico de força na natação:

- Força máxima, força rápida e resistência de força são desenvolvidas principalmente para os *grupos musculares* que realizam, nas técnicas, o *trabalho principal da impulsão*;

Tabela 3.8 Exemplo de uma unidade de treinamento para o desenvolvimento da resistência específica de força (Schramm, 1987, p. 291)

<table>
<tr><td colspan="2">Objetivo do treinamento
Máxima atenção à freqüência constante do movimento e aproveitamento da distância do trabalho</td></tr>
<tr><td>Introdução
15 minutos de aquecimento</td><td>Ginástica específica para o aquecimento leve</td></tr>
<tr><td>Parte Principal
25 minutos de treinamento circular
- 10 estações
- 90 s de solicitações máximas
- 60 s de pausa</td><td>1. Polia: borboleta braços
2. Carrinho: extensão dos membros inferiores
3. Aparelho específico para puxada: 70% da força
4. Fita elástica em decúbito dorsal
5. Extensão das pernas na cadeira extensora em decúbito dorsal
6. Carrinho: borboleta braços
7. Polia: crawl braços
8. Extensão dos membros inferiores no “Hércules”
9. Polia: crawl braços sentado
10. Polia: peito braços deitado</td></tr>
<tr><td colspan="2">Parte final
Exercícios de alongamento e de relaxamento
(principalmente alongamento permanente e pós-isométrico)</td></tr>
<tr><td colspan="2">Características
Freqüência de competição é o valor de orientação da intensidade
Capacidade de mobilização individualmente possível, por meio de aumento da freqüência nos últimos dez segundos do exercício
Critérios de controle: Número de repetições, pulso de solicitação, cumprimento de características técnicas</td></tr>
</table>

Tabela 3.9 Orientação para o treinamento específico de força na natação

	Carga	*Tempo de solicitação*	*Pausas*
Treinamento de força máxima	70 a 90% da força máxima concêntrica	Breve	Longas
Treinamento de força rápida	Abaixo de 50% da $F^{máx.}$ concêntrica	Breve	Longas
Treinamento de resistência de força	50 a 70% da Fmáx. concêntrica	Longo	Curtas a médias

FM = força máxima

- Por isso são usadas, principalmente, *formas específicas de exercícios* (Figura 3.39);
- Os grupos musculares solicitados devem aumentar pouco a *massa muscular* no treinamento de força. Isso vale principalmente para os nadadores de longa distância;
- Na execução do exercício do treinamento de força, as estruturas de tempo e espaço, e de dinâmica e tempo devem corresponder amplamente à dinâmica da evolução de força da respectiva técnica de natação. Por esse motivo, são usados, principalmente, *aparelhos de treinamento isocinético de força*. Com isso, semelhante à água, a resistência do movimento aumenta proporcionalmente à velocidade;
- Para o *treinamento de força rápida e máxima*, as formas de exercícios são executadas no carrinho, com o haltere e em outros aparelhos de treinamento de força, de maneira concêntrica.

Destes princípios, podem ser deduzidas as seguintes orientações metódicas para o treinamento específico de força na natação:

- O *treinamento de resistência de força* (Tabela 3.8) é executado, principalmente, com formas específicas de exercício e sob condições isocinéticas;
- A *velocidade* (velocidade de formação de força na musculatura) é treinada, principalmente, por métodos de treinamento de força máxima, mas também de força rápida. Aqui são usadas também, principalmente, formas específicas de exercício;
- As *exigências de solicitação* para o treinamento específico de força estão resumidas na Tabela 3.9.

Figura 3.39 Uma seleção de formas específicas de exercício para os músculos dos membros superiores e dos ombros, com movimentos que imitam a impulsão principal. A figura mostra formas isocinéticas de exercícios em aparelhos de tração e formas concêntricas de exercícios com halteres (segundo COUNSILMAN).

3.2.7 Planejamento e condução do treinamento de força

O treinamento de força tem uma importância diferente na característica de exigência das diversas modalidades esportivas. Independente disso, é fato que o desempenho motor é baseado em determinados desempenhos musculares (quantitativos e qualitativos). Por este motivo, o treinamento de força deve ser parte integrante da estrutura de treinamento de toda modalidade esportiva, de acordo com a respectiva importância. Isso já é um princípio geralmente reconhecido. A questão que será tratada nesta seção é a procura de explicações sobre o planejamento e a condução em longo prazo do treinamento de força em diversas modalidades esportivas, para que os desempenhos musculares possam atingir seu ótimo no momento certo, no âmbito de um ciclo de treinamento. De acordo com o atual estado de conhecimento, essa questão não pode ser respondida com segurança. Os resultados existentes de estudos e experiências devem ser descritos, entretanto, por meio de exemplos. A maioria dos conhecimentos existe para o desenvolvimento periódico do comportamento de força rápida. Como muitas modalidades esportivas, energeticamente, são baseadas em capacidades de força rápida, o modelo, descrito em seguida, vale também para uma série de modalidades esportivas.

3.2.7.1 Modelo para o efeito retardado de treinamento em longo prazo

Um modelo sobre a mudança cíclica de capacidades de força rápida é descrito por Verchoschanski (1988, p. 109). Ele se refere a resultados de estudos próprios e, além disso, apoia-se em outros cientistas da União Soviética (Nikitin, Mironenko, Antonova, Levcenko). Os modelos daí resultantes são baseados no fato, de que todos os que treinam suportam certa medida de *exigências de solicitação*. Quando esta está constantemente abaixo deste nível, o desempenho muscular diminui continuamente, após um determinado tempo. Quando o nível individual de solicitação é ultrapassado consideravelmente, primeiramente ocorre uma diminuição dos desempenhos de força, mas que aumentam fortemente, em caso de diminuição, a tempo, das exigências de solicitação (Figura 3.40). Este aumento é entendido como *efeito retardado de treinamento de longo prazo*, o qual é expressão de *adaptações compensatórias* após amplas solicitações.

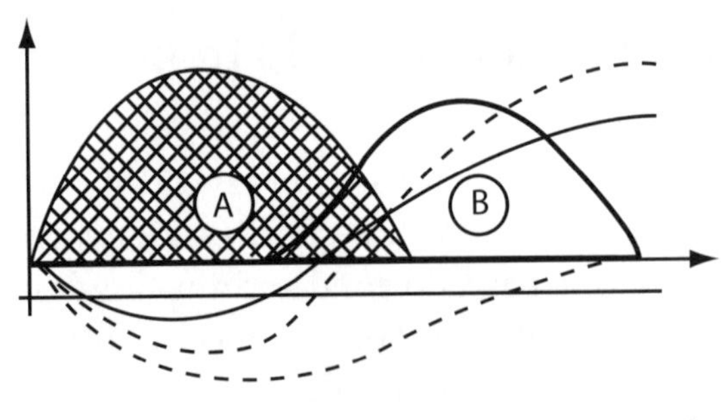

Figura 3.40 Modelo do efeito retardado de treinamento de longo prazo. A = etapa do treinamento de força muito amplo, B = etapa do volume diminuído de solicitação, com grande intensidade; t_1, t_2 = períodos das etapas; f = curvas de evolução dos desempenhos de força.

Da Figura 3.40, podem ser deduzidas as seguintes características, com relação ao princípio do efeito retardado de treinamento de longo prazo: (1) A condição para o efeito retardado de treinamento em longo prazo é um bloco de *treinamento de força amplo e concentrado*; (2) quanto mais forte, dentro de limites ótimos, for a *diminuição do desempenho* neste bloco de treinamento, maior é o aumento seguinte de desempenho (f_{1-3}); (3) no primeiro bloco de treinamento, a intensidade de solicitação ainda não é máxima, ela se orienta na *ampliação do potencial de força*; (4) a conclusão do primeiro bloco de treinamento de força (A) vai para *exigências de solicitação mais intensivas*, mas *com menor volume*; e (5) a duração do efeito retardado de treinamento de longo prazo é determinada consideravelmente pela duração do primeiro bloco de treinamento de força. Em atletas bem treinados, estas características são observadas quando o primeiro bloco de treinamento tem a duração de quatro a 12 semanas.

O modelo aqui descrito (Figura 3.40) pode ser considerado como concepção de validade geral para a periodização do treinamento de força, em modalidades esportivas com parcela elevada de força rápida.

De acordo com Matveiev & Nowikow (1982, p. 153), dentro destes blocos, os modelos de treinamento de força usados (formas de exercícios, intensidade de solicitação) devem ser mantidos por até seis semanas, e não modificados. Somente o volume de solicitação é mudado durante este período. Ele é continuamente aumentado. De acordo com estes dois autores, que se referem a experimentos, a freqüência de treinamento é de três a quatro unidades por semana, com o estado muito bom de treinamento quatro unidades, com nível de treinamento ainda insuficiente, três unidades. A seguir, são apresentados alguns exemplos práticos concebidos segundo este modelo.

3.2.7.2 Periodização do treinamento de força para velocistas

O exemplo apresentado é uma sugestão para o treinamento de força para velocistas, de Grosser, Zimmermann & Ehlenz (1985, p. 301). Ele se orienta, como mostrado no modelo anterior, em um *efeito retardado de treinamento de longo prazo*; prevê um bloco amplo de treinamento com o objetivo do *treinamento de estruturação de músculos*, no período de preparação (PP) II de 4 a 8 semanas, no qual são cumpridos, 3 vezes semanais, *treinamento de estruturação de músculos* e *treinamento de coordenação intramuscular* (força máxima). Isso corresponde ao bloco A da Figura 3.40. Depois, segue uma transição curta para o bloco B, com *treinamento de força mais intensivo*: 2 vezes por semana, treinamento de *força rápida*, 1 vez por semana, *treinamento de força máxima*. Durante o período de competição, é realizado 1 vez o *treinamento de força máxima* e de 2 a 3 vezes, *força rápida* com considerável redução de volume.

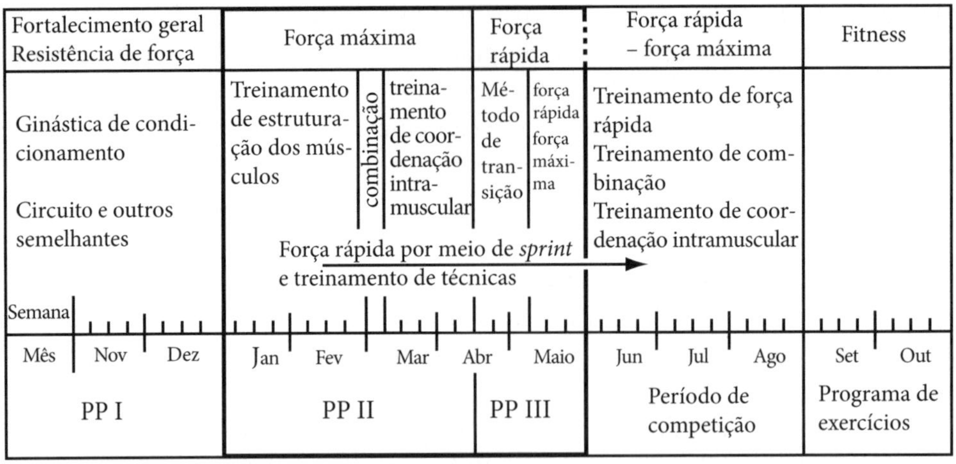

Figura 3.41 Sugestão para a periodização do treinamento de força para velocistas. Primeira parte do PP II (período de preparação II) corresponde ao bloco A, segunda parte do PP II e PP III correspondem ao bloco B da Figura 3.40 (Grosser, Zimmermann & Ehlenz, 1985, p. 310).

3.2.7.3 Treinamento de força para modalidades esportivas de resistência aeróbia

O modelo de treinamento de força aqui apresentado difere consideravelmente dos anteriormente descritos, porque não é objetivado diretamente o efeito retardado de treinamento em longo prazo. Este treinamento de força serve exclusivamente ao apoio imediato de determinadas características dos desempenhos de resistência aeróbia.

Embora, praticamente, não existam atletas de resistência aeróbia e modalidades esportivas de resistência aeróbia, que não realizam nenhum treinamento de força, observações mostram que este treinamento não é sistematizado o suficiente, nem cíclica, nem metodicamente. São dois motivos que fazem o treinamento sistemático de força absolutamente necessário para modalidades esportivas de resistência aeróbia: (1) o desenvolvimento de uma *musculatura com capacidade ótima de desempenho* vale para os grupos musculares participantes na locomoção, mas também para que participam do trabalho de sustentação do aparelho motor e de apoio; (2) para o desenvolvimento das *capacidades de força rápida*, que servem como base energética às *capacidades de sprint*, à *economia de técnicas* e à *eficiência de técnicas* das respectivas modalidades esportivas. Destes objetivos, resultam três diferentes conteúdos e métodos de treinamento:

Tabela 3.10 Conteúdos e métodos do treinamento de força para as modalidades esportivas de resistência aeróbia

Treinamento geral de resistência de força	Treinamento específico de resistência de força	Treinamento de força rápida
Todos os grupos musculares são solicitados, principalmente a musculatura de sustentação. Método: treinamento em circuito com os seguintes componentes de solicitação: 8 a 12 estações, 15 a 20 repetições. Formas simples de exercício relacionadas exatamente aos diversos grupos musculares execução lenta e vigorosa dos movimentos.	Os grupos musculares participantes na locomoção são solicitados com forma adequada de técnicas com resistência aumentada (por exemplo, saltos passados no aclive etc.). Método de repetições em exercícios de locomoção, cerca de 5 a 10 segundos de tempo de solicitação em séries. Execução lenta e vigorosa dos movimentos.	Os grupos musculares participantes na locomoção. Métodos reativos com diversos exercícios de saltos. Método de força rápida com intensidade de solicitação de 35 a 50% e 5 x 7 repetições com pausa de quatro minutos. Execução explosiva dos movimentos.

O volume total anual do treinamento de força é o seguinte:

- Para *modalidades esportivas de resistência de longa duração*, cerca de 5%, o que corresponde a 45 horas de treinamento de força, em média, no total de 900 horas de treinamento por ano;
- Para *modalidades esportivas de resistência de média e curta duração*, > 7%, cerca de 50 a 60 horas de treinamento de força, no total de 600 horas de treinamento por ano.

O treinamento de força tem a duração de 30 a 40 minutos cada vez. Ele deveria estar dentro de uma unidade de treinamento, alternadamente, antes ou após um bloco de resistência, que também dura de 30 a 40 minutos, e é realizado com intensidade pequena. Estas unidades combinadas de treinamento ocorrem, geralmente, durante todo período de preparação, duas vezes por semana. Também são realizados, alternadamente:

- Semana 1: uma vez treinamento geral de resistência de força e uma vez treinamento específico de resistência de força;

- Semana 2: uma vez treinamento geral de resistência de força e uma vez treinamento de força rápida.

O treinamento de força é realizado durante todo o período de preparação. Durante o período de competição, em vez do treinamento de força, é aumentado o *treinamento de velocidade*. A manutenção do nível de força é ainda garantida por um *treinamento de força rápida* de 20 minutos, duas vezes por semana.

3.2.7.4 Princípios gerais para a condução e o planejamento do treinamento de força

1. Na etapa do *período de preparação*, na qual é planejado o treinamento amplo de força, de acordo com a periodização (Figura 3.40), deve ser executado o seguinte número de *unidades de treinamento de força*, dependendo da modalidade esportiva:
   - Modalidades de força rápida, no mínimo três a cinco;
   - Modalidades de duelo, no mínimo três a cinco;
   - Modalidades de jogo, dois a três;
   - Modalidades de resistência, dois.

Nestas unidades de treinamento, o volume de solicitação é relativamente elevado.

2. Na etapa seguinte do período de preparação e durante o período de competição, é importante manter o *nível de desempenho de força* até então desenvolvido. Isso ocorre (1) pela *diminuição do número de unidades de treinamento*, (2) pela *diminuição do volume de solicitação* dentro das diversas unidades de treinamento e (3) pelo *aumento da intensidade de solicitação*.
3. No *planejamento da microestrutura*, deve-se considerar um período necessário para a regeneração, de acordo com o volume do treinamento de força. Com isso, parte-se de um *tempo de regeneração* de cerca de 48 a 72 horas para um treinamento amplo de força de, aproximadamente, 48 horas para um menos amplo, e de 72 a 84 horas para um que solicite o sistema neuromuscular com elevada intensidade.

4. O *treinamento amplo de força* deve ser cumprido em *unidades* próprias de *treinamento*. Um treinamento de força com pequeno volume, mas elevada *intensidade* explosiva, pode ser realizado dentro de *partes de uma unidade de treinamento*, além de outros conteúdos. Neste caso, no âmbito de uma unidade de treinamento, as partes mais curtas de força devem ser realizadas *após* o treinamento de velocidade, mas *antes* do treinamento de técnicas (seção 2.6.1, capítulo 2).
5. O treinamento de força necessita de uma *musculatura otimamente preparada*, bem aquecida e prealongada. O *relaxamento* se inicia imediatamente após o treinamento de força, por meio de soltura das articulações e alongamentos regenerativos.
6. Cada modalidade esportiva deve dispor, no treinamento, de *procedimentos de diagnóstico de desempenho*, facilmente aplicáveis e afirmativos. Os procedimentos, uma vez decididos, não são mais modificados. Com isso, é determinado o estado real, antes do período de preparação, depois os testes são repetidos em período de quatro semanas até o início do período de competição, para observar o desempenho. No meio e no final do período de competição, estes testes são novamente aplicados para constatar como o nível adquirido na preparação se manteve ou diminuiu.

3.3. Velocidade e treinamento de velocidade

Na literatura da teoria de treinamento, desde ZATSIORSKY (1972), a teoria da velocidade e do treinamento de velocidade ficou praticamente sem mudanças (HARRE, 1971-1986; MARTIN, 1977; LETZELTER, 1978; WEINECK, 1980; GROSSER, STARISCHKA & ZIMMERMANN, 1981; MATVEIEEV & NOWIKOW, 1982). Tendo em vista o estado de conhecimento mudado, é necessário discutir e tratar do fenômeno do *desempenho de velocidade* sob pontos de vista ampliados.

3.3.1 Velocidade – característica e conceito

A velocidade pode ser associada às *capacidades de condicionamento* somente de maneira limitada. Sua causa é parcialmente *energética,* e é baseada amplamente em *processos de condução pelo sistema nervoso central.* A associação à área de condicionamento ocorre por motivos de conveniência e porque, na teoria do treinamento, pertencia tradicionalmente a esta área.

Os desempenhos de velocidade têm causas complexas, para as quais os seguintes componentes são essenciais:

- a *mobilidade dos processos neurais* de deixar alternar rapidamente excitações e inibições, para que a musculatura possa realizar movimentos em unidades ótimas de tempo;
- a *capacidade* de reagir a estímulos com rapidez ideal;
- a *capacidade técnica de desempenho* (experiência motora), que permite realizar otimamente a capacidade de rapidez do sistema neuromuscular;
- a capacidade de desenvolver na musculatura uma *velocidade elevada de formação de força;*
- o *"talento de velocidade".*

Os desempenhos de velocidade ocorrem no esporte de formas mais variadas e são realizadas com diversas técnicas.

Definição:
A *velocidade* em movimentos esportivos é a capacidade de reagir, o mais rápido possível, a um estímulo ou sinal, e/ou realizar movimentos com resistências pequenas com a máxima rapidez.

A teoria do treinamento refere-se a desempenhos de velocidade somente quando a resistência externa é pequena. Esta delimitação torna-se necessária em função do entendimento de força e da possibilidade de diferenciação entre desempenhos de velocidade e de força (seção 3.2.1).

3.3.2 Estruturação e formas de manifestação da velocidade

Para descrever o fenômeno e sua divisão em componentes e formas de manifestação, a teoria do treinamento procede tanto de *maneira fenomenológica*, observando o caráter, como de *maneira teórica* e *guiada pela experiência*. Desta maneira, é feita, convenientemente, uma diferenciação fundamental entre *velocidade de reação* e *de ação* (ou velocidade e velocidade motora) e, como mostra o exemplo seguinte (da Tabela 3.11), são deduzidas várias diferenciações.

Tabela 3.11 Os componentes de desempenhos de velocidade e sinônimos (Grosser, Starischka & Zimmermann, 1981, p. 81)

Velocidade		
Velocidade de reação	Velocidade máxima acíclica	Velocidade máxima cíclica
	(com resistências baixas)	
	Também: Velocidade de ação Velocidade de movimento	Também: Coordenação rápida Velocidade básica Velocidade máxima de *sprint* Freqüência do movimento Velocidade de locomoção
	Contra resistências maiores	
	Velocidade de força	
	Também: Força inicial Capacidade de aceleração	

Apoiamos este desmembramento do desempenho de velocidade, mas queremos fazer uma diferenciação das variadas formas de manifestação, no sentido de um princípio analítico para as diversas *fases* e *formas seqüenciais*. Observando-se um desempenho de velocidade de maneira fenomenológica, podem ser descritas as seguintes fases: (1) *fase de reação*, (2) *fase da aceleração positiva*, (3) *fase da velocidade constante* e (4) *fase da diminuição de velocidade*. Este modelo de fases é orientado fortemente na característica de desempenho de um *sprint* de curta distância e, portanto, não é constitutivo para todos os desempenhos de velocidade no esporte (golpe de boxe, arremesso central no handebol, cortada no vôlei etc.). Quando se observam os desempenhos de velocidade nas diversas modalidades esportivas e, quando se procura uma forma seqüencial, com elevado *grau de generalidade*, mostram-se duas formas seqüenciais de desempenhos de velocidade (Figura 3.42).

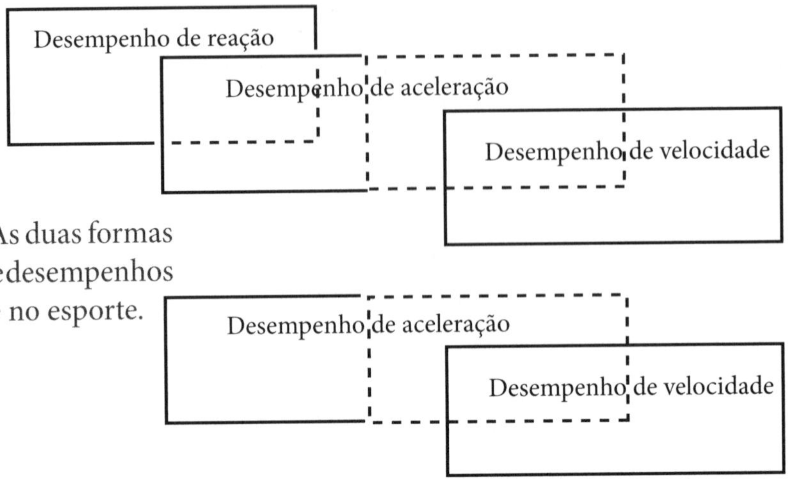

Figura 3.42 As duas formas seqüenciais de desempenhos de velocidade no esporte.

A primeira forma seqüencial de desempenhos de velocidade (Figura 3.42a) tem *três fases*. Ela começa com um *desempenho de reação* que vai, sem transição, em um *desempenho de aceleração*. O período do desempenho de aceleração depende do tamanho da resistência externa e da velocidade que pode ser atingida por meio da aceleração. Com uma passagem contínua, segue, então, o *desempenho de velocidade* (velocidade de ação). Esta forma seqüencial de três fases sempre ocorre quando deve haver uma reação ótima a estímulos externos, assim na partida para o *sprint* até atingir a velocidade máxima, na reação a uma finta motivada por uma ação do adversário, tentando se desvencilhar do adversário por meio de desempenho de reação, aceleração e velocidade etc.

A segunda forma seqüencial (Figura 3.42b) tem *duas fases*. São todos os desempenhos de velocidade que começam com um início de aceleração auto-escolhido, como, por exemplo, na corrida para o salto em distância, no arremesso de peso etc. O *desempenho de aceleração* passa, sem transição, para o *desempenho de velocidade* propriamente dito. Aqui, também, vale que o desempenho de velocidade ocorre mais cedo quanto menor for a resistência externa a ser vencida. A seguir, são descritas as características destas três fases e as *formas* resultantes *de manifestação* da velocidade, para poder deduzir, também, conseqüências metódicas.

3.3.2.1 Desempenhos de reação

Definição:

A *capacidade de reação* é a precondição psicofísica de desempenho que possibilita ao homem reagir, com determinada velocidade, a estímulos, gestos e sinais.

Do ponto de vista analítico, os desempenhos devem ter um seqüenciamento em fases. Zatsiorsky (1972, p. 52) denomina 5 fases na seqüência reativa: (1) *o aparecimento de um estímulo no receptor* (olho, ouvido, pele); (2) a *transmissão do estímulo para o sistema nervoso central*; (3) a *transição do estímulo para as redes neurais* e a formação do *sinal efetor*; (4) a *entrada do sinal do sistema nervoso central para o músculo* e (5) o *estímulo do músculo pelo sistema nervoso central* e a origem de um *trabalho mecânico no músculo*. Na psicologia, usa-se um modelo de quatro fases com a seguinte seqüência reativa: (1) fase de preparação – o posicionamento perante a ocorrência do estímulo esperado; (2) fase de oferta do estímulo – a percepção do estímulo esperado; (3) fase de latência – a seqüência de processos sensório-associativos, como preparação da ação de reação; e (4) fase da ação efetiva (Clauss et al., 1976, p. 445).

Defesa de bolas altas

Defesa de bolas de meia altura

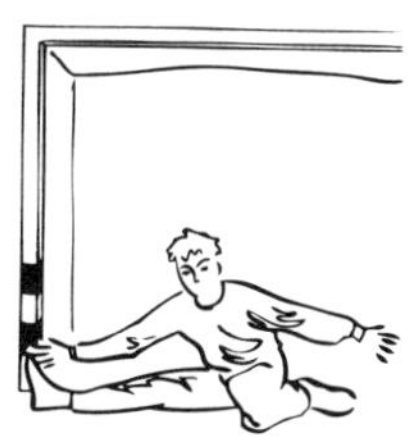

Defesa de bolas rasteiras

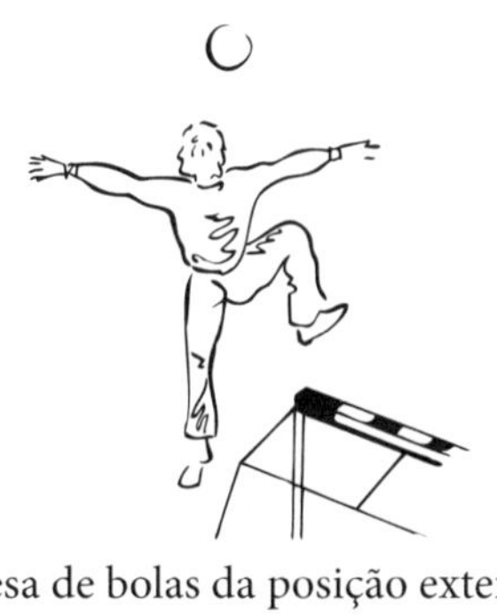

Defesa de bolas da posição externa

Defesa aleatória

Figura 3.43 Alguns movimentos padrão de defesa do goleiro no handebol.

Com relação à compreensão mais profunda, as seqüências de fases acima citadas devem ser ampliadas no ponto 3 pelo aspecto da *antecipação*. A relação entre desempenhos de reação e a antecipação não deve ser estabelecida somente em função de fatos científicos. Ela também pode ser observada na prática do treinamento, o que deve ser comprovado no handebol em quadra coberta, mediante o desempenho do goleiro. Neste caso vale, sabidamente, a regra que "o desempenho do goleiro e a velocidade de reação são inseparavelmente ligados" (SINGER, 1983, p. 43). Segundo as teorias do treinamento, até agora admitidas, o melhoramento dos desempenhos de reação poderia ser originado principalmente pelo encurtamento do tempo de reação, por meio de transmissão mais rápida do estímulo dos órgãos sensoriais ao sistema nervoso central, pela elaboração de um programa e por meio de transmissão, aambas mais rápidas de comando para a musculatura (GROSSER, STARISCHKA & ZIMMERMANN, 1981, p. 83). Todavia, estudos em goleiros de handebol em quadra coberta mostraram que as reações seletivas necessitam, em média, de um tempo de reação de 0,3 segundos. Com isso, eles teriam chance de reação somente com arremessos distantes, porque os arremessos da área do gol têm um tempo de vôo muito menor que 0,3 segundos. Estes arremessos não deixam tempo para o goleiro reagir, no sentido de teoria de reação. Ele só pode agir com antecipação padrão de movimentos automatizados de defesa, acertar por acaso e ter sucesso (HARTMANN, 1988, p. 21). Por este motivo, o treinamento de aquisição de técnicas dos goleiros consiste, em primeiro lugar, no aprendizado de movimentos padrão de defesa (Figura 3.43).

No treinamento de aplicação de técnicas, os goleiros exercitam sua atuação correta, isto é, a *capacidade de antecipação* necessária (seção 3.3.1). Isso acontece pela observação de certa regularidade no comportamento dos arremessos, por exemplo, arremessos retardados geralmente chegam rasteiros, quando o arremessador cai contra a mão de arremesso, chegam retos; quando cai para o lado, o arremesso também é rasteiro etc. Para exercitar a antecipação, os goleiros de handebol fazem, atualmente, observações sistemáticas dos adversários. Desta maneira, nos últimos anos, o método da formação da imagem do arremesso fez escola. Cada atacante tem um esquema individual de movimento no tipo e na posição de arremesso, que caracterizam seu arremesso ao gol. Quando o goleiro o conhece, ele antecipa o arremesso. KLUSSOW (1986, p. 85) relata, por exemplo, que os principais goleiros soviéticos fizeram um banco de dados sobre suas experiências com os respectivos adversários.

O que é denominado, freqüentemente, de desempenho de reação, ou seja, de um tempo de reação extremamente curto, é, portanto, em muitos casos, uma medida concentrada de experiências e programas usados como antecipação de situação e ação. Desta maneira, o treinamento de reação é principalmente um *treinamento de técnicas* (capítulo 2). Isso é válido para ambos os tipos de desempenhos de reação, ou seja, para reações simples e/ ou complexas. Por motivos sistemáticos, a teoria de treinamento diferencia estes dois tipos.

Em caso de *reações simples*, reage-se a sinais fixos (por exemplo, sinais de partida no *sprint*, na natação, na corrida com patins no gelo etc.) com execuções motoras fixas. Um treinamento de reações simples leva a programas inequívocos e, desta maneira, a possibilidades de antecipação.

Em caso de *reações complexas* (às vezes também chamadas de *reações seletivas*), reage-se a estímulos variados, previsíveis ou não, e sinais (comportamento do adversário no jogo esportivo, no judô, a trajetória de uma bola etc.), com um movimento geralmente conhecido, estando disponíveis, em muitas situações, várias possibilidades de decisão a reações. A decisão é tomada por atletas experientes, já pelas antecipações.

3.3.2.2 Desempenhos de aceleração

Todo movimento rápido é ativado por um desempenho de aceleração. A dinâmica e a duração da fase de aceleração são determinadas por duas características. Primeiro, pelo *tamanho da resistência externa*; quanto maior for, maior deve ser a força de aceleração que a ela se contrapõe. Segundo, se a *velocidade máxima alcançável na distância de aceleração* deve ser atingida o mais cedo possível – como na fase de aceleração do *sprint*, na corrida do salto em distância etc. – ou somente no final desta distância de aceleração – como no arremesso de peso, no arremesso no handebol, etc. A dinâmica e a distância da fase de aceleração são diversas, com diferentes técnicas e ações motoras no esporte, por este motivo não se pode falar *"da"* capacidade de aceleração, no sentido generalizado (seção 3.3.3.2).

Definição:
A *aceleração* é a relação (quociente) da mudança da velocidade e do tempo usado.

$$\text{Aceleração} = \frac{\text{mudança de velocidade}}{\text{tempo usado}}$$

(BAUMANN, 1989, p. 24).

Uma aceleração somente ocorre com mudança de velocidade; com velocidade constante, não há aceleração. Um exemplo deixa claro o caráter da aceleração: um velocista atinge, depois de dois segundos (momento t_1), uma velocidade de 6 m/s (v_1) e, após 2,5 segundos (momento t_2), 7 m/s (v_2). Deduz-se o seguinte cálculo:

$$a = \frac{v_2 - v_1}{t_2 - t_1} = \frac{7 \text{ m/s} - 6 \text{ m/s}}{2{,}5 \text{ s} - 2 \text{ s}} = 2 \text{ m/s}^2$$

Os desempenhos de aceleração têm relação direta com o nível da *força máxima*, da *força rápida* e, em algumas modalidades esportivas, com a *força de reação*, porque na fase de aceleração é importante realizar grandes *valores de impulso*. O impulso é, sabidamente, o parâmetro motor que resulta do produto da massa com velocidade. A problemática de desempenhos de aceleração ainda será tratada, mais detalhadamente, na seção 3.3.3.2.

3.3.2.3 Desempenhos de velocidade no sentido mais restrito – velocidade do movimento

Os desempenhos de velocidade, no sentido mais restrito, dependem com qual *velocidade* podem ser realizados movimentos isolados, em seqüências motoras cíclicas e acíclicas. A velocidade descreve a relação entre a distância percorrida e o tempo usado:

$$\text{Velocidade (v)} = \frac{\text{distância (d)}}{\text{tempo (t)}} \text{ em m/s.}$$

Na teoria do treinamento, os *complexos de componentes* que condicionam a *velocidade do movimento* também são denominados de *rapidez de ação* (WEINECK, 1980, p. 176) ou de *rapidez do movimento* (LETZELTER, 1978, p. 195; HARRE, 1986, p. 173).

Definição:

Desempenhos de velocidade, no sentido mais restrito, são as velocidades de contração e de movimento realizadas pelo sistema neuromuscular contra pequenas resistências.

Com isso, as causas de desempenhos de velocidade em movimentos ainda não são completamente explicadas. Florence Griffith-Joyner disse durante o *show* "Pessoas 88", na televisão alemã, em 15 de janeiro de 1989, que o seu salto de melhoramento do desempenho de 1987 para 1988 era porque aprendeu executar exatamente seu movimento de corrida, a condução dos braços e dos joelhos, e ficar internamente "relaxada" na velocidade máxima do *sprint*. O treinador das velocistas da Alemanha (RDA) disse, por ocasião da vitória olímpica de Florence Griffith-Joyner na televisão da Alemanha, que hoje ele tinha visto uma nova "dimensão da técnica do *sprint*", a ser considerada futuramente. Toni Nett escreveu em seu livro de corrida, já em 1960 (p. 26), que os velocistas devem ser observados por sua soltura no movimento de corrida, pelo "relaxamento da tensão", pela "tranqüilidade no movimento". "Atletas que relaxam completamente seus músculos em movimentos cíclicos provavelmente são capazes de manter por mais tempo uma velocidade maior no movimento". De acordo com Nett (1960, p. 27), teriam sido feitas pesquisas exatas por Albalkow (sem informações bibliográficas) na União Soviética, se haveria uma perda de velocidade em caso de relaxamento. Entretanto, mediante um "*spidograma*", mostrou-se que a velocidade pode ser aumentada quando os velocistas pararam de querer aumentar a velocidade com todo esforço de vontade e tensão muscular.

Estas são somente algumas interpretações fenomenológicas da velocidade do movimento, no sentido mais restrito, que dão valiosas indicações quanto ao caráter destes desempenhos de velocidade. Vale a pena observá-las com mais detalhes, com base no estado atual de conhecimento.

Deve-se estabelecer que os desempenhos de velocidade, baseados na velocidade de contração da musculatura, com pequenas resistências externas, ao contrário dos desempenhos de aceleração, são amplamente independentes de desempenhos de forças rápida e máxima. Eles estão baseados, primeiro, na *velocidade de contração, individualmente ativável* e, segundo, nos *desempenhos da coordenação inter e intramuscular*. Isso parecer valer, também, para desempenhos de aceleração contra cargas muito pequenas, como se conclui do estudo a seguir.

A Figura 3.44 mostra que em caso de resistências externas pequenas, as diferenças de desempenho na aceleração são mínimas, isto é, a carga movimenta-se ao longo da distância medida, com aproximadamente a mesma velocidade. A base de força máxima, individualmente diferente, manifesta-se nitidamente somente com cargas crescentes. Nos 5 indívíduos do sexo masculinos testados, os valores de kgm/s, com uma carga de 10 kg, são de 13,79 a 16,14 (diferença = 2,35 kgm/s ou 14,6%), com uma carga de 20 kg, os valores estão entre 21,22 e 26,43 kgm/s (diferença de 5,21 kgm/s ou 19,7%), com 80 kg da carga, entretanto, os valores estão entre 33,45 e 54,55 (diferença = 21,1 kgm/s ou 38,6%), com 100 kg, os valores estão entre 29,84 e 55,13 (diferença = 25,29 kgm/s ou 45,8%). Este fato mostra-se em todos os nossos estudos. Isso significa, que a formação da força correlaciona-se pouco com o nível de força máxima, quando as cargas são pequenas porque, por falta de resistências maiores "a força não consegue seguir a elevada velocidade de contração". Com relação à velocidade do movimento, serão apresentados mais resultados científicos na seção 3.4.3, para explicar seu caráter com mais fundamentos.

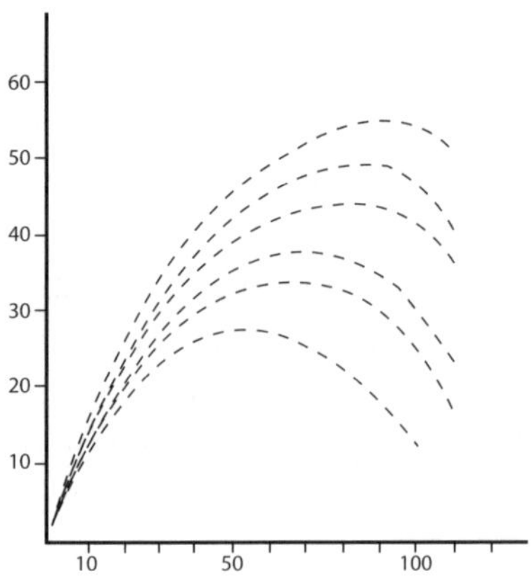

Figura 3.44 Resultados do comportamento da força na puxada horizontal com barra, em decúbito ventral (Figura 3.17) com cargas crescentes, traçados a uma distância definida de medição, de cinco indivíduos do sexo masculino e um do sexo feminino (curva inferior).

3.3.3 Modelos científicos de explicação com relação à velocidade

3.3.3.1 Conhecimentos teóricos de informação e psicológicos com relação a desempenhos de reação

Pela teoria de informação, o fluxo de reação é descrito da seguinte maneira (Küchler, 1983, p. 78): no sistema nervoso central, há à disposição dez bilhões (10^{10}) de neurônios para o processamento de informações, que chegam pelas fibras nervosas aferentes (Figura 3.45). Uma fibra nervosa pode transmitir cerca de 10 a 50 bits/s. O fluxo máximo de informações, de todas as fibras nervosas aferentes, é de, aproximadamente, 100 milhões de bits/s (10^8 bits/s). Desta enorme quantidade de informações processadas no cérebro, são percebidos conscientemente somente cerca de 10 a 20 bits/s (veja linha inferior na Figura 3.45). Em consequência, há uma diminuição de quase sete potências de dez.

Portanto, somente as informações mais importantes chegam ao consciente. Todas as outras são excluídas, mas, em pequena parte, usadas inconscientemente de maneira reflexo-motora. Embora o fluxo de informações aqui descrito seja baseado em estimativas, mostra-se nitidamente que a *área de ação motora*, com os movimentos de reflexo, ações instintivas e motoras aprendidas de maneira variável, é muito menor que a *área de percepção sensória*. Responsável por isso é o número de neurônios motores, cinco vezes menor que os neurônios dos órgãos sensoriais. Além disso, a força da gravidade, a inércia da massa, a mobilidade das articulações, a velocidade de encurtamento e a formação de força na musculatura limitam ainda mais os desempenhos motores. Disso, resulta que um melhor desempenho de reação praticamente não pode ser conseguido pelo melhoramento do fluxo de informações nas estruturas participantes, mas, somente, por meio de exercício e aprendizado motor permanente de *programas motores* complexos, com os quais pode ser realizada uma adaptação constante das reações aos estímulos e sinais importantes (KÜCHLER, 1983, p. 79).

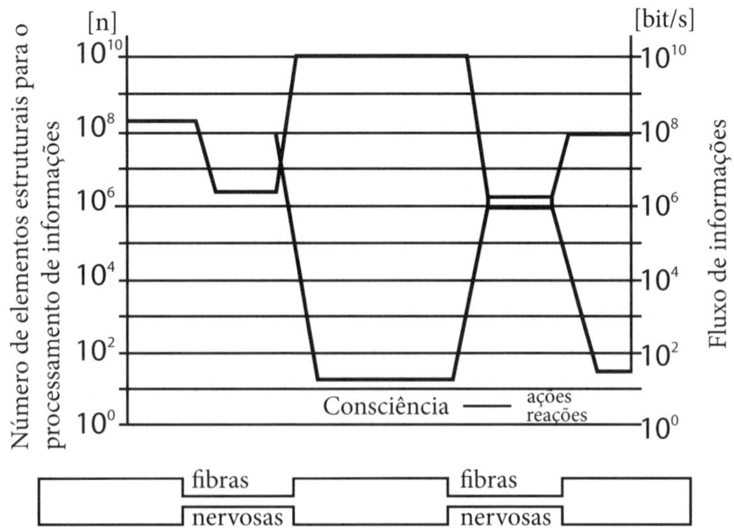

Figura 3.45 Fluxo de informações no sistema nervoso central. A curva superior, com traçado mais grosso, mostra a quantidade de elementos estruturais (n). A curva inferior, com traçado mais fino, mostra o fluxo de informações em bit/segundos (KÜCHLER, 1983, p. 79).

Esta suposição também é confirmada pelo trabalho de RÜSSEL (1976, p. 75), que menciona uma série de estudos, fundamentando estes fatos. De acordo com estes conhecimentos, pode-se acrescentar ao até agora dito: os desempenhos de reação no esporte são mais ou menos bem *antecipados*, conforme a experiência individual existente.

No exemplo dos desempenhos de reação do goleiro de handebol, descritos na seção 3.3.2.1, mostrou-se que estes desempenhos não podem ser baseados em padrões simples de reação, no sentido usual, mas no fato de que o goleiro antecipa esta situação e atua com uma técnica dominada.

A *antecipação* é um processo psíquico no qual, por meio de poucas informações sobre o início e os sintomas de determinadas situações, são construídos, antecipadamente, sua seqüência e o seu resultado. O grau de definição da antecipação de desempenhos de reação depende, tanto nas *reações simples*, como nas *complexas*, das experiências motoras armazenadas como *programas* fixos, de modo que, na realização de reações, é necessária, somente, certa variabilidade, que leva à adaptação da respectiva situação.

A antecipação pode chegar a tal ponto que a seqüência de desempenhos de reação seja fixamente programadas. Nestas experiências, refletem-se não só as ações motoras com as quais se reage, mas, também, as percepções anteriores. Principalmente as reações complexas, nos jogos esportivos ou nas modalidades esportivas de luta, dependem de variadas antecipações, porque aqui a própria ação é constantemente antecipada com base na situação percebida e nas experiências existentes. A antecipação deve ser vista em duas fases. Ela começa com uma antecipação da situação e passa, então, para a antecipação da ação.

A *antecipação da situação* prepara uma reação de acordo com as percepções analíticas da situação e as experiências, sem que a reação, retardada pelo tempo de reação, precise ocorrer. Nestes casos, os dados de percepção e experiência estão disponíveis de situações adequadas anteriores, os quais permitem antecipar as condições de espaço e tempo. Com isso, é eliminado o chamado *tempo de reação* dos modelos de fases. Na *antecipação da ação,* reage-se com as ações, que se mostraram como convenientes e bem sucedidas pelas experiências. Em caso de atletas experientes, trata-se de programas de ação.

Como resultado desta discussão, pode-se estabelecer o seguinte: *Os desempenhos de reação, os quais podem ser medidos tanto pelo tempo de reação como avaliados pelo sucesso de reação, são baseados, em primeiro lugar, na capacidade da antecipação. O melhoramento do tempo de reação depende, principalmente, da otimização da antecipação da situação, porque antecipa a ação da reação, adequada no tempo e no espaço; o melhoramento do sucesso de reação é baseado, em especial, na otimização da antecipação da ação que antevê com qual seqüência motora deve-se reagir em determinada situação. Por isso, a otimização da antecipação da ação é um objetivo essencial para o melhoramento dos chamados* desempenhos de reação, *o que pode ser conseguido por meio de treinamento adequado.*

3.3.3.2 Explicações biológicas e mecânicas sobre o desempenho de aceleração

Na seção 3.2.3.3, foi descrita a inervação dos músculos e o recrutamento de *unidades motoras*. Esta descrição continua aqui com relação à *aceleração*.

Com a atividade corporal, ocorre a excitação da musculatura participante de um movimento em certa seqüência, a qual tem como base *uma ordem de recrutamento* do seguinte tipo: em caso de inervação intencional fraca, são ativadas unidades motoras cujos neurônios motores apresentam um limiar de estímulo baixo. Com uma "exigência de força" mais alta, participam cada vez mais unidades na formação da força, dependendo do limiar de estímulo de seus neurônios motores. Supõe-se que o nível do limiar do estímulo dos neurônios motores seja determinado exclusivamente por seu tamanho (Freund, 1983).

Com base nos mecanismos de recrutamento (recrutamento neural e mecânico, ver seção 3.2.3.3), pode-se explicar por que na aceleração de diferentes cargas, com um máximo "impulso de vontade", com cargas pequenas pode ser desenvolvido menos força muscular que com maiores. Para isso, é necessária a descrição detalhada do *mecanismo muscular interno*, baseando-nos na teoria das pontes cruzadas, descrita na seção 3.2.3.2.

Gonzales-Serratos (1971) observou que, na excitação das fibras, nem todas as miofibrilas começam ao mesmo tempo com o encurtamento ativo. Primeiro se forma, na periferia de uma fibra, a força que provoca o encurtamento. Nesta fase, as miofibrilas no centro da fibra são encurtadas passivamente pelas fibrilas ativas da periferia. Gonzales-Serratos atribuiu este fenômeno a processos de condução, condicionados ao tempo, de natureza eletroquímica, sem encontrar para isso uma explicação específica. Além disso, com base nos resultados da pesquisa muscular, com relação ao processo de formação de força nas miofibrilas, pode ser desenvolvida a seguinte idéia.

As pontes cruzadas de miosina, entre os filamentos grossos e finos, consistem de "cauda" elástica e "cabeça" com um centro quimicamente ativo. Em caso de excitação, fluem, como conseqüência do sinal eletroquímico indo de fora para dentro, íons de cálcio entre os filamentos e ocupam as placas de proteína (troponina), presas a fios finos de proteína (tropomiosina). Com isso, originam-se lugares atrativos para as cabeças de miosina. Elas são atraídas por estes lugares de reação com carga elétrica positiva; devido à sua carga química no centro ativo (Mg ATP^{--}), estendem as caudas elásticas e atuam com força de tração sobre os filamentos de miosina (Figura 3.13).

Desta maneira, por exemplo, com uma força de resistência pequena, já se originam encurtamentos de miofibrilas e, com isso, de fibras, mesmo antes que todas as troponinas estejam saturadas com Ca^{++}. Com o encurtamento, é retirado imediatamente da troponina o cálcio "consumido". Com o estímulo prolongado, os íons de cálcio fluindo para dentro, ficam livres locais de troponina na periferia das miofibrilas, que podem ser ocupados por Ca^{++} "recém-chegado". Em caso de deslocamentos rápidos de filamentos, a oferta de cálcio não é suficiente para ocupar todos os locais de ação, de modo que lá, portanto, principalmente no centro de fibrilas, as moléculas com ganchos deslizem nos locais potenciais sem possibilidade de reação e não participam da formação de força. Quando, entretanto, em caso de forças contrárias grandes até intransponíveis, permanece a "pressão de entrada do fluxo" de cálcio, por meio de permanente estímulo, sem que ocorram deslizamentos de filamentos ligados aos processos de encurtamento, há suficiente tempo para ocupar todas as troponinas. Isso significa que somente com forças contrárias que retardam o processo de encurtamento, todos os locais de reação no filamento fino ficam reativas para as cabeças de miosina (LEHNERTZ, 1985b, p. 36).

Sem considerar a musculatura antagonística como possível causa das forças atuantes contra a força muscular, são consideradas resistências intransponíveis ou objetos que podem ser acelerados pelo músculo e que desenvolvem forças de inércia e peso, de acordo com sua massa.

Quando, com estímulo continuado, a fibra muscular é liberada para o encurtamento, "descarregam-se" imediatamente todos os componentes elásticos, e carregam junto massas de atuação contrária (porções de peso), com perda de tensão. Com isso, a distância deste encurtamento momentâneo inicial é tanto menor quanto maior for a inércia das porções de peso. Assim, a energia potencial das estruturas elásticas transforma-se em energia cinética das massas aceleradas. Ao mesmo tempo, ocorrem novamente deslizamentos de filamentos nos sarcômeros, liberando mais locais de ligação de cálcio e, com isso, a possibilidade de maior transformação de energia química nos pontos de reação (Lehnertz, 1985b, p. 36).

Após o "impulso" por meio da energia elástica, é tão rápido que uma porção de peso, devido à sua inércia, retira-se, temporariamente, das influências da força de contração do músculo. Este fato é chamado de *efeito de fuga de força devido à inércia*, a fase em que a fibra contrai-se temporariamente em vazio, e isso se reflete na evolução da força, em uma queda da curva. Somente quando a força contrária freia a porção de peso, o aparelho contrátil encontra a "conexão" e acelera novamente, mas com força consideravelmente menor, pois a força contrária de uma porção de peso, ao ser movimentada por uma unidade muscular, deve estar abaixo do nível da força isométrica da unidade. Entretanto, em princípio, ocorre novamente um fenômeno semelhante ao descrito acima: em vez da fixação isométrica, a fibra é "tensionada" pela força de inércia da massa a ser acelerada, ocorrendo novamente uma "carga" elástica e depois um "impulso". Isso continua em uma seqüência de "mini-impulsos", e reflete-se na evolução oscilatória das curvas de encurtamento e de força e tempo. Finalmente, desaparecem as oscilações da fase intermediária e a fibra encurta-se com velocidade quase constante, dependendo do peso das massas associadas. Em caso de encurtamento "livre", como força contrária determinante da tensão, está disponível somente a força de inércia das porções de peso a serem aceleradas. O "fenômeno final" tem sempre a mesma seqüência que sob as condições de encurtamento e liberação, mas é menos acentuado. Na aceleração de aparelhos esportivos, membros corporais ou o corpo todo, tanto o potencial muscular mobilizado como as massas aceleradas são muito maiores, de modo que nos chamados *encurtamentos livres*, o efeito de fuga de força devido à inércia aparece de maneira acentuada (Lehnertz, 1985b, p. 37). Como este efeito admitido de fuga de força devido à inércia mostra-se nas curvas de saltos verticais sem movimento inicial, é mostrado nos seguintes exemplos (Figura 3.46).

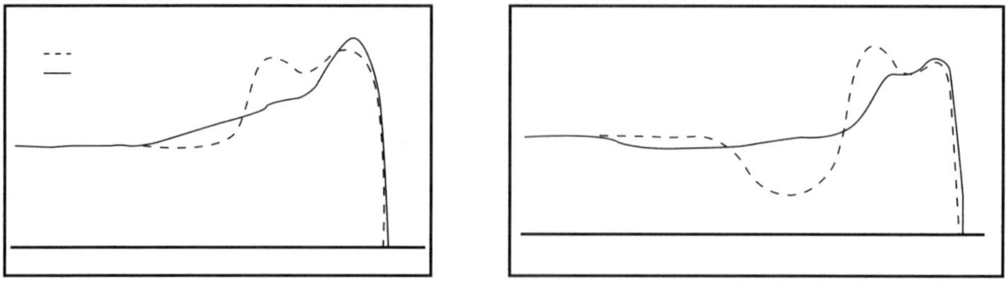

Figura 3.46 (esquerda) – curvas de força e tempo em saltos verticais, sem movimento inicial: a) salto com força máxima de partida; b) salto com força continuamente crescente no início do salto.
(direita) – tendências da evolução de força e tempo com saltos verticais com as duas pernas: - - - - salto com máxima ação de força (velocidade alcançada no fim do salto 2,39 m/s); —— salto com aumento contínuo de força no início do salto (velocidade alcançada no final 2,68 m/s) (Lehnertz, 1985b, p. 39).

As curvas mostradas na Figura 3.46 demonstram o seguinte fato: na fase inicial (fase 1), a curva segue no nível da massa corporal. Depois, na fase 2, a curva inclina-se para cima; quanto mais inclinada, maior a força desenvolvida, e atinge-se um primeiro ápice. Durante a fase 3, a curva achata-se novamente e segue, na fase 4, no momento do efeito de fuga de força devido à inércia, uma "cavidade de força", aumentando novamente na fase 5. Após atingir o segundo ápice, a curva cai com aumento de inclinação e termina em zero, assim que o atleta salta. Caso a argumentação represente corretamente o fato, o primeiro ápice deve ser maior e a cavidade mais profunda quanto maiores forem as forças de partida e explosiva. Em contrapartida, com um desempenho baixo das forças de partida e explosiva, dever-se-ia se originar somente um ápice.

Os diagnósticos dos estudos de saltos realizados por nós correspondem exatamente às expectativas. A Figura 3.46 (esquerda) mostra duas curvas típicas de "casos extremos": a curva *a* para um salto com ação máxima de força, do início até o fim do salto, a curva *b* para um aumento contínuo de desempenho no início, e ação máxima de força no final do salto. A "cavidade de força", observada em curvas de força e tempo, é conhecida não só de evoluções de força de salto e tempo, mas, também, ocorre em outros processos de aceleração com ação máxima de força. Além disso, mostra-se novamente a influência substancial da força de inércia sobre o desenvolvimento da tensão no músculo. Pelo abaixamento do centro de gravidade corporal, antes do uso da musculatura de extensão para o salto, a força de inércia cresce consideravelmente, devido ao impulso inverso e, desta maneira, também à altura do primeiro ápice, ao contrário de saltos sem movimento inicial; da mesma maneira, a conseqüência do efeito de fuga de força é mais acentuada. Com relação à velocidade de impulsão, mostrou-se o mesmo resultado, que já observamos em nossos experimentos com movimentos de batida, ou seja, que um impulso antecipado com força máxima não leva à velocidade final mais alta possível (Figura 3.46 direita).

No início da seção, mencionamos que acelerações em desempenhos esportivos e/ou técnicas podem ter duas seqüências dinâmicas diferenciadas. (1) Seqüências nas quais deve ser alcançada imediatamente a velocidade mais alta possível e, (2) no fim de um impulso de força, deve ser alcançada a velocidade máxima de salto de partida ou de arremesso (Figura 3.46).

Para todos os desempenhos de aceleração, é essencial a aceleração ótima. Portanto, no treinamento de desempenhos de aceleração, deve-se considerar sempre o seguinte: *os desempenhos de aceleração são baseados, do ponto de vista de condicionamento, no grau de definição dos componentes da força rápida; entretanto, do ponto de vista técnico, no momento da curva de força e tempo que o centro de gravidade corporal deve ser alcançado sua velocidade máxima*. Para alcançar velocidades finais elevadas, vale o seguinte: para atingir velocidades finais mais altas possíveis em arremesso, lançamento ou batida, o movimento total deve ser realizado de maneira que nos grupos musculares a serem usados no fim ainda haja suficiente resistência de inércia para o desenvolvimento ótimo de força. Para esta afirmação, caracterizamos o princípio de *timing da inércia* (Lehnertz, 1984, p. 32; 1988c, p. 46).

3.3.3.3 Modelos de explicação da velocidade do movimento

A pergunta sobre se a *velocidade do movimento* causada pela *velocidade de contração* da musculatura pode ser melhorada por meio de treinamento deve ser respondida claramente como negativa.

Com base em diagnósticos de estudos experimentais com animais e métodos bioquímicos recentemente desenvolvidos, sobre a análise da estrutura molecular das proteínas contráteis, a importância dominante de fatores genéticos sobre a velocidade do movimento da musculatura, hoje, pode ser muito bem avaliada. De acordo com isso, a miosina é a proteína mais importante na contração muscular. Ela é responsável, com sua estrutura, pela mecânica da contração e do desenvolvimento da força e, ao mesmo tempo, catalisa (= acelera), por meio de sua atividade de ATPase, a hidrólise de ATP para

ADP e Pa (seção 3.2.3.2). Com isso, a velocidade da ATPase depende das chamadas *cadeias leves* das moléculas de miosina.

Nos filamentos de miosina da musculatura esquelética, estão em posição paralela 300 a 400 moléculas de miosina. Uma única molécula de miosina consiste em duas cadeias pesadas e várias leves. A atividade de ATPase e as propriedades de velocidade de um músculo estão estreitamente ligadas ao teor de cadeias leves de miosina. As fibras rápidas sempre contêm as mesmas três cadeias leves, enquanto as fibras lentas podem apresentar de uma a três cadeias rápidas e duas cadeias lentas (Billetter et al., 1981). Desta maneira, é evidente que, para modalidades esportivas rápidas, é determinante para o desempenho, em primeiro lugar, a existência de fibras rápidas (= alto teor de miosina com três cadeias leves rápidas).

O volume em que uma fibra muscular desenvolve miosina com três cadeias leves rápidas depende, em primeiro lugar, da *disposição genética*, isto é, no nível molecular, os estímulos de treinamento de incentivo para a força rápida só podem ser eficientes, na medida que a estrutura genética permite. Sob condições experimentais extremas (por exemplo, na chamada inervação cruzada), genes em repouso podem ser ativados e, ao mesmo tempo, outros inibidos. Entretanto, é altamente improvável que tais condições extremas de estímulo possam ser produzidas por medidas de treinamento de qualquer tipo. *Por isso, um treinamento dirigido ao desenvolvimento da velocidade deveria ter outro direcionamento. O treinamento de velocidade pode, e deve, melhorar, principalmente, a coordenação intra e intermuscular.*

A *coordenação intermuscular*, sobretudo nos movimentos de *sprint* e impulsão, é baseada, principalmente, em encadeamentos e programas elementares da *motricidade sensorial espinhal* e dos reflexos motores espinhais, atuando no sentido de *círculos de regulação*, apresentados aqui de maneira simplificada. As descargas eferentes da contração dos *neurônios motores* (principalmente os neurônios motores alfa) da medula causam a contração dos músculos através das *fibras Ia*. O arco reflexo mais simples, o *reflexo próprio* ou o *reflexo de estiramento* origina-se no *fuso muscular*, um instrumento de medição do comprimento. Com isso, através das fibras aferentes Ia, são comunicadas mudanças de comprimento aos neurônios motores alfa. Se, através do alongamento, for causada uma mudança de comprimento, aumenta a freqüência dos impulsos aferentes dos fusos. Os impulsos eferentes, reagindo a partir do neurônio motor, contraem o mesmo músculo para se contrapor ao alongamento (Figura 3.47). Trataremos deste fenômeno novamente na seção 3.5.3.2. Em todos os outros círculos de regulação da motricidade sensorial espinhal, são intercalados *in-*

terneurônios, que servem para o processamento dos estímulos (Haase, 1976, p. 99; Henatsch, 1976, p. 193; Henatsch & Langer, 1983, p. 27).

As mesmas aferências Ia descritas acima inibem, através de um interneurônio, os neurônios motores antagônicos (inibição recíproca dos antagonistas), e ajudam na sintonização entre agonistas e antagonistas. Os circuitos de regulação conectados com as fibras Ia têm uma *função de estabilização longitudinal*. Os circuitos de regulação conectadas às *fibras Ib* atuam *como limitador de tensão*. Eles partem dos *órgãos tendinosos de Golgi* (fusos tendinosos), os aparelhos de medição de tensão. Com isso, as aferências Ib inibem, através dos interneurônios, os próprios neurônios motores, no sentido de uma "inibição autógena" (Figura 3.47).

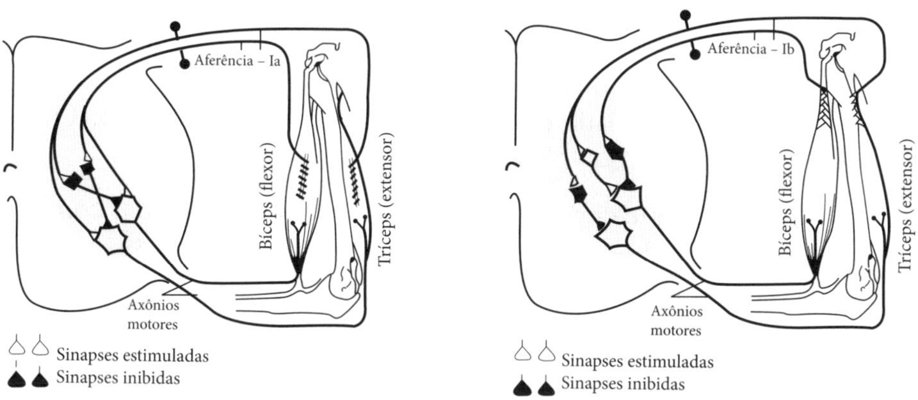

Figura 3.47 a: Encadeamento básico espinhal do reflexo de estiramento e da inibição recíproca dos antagonistas (com atuação contrária ou recíproca), transmitida pela aferência Ia dos fusos musculares do flexor e do extensor.
b: Encadeamento básico espinhal da inibição autógena de neurônios motores alfa específicos, através da aferência Ib dos órgãos tendinosos (Henatsch & Langer,1983, p. 31).

Estes exemplos apresentam somente os mecanismos básicos de encadeamento. A coordenação dos dois membros, na qual um se flexiona e o outro se estende, é causada pela chamada *aferência flexor-extensora*, um reflexo cruzado de flexão e extensão. Ele cria a precondição espinhal para acertar a atuação da força e a coordenação motora de maneira contralateral.

Segundo Küchler (1983, p. 103), às funções integrativas e sensório-motoras da motricidade sensorial, podem ser associadas as seguintes funções parciais e mecanismos de controle:

- Controle do *comprimento* e da *tensão muscular* de um membro, com coordenação do lado contrário e da compensação de efeitos involuntários na seqüência motora;
- A geração de *programas motores elementares* (memória motora elementar, centros de locomoção) para movimentos coordenados de corrida;
- *Mecanismos de adaptação*, que adaptam os centros de locomoção adequadamente às seqüências motoras.

Geralmente, são ativadas várias unidades motoras de um músculo alternada e/ou simultaneamente. Com isso, os efeitos de contração sobrepõem-se para encurtamentos totais sumárias ou para a tensão total, compensando-se amplamente as diferentes contrações das diversas unidades motoras. Este processo deve ser entendido como coordenação intermuscular. Ele pode ser aperfeiçoado por meio de treinamento constante das técnicas usadas sob velocidade elevada do movimento (FINDEISEN, LINKE & PICKENHAHN, 1980, p. 53).

Assim, finalmente deve-se constatar que, sob determinadas condições, também os desempenhos de velocidade, no sentido mais restrito, ainda têm consideráveis possibilidades de melhoramento.

De acordo com estes conhecimentos, no *treinamento de velocidade*, o objetivo parcial é o melhoramento da *coordenação intermuscular*. Ela é realizada, principalmente, por uma *motricidade sensorial espinhal, otimamente programada*. Quando Florence Griffith-Joyner diz que seus acréscimos de desempenho são relacionados, em especial, ao fato de que ela aprendeu a ficar relaxada internamente durante a velocidade máxima, ela menciona a problemática da coordenação intermuscular. O melhoramento da coordenação intermuscular, com grande probabilidade, só é possível quando se aprende executar movimentos rápidos com um *nível ideal de tensão muscular*. Isso pressupõe a fixação de *programas* correspondentes da motricidade sensorial espinhal.

A *coordenação intramuscular* refere-se ao recrutamento e ajustamento dos parâmetros de solicitação das unidades motoras (HETTINGER, 1968, p. 3). O recrutamento segue uma determinada ordem, baseada em vários mecanismos (seção 3.2.3.3 e 3.3.3.2). Normalmente, um estímulo ativa primeiro os neurônios com o menor limiar de excitação, isto é, que têm a maior excitabilidade. São, geralmente, as menores células, que inervam as unidades motoras lentas, enquanto os neurônios motores maiores que ativam as unidades motoras com fibras musculares rápidas, têm um limiar de excitação maior. Todavia, esta ordem de recrutamento parece ser mutável pela mudança da velocidade motora ou do próprio movimento, através da aferência Ia. Desta maneira, as fibras musculares rápidas, resistentes à fadiga, por meio de associações espinhais também podem ser diretamente ativadas muito rapidamente, isto é, com o início da transmissão do impulso (Küchler, 1983, p. 50).

3.3.4 Procedimentos diagnósticos de desempenho no treinamento de velocidade

Na seção 3.2.4 foram descritas as tarefas do diagnóstico de desempenho, com relação ao treinamento de força. Isso vale, grosso modo, também, para o treinamento de velocidade. Todavia, para as diversas formas de manifestação da velocidade, como as capacidades de reação, aceleração e velocidade, o diagnóstico de desempenho deve ser visto de maneira mais diferenciada e crítica.

A capacidade de aceleração é baseada nos componentes da força rápida, portanto, ela pode ser determinada principalmente mediante curvas de força e tempo, e outros métodos biomecânicos da análise de força (seção 3.2.4.3).

As *capacidades de reação* são mensuráveis de maneira limitada. Isso tem várias razões: primeiro, porque estes desempenhos são realizados com muita antecipação e, portanto, de difícil "medição"; segundo, devido à associação de suas causas; e terceiro, por falta de instrumentários adequados de medição e teste. As medições podem registrar somente determinados parâmetros de reações simples.

Os *desempenhos de velocidade,* baseados na velocidade motora, podem ser registrados por meio de técnicas de medição de precisão. Testes motores esportivos com sua pretensão de diagnóstico são aplicáveis, somente com restrições, no diagnóstico de desempenho.

3.3.4.1 Procedimentos de medição da velocidade

Para a medição da velocidade de *sprint,* foi aprovado o *teste de aceleração de Kassel.* Com este teste, é registrado, a uma distância de 30 m, em área coberta, o tempo entre 10 e 20 metros e o tempo total de 30 m. A raia de teste deve ser sempre a mesma, tendo em vista as condições do piso. A medição é feita por meio de um sistema de células fotoelétricas com base em infravermelho, que trabalha com uma resolução de dez microssegundos (centésimos milésimos). As células são colocadas na linha de partida, em 10, 20 e 30 m, na altura da cabeça do indivíduo testado, para que não possam disparar com os movimentos de impulso dos membros. Corre-se com saída em pé e posição de passo. São medidos os segundos (por exemplo, 1,281 s para a distância de 10 - 20 m e 4,017 s para o total de 30 m). De duas corridas, é validado o melhor resultado. Este teste comprovou-se como sendo confiável e muito afirmativo para a velocidade locomotora e a capacidade de aceleração (Martin & Lehnertz, 1986, p. 12).

Um outro exemplo é a medição da velocidade *horizontal de extensão do braço*: usa-se um aparelho de força para o fortalecimento do tríceps (Figura 3.48), no qual os indivíduos testados estão de costas para um encosto vertical. Foram desenvolvidas cintas que os fixam sempre na mesma posição. Os pés estão posicionados em uma marca. A alavanca é arremessada para frente, por meio do movimento de extensão do braço, e passa por um sistema de célula fotoelétrica com base em infravermelho. O valor do tempo é determinado com uma resolução de dez microssegundos a uma distância de medição de 3,5 cm.

O indivíduo testado pode ler imediatamente o tempo alcançado – os tempos são de, aproximadamente, 120 - 140 centésimos de milésimos de segundos – e tenta, em cada teste, alcançar seu melhor tempo. Após dez a 12 repetições, os tempos são menores. As tentativas mais rápidas são alcançadas, em média, na quinta repetição. A alavanca desenvolve uma velocidade tal que deve ser apanhada por um ajudante (Martin & Lehnertz, 1986, p. 13).

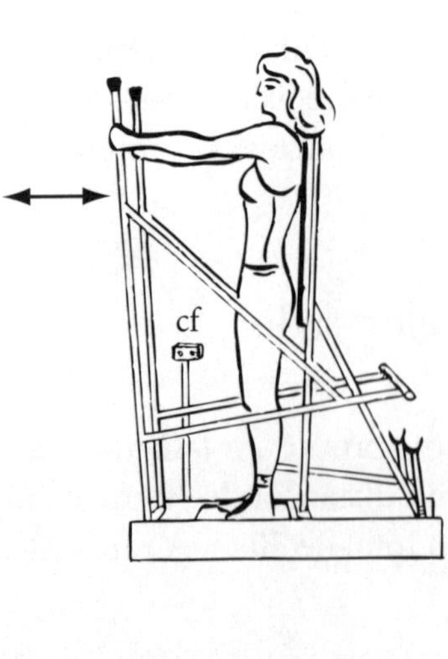

Figura 3.48 Exercício de teste. Não são colocados pesos. cf = célula fotoelétrica

Para a *identificação de pontos fortes e fracos, específicos em distâncias, no sprint*, Baumann, Schwirtz & Gross (1968) dão um exemplo para a elaboração de um *diagrama de tempo diferencial*. Estes diagramas podem ser aplicados para o *sprint* de aceleração de 30 m, para distâncias maiores de *sprint*, no *sprint*, por exemplo, na natação, na corrida com patins no gelo ou na corrida com barreiras. Da representação gráfica, resultam distâncias de aceleração positiva, negativa e máxima e a definição da capacidade de aceleração, máxima velocidade motora e a manutenção desta velocidade (resistência de *sprint*). Para a elaboração do gráfico, é escolhida uma corrida de referência, cujos tempos parciais são colocados no eixo x do sistema de coordenadas, e seus tempos diferenciais no eixo y. A Figura 3.49 mostra um exemplo da corrida final de 100 m de Munique em 1972. Como referência, serviu a corrida do campeão olímpico Borsow.

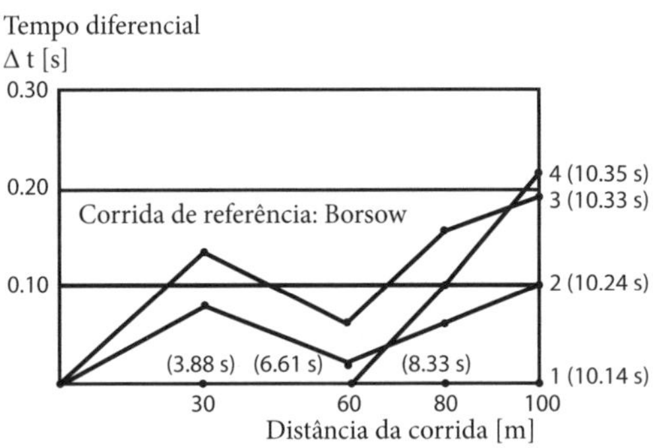

Figura 3.49 Diagrama do tempo diferencial da corrida final dos homens nos Jogos Olímpicos de 1972 (Baumann, Schwirtz & Gross, 1986, p. 5).

3.3.4.2 Testes motores esportivos

Estes testes podem trazer somente um valor de diagnóstico grosso. Grosser & Starischka (1981, p. 65) mencionam os seguintes testes (ordenados de acordo com a capacidade de velocidade e a modalidade esportiva): para a *capacidade de reação* (1), o "Teste de reação do boxe", (2) o "Teste de queda do bastão"; para a *velocidade* (velocidade motora), (1) o "*Sprint* de 20 m (saída em pé) para o atletismo e os jogos esportivos, (2) o "*Sprint* de 30 m com partida em movimento" para o atletismo e jogos esportivos, (3) o "*Shuttle-run* 7 x 30 m" para jogos esportivos, (4) o "Teste japonês" para o vôlei, (5) o "Teste *skipping*" para o atletismo e (6) o "Teste 9-3-6-3-9" para vôlei e tênis.

Os *testes motores esportivos* devem apresentar, na sua utilização, elevado grau de *padronização*. Esse pode ser garantido somente por meio de instruções precisas de teste, fixação das tentativas de ensaio, número de tentativas de teste, indicação sobre os equipamentos e aparelhos de medição a serem usados, descrição da organização, os locais dos observadores etc. Além disso, para garantir a objetividade de execução, dois ou mais examinadores devem executar o teste com os mesmos indivíduos. Os resultados dos examinadores podem ser comparados estatisticamente (correlacionados).

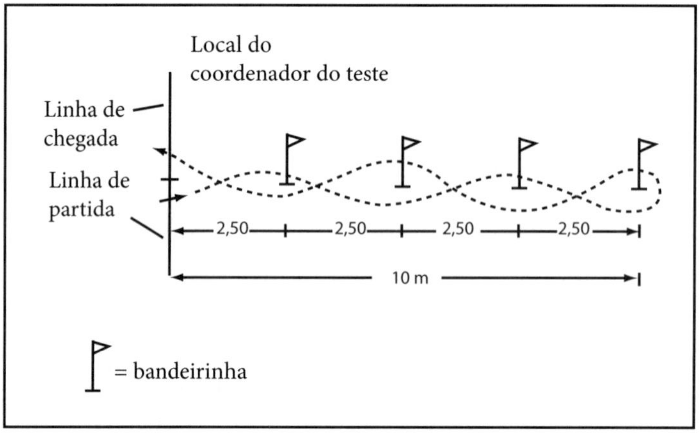

Figura 3.50 Corrida em *slalom* – esquema organizacional (Neumaier, 1983, p. 153).

Aqui são apresentados e discutidos três testes:

A *corrida em slalom é um* teste para jogadores esportivos da *mobilidade de sprint*, mas seus resultados têm somente força de afirmação quando podem ser comparados com a velocidade básica dos indivíduos testados, na distância de 20 m, e se a diferença percentual puder ser comprovada.

O *teste de drible*, segundo Gerisch & Reichl (1978), registra a *capacidade de drible sob condições fora do jogo*. Este teste parece, inicialmente, possuir a validade exigida de conteúdo. Todavia, uma verificação em 53 jogadores ativos de futebol mostrou que a confiabilidade de repetição do teste não trouxe um valor aceitável. Este fato leva à exigência de que, nos testes aplicados no treinamento, deve-se garantir a confiabilidade de repetição do teste. Isso ocorre quando a característica medida mostra no re-teste, sob as mesmas condições, uma amplitude menor possível de variação dos resultados. O teste é aplicável se sua confiabilidade de repetição puder ser comprovada e a validade de conteúdo for aceitável.

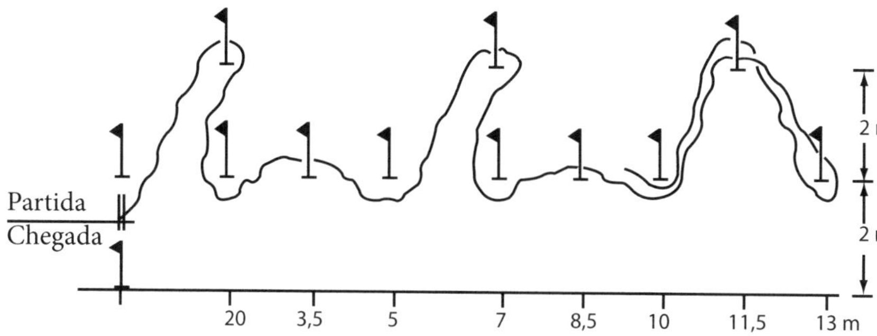

Figura 3.51 Teste de drible (segundo GERISCH & REICHL, 1978).

O *arremesso em distância da Medicine ball,* com ambas as mãos, é muitas vezes usado por treinadores de handebol e lançamento de dardo. Eles diagnosticam a capacidade geral de arremesso e a capacidade de aceleração em movimentos de arremesso, mas, com este teste, pode ser concluída somente a distância de arremesso. O teste exige uma boa técnica de arremesso com os dois braços, a partir da posição de passo, com movimentos de impulso, antes que os resultados alcancem uma confiabilidade de repetição de teste.

Para o registro do *complexo de velocidade*, específico de modalidade esportiva, são executados vários testes em determinados períodos relevantes no treinamento, principalmente nas modalidades de jogos. Esta bateria de testes com diversos testes padronizados registram, com bastante precisão, determinados parâmetros do complexo de velocidade e sua dinâmica de desempenho. Um treinador da Liga Nacional de Handebol, usa, há cerca de três anos, em períodos regulares, os seguintes testes: (1) o *teste de aceleração de Kassel*, o valor medido é o tempo de 10 a 20 m (seção 3.3.4.1) (2) o *teste saltar e alcançar* (salto diferencial) (Figura 3.23); (3) um *teste específico de drible do handebol;* e (4) o *arremesso em distância da Medicine ball*, com ambas as mãos.

3.3.5 Métodos do treinamento de velocidade

Neste livro, podem ser tratados os métodos e modelos do treinamento de velocidade somente por meio de exemplos, porque os desempenhos de velocidade, nas diversas modalidades esportivas, são muito *complexos* (desempenhos mistos de reação, aceleração e velocidade) e/ou muito específicos *tecnicamente*. Como, entretanto, a velocidade de locomoção (velocidade de *sprint*) faz parte de muitas modalidades esportivas, vamos tratar deste treinamento por meio de exemplos.

3.3.5.1 Exemplo do treinamento de *sprint*

Aqui é descrito somente o treinamento específico de velocidade, sem as partes de força, mobilidade e resistência. Ele é composto das seguintes partes:

- Treinamento de aceleração e de velocidade de *sprint*;
- Treinamento de coordenação;
- Treinamento de resistência do *sprint*;
- Treinamento de partida e de aceleração da partida.

A *aceleração e a velocidade de sprint* são treinadas de maneira complexa, dentro do âmbito do treinamento de velocidade, porque a máxima velocidade pode ser alcançada somente após uma distância de cerca de 30 metros. De acordo com Gundlach (1973) e Ballreich (1969), a distância do *sprint* é dividida em "fase de aceleração", "fase de velocidade máxima" e "fase de diminuição da velocidade", reduzindo, com a diminuição do tempo do *sprint*, a fase de aceleração. A fase para alcançar a velocidade máxima (fase de aceleração) dura, aproximadamente, até 30 m. Todavia, o aumento da velocidade de 20 a 30 m é pequeno, de modo que o trabalho real de aceleração ocupe cerca de 20 m, porque, como pode ser visto na Tabela 3.12, a freqüência e o comprimento do passo alcançam seu máximo após 20 m.

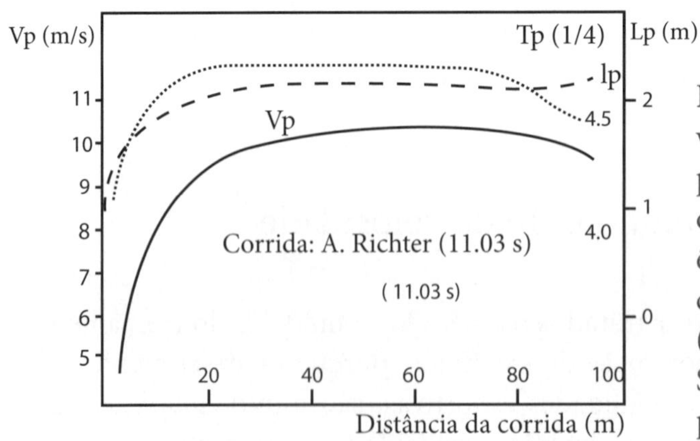

Figura 3.52 Evolução da velocidade (m/s), aqui representada pela velocidade da passada (vp), da freqüência da passada (fp) e do comprimento da passada (lp), segundo Baumann, Schwirtz & Gross (1986, p. 6).

Isso mostra que os *sprints* de aceleração de 30 a 40 m de distância são ideais para o treinamento da combinação de desempenho de aceleração e do *sprint*, mas estes devem ser realizados sob condições externas ótimas e padronizadas. A duração da solicitação para esta distância pode ser obtida da Tabela 3.12.

Tabela 3.12 Valores aproximados para 20, 30 e 40 m, com tempos determinados para 100 m, organizados após uma série de estudos (Gundlach, 1973; Ballreich, 1969; Baumann, 1976)

Tempos de 100 m	20 m	30 m	40 m
10,2 a 10,6	3,12 s	3,94 s	4,9 s

Estes tempos deixam supor que a disponibilização de energia é, com grande probabilidade, anaeróbio-aláctica, o que suporta estudos próprios (Lehnertz & Martin, 1986, p. 14).

O número de repetições destes *sprints* deve ser fixado exatamente. Alguns estudos mostraram que, no treinamento de *sprint*, esportistas habituados podem correr 60 x 30 m, distribuídos durante o dia, em caso extremo, 60 x 60 m, sem grandes reduções de tempo. Todavia, com estes números elevados de repetições, geralmente ocorrem dores e tensões musculares posteriores e, em parte, de longa duração, assim como rigidez muscular, provavelmente em conseqüência de micro-traumas no tecido muscular e conjuntivo (Stoboy, 1972, p. 31; Rusko, 1985, p. 6).

Observando-se o desenvolvimento do tempo para um treinamento, devem ser feitas dez repetições, pois estão dentro do ideal individual de tempo, e, com este número de repetições, não haverá rigidez e tensão muscular. Mas também é imaginável um treinamento de duas séries de 2 x 8 *sprints* com uma pausa de quatro minutos entre as séries, ou de 1 x 10 e 1 x 5. Em nossos experimentos, mostrou-se que o músculo, do ponto de vista do metabolismo, é regenerado imediatamente pela re-síntese de fosfato de creatina. Foi possível constatar que, para isso, em distâncias de *sprint* até cerca de 40 m, são completamente suficientes dois minutos.

Resumidamente, resultam, portanto, os seguintes *componentes de solicitação* para o *treinamento de aceleração e velocidade de sprint*:

- Intensidade de solicitação: 100% com máximo desempenho de vontade, acelerar otimamente e percorrer a distância;
- Volume de solicitação: duas séries, cada uma com 8 x 30 - 40 m, uma série com 10 x 30 m, e outra com 5 x 40 m.
- Densidade de solicitação: pausa entre as diversas repetições = dois minutos, entre séries > que quatro minutos.

Cada corrida deve ocorrer obrigatoriamente com *controles de tempo.* Além do tempo total, é medido também o tempo da distância parcial de 10 a 20 m, porque aqui há os menores desvios nos valores do tempo, o que confirma os nossos estudos de muitos anos. Desta maneira, as mudanças de desempenho são comprováveis mais precisamente do que com outros valores de tempo.

O *treinamento de coordenação* deve coordenar melhor o movimento de *sprint*, de maneira *intermuscular*, principalmente com relação ao encadeamento espinhal e à ação conjunta de agonistas e antagonistas, bem como colocar a musculatura participante do movimento de *sprint* em *estados* exagerados *de alongamento.* Por isso, o treinamento de coordenação deve conter as seguintes características:

- *Movimentos de sprint, com amplitude exagerada*, para obter um desempenho de alongamento maior que no movimento normal de *sprint*;
- Correr da maneira mais *relaxada e descontraída* possível e tentar chegar à velocidade máxima.

Para isso, afirmaram-se *corridas progressivas* de 80 a 100 m, nas quais a velocidade é continuamente aumentada até se alcançar a velocidade máxima. Além disso, são usadas *séries de corrida*, nas quais, em distâncias de 60 a 80 metros, a velocidade é aumentada entre cada repetição. Também foram comprovadas séries de quatro, sendo a última repetição corrida com a máxima velocidade possível. Deve-se observar as seguintes características de solicitação:

Corridas progressivas

Distância:	80 a 100 m
Intensidade de solicitação:	Os últimos 10 a 15 m na velocidade máxima
Volume de solicitação:	6 repetições
Densidade de solicitação:	3 minutos de pausa entre cada repetição

Corridas repetitivas com velocidade crescente

Distância:	60 metros
Intensidade de solicitação:	80 – 90 – 95 – 100%
Volume de solicitação:	duas séries, cada uma com quatro repetições
Densidade de solicitação:	3 minutos de pausa entre cada repetição, 5 minutos entre as séries.

Outra importância tem o *treinamento de resistência de sprint*. Com base em Saltin (1986, p. 101), a resistência de *sprint* (em delimitação à resistência de velocidade) deve ser vista como a capacidade de poder executar desempenhos até cerca de 30 segundos com intensidade máxima. Nestes desempenhos, nem o aumento de lactato nem a falta de oxigênio são fatores limitadores, mas provavelmente, a *redução da condução diferenciada dos programas motores* (denominamos este estado de *fadiga do programa*). Para o treinamento de resistência do *sprint*, Saltin (1986, p. 106) sugere as seguintes características de solicitação: corridas de *sprint* de 20 a 30 segundos, com 3 a 8 repetições, dependendo do nível de treinamento, do objetivo de treinamento e da microestrutura do treinamento. De acordo com a teoria da restituição imediata de fosfato de creatina, pausas de 3 a 5 minutos são suficientes, ocorrendo, entretanto, de corrida em corrida, um acúmulo de prótons (acidificação) na musculatura, o que se reflete com um aumento de lactato no sangue. Quando as repetições excedem o número cinco, o treinamento deve ser feito em duas séries, elas com uma pausa entre as séries de 10 a 15 minutos, para garantir que todas as repetições possam ser realizadas com aproximadamente a velocidade máxima.

O treinamento de *reações simples,* como, por exemplo, de partidas, tem dois componentes:

- A *fixação da técnica* dos movimentos de partida e de reação com a transição para a fase de aceleração;
- O *exercício da percepção do tempo* (antecipação da situação).

Na seção 3.3.2.1, foi tratado detalhadamente que o treinamento de reação é principalmente um treinamento de antecipação. O treinamento da partida é um bom exemplo para o exercício de antecipação da situação. Para isso, deve-se aprender a reagir de maneira explosiva a diferentes intervalos de tempo entre um pré-anúncio e a fase de preparação. Devem ser melhoradas a *concentração* (= parcela sensorial) e *pré-tensão muscular* ótima (= parcela motora) da reação (Matveiev & Nowikow, 1982, p. 157).

3.3.5.2 Treinamento de velocidade em modalidades de jogos – exemplo do futebol

O treinamento de velocidade das modalidades de jogos consiste de (1) *treinamento de sprint*, (2) *treinamento da aceleração* e (3) *treinamento de reação.*

O *treinamento do sprint* é feito com e sem bola. A distância deve ser de, aproximadamente, 30 metros; as pausas entre os *sprints* duram 2 minutos, o número de repetições não deve exceder cinco.

A parte principal do treinamento de velocidade consiste do *treinamento de aceleração* com as seguintes formas:

- Todas as formas de *jogos de pegar* com a possibilidade de zonas de descanso;
- *Corridas de linha/sprints* de aceleração até uma linha a 5 m de distância, após o toque, volta-se à linha de partida, toca-a e faz-se um *sprint* até uma linha a 10 m de distância etc;
- *Sprint de perseguição de um parceiro* até cerca de 15 m, com vantagem de 2 a 3 m para o parceiro;
- De cone a cone: 8 a 10 cones são colocados, com deslocamento lateral, em diferentes distâncias; do cone 1 a 2, partida, do cone 2 a 3, relaxamento dinâmico, cone 3 a 4, partida etc. (Auste, 1987, p. 105);
- Dribles em *slalom* entre os cones com tomada de tempo;
- Dribles zigue-zague com partidas e relaxamento dinâmico;

O *treinamento de reação* nas modalidades de jogos é um "treinamento de técnicas", porque os movimentos com os quais ele é realizado devem ser dominados da mesma maneira com sua ação no tempo correto. Portanto, o objetivo do treinamento de reação deve ser o exercício de *antecipação da situação e da ação* (seção 3.3.3.1). De acordo com teorias psicológicas, a reação tem a seguinte *seqüência de fases*: por exemplo, ver a bola, avaliar a direção e a velocidade da bola, escolher um plano de ação e realizar o movimento de reação (Zatsiorsky, 1972, p. 55). Isso leva cerca de 0,25 a um segundo, usando o tempo de até um segundo quase exclusivamente para a visualização da bola e a avaliação da direção e da velocidade, porque a fase sensorial deve ser de apenas 0,05 segundos. De acordo com estudos de Nelson/USA (1964, sem indicação bibliográfica) com jogadores de vôlei dos EUA, a bola atinge, numa batida de defesa, cerca de 30 m/s; a fase aérea da bola é de 0,10 a 0,12 segundos (Zatsiorsky, 1972, p. 56). Portanto, é impossível, neste curto espaço de tempo, "avaliar" a direção e a velocidade da bola. Mesmo assim, os jogadores conseguem defender esta bola, o que depende, principalmente, da antecipação treinada e baseada em experiências.

Auste (1987, p. 118) também escreve que as reações de um goleiro de futebol pressupõem, primeiramente, o total domínio de suas técnicas, mas depois as reações devem ser em grande parte precalculadas, embora, de acordo com sua opinião, as reações são de difícil treinamento. Um treinamento constante de goleiro deve melhorar a concentração e a antecipação de variadas maneiras. A literatura especializada oferece uma série de exemplos de exercícios.

As possibilidades metódicas foram apresentadas aqui somente mediante exemplos. Como os desempenhos de velocidade sempre estão ligados a determinadas técnicas esportivas, também devem ser definidos e treinados, relacionados com as técnicas específicas da modalidade esportiva. Desta maneira, cada modalidade esportiva tem a tarefa de elaborar uma concepção própria do treinamento de velocidade.

3.3.6 Planejamento e condução do treinamento de velocidade

3.3.6.1 Problemas da microestrutura

Os problemas da microestrutura são tratados, de maneira diferenciada, na seção5.2.4 no capítulo 5. Por isso, aqui só serão resumidos alguns conhecimentos que tratam do problema de integrar o treinamento de velocidade no microciclo.

Primeiro: No capítulo de treinamento de técnicas (seção 2.6.1, capítulo 2), explicamos e fundamentamos a hipótese – *"Diminuições de desempenho da musculatura regeneram em curto prazo, paralelamente à ressíntese de fosfato de creatina"*. Portanto, o processo de regeneração da musculatura é rápido. Partindo deste fato, no treinamento de velocidade e com os volumes de solicitação aqui praticados, dificilmente haverá fadigas musculares. Isso vale, principalmente, quando os tempos de execução das diversas repetições ficam dentro da área de disponibilização anaeróbio-alática de energia.

Segundo: Na soma de exigências de solicitação, devido à freqüência alta de treinamento, há certa evolução de fadiga. Pelos resultados de nossa pesquisa, durante cinco anos, na área da fadiga de treinamento, pode-se deduzir com grande probabilidade que a *fadiga do treinamento* ocorre em duas fases, na típica *soma de solicitações* no âmbito do microciclo (seções 5.2.4 e 5.4.1, no capítulo 5): na primeira fase, as diminuições de desempenho causadas por solicitações podem ser regeneradas paralelamente ao reabastecimento dos depósitos de energia musculares. Na soma de estímulos de solicitações, entretanto, a partir de certo momento, ocorrem um acúmulo de restos de solicitações e a diminuição de desempenho, que não podem ser eliminados em curto prazo. Esta segunda fase é denominada *fadiga complexa*, que deve ter causas centrais. A capacidade de desempenho coordenativo rápido recuperou-se totalmente até, aproximadamente, o meio da semana, nos períodos disponíveis para a recuperação. Com base nesta constatação, para a estruturação do microciclo, podem ser estabelecidas as seguintes regras: o treinamento de velocidade, a ser realizado sob condições *regenerativas*, deve ser cumprido, portanto, nos três primeiros dias de um microciclo; todavia, o treinamento de resistência do *sprint*, que deve se contrapor a uma fadiga do programa, deveria ocorrer sob condições regeneradas no meio da semana, mas, também, sob condições não totalmente regeneradas, na segunda metade da semana.

Terceiro: Um *treinamento de força máxima* breve, mas intensivo, imediatamente anterior ao treinamento de velocidade, parece ter *conseqüências positivas* sobre a musculatura. Experiências práticas, como de ALLMANN (1985, p. 294), apontam, que, após este treinamento, mostra-se uma disposição maior de desempenho neuromuscular, também sentida subjetivamente pelos treinandos. A conseqüência positiva do treinamento de força sobre o treinamento de velocidade seguinte dura, dependendo da solicitação da força, de cinco a 20 minutos. Por este motivo, deveria, uma a duas vezes no âmbito da primeira metade da semana de um microciclo, preceder ao treinamento de velocidade um bloco de força intensivo.

3.3.6.2 Fundamentos gerais para a estruturação e a condução do treinamento de velocidade

A estruturação e condução do treinamento de velocidade, como nenhum outro treinamento de condicionamento, estão sujeitas a determinadas precondições, que otimizam a eficiência. Denominamos as precondições descritas a seguir como *fundamentos metódicos do treinamento de velocidade*.

- Nos desempenhos de velocidade, a *temperatura do corpo* deve estar consideravelmente acima da temperatura ambiente. Isso porque todos os processo químicos, e com isso os processos metabólicos no organismo e a velocidade de condução dos nervos, são influenciados pela temperatura. A transformação de energia por unidade de tempo aumenta de acordo com a regra de reação velocidade-temperatura, com temperatura crescente. É desejável atingir a temperatura do corpo de 38,5 graus, mas o que supõe um trabalho sistemático de aquecimento de 15 a 30 minutos e a manutenção desta temperatura. Pôde ser constatado que os tempos de *sprint* melhoraram de 2,6 a 6 % pelo aquecimento da temperatura do corpo (Stoboy, 1972, p. 31);

- Para o melhoramento dos desempenhos de velocidade, é importante que as seqüências motoras sejam executadas com grande precisão técnica. Por isso, um movimento (partida ou seqüências motoras cíclicas) deve ser executado rapidamente somente quando a *técnica* correta estiver estabilizada. Esta exigência tem um motivo neurofisiológico. Movimentos rápidos devem ocorrer principalmente em base espinhal, por causa da pressão de tempo (seção 3.3.3.3). O exercício destas seqüências rápidas é ligado à programação, mas, como devem ser armazenados, de preferência, programas "tecnicamente" corretos, a precisão da execução do movimento é uma precondição muito importante para o treinamento de velocidade;
- Antes de todo treinamento de velocidade, a *musculatura* deve se tornar *elástica* para minimizar as resistências internas. Quando um músculo se contrai, o seu antagonista deve estar bem elástico para oferecer à musculatura agonística uma resistência ideal;
- As *condições externas de treinamento* devem ser ideais para a fixação de seqüências motoras rápidas, organizadas e conduzidas, para que o treinamento possa ocorrer sem fatores de perturbação. As condições de treinamento deveriam até ser *padronizadas*, isto é, sempre iguais;
- O treinamento de velocidade deve ser feito sempre sob as condições de *feedback dos resultados* (células fotoelétricas, *sprint* com parceiro, registros de vídeo e outras observações) porque, caso contrário, os resultados do desempenho no treinamento não podem ser avaliados;
- O treinamento de velocidade deve ter *boa motivação* e ser executado com a *vontade* para o desempenho otimizado.

3.4 Resistência aeróbia e treinamento de resistência aeróbia

3.4.1 Resistência - característica e conceito

Em relação a outras áreas parciais da teoria do treinamento para a resistência aeróbia, há um "conhecimento sobre fundamentos", relativamente extenso, graças a pesquisas amplas e fundamentais da medicina do esporte e da bioquímica. Isso faz com que os métodos de treinamento possam ser aplicados de maneira mais dirigida e, com isso, a condução do treinamento de resistência aeróbia seja mais objetiva. Isso não quer dizer que já se saiba tudo sobre desempenhos de resistência. Assim, o *conceito de resistência aeróbia* ainda não encontrou, na teoria do treinamento, uma definição geralmente aceita. Por exemplo, SABINE WEDEKIND (1985, p. 89) encontrou na literatura trinta diferentes definições de resistência. Os elementos de definição ou critérios mais freqüentes para a resistência aeróbia são a resistência da *execução de trabalho de longa duração* e, principalmente, a equiparação da resistência com a *capacidade de resistência à fadiga*. Esta equiparação nós só podemos aceitar com restrições, porque os desempenhos humanos, seja nas áreas de trabalho de precisão, científica ou técnica, necessitam de uma concentração permanente e, com isso, de uma resistência à fadiga, sem que se possa falar de desempenhos de resistência. A resistência à fadiga é exigida na maior parte das áreas da vida, e aquilo que nós chamamos de resistência no esporte, desta maneira, não se pode esclarecer suficientemente. Tudo indica que uma boa capacidade de resistência seja, provavelmente, a precondição para a *resistência à fadiga*, a *capacidade de regeneração* e *de assimilação do treinamento*.

A resistência não existe para ter seu fim em si mesmo. Ela é sempre parte integrante de um objetivo esportivo, isto é, de um determinado desempenho objetivo que também exige certa manifestação da resistência. Os desempenhos de resistências sempre dependem dos seguintes parâmetros de influência: (1) *economia de técnicas*, (2) *metabolismo energético*, (3) *capacidade de absorção de oxigênio*, (4) *massa corporal ótima*, (5) *vontade para a persistência* e (6) *predisposição genética para a capacidade de resistência*.

Desta maneira, uma técnica não otimizada (esqui nórdico, natação, remo etc.) não pode ser compensada por grande capacidade de desempenho metabólico (MADER & HOLLMANN, 1977, p. 1), e uma grande capacidade de absorção de oxigênio ainda não garante desempenhos elevados de resistência.

Desempenhos de resistência exigem o uso simultâneo de diferentes capacidades de condicionamento e mecanismos exigentes de regulação, que podem ser diferenciados em "energéticos" e "processos de condução e regulação central-nervosos". Apesar disso, o que nós entendemos por capacidades de resistência é sustentado, em primeiro lugar, pelos desempenhos do *metabolismo energético* e pela *absorção de oxigênio*. Neumann (1984, p. 174) constata que os programas motores, em todos os desempenhos de resistência esportiva, devem causar conduções neurais diferenciadas das fibras musculares de contrações rápida e lenta. A manutenção do desempenho de resistência só é possível quando a musculatura pode reagir *energeticamente* a estes sinais central-nervosos. Com isso, a resistência deve ser entendida, no seu caráter, de acordo com esta ação conjunta complexa. Todavia, a prática do *treinamento da resistência* é dirigida, principalmente, para o desenvolvimento de *precondições energético-musculares de desempenho* de solicitações permanentes. Por isso, definimos o conceito de resistência da seguinte maneira:

> Definição:
> *Resistência* é a capacidade de poder manter determinado desempenho por um período máximo possível.

Por muito tempo, manteve-se a idéia de que a resistência seja amplamente treinável, e não se supunha a necessidade de predisposições genéticas específicas, como, por exemplo, na velocidade de *sprint*. Falava-se que os velocistas são natos e que a resistência pode ser treinada. Mas, hoje, cada vez mais, reconhece-se que o *fator genético*, interpretável como *talento para as modalidades esportivas de resistência* ou a reserva de adaptação (seção 3.1.5.2), tem importância maior para a treinabilidade da resistência que a admitida há alguns anos. Principalmente a capacidade de absorção de oxigênio máxima atingível é determinada por predisposição genética, em especial, do tipo de fibra muscular congênita. Um atleta que quer chegar, em uma modalidade esportiva de resistência, aos melhores do mundo, deve apresentar disposição genética para elevada absorção de oxigênio, porque ela pode ser aumentada, por meio do treinamento, somente pela metade de seu valor original. Quando a absorção de oxigênio de um não-treinado atinge cerca de 40 ml por kg de massa corporal, mediante de treinamento, pode ser aumentado para cerca de 60 ml, no máximo. Todavia, se a absorção de oxigênio já estiver em 50 a 55 ml/kg da massa corporal, devido à predisposição genética, a capacidade funcional máxima é de, aproximadamente, 75 a 80 ml/kg. Como os melhores do mundo das modalidades esportivas de resistência de longa duração precisam alcançar 80 ml por kg de massa corporal, este volume é atingível somente devido à predisposição genética para a absorção elevada de oxigênio e por meio de treinamento (Liesen et al., 1977, p. 66; Keul et al., 1985, p. 3).

Com relação ao caráter e ao conceito da resistência aeróbia, pode-se dizer o seguinte, resumidamente: a resistência é uma capacidade de condicionamento cujo nível atingível depende da predisposição genética e do treinamento. Ela é uma capacidade complexa, na qual atuam conjuntamente a economia motora, as capacidades de força e de velocidade, bem como a capacidade de persistência da vontade. Por meio delas, são geradas as precondições energético-musculares para desempenhos de resistência aeróbia, capacidade elevada de assimilação, capacidades de resistência à fadiga e de regeneração, garantindo, assim, o adiamento de perdas de desempenho, devido à fadiga nos desempenhos de resistência, força e velocidade, assegurando a manutenção do nível técnico por determinado período. Devido ao efeito positivo sobre o sistema cardiovascular e o metabolismo, o treinamento de resistência aeróbia tornou-se o *treinamento usado principalmente* por motivos de saúde, prevenção e regeneração, e serve a muitas pessoas na área do esporte de massa como compensação do estresse profissional e ambiental, e de suas cargas psíquico-mentais (seção 7.2, capítulo 7).

3.4.2 Estruturação e formas de manifestação da resistência aeróbia

Diversos motivos estão a favor da estruturação dos diversos desempenhos de resistência aeróbia, mediante um princípio teórico adequado. Na teoria do treinamento e na medicina do esporte, impuseram-se respectivos modelos de estruturação que classificam o complexo da resistência sob pontos de vista diferentes. Parece importante apresentar os modelos relevantes para o treinamento e associá-los.

3.4.2.1 Resistência em curto, médio e longo prazo

Um modelo de classificação da teoria do treinamento da Alemanha (Harre, 1979, p. 156; Neumann, 1984, p. 174) agora é geralmente aceito.

Ele divide a resistência pelo critério da *duração da competição* da seguinte maneira:

1. *Resistência de curta duração* (RCD; duração da competição = 35 segundos - 2 minutos);
2. *Resistência de média duração* (RMD; duração da competição > 2 minutos - 10 minutos);
3. *Resistência de longa duração* (RLD; duração da competição > 10 minutos).

Neste caso, as resistências de curta e média duração atuam, de maneira complexa, junto com as capacidades necessárias de velocidade e força. A diferente duração de competições de longa duração faz necessária uma observação mais diferenciada. Isso leva em conta a seguinte subdivisão:

- Resistência de longa duração I (RLD I; duração da competição > 10 min a 35 min);
- Resistência de longa duração II (RLD II; duração da competição > 35 min a 90 min);
- Resistência de longa duração III (RLD III; duração da competição > 90 min a 360 min);
- Resistência de longa duração IV (RLD IV; duração da competição > 360 min).

A Tabela 3.13 reflete o *caráter* dos diferentes desempenhos de resistência. Estes parâmetros mostram, por exemplo, que na resistência de curta e média duração, a *admissão máxima de oxigênio* deve alcançar valores máximos, embora a *disponibilização aeróbia de energia* na RCD participe somente com 20%, e na RMD a *disponibilização anaeróbia de energia* ainda participe com 40%.

Os dois sistemas funcionais da disponibilização de energia referem-se a mais dois esquemas de divisão do complexo de resistência. Geralmente, os desempenhos de resistência também são diferenciados em *resistência aeróbia* e *resistência anaeróbia*. Entretanto, tendo em vista os processos complexos na disponibilização de energia, é pouco conveniente, e mesmo inadmissível, fazer tais subdivisões (Tabela 3.13). Isso não quer dizer que tanto a capacidade aeróbia como a anaeróbia não possam ser treinadas objetivamente.

Tabela 3.13 Os parâmetros na carga de sistemas funcionais, com diversas formas de resistência (Neumann, 1984, p. 175)

Sistema funcional	Parâmetro	RCD 35 s a 2 min	RMD > 2 a 10 min	RLD I > 10 a 35 min	RLD II > 35 a 90 min	RLD III > 90 a 360 min	RLD IV > 360 min
Cardiovascular	FC (bat/min)	185 a 200	190 a 210	180 a 190	175 a 190	150 a 180	120 a 170
Absorção de O_2	% VO_2 máx.	100	95 a 100	90 a 95	80 a 95	60 a 90	50 a 60
Transformação de energia	% parcela aeróbia anaeróbia	20 80	60 40	70 30	80 20	95 5	99 (1)
Consumo de energia (1kcal = 4,19 kJ)	kJ/min KJ total	250 380	190 545	120 1680	105 3150	80 9660	75 >27 000
Degradação de glicogênio	% glicogênio muscular	10	30	40	60	80	95
Lipólise	ácidos graxos (mmol/l)	0,50	0,50	0,80	1,0	2,0	2,5
Glicólise	lactato (mmol/l)	18	20	14	8	4	2

3.4.2.2 Resistência geral (resistência fundamental) – resistência específica

Por motivos de condução do treinamento, deve-se diferenciar entre resistência geral e específica. Este modelo remonta a trabalhos de Nabatnikowa (1974), que não se contradiz com o modelo descrito acima, mas deve ser entendido como uma ampliação que Harre (1979, p. 157) relacionou com a divisão RCD - RMD - RLD da seguinte maneira: as parcelas de resistência geral e específica são de 50% cada uma na RCD; na RMD, a relação de resistência geral e específica é cerca de 75% para 25% e na RLD, cerca de 90% para 10%.

O treinamento da *resistência geral* persegue o objetivo de melhorar sistematicamente a capacidade aeróbia de desempenho, isto é, os desempenhos do sistema cardiopulmonar e do metabolismo de energia para fortalecer as bases aeróbias gerais para a resistência específica. A resistência geral é treinada, por um lado, relativamente não específica e em função de uma técnica e modalidade esportiva e, por outro, específica de modalidade esportiva. Devido a este objetivo superior, o treinamento deve preencher as seguintes tarefas:

- Melhoramento das precondições para a capacidade aeróbia de desempenho abaixo do limiar aeróbio-anaeróbio;
- Economia das técnicas específicas de modalidade esportiva nas áreas inferiores de intensidade.

A *resistência específica* é, em contrapartida, a capacidade complexa para mobilizar desempenhos ótimos de resistência, *específicos de modalidade esportiva* e *competição*. O *treinamento* da resistência específica serve, portanto, diretamente ao desenvolvimento de desempenhos de competição, específicos de modalidade esportiva. Ele deve preencher as seguintes tarefas:

- O desenvolvimento da *velocidade de corrida* e da *freqüência motora* adequada, junto com a *economia da técnica*, em função desta velocidade;
- O aprendizado de suportar a *duração da competição* com velocidade elevada;
- Aprender a variar a *velocidade* na competição, de acordo com a tática de corrida, e adquirir a capacidade de poder suportar, na fase final, solicitações elevadas;
- Aprender a adaptar os desempenhos às *condições externas da competição* (perfis de distância etc);
- Adquirir as *características de vontade* para a dureza e a *capacidade de persistência* com elevadas cargas.

3.4.3 Modelos científicos de explicação com relação à resistência

Os modelos científicos de explicação com relação à resistência são baseados, na maioria, em fundamentos biológicos. Deste ponto de vista, os desempenhos de resistência, como todo outro desempenho corporal, são primeiramente o resultado da ação coordenativa da força muscular. Todavia, a musculatura esquelética, sem o suprimento suficiente com moléculas aproveitáveis energeticamente, tem condições para formar força e realizar trabalho somente por um curto espaço de tempo. O trabalho muscular contínuo só é possível com base em constante suprimento (por exemplo, com oxigênio) e eliminação (por exemplo, de dióxido de carbono), através da corrente sangüínea. Desta maneira, a resistência é baseada, do ponto de vista biológico, na *capacidade metabólica da musculatura de trabalho* (aspecto muscular) e na *capacidade de transporte do sistema de circulação sangüínea*, tendo a capacidade de desempenho do coração (aspecto cardíaco) a maior importância.

Para a capacidade da circulação, além de um sistema vascular com bom funcionamento, em primeiro lugar, o parâmetro determinante é o desempenho do coração. Do ponto de vista cronológico de treinamento, uma adaptação orgânica ocorre primeiro na periferia do *sistema de resistência*, isto é, na *musculatura de trabalho*, e, somente num segundo passo, o treinamento de resistência atua, também, no sistema cardiovascular.

3.4.3.1 Aspectos musculares da resistência

Quando tratamos dos fundamentos biológicos da resistência com relação ao trabalho muscular, falamos, em primeiro lugar, da *transformação de energia muscular*. Na musculatura, ocorrem, principalmente, os processos que decidem sobre a eficiência da transformação do potencial de energia existente em desempenho motor. Embora os desempenhos esportivos de resistência exijam, também, atividades intensivas do sistema nervoso central, do ponto de vista energético, domina o trabalho da musculatura do aparelho motor e o do sistema cardiopulmonar. Em modalidades esportivas com duração maior que alguns minutos, a disponibilização de energia sob transformação de oxigênio tem um papel importante. Com trabalho corporal intenso, o consumo de oxigênio na musculatura esquelética pode aumentar, em relação aos valores em fases de descanso corporal, de 20 a 50 vezes, e no músculo cardíaco, até quatro vezes.

Na seção 3.2.3.2, foi apresentada detalhadamente a formação de força no músculo esquelético e descrito como devido aos fatores estruturais no músculo, com auxílio da *"molécula de força" ATP* (adenosina trifosfato), e, sob a ação de *cálcio*, a *energia química* é transformada em *energia mecânica*. Este processo também pode ficar ativo por meio de suficiente formação nova (ressíntese) do ATP consumido.

Com suficiente alimentação, isto é, adaptada a respectiva solicitação de trabalho, para a disponibilização de ATP, são metabolizados, em primeiro lugar, *carboidratos* e *ácidos graxos*. Isso ocorre, em pausas de descanso e com trabalho leve, quase exclusivamente de maneira aeróbia.

Metabolismo aeróbio significa que as moléculas a serem aproveitadas são separadas completamente, por meio de *oxigênio* (O_2), *em água* (H_2O) e *dióxido de carbono* (CO_2), isto é, elas são "queimadas". Essa é a maneira mais "econômica" da transformação de energia, porque é gerada a *maior quantidade possível de ATP* por meio de energia liberada na reabsorção de moléculas de glicose e ácidos graxos. Além do metabolismo aeróbio, pode ser formado ATP dentro de determinados limites, por *processos anaeróbios*, sem oxigênio. Esses atuam principalmente no *início do trabalho*, quando a musculatura trabalha com intensidade elevada. Em caso de solicitação muito intensiva e de curta duração, imediatamente após a transformação de ATP em ADP (difosfato de adenosina) + P (fósforo anorgânico) + H^+ (hidrogênio ionizado, isto é, o átomo de hidrogênio não tem elétron, tem portanto uma carga positiva e, por isso, é muito ativo quimicamente), ocorre uma ressíntese de ATP à custa de *fosfato de creatina* na reação:

Fosfato de creatina + ADP + H^+ — creatina + ATP

Ao se usar o *fosfato de creatina*, ocorre uma das duas possibilidades a seguir: forma-se novamente ATP por meios anaeróbios ou dissocia-se a *glicose* em *lactato*. Na síntese anaeróbia de ATP, a chamada *glicólise* (anaeróbia), originam-se de uma molécula de glicose, além do ATP utilizável, primeiramente, duas moléculas de piruvato, e depois forma-se acetil-CoA (ácido acético ativo), por meio de separação de CO (o qual, em seguida é metabolizado de maneira aeróbia), ou o piruvato é transformado em lactato.

No músculo em trabalho com o *piruvato* é formado principalmente acetil-CoA ou lactato, que depende, em primeiro lugar, do valor do pH da célula muscular. O *valor do pH* é a característica para a concentração de hidrogênio ionizado (= prótons). Com um valor do pH abaixo de 7,0 (meio ácido), as enzimas formadoras de lactato são mais ativas que com valores do pH acima.

Os dois tipos descritos da ressíntese anaeróbia de ATP ocorrem diretamente nas "câmaras de força" da musculatura, nos chamados *sarcômeros* (seção 3.2.3.2). Portanto, todos os processos aeróbios ocorrem em estruturas especializadas, denominadas *mitocôndrias*. Isso vale tanto para o metabolismo aeróbio de piruvato como para o de ácidos graxos.

O ATP funciona não somente como fornecedor imediato de energia, na formação de força no músculo, mas também é necessário no "trabalho miúdo" de glicose e gordura. Assim como a glicose, antes de sua entrada real no metabolismo, deve ser "ativada" por meio de consumo de ATP, a ativação dos ácidos graxos, quimica e relativamente lentos, necessita de uma reação que depende de ATP. Entraremos mais detalhadamente na ativação de ácidos graxos, porque, a partir dela, é formado amoníaco, e análises de amoníaco têm, recentemente, um papel importante da condução do treinamento de resistência.

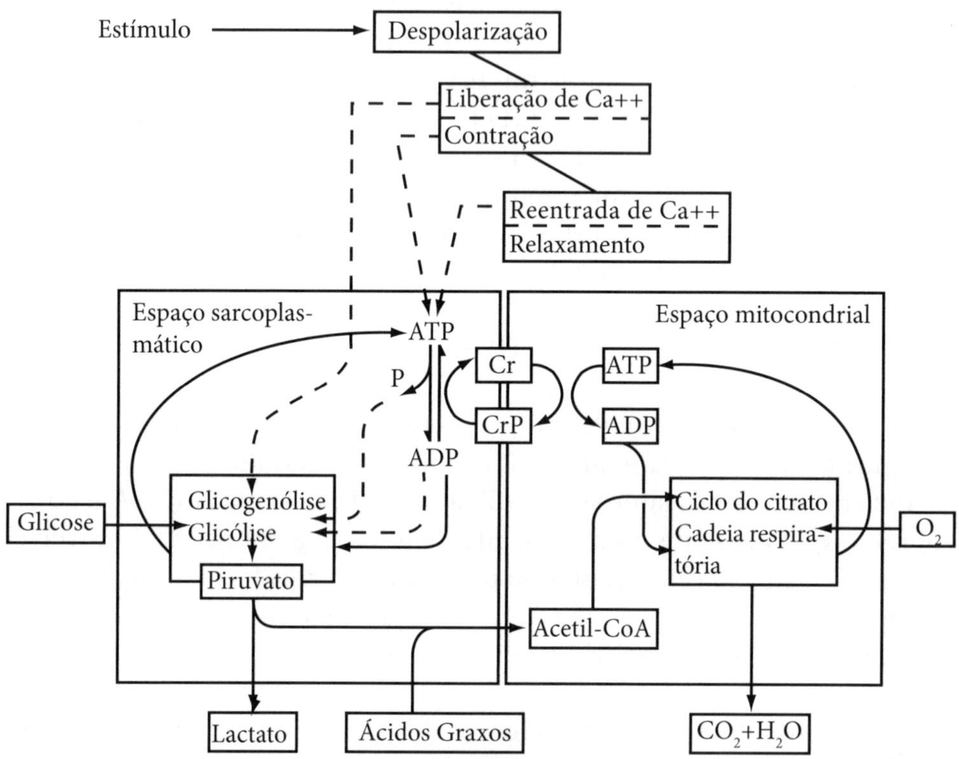

Figura 3.53 Esquema do processo descrito da ressíntese de ATP extra e intramitocondrial e a ressíntese adicional de fosfato de creatina (CrP), (segundo Gerlach, em Hollmann & Hettinger, 1979, p. 61).

No final dos processos, de várias etapas, da ativação de ácidos graxos, originam-se, como produtos de reação, entre outros, o já mencionado acetil-CoA, "produto inicial" para a *formação aeróbia do ATP*, e AMP (adenosina monofosfato). O AMP é muito ligado à formação de *amoníaco*. No chamado ciclo do nucleotídeo de purina (PNC), o AMP é metabolizado para IMP (inosina monofosfato) e amoníaco. Mesmo que o nucleotídeo de purina não seja a única "fonte" de amoníaco, no trabalho muscular parece ser o principal produtor do amoníaco (NH_3) e da amônia (NH_4^+), a ser identificado no sangue.

Como mencionado, o metabolismo aeróbio dos "combustíveis", necessários para o trabalho muscular, a *oxidação biológica*, ocorre nas mitocôndrias. Pelos sistemas de membranas das mitocôndrias, ocorre um transporte de *piruvato* e *ácidos graxos* no espaço da matriz das mitocôndrias. Lá, eles são transformados em acetil-CoA e, em seguida, introduzidos no chamado *ciclo de citrato*. No ciclo de citrato, o acetil-CoA sofre um processo de transformação em outras moléculas, que finalmente são aproveitadAs na *cadeia respiratória* (Figura 3.53). A energia liberada durante o transporte de hidrogênio e elétrons na cadeia respiratória é usada parcialmente pela síntese de ATP. Somente para os processos mencionados por fim, é necessário o oxigênio molecular O_2.

Esta breve visão geral esquematizou, de maneira muito simplificada, os aspectos mais importantes do metabolismo da energia muscular. Restringimo-nos à degradação de carboidratos (glicogênio e glicose) e à ativação de ácidos graxos, e excluímos a transformação dos aminoácidos. A utilização de aminoácidos como combustível para o trabalho muscular ganha importância quantitativa, digna de menção, quando as reservas de carboidrato e gordura estiverem bem degradadas. Isso ocorre em caso de alimentação inadequada (jejum e dieta de proteína) e durante solicitações de resistência extremamente longas.

3.4.3.2 Transformação de energia na atividade motora

A mudança do metabolismo do músculo, do repouso para o trabalho, é de natureza pouco qualitativa e mais quantitativa. Em caso de solicitação, a musculatura esquelética transforma, além do glicogênio armazenado (endógeno), mais glicose do sangue e ácidos graxos. Entretanto, o músculo cardíaco aumenta, principalmente, a utilização de lactato. A extensão das mudanças depende do valor e da duração da solicitação e do tipo das fibras musculares em trabalho. A relação da cobertura de energia dos músculos por *carboidratos* (glicogênio endógeno e glicose do sangue) e por *gordura* (ácidos graxos do sangue) é cerca de 20: 80% *em repouso*, 40: 60% *com trabalho leve* e 70: 30% *com trabalho pesado* (Jungermann & Möhler, 1984, p. 248).

Estes valores aproximados referem-se à transformação média de energia, calculada sobre o tempo total de trabalho. Mas também há diferenças consideráveis entre as taxas de transformação no início de um trabalho, na seqüência seguinte e, em especial, no final. Assim, com *trabalho leve*, inicialmente é degradado, de maneira anaeróbia, principalmente, *glicogênio* ao *lactato*, até que, após o aumento do fluxo sangüíneo, domina a disponibilização aeróbia de energia. Depois, são oxidados, de forma crescente, os ácidos graxos; sua parcela percentual aumenta com a duração do trabalho. Em caso de *trabalho intenso de longa duração*, por exemplo, desempenho esportivo de uma a duas horas até a exaustão, o *glicogênio muscular* contribui com 50%, a *glicose do sangue* com 20% e os *ácidos graxos* com 30%, no suprimento de energia da musculatura em trabalho. Durante o trabalho pesadíssimo de curta duração, por exemplo, no *sprint* até dois minutos de duração, durante os primeiros segundos é disponibilizada energia pelo *fosfato de creatina* (ver acima), depois mais pela *glicólise anaeróbia* de *glicogênio muscular* e *glicose do sangue* e, finalmente, de maneira crescente, pela *oxidação de glicogênio, glicose do sangue* e *ácidos graxos*. A Figura 3.54 mostra, em um esquema, qual mecanismo da disponibilização de energia domina em função da duração da solicitação.

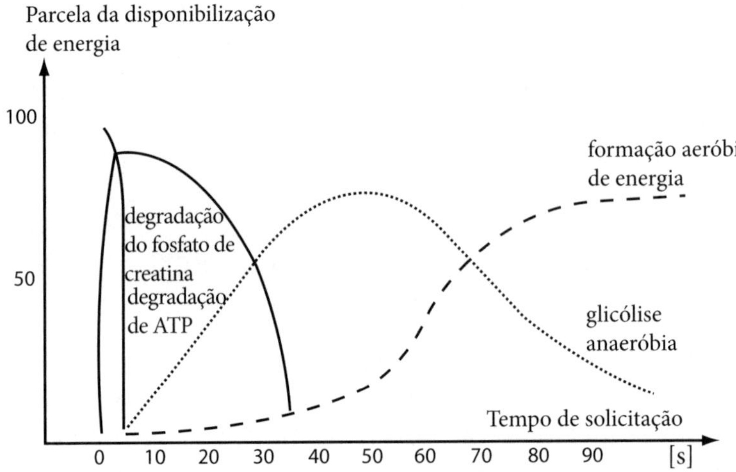

Figura 3.54 Representação esquemática da parcela de diferentes substratos e processos de fornecimento de energia, na disponibilização de energia (em Keul & Haralambie, 1972, p. 99).

A problemática da transformação de energia na atividade motora é aprofundada em um exemplo de um trabalho de Mader & Hollmann (1977, p. 8). A competição simulada de remo é dividida em fases de partida, de raia e no *sprint* final. Como mostra a Figura 3.55, em todas as três fases, há condições diferentes de disponibilização anaeróbia e aeróbia de energia.

Minutos	1	2	3	4	5	6	7	Valores após 7 minutos
Desempenho (mkgf/min)	4.300	3.200	2.700	2.600	2.600	2.700	3.000	21.100 mkgf = 100%
VO_2 (ml/min)	4.500	5.300	5.500	5.700	5.750	5.800	6.000	38.000 ml
% VO_2 max	77,6	91,4	95,7	98,3	99,1	100		
aeróbio (mkgf/min)	2.000	2.350	2.500	2.550	2.580	2.650	2.700	17.300 mkgf = 82,1%
anaeróbio (mkgf/min)	2.300							3.570 mkgf = 16,9%
alático (mkgf/min)	1.100			50				1.100 mkgf = 5,9%
lático (mkgf/min)	1.200	850	200		20	50	300	2.470 mkgf = 11,7%
formação de lactato (mmol/l/min)	8,4	5,9	1,4	0,4		0,4	2,1	
lactato total (mmol/l)	8,4	14,3	15,7	16,1	16,1	16,5	18,6	
% lactato total	45,2	77,0	84,5	86,6	86,6	88,5	100	

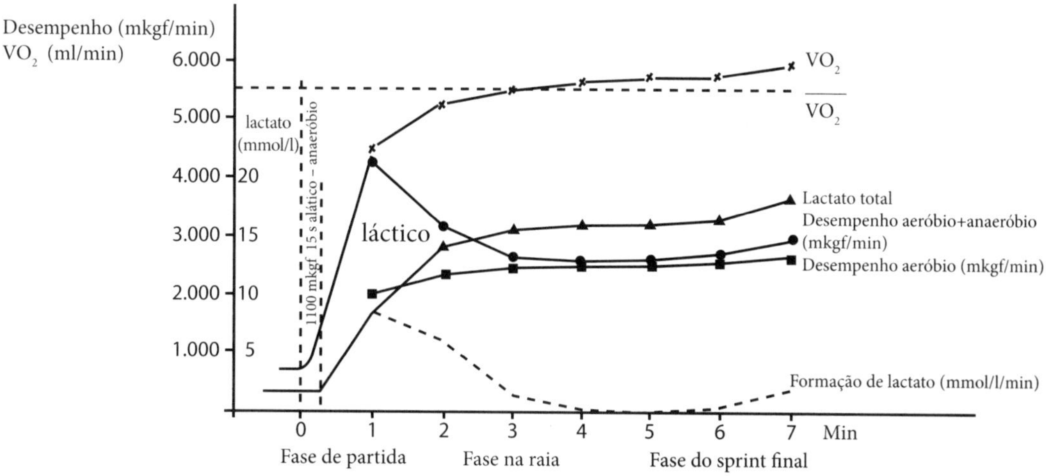

Figura 3.55 O uso das diversas reações do metabolismo, em função do tempo, para o fornecimento de energia, durante a competição de remo no tanque de simulação durante sete minutos, de um remador de elite (Mader & Hollmann, 1977, p. 20).

Na *fase de partida*, (= 0 – 500 m/1: 35 – 1: 40 min), o barco é acelerado com elevada freqüência de remadas até a velocidade de corrida. Nos primeiros oito a 12 segundos após a partida, a parcela utilizável de fosfato de creatina (= 70 – 80% da parcela em repouso) transformou 800 a 1.200 mkgf/min em desempenho. Durante o primeiro minuto, a absorção de oxigênio (VO_2) aumenta para ~ 4.500 ml/min (isso corresponde a ~ 75% de VO_2 máx.). Desta maneira, já na fase de partida, são cobertos ~ 47% da necessidade de energia por meio de admissão de O_2. O restante do *déficit* de energia deve ser coberto de maneira anaeróbio-láctica, formando-se já, no mínimo, 8,5 mmol/l de lactato.

Na *fase de raia*, (= 500 – 1.500 m), do segundo ao quinto minuto, diminui a formação de lactato, porque o remador reduz seu desempenho para a velocidade de raia, subjetivamente tolerável, o que é determinado pela sua *capacidade aeróbia de desempenho*. A admissão de O_2 atinge de 83 a 84% do VO_2 máx. (= 5.800 – 6.000 ml/min).

Na *fase do sprint final*, é importante esgotar a capacidade restante do metabolismo anaeróbio-láctico até a acidose máxima possível. Assim, são alcançados 18 a 24 mmol/l de lactato. Paralelamente a isso, o VO_2 também mostra valores máximos.

Esta análise da competição (Figura 3.55) mostra o seguinte:

- A *parcela anaeróbia* do metabolismo de energia, na solicitação de remo durante sete minutos, é de apenas 17% do consumo total de energia, usando 60 a 80% desta parcela já na fase de partida;
- A parcela decisiva da competição, com relação à disponibilização de energia, é o *valor de admissão de oxigênio em ml/min*;
- Um melhoramento do desempenho de competição é possível, em primeiro lugar, pelo aumento da *capacidade aeróbia de desempenho* (Mader & Hollmann, 1977, p. 22).

3.4.3.3 A importância da capacidade máxima de absorção de oxigênio (VO_2máx.)

Com o aumento da duração da competição, a *capacidade de desempenho aeróbio* torna-se um fator decisivo de desempenho, principalmente nas modalidades esportivas de resistência de longa duração. Mesmo na competição de remo de sete minutos, já descrita, classificada como de resistência de média duração, a *admissão de oxigênio* atinge, já a partir do segundo minuto, mais que 90%, e, a partir do quarto minuto, 98% de VO_2 máx. (Figura 3.55). A importância extraordinária da elevada capacidade de admissão de oxigênio para desempenhos de resistência também é apoiada por estudos de Forsberg (1985, p. 4), que estudou os esquiadores do esqui nórdico (Figura 3.56).

Com base nestes estudos, Forsberg chega à conclusão de que ganhadores de medalhas nos Jogos Olímpicos e nos Campeonatos Mundiais precisam apresentar uma admissão de oxigênio de, aproximadamente, 6 litros/min ou de 80 a 85 ml/kg/min. Esta tendência também mostra um estudo em longo prazo, entre 1978 e 1985 (figura 3.57), de participantes suecos nos campeonatos mundiais de juniores. De 1979 a 1982, quando os valores medidos de VO_2máx. eram altos para os juniores, a equipe era muito bem sucedida. Depois, os valores da admissão de oxigênio da equipe diminuíram, assim como os desempenhos. Todavia, nos juniores do sexo feminino, pôde ser diagnosticado, entre 1982 e 1985, um aumento de admissão máxima de oxigênio, que também se refletiu nos resultados.

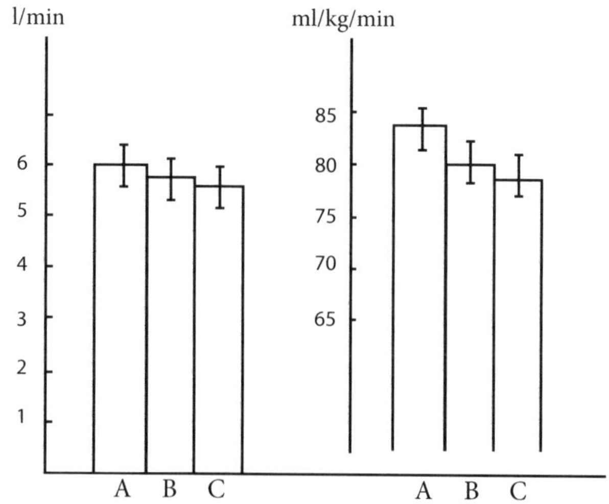

Figura 3.56 A capacidade máxima de admissão de oxigênio de corredores suecos de elite do esqui nórdico, durante os anos de 1970 a 1980. O grupo A mostra os valores dos corredores, que ganharam medalhas individuais nos Jogos Olímpicos e/ou nos Campeonatos Mundiais. O grupo B mostra os valores dos corredores que se qualificaram para os Jogos Olímpicos ou o Campeonato Mundial, e o grupo C mostra os valores dos participantes da equipe nacional, que não conseguiram se qualificar.

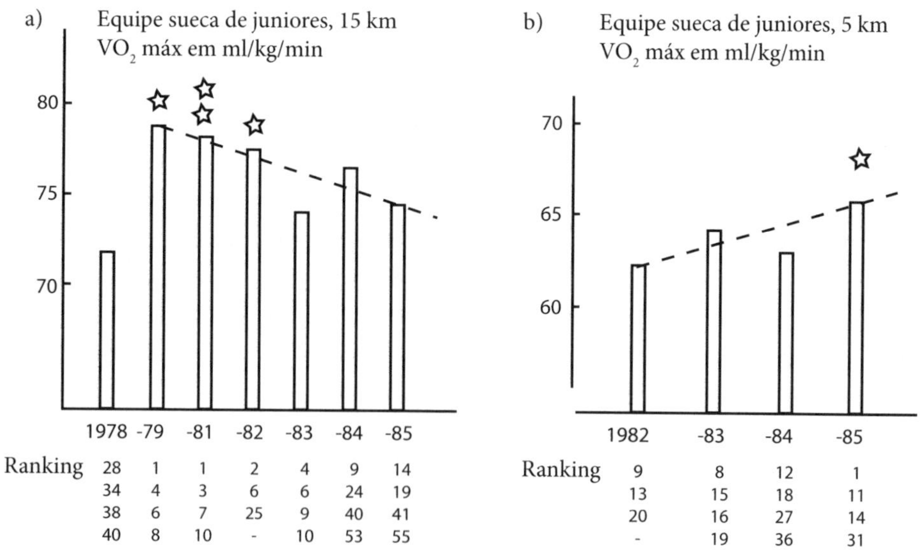

Figura 3.57 a) VO_2máx ml/kg/min dos participantes do sexo masculino nos Campeonatos Mundiais de Juniores de 1978 a 1985; b) das participantes do sexo feminino de 1982 a 1983. As estrelas em cima das colunas mostram as medalhas ganhas (Forsberg, 1985, p. 5).

Embora a *admissão máxima de oxigênio* seja o critério mais usado para a avaliação da *capacidade de desempenho aeróbio*, ela pode avaliá-la insuficientemente, porque o sistema cardiopulmonar, o metabolismo no músculo esquelético e as mudanças da característica contrátil do músculo determinam a capacidade aeróbia de desempenho (Kindermann, 1984, p. 70; Neumann, 1985, p. 5).

É certo que desempenhos de alto nível pressupõem valores de VO_2máx de 80 a 85 ml/kg/min em modalidades esportivas de resistência de longa duração de homens. Mas estes valores foram comprovados há 20 anos em atletas de alto nível destas modalidades, e não mudaram significativamente, apesar do aumento considerável das solicitações de treinamento e dos melhoramentos dos resultados de desempenhos nas modalidades de resistência. Desta maneira, o valor da capacidade de admissão de oxigênio pode ser usado para uma avaliação básica de desempenho, mas somente de maneira limitada para o *diagnóstico atual do desempenho*.

A admissão máxima de oxigênio é atingida quando, pelo menos, 1/7 até 1/6 de todas a musculatura do corpo trabalha dinamicamente, no máximo da capacidade, por, pelo menos, seis minutos. Ela é influenciada principalmente por dois fatores: (1) pela capacidade de desempenho do coração, o *débito cardíaco por minuto*, e (2) pelo *aproveitamento periférico do oxigênio* que se reflete na diferença arteriovenosa de oxigênio.

Um coração sadio é capaz de mudar, em amplos limites, sua capacidade de fluxo. O *débito cardíaco por minuto*, ou seja, o volume de sangue que o coração ejeta em um minuto pode crescer até quatro a cinco vezes do valor em repouso, e, em treinados, até oito vezes (Rost, 1984, p. 11). A adaptação da capacidade de bombeamento do coração a solicitações variadas ocorre por meio de mudança de *volume por batimento* (isto é, o volume de sangue que o coração ejeta por batimento) e *freqüência cardíaca*. Destes dois componentes, a freqüência cardíaca é o parâmetro decisivo na adaptação do desempenho, porque os ventrículos têm possibilidades bem limitadas para o aumento do volume por batimento, tendo em vista os fatores anatômicos.

Um aumento do volume por batimento, como reação de adaptação ao trabalho corporal, ocorre principalmente no início de uma solicitação, ficando praticamente constante com o aumento maior da intensidade de trabalho. O aumento do volume por batimento é causado, com o mesmo volume diastólico ventricular, por uma ejeção sistólica aumentada. Todavia, os maiores volumes por batimento não são alcançados durante uma solicitação, mas pouco depois. A causa é uma queda rápida da freqüência cardíaca, imediatamente após uma solicitação intensiva, enquanto o retorno venoso ainda é muito grande. O aumento do volume por batimento, acima de um valor máximo de solicitação, pode durar até três minutos, dependendo da intensidade de solicitação (Rost, 1984, p. 15).

Ao contrário do volume por batimento, a freqüência cardíaca aumenta, em ampla área, de maneira linear com a intensidade de solicitação. Desta maneira, a *freqüência cardíaca* tem uma importância decisiva na adaptação do desempenho cardíaco às condições de solicitação. Enquanto o volume por batimento do não-treinado, em função da posição corporal, é cerca de apenas 80 ml na posição deitada, em pé pode aumentar de 60 ml para 100 a 120 ml, e o coração pode triplicar sua freqüência de 70/min e menos (40/min) em repouso até 200/min sob máxima solicitação. A freqüência máxima é um parâmetro individual, que depende principalmente da idade e do treinamento.

Com trabalho corporal e solicitação dinâmica, o aumento do débito cardíaco por minuto depende principalmente da intensidade do trabalho e, portanto, do valor do desempenho. Em geral, pode-se supor que o mesmo desempenho exige, também, o mesmo consumo de energia e, por isso, sob condições aeróbias, para o mesmo desempenho, há a mesma necessidade de oxigênio. Desta maneira, todo aumento de desempenho de um Watt exige do metabolismo um aumento de fluxo de oxigênio de 12 ml/min. Assim, é exigido do coração um desempenho de bombeamento (= débito cardíaco por minuto) correspondente maior.

Há diversas opiniões sobre os mecanismos fundamentais da adaptação do débito cardíaco por minuto à necessidade correspondente, em caso de solicitação variada. Há ampla concordância de que o *sistema de comando da circulação* é um equilíbrio complexo, no qual entram as necessidades metabólicas de todos os órgãos e interferem muitos mecanismos de comando humorais, neurais e mecânicos. Além da auto-regulação do coração, devido, principalmente, à mecânica muscular, são vistas possíveis conduções com base em reflexos corticais, impulso humorais e em receptores químicos e de pressão.

3.4.3.4 Causas da fadiga muscular

O estado de diminuição de desempenho como conseqüência de solicitações psicofísicas, em geral, é chamado conceitualmente de *fadiga*. Geralmente, associa-se a esta palavra uma capacidade reduzida de desempenho e uma falta de vontade com relação a qualquer atividade. É conveniente a separação, muitas vezes feita, entre a *fadiga muscular* (fadiga local ou também fadiga periférica) e a *fadiga geral e complexa* (fadiga central). Quando tentamos designar causas metabólicas para a fadiga, como conseqüência de trabalho muscular intensivo e amplo, estamos ainda na área de modelos especulativos, apesar dos conhecimentos existentes. Sob esta condição, pode-se supor como causa para a *fadiga muscular*, como ocorre com trabalho muscular muito intensivo, um *acúmulo de íons de hidrogênio* (prótons) na musculatura participante. Em contrapartida, a fadiga central parece estar relacionada estreitamente com uma *diminuição de transmissores estimuladores* (glutamato) e *inibidores* (GABA) (LEHNERTZ, 1986, p. 8).

Em geral, no uso cotidiano, é corrente falar em acidez muscular quando, em atividade corporal de muita intensidade, as "forças" cedem e o trabalho precisa ser interrompido. Como explicação para isso, até agora se supôs que, em caso de trabalho muscular intensivo, a causa da *acidez muscular* seria a formação de *lactato*. Desta maneira, pela dissociação do próton (H^+) do produto final da glicólise anaeróbia, o *ácido láctico* (lactato = ácido láctico menos H^+), ocorre um aumento de concentração de prótons (diminuição do valor de pH = "acidez") no plasma celular. A esta avaliação errada, agora, também, se faz referência na literatura especializada da medicina do esporte (WALSH & BANISTER, 1988). A glicólise anaeróbia transcorre de maneira "neutra de prótons" até, inclusive, a formação de lactato. A formação de lactato pode ser vista, de certa maneira, como mecanismo que contribui para a eliminação parcial de prótons. Quando é originado lactato a partir de piruvato, por meio da enzima lactato desidrogenase, é incorporado ainda um H^+ do "meio", além do NADH (dinucleotídeo adenina nicotinamida). Isso significa que a formação de lactato não tem efeito ácido, mas o contrário: *é um mecanismo com o qual as células musculares, trabalhando muito intensivamente, podem proteger-se, dentro de limites, de acidez excessiva.*

A maior fonte de prótons, na transformação de ATP, é a dissociação do próprio ATP. Para a transformação de um ATP em ADP e Pi (fosfato inorgânico), é necessária uma molécula de água (H_2O). Por isso, a dissociação do ATP também é chamada de *hidrólise de ATP*. Desta maneira, na dissociação hidrolítica de uma molécula de ATP, também se origina um próton (H^+). Felizmente, a natureza "inventou" vários mecanismos para lidar com a grande quantidade de prótons, em caso de condições intensivas de trabalho. Assim ocorre, em caso de trabalho muito intensivo com curta duração, por exemplo, com saltos ou *sprints* curtos, uma absorção quase completa dos prótons gerados na hidrólise do ATP, pela ressíntese, muito rápida, de ATP (como mencionado acima), por meio de fosfato de creatina (CrP).

Quando um trabalho intensivo é realizado em mais que poucos segundos, ganha importância a formação de *lactato*, a partir de *piruvato*, não somente como processo adicional de formação de ATP (veja acima), mas também, cada vez mais, como depósito de prótons (acidez). A regulação é feita pela respectiva concentração de prótons (o valor do pH) na célula muscular, dentro do seguinte padrão: quanto menor o depósito de fosfato de creatina, maior a concentração de prótons (= valor decrescente do pH) e a formação de lactato.

A precondição para que o depósito de lactato funcione, em caso de *transformação elevada de ATP* e *exaustão de fosfato de creatina*, é uma oferta suficiente de piruvato. Para isso, é necessário que a glicólise seja "estimulada" e que haja uma oferta suficiente de glicogênio e glicose (oferta de substrato). O estímulo da glicólise ocorre na sua enzima chave, a *fosfofrutoquinase* que é inibida pelo ATP e citrato, um produto do metabolismo aeróbio, e ativado, entre outros, por AMP (adenosina monofosfato) e *amônia* (NH_4^+).

É evidente que o processo da formação glicolítica de piruvato e lactato, como o depósito de fosfato de creatina, tenha uma capacidade limitada. Disso surge a dúvida: como a célula se protege quando a *eliminação* de prótons, pela formação de lactato (ou outros depósitos), é muito superada pela *formação* de prótons? Para isso, há um mecanismo que, além de ser freqüente na área biológica, é extremamente simples: os *prótons bloqueiam os locais de ação do cálcio* (Lehnertz, 1985a, p. 32), que é, afinal de contas, o iniciador da hidrólise de ATP (Lehnertz, 1987a). Assim, uma concentração elevada de prótons evita um acúmulo de concentração de forma que poderia levar a danos celulares, devido à acidez excessiva.

Este mecanismo de proteção tem base elétrica, como também todos os outros mecanismos biológicos (ver também a seção 3.2.3.2): com o acúmulo crescente de prótons, são ocupados, cada vez mais, os locais de ligação de cálcio (troponina), com H^+. Com isso, os íons de cálcio Ca^{++} são impedidos (1) de iniciar a *ação recíproca, formadora de força*, entre a troponina de cálcio e miosina ATP e (2) de manter em funcionamento a *hidrólise de ATP, formadora de prótons* (Lehnertz, 1988a, p. 43).

Desta maneira, há acidez muscular e o não-fornecimento de força. Essa é a causa metabólica para o estado denominado *fadiga local do músculo*, que o esportista sente como "pernas pesadas e braços grossos".

Voltemos à formação de lactato: o lactato originado no músculo chega, na maior parte, na corrente sangüínea, e de lá é aproveitado em locais apropriados. Para o reaproveitamento de lactato no metabolismo de um órgão, é preciso, além das enzimas necessárias para seu aproveitamento (as chamadas *lactatos desidrogenases*), principalmente a capacidade de transformação do piruvato. O piruvato originado de lactato pode ser introduzido no ciclo de citrato, em todos os órgãos, para a geração de energia, por meio da piruvatoidrogenase e acetil-CoA. Entretanto, esta possibilidade de aproveitamento de lactato não é muito usada para a geração de energia, com exceção do músculo cardíaco. Geralmente, o lactato originado na musculatura é utilizado no fígado ou rim para a nova formação de glicose. As enzimas necessárias existem em pequeno volume em outros órgãos, como, por exemplo, em determinadas fibras musculares.

Durante atividade corporal intensiva e prolongada, o lactato é um combustível muito bem-vindo para o coração. Enquanto, em repouso, a parcela de lactato no metabolismo oxidante do músculo cardíaco é cerca de 28%; sobe para mais de 60% durante trabalho corporal intenso (Lehnertz, 1988d, p. 43).

Com os resultados de nossos estudos, pudemos mostrar como mudam os *parâmetros espiroergométricos* em conseqüência de fadiga e abstinência de carboidrato. Após uma semana dura de treinamento com abstinência de carboidrato, em todos os atletas examinados, mostraram-se diminuições na capacidade de desempenho esportivo devido à fadiga. Da mesma maneira, aumentaram os valores de uréia dos sujeitos testados (valores médios = 8,6 mmol/l, valores mínimos e máximos = 6,9 e 11,6 mmol/l). Além disso, o estado mudado do metabolismo, devido ao treinamento duro e à redução de admissão de carboidrato, refletiu-se na curva de desempenho do amoníaco: no teste ergométrico, sob condições de fadiga, os valores de amoníaco medidos no sangue capilar arterial, em todos os atletas testados com etapas comparáveis de solicitação, eram mais elevados que sob condições de regeneração. Em contrapartida, na cinética do lactato e na freqüência cardíaca, não houve uma tendência uniforme: em oito indivíduos testados, foram observados, sob condições de fadiga, valores mais baixos de lactato e mais altos de freqüência cardíaca que sob condições de regeneração, enquanto dois atletas tinham valores mais altos de lactato e mais baixos de freqüência cardíaca. Comparados aos valores sob condições de regeneração, os exames espiroergométricos mostraram nas etapas superiores de solicitação: (1) aumentos do *volume respiratório por minuto* e (2) diminuições das *diferenças de* CO_2 entre ar inspirado e gás expirado. Observamos tendências semelhantes para a admissão de O_2 (levemente aumentada), a diferença de O_2 inspirado e expirado (nitidamente menor) e o quociente respiratório (mais baixo) (Lehnertz, 1988e, p. 51; 1989a, p. 91; Lehnertz, Lübs & Martin, 1989, p. 313-318).

Os resultados de nossos estudos sugerem equiparar a fadiga da capacidade de desempenho de resistência a *depósitos vazios de glicogênio intramuscular* e sobrecarga do *ciclo de uréia*. Ambos os componentes causam, com solicitação física comparável, um aumento dos valores de amoníaco e amônia no organismo: primeiramente, com depósitos reduzidos de glicogênio, é originado mais AMP pela ativação da mioquinase e um aumento de ativação de ácidos graxos, o qual é degradado no ciclo do nucleosídeo de purina em amoníaco/amônia (Buono et al., 1984, Lehnertz, Lübs & Martin, 1989, p. 318). Além disso, com valores elevados de uréia no sangue, ocorre um metabolismo retardado de amoníaco/amônia para uréia. Como a amônia restringe o aproveitamento celular da oferta cardiopulmonar de oxigênio, sob condições de fadiga, deve ser transportado, comparativamente, mais *oxigênio* pelo sistema cardiopulmonar que sob condições de regeneração. Isso se reflete, mais nitidamente, no aumento adicional do volume respiratório por minuto em relação à admissão de oxigênio (a chamada *compensação respiratória*) (Bachl, 1981). Na condução do treinamento, quanto aos parâmetros da troca gasosa, estes aspectos devem ser considerados.

3.4.4 Procedimentos diagnósticos do desempenho para a determinação da capacidade de desempenho de resistência

3.4.4.1 Diagnóstico do desempenho no laboratório

O diagnóstico do desempenho no laboratório é realizado, geralmente, na esteira ou bicicleta ergométrica e outros tipos ergométricos, em forma de *testes em estágios*, acoplados ao registro espiroergométrico de dados e medições de lactato para:

- medir a capacidade máxima de admissão de oxigênio VO_2máx e calcular a admissão de oxigênio relativa à massa corporal VO_2/kg;
- determinar a cinética do lactato e o valor de desempenho no limiar de 4 mmol e o limiar individual aeróbio-anaeróbio;
- registrar o aumento da freqüência cardíaca e a máxima freqüência cardíaca.

Ainda são registrados outros parâmetros, como, por exemplo, o *quociente respiratório*, a relação do dióxido de carbono (CO_2) expirado e oxigênio consumido, o *volume respiratório por minuto*, a *freqüência respiratória*, a *eliminação de CO_2* e outros.

Para a condução do treinamento, são importantes o VO_2máx, o VO_2/kg, os valores de lactato e a freqüência cardíaca, porque, com estes parâmetros, pode ser avaliado o nível aeróbio de desempenho. De acordo com NEUMANN (1985, p. 11), o diagnóstico funcional no laboratório deveria ser realizado a cada seis a oito semanas. Para o esqui nórdico, por exemplo, VANOI (1987) sugere estes testes combinados de laboratório para junho, setembro e dezembro, sendo prevista a realização, nos intervalos, de testes adicionais de campo, cada quatro semanas. Há várias concepções em estágios, como os exames ergométricos de testes padronizados, segundo HOLLMANN & HETTINGER (1976, p. 385), nos quais, a cada três minutos, há acréscimo de 4 mkgf/s, a partir de solicitação de 3 mkgf/s.

Atualmente, os testes em estágios são realizados principalmente na esteira, em parte com, em parte sem, espiroergometria, com interrupção após cada estágio para a medição de lactato. Para isso, eis alguns modelos:

1. KEILHOLZ, STRÄHLE & WEICKER (1982): esteira, 5% de inclinação, três minutos com 8 km/h; depois, acréscimo de 2 km/h a cada três minutos até a exaustão. Retirada de sangue para a determinação do lactato durante a após a solicitação.
2. Teste padronizado segundo NEUMANN (1985): cada estágio de cinco minutos na esteira sem variação de inclinação, após cada estágio, uma pausa de um minuto para retirada de sangue, início com 3,25 m/s, acréscimo de 0,25 m/s em cada estágio.
3. Teste para corredores de esqui nórdico, segundo VANOI (1987): cada estágio é executado em três minutos, depois pausa de 30 segundos para a retirada de sangue. Acréscimo: três vezes três minutos em 7 km/h, com uma mudança da inclinação da esteira de zero a um e a dois graus; depois, três vezes três minutos com 8 km/h e mudança da inclinação de seis a 12 e 18 graus.

O teste em estágios deveria apresentar ampla afinidade com a modalidade esportiva. Ela pode ser estabelecida pelo aparelho (bicicleta ergométrica, esteira), mas também pela extensão do estágio, pela velocidade de corrida, pela resistência e pelo ângulo de inclinação da esteira. É importante usar sempre o mesmo procedimento sob condições padronizadas (mesmas condições de pré-teste e teste) para poder estabelecer comparações longitudinais com os resultados dos testes.

A vantagem do diagnóstico de desempenho no laboratório é a possibilidade de reprodução das condições. Depende da modalidade esportiva como o teste pode ser específico da modalidade e afirmativo para o treinamento. Mesmo que os resultados laboratoriais tenham uma grande importância para o diagnóstico do desempenho, a avaliação dos resultados para a condução do treinamento nem sempre é garantida. Um desempenho alcançado na esteira de 12 km/h no limiar de 4 mmol ainda não quer dizer que este desempenho possa ser alcançado neste limiar em campo.

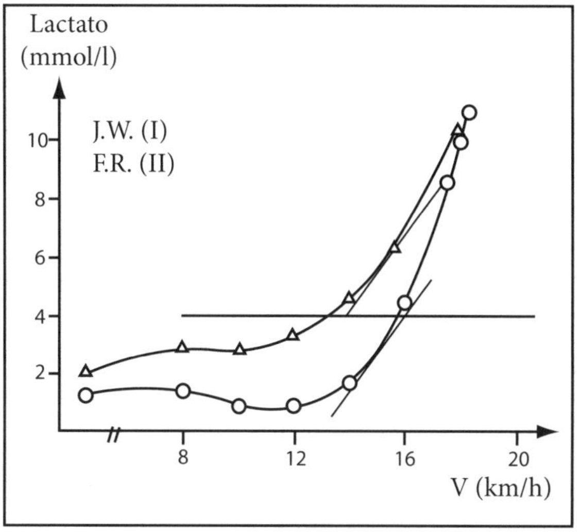

Figura 3.58 Curvas de lactato e desempenho de dois corredores de esqui nórdico, com o nível de desempenho quase igual. Entretanto, na área abaixo do limiar, (II) mostra uma capacidade aeróbia de desempenho maior (Keul et al., 1979).

Atualmente, com os testes em estágios, são determinados, em geral, simultaneamente, a *cinética do lactato* e o *limiar aeróbio-anaeróbio*. Para a condução do treinamento na área de resistência, o limiar é o valor mais importante, porque a capacidade de desempenho de resistência é melhor treinável em uma área de intensidade, que se orienta no *estado de máximo lactato constante*. A cinética do lactato mostra, primeiro, onde podem estar localizados, pela estimativa, as áreas corretas de intensidade, e registra, depois, quais mudanças ocorreram na capacidade aeróbia de desempenho.

Neste ínterim, mostrou-se que os diferentes procedimentos de cálculo (Mader, Keul & Stegemann), para a mesma cinética de lactato, chegam a diferentes valores de limiar. Desta maneira, o limiar de 4 mmol, segundo Mader, deve ser visto somente como medida aproximada. Os treinados de resistência de longa duração têm seus limiares freqüentemente abaixo deste valor; os treinados em resistência de curta duração, mais acima. Portanto, a interpretação da cinética do lactato só é possível individualmente, e deve ser assegurada por outros valores comparativos. De acordo com os atuais estados de conhecimento e tecnologia, são apropriados para isso curvas de freqüência cardíaca e desempenho (Lehnertz, 1989b, p. 39-43).

3.4.4.2 Diagnóstico de desempenho de campo

A *padronização* de testes de campo não pode ser garantida no mesmo nível que os testes de laboratório (condições de tempo, temperatura e solo). Por este motivo, os resultados são aproveitáveis para estudos longitudinais somente com restrições. Por outro lado, os testes de campo mostram duas outras vantagens. Primeiro, pode-se estabelecer maior afinidade com a modalidade esportiva, como mostram os exemplos mencionados. Segundo, eles representam, ao mesmo tempo, um treinamento. Os testes de campo são concebidos principalmente como *testes de múltiplas distâncias*. Também aqui o princípio é o *aumento sistemático da intensidade de solicitação*, como nos testes de estágios no laboratório. Através do sangue da orelha, é medida a *concentração de lactato*, para a determinação da *cinética do lactato* e do *limiar aeróbio-anaeróbio* individual. Nos estudos de campo atuais, ainda é registrada a freqüência cardíaca por meio do freqüencímetro, para se ter um valor comparativo adicional, com o qual a avaliação da intensidade ótima de solicitação do treinamento possa ser de maneira mais confiável. Para isso, apresentamos alguns exemplos:

Para as *modalidades de corrida,* foram comprovados os testes de múltiplas distâncias com quatro a cinco vezes 1.000 m, com uma pausa de um minuto para a retirada de sangue. Conforme o estado de desempenho, corre-se o primeiro trajeto (1.000 m) em 5:00, 4:40 ou 4:30 minutos, e cada trajeto diminuído em 20 segundos. O último trajeto é feito com velocidade máxima.

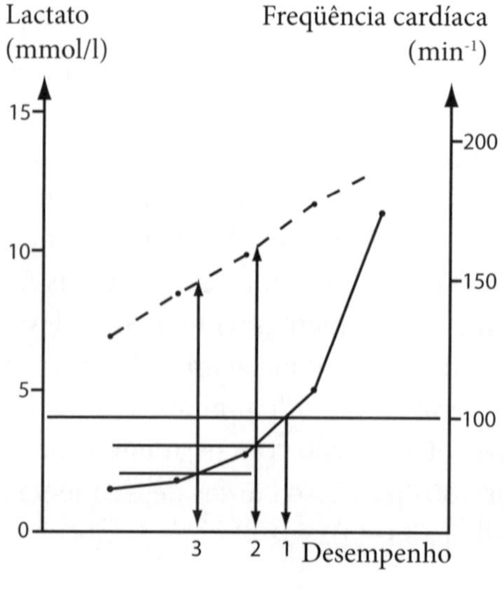

Figura 3.59 Exemplo de um teste de cinco distâncias com curvas de lactato e desempenho (em baixo), e curva de freqüência cardíaca e desempenho (em cima). 1 = desempenho com 4 mmol/l de lactato. 2 = lactato 3 mmol/l e freqüência cardíaca de 160/min. 3 = lactato de 2 mmol/l e freqüência cardíaca de 148/min (Schürch, 1987, p. 34).

Na *natação*, são aplicados, entre outros, dois testes de distâncias. No teste de duas distâncias com nadadores na modalidade de competição, o primeiro trajeto é percorrido em cerca de 80% do tempo máximo possível; o segundo, após uma pausa de um minuto, no máximo. Na pausa e após a solicitação, é medido o lactato. Outra possibilidade oferece o nado de 15 a 20 vezes 100 m, com pausas de 30 segundos, em um tempo que corresponde cerca de 80% do tempo máximo. Depois de cada quinta distância, durante uma pausa de 45 segundos, é retirado sangue da orelha. Com este teste, pode ser determinado qual o volume de solicitação possível com relação a determinada intensidade.

Como último exemplo, apresentamos o *teste de campo de ciclismo*, desenvolvido pelo nosso instituto. Trata-se de um *teste de múltiplas distâncias* com intensidade de solicitação (velocidade) crescente, e deve ser realizado em velódromo ou pista circular plana. Para este teste de campo, foi determinado um percurso circular de 1.250 m. Os atletas usaram, para isso, suas próprias bicicletas; as relações de transmissão não foram determinadas externamente, mas escolhidas livremente pelo atleta, de acordo com a solicitação. Foi recomendada uma freqüência de pedalada de 90 a 100 rotações por minuto. O primeiro estágio de velocidade foi escolhido de tal maneira que a intensidade de solicitação, definida pela freqüência cardíaca, estava na faixa de 120 a 140 batimentos por minuto. Os outros estágios foram aumentados em 2 km/h. Para a determinação dos parâmetros bioquímicos (lactato, amoníaco) do sangue capilar da orelha, foi introduzida uma pausa de 45 segundos entre os estágios. Para um destes testes dos triatletas do quadro C da Federação Alemã de Triatlo, foi exigido, para cada estágio de solicitação, um trajeto de 2.500 m (duas voltas). A velocidade para a primeira solicitação foi fixada, para as meninas, em 26 km/h, e, para os meninos, em 30 km/h, e conduzido por meio de computador de bicicleta. A freqüência cardíaca foi armazenada em um freqüencímetro PE 3000. As velocidades reais por etapa de solicitação foram calculadas, em seguida, pelas relações de tempo e distância. Foram protocoladas a temperatura, a velocidade do vento e as relações de transmissão para cada estágio de solicitação. Na Tabela 3.14, são apresentados os parâmetros registrados num teste de campo de ciclismo de um triatleta.

Tabela 3.14 Parâmetros registrados em teste de campo de ciclismo de um triatleta juvenil (2' a. s. = dois minutos após a solicitação)

Estágio	*km/h*	*FC máx min^{-1}*	*Lactato Mmol/l*	*NH_3 μmol/l*	*Relação de transmissão*
Antes da solicitação	—	—	2,75	25	—
1	29,3	158	2,78	38	42/20
2	31,4	166	2,78	26	42/18
3	33,1	169	3,54	28	42/18
4	34,5	175	4,23	31	42/18
5	35,8	180	5,50	35	42/18
6	37,5	184	8,39	46	52/18
7	38,3	190	10,46	53	52/18
8	38,8	195	11,72	64	52/18
2' a.s.	—	—	11,87	54	—
4' a.s.	—	—	11,07	47	—

3.4.4.3 Diagnóstico de desempenho mediante a freqüência cardíaca – teste de Conconi

Com relação a determinadas medidas do diagnóstico de desempenho e à condução do treinamento, as ações recíprocas entre o metabolismo muscular e a freqüência cardíaca sempre foram significativas. Como conseqüência de trabalho muscular intensivo, ocorre, sabidamente, um aumento nítido de concentração de determinadas moléculas no sangue, por exemplo, de amoníaco (Lehnertz, 1985c, p. 5-10) e lactato (Tabela 3.14). Este fato também é usado para o diagnóstico de desempenho e para a condução do treinamento, existindo as experiências mais amplas com relação a *medições de lactato*. Por meio da concentração de lactato no sangue, é possível avaliar, aproximadamente, a parcela da disponibilização anaeróbia de energia. Se considerarmos que o coração trabalha, em primeiro lugar, para o suprimento suficiente de oxigênio e que a formação de lactato é um processo "livre" de oxigênio, entre a formação de lactato e a atividade cardíaca não existe nenhuma dependência direta. Isso pode ser entendido de tal maneira que, em caso de necessidade, além do suprimento de energia por meio de oxigênio, com o auxílio de formação de lactato, pode ser disponibilizada energia adicional, sem que o coração precise trabalhar diretamente para isso (Lehnertz, 1989b, p. 42). Neste fato, são baseados os experimentos para determinar o *limiar aeróbio-anaeróbio*, mediante medições de freqüência cardíaca. Este procedimento ficou conhecido como *teste de Conconi*.

No teste de Conconi, ocorre uma solicitação crescente em estágios, com a determinação da freqüência cardíaca momentânea no fim de cada um. Geralmente se observa que, inicialmente, a freqüência cardíaca cresce linearmente com o desempenho. Nesta fase de solicitação, a necessidade maior de energia é coberta, em primeiro lugar, pelos processos de transformação de oxigênio, e a compensação do aumento da necessidade de oxigênio é garantida pelo aumento do débito cardíaco por minuto, por meio do aumento da freqüência cardíaca. Freqüentemente se observa que a evolução linear entre o desempenho e a freqüência cardíaca sofre uma *inflexão* na área de maior solicitação (Figuras 3.59 e 3.60). Como muitos leitores sabem, o conceito do teste de Conconi é baseado nesta inflexão. Ela ocorre quando o transporte de oxigênio, através do sistema cardiovascular, assim como a transformação de oxigênio na célula muscular, não pode ser aumentada da mesma maneira como o desempenho. Então, ocorre uma compensação na disponibilização de energia por aumento de formação de lactato que, de certa maneira, *alivia* o coração, isto é, o débito cardíaco por minuto e, com isso, também, a freqüência cardíaca não precisa mais aumentar na mesma relação que o desempenho (Lehnertz, 1989b, p. 42).

O teste de Conconi na corrida é realizado em raia de atletismo de 400 m. Após um programa de aquecimento de 15 a 20 minutos, o atleta corre uma distância de 200 m com determinada velocidade inicial (12 km/h), e aumenta a velocidade, sem pausa, continuamente a cada 200 m, até que o aumento de velocidade não seja mais possível. Por meio do computador de pulso (por exemplo, "Sporttester PE 3000"), podem ser armazenados, nos pontos de 200 m, mediante o acionamento de um botão, as freqüências cardíacas e os tempos atuais para serem avaliados.

A Tabela 3.15 é uma tabela de corrida com as diversas previsões de tempo para um atleta bem treinado em resistência.

Tabela 3.15 Corrida do teste de Conconi. Os números destacados representam os tempos teóricos somados nos pontos de medição de 200 m; os números pequenos servem para o controle nas distâncias parciais de 50 m

0 a 1.000 m	1.000 a 2.000 m	2.000 a 3.000 m	3.000 a 4.000 m
0:15	4:49,6	8:40,6	11:59,4
0:30	5:02,0	8:51,2	12:08,6
0:45	5:14,5	9:01,7	12:17,8
1:00,0	*5:27,0*	*9:12,3*	*12:27,1*
1:14,4	5:38,9	9:22,6	12:36,1
1:28,8	5:50,9	9:32,9	12:45,1
1:43,1	6:02,9	9:43,1	12:54,1
1:57,5	*6:15,0*	*9:53,4*	*13:03,1*
2:11,3	6:26,5	10:03,4	13:11,9
2:25,1	6:38,1	10:13,4	13:20,7
2:38,8	6:49,7	10:23,4	13:29,5
2:52,5	*7:01,4*	*10:33,4*	*13:38,2*
3:05,8	7:12,7	10:43,1	13:46,8
3:19,1	7:24,0	10:52,8	13:55,4
3:32,4	7:35,2	11:02,6	14:03,9
3:45,8	*7:46,4*	*11:12,3*	*14:12,5*
3:58,6	7:57,3	11:21,8	14:20,9
4:11,5	8:08,2	11:33,3	14:29,3
4:24,3	8:19,1	11:40,8	14:37,6
4:37,2	*8:30,0*	*11:50,2*	*14:46,0*

O SPORTTESTER pode ser avaliado e lido em computador pequeno. Na leitura e avaliação sem computador, os valores armazenados do pulso e tempo devem ser lidos um por um e transferidos para uma folha de protocolo. Em seguida, é feito o cálculo do tempo de 200 m em km/h por meio da seguinte fórmula: v (km/h) = (720/tempo em segundos por 200 m). Em papel milimétrico, são traçados os eixos cartesianos de coordenadas, com a freqüência cardíaca FC no eixo y e a velocidade v em km/s no eixo x, e inseridos os valores (FC, v). Depois de inseridos todos os pontos, tenta-se traçar uma reta de compensação linear. Com a execução correta do teste, o "ponto de inflexão" é reconhecido na maioria dos casos. CONCONI designa a freqüência cardíaca no ponto de inflexão como *valor pd* e a velocidade como *valor vd* (Figura 3.60).

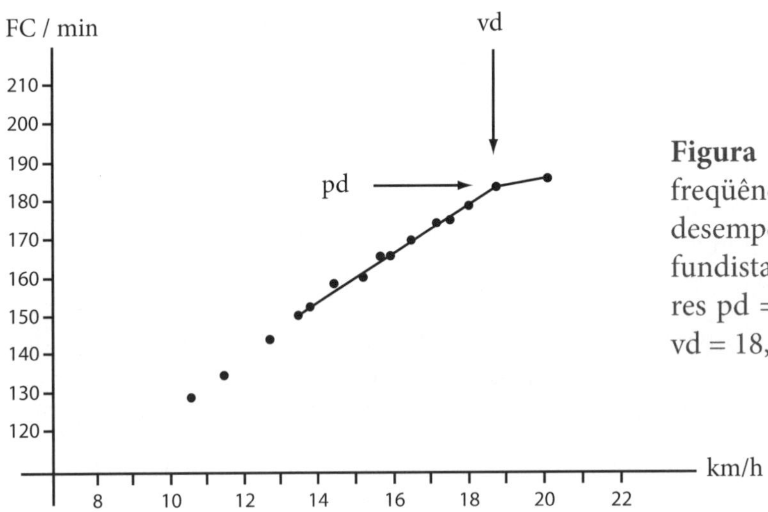

Figura 3.60 Curva de freqüência cardíaca e desempenho de um fundista, com os limiares pd = FC 182/min e vd = 18,7 km/h.

Vale o princípio geral: quanto maior o desempenho na área de 2 a 4 mmol/l e quanto mais perto a inflexão no teste de CONCONI ficar da freqüência cardíaca máxima, maior é a *capacidade de resistência aeróbia* e o tempo de disponibilização de energia pelo meio aeróbio. Estas diferenças na curva de freqüência cardíaca e de lactato e o desempenho podem ser interpretadas geralmente da seguinte maneira: não-treinados ou atletas muito bem treinados na área de resistência de velocidade precisam recorrer mais cedo, portanto, já no estágio de solicitação baixa, à disponibilização anaeróbia de energia por meio de formação de lactato, que altamente treinados em resistência.

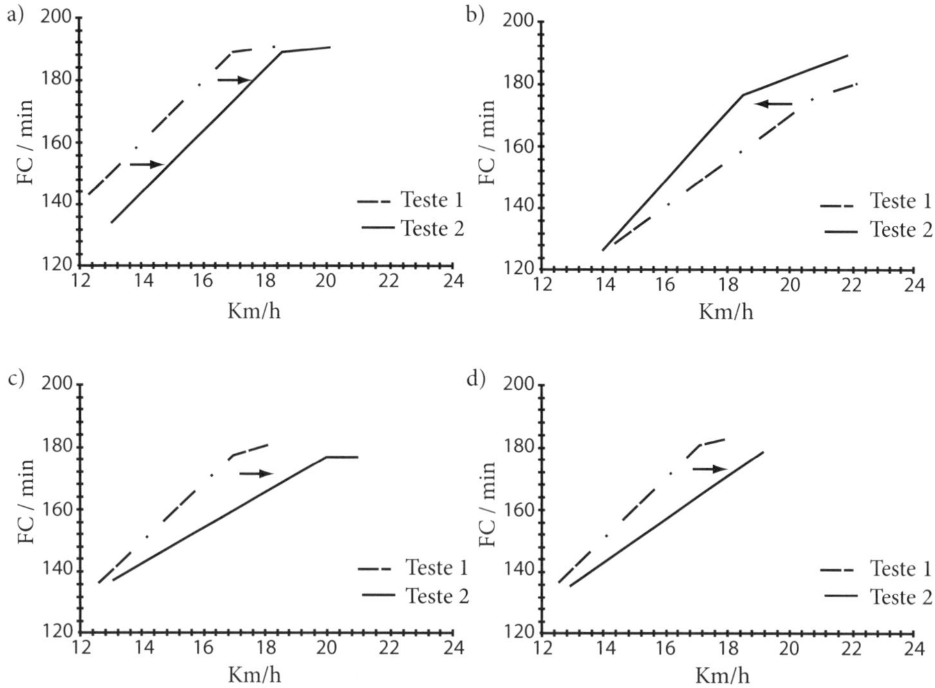

Figura 3.61 Os exemplos a – d mostram mudanças na curva de freqüência cardíaca e desempenho de testes Conconi com os respectivos testes repetidos.

Como mostra a Figura 3.61 (a – d), nos testes repetidos, realizados após um ciclo de treinamento de quatro a seis semanas, há mudanças consideráveis na curva de freqüência cardíaca e desempenho. Elas devem ser interpretadas da seguinte maneira:

Em geral, um *deslocamento para a direita* da curva de freqüência cardíaca e desempenho (Figura 3.61a) significa uma adaptação de avaliação positiva no sentido de melhoramento do desempenho. Como conseqüência do treinamento de resistência, o coração bate, com o mesmo desempenho, com uma freqüência reduzida. Por conseguinte, um deslocamento para a esquerda pode ser equiparado a uma capacidade diminuída de desempenho de resistência.

Podem ocorrer mudanças de *maior inclinação* da curva de freqüência cardíaca e desempenho (Figura 3.61b) quando a ênfase do treinamento muda de capacidade de desempenho aeróbio e resistência geral para um treinamento com solicitações anaeróbias intensivas. Isso pode ser observado freqüentemente quando os esportistas concluíram o treinamento preparatório e se preparam para as competições principais. Depois da inflexão, ainda podem melhorar: sua musculatura possui uma capacidade de armazenagem maior e uma tolerância maior à acidez (denominada erradamente como tolerância ao lactato) e, com isso, capacidade de desempenho anaeróbia. Também foi observado o fenômeno que, apesar da inclinação maior da curva, o valor pd permaneceu igual, e o valor vd mudou consideravelmente.

Uma *inclinação menor da curva* de freqüência cardíaca e desempenho (Figura 3.61c) sinaliza a tendência de resistência geral melhorada. As curvas de esportistas de classes com mais idade e maratonistas têm sempre inclinação menor que de jovens e corredores de meio fundo.

Se mesmo com a execução correta do teste de Conconi e com a solicitação plena não se encontra *nenhuma* inflexão na parte superior da curva de freqüência cardíaca e desempenho, isso pode ser atribuído à resistência de velocidade e à capacidade anaeróbia deficientes (Figura 3.61d).

3.4.4.4 Diagnóstico complexo do desempenho para modalidades esportivas de resistência

Nossas experiências com equipes da seleção de triatlo e biatlo mostraram que a condução objetiva do treinamento somente é possível por meio de registro de vários e diferentes parâmetros do estado complexo de desempenho. Este diagnóstico múltiplo é denominado *diagnóstico complexo do desempenho*. O conceito "complexo" descreve, primeiro, que o diagnóstico do desempenho é composto de *vários procedimentos de teste*; segundo, que estes procedimentos medem também *parâmetros não relacionados entre si*; e terceiro, que os resultados obtidos podem ser assegurados adicionalmente por meio de *outros procedimentos*. Eis um exemplo prático:

Uma equipe feminina de biatlo foi testada três vezes no período preparatório, em 1989, os testes foram coordenados por medidas centrais de treinamento. O programa de teste foi o seguinte:

- No dia anterior ao teste, houve um treinamento regenerativo somente pela manhã;
- Pré-exames na manhã do dia do teste: uréia, amoníaco, lactato em repouso e uma corrida de 800 m em cinco minutos, para determinar a freqüência cardíaca média. Este pré-exame, principalmente os três parâmetros bioquímicos, mostrou exatamente o estado das diversas atletas neste dia. Mediante estes resultados, puderam ser relacionados os resultados posteriores de teste com o estado atual;

- O próximo foi o teste de CONCONI, com medições subseqüentes de lactato e amoníaco. Os valores de amoníaco mostraram que as atletas superaram bem este primeiro dia (Tabela 3.13);
- Uma hora depois, foi realizado um teste de múltiplas distâncias de 5 x 1.000 m, iniciado com cinco minutos para os primeiros 1.000 metros. A pausa foi de um minuto entre cada corrida para a retirada de sangue;
- Depois foram realizados: um *sprint* de 30 m, o teste saltar e alcançar e o teste de arremesso em distância do *medicine ball*; para a determinação da velocidade de *sprint*, a força de salto e a força rápida básica.

A Tabela 3.16 mostra os resultados registrados.

TABELA 3.16 Resultados de um teste do período preparatório do quadro A/B do biatlo feminino

		Indivíduo 1	Indivíduo 2	Indivíduo 3	Indivíduo 4
Teste de CONCONI					
FC máx.	min^{-1}	194	207	184	183
Pd	FC	187	200	176	173
Vd	km/h	15,9	15,3	15,6	15
V dos últimos 200 m	s	41,5	43	42,2	42,9
Lactato máx.	mmol/l	9,15	8,1	8,43	9,84
NH_3 máx.	µmol/l	20	22	17	26
Teste de múltiplas distâncias					
FC máx.	min^{-1}	193	208	185	188
Lactato máx.	mmol/l	7,07	7,24	6,91	9,48
FC em 4 mmol/l		184	199	176	172
V em 4 mmol/l	km/h	15,5	14,8	15,6	14,6
Velocidade / força rápida					
Sprint de 30 m	s	5,15	5,31	5,39	5,37
Entre 10 e 20 m no *sprint* de 30 m	s	1,51	1,58	1,6	1,54
Saltar e alcançar	cm	44	41	41	39
Indicações para o treinamento					
Área de desenvolvimento aeróbio	FC/min	172 --- 175	185 --- 190	160	160
Área limite do máximo estado constante de lactato	FC/min	180 --- 182	195 --- 197	172	170

Os resultados deste diagnóstico complexo de desempenho devem ser interpretados da seguinte maneira:

1. Ambos os procedimentos de teste, um teste de CONCONI realizado exatamente de acordo com a tabela de corrida (Tabela 3.12), mostraram, neste grupo, quase os mesmos resultados na área do limiar que o teste de múltiplas distâncias (Tabela 3.13). Desta maneira, as freqüências cardíacas e as velocidades alcançadas da corrida, na área do limiar, puderam ser comparadas e asseguradas. Como a determinação do limiar exato é de máxima importância para a condução do treinamento, este valor sempre deveria ser comprovado por um segundo teste.
2. Mesmo que o teste de CONCONI seja problemático, ele tem, como segundo teste, uma função dupla: a de registrar precisamente a freqüência cardíaca em relação à velocidade de corrida. Como os esportistas de diversas modalidades, entre outros, as biatletas também treinam quase exclusivamente em terreno acidentado e, desta maneira, a freqüência cardíaca média da distância (seção 3.4.5.1) deve ser usada como parâmetro na condução da intensidade de solicitação; a determinação das áreas de intensidade por meio da freqüência cardíaca é absolutamente necessária. O tempo de corrida dos últimos 200 m dá informações sobre o desempenho de resistência de *sprint*, e ainda, sobre desempenhos adicionais de velocidade no estado de solicitação plena.
3. Com relação aos valores de velocidade e força rápida, pode-se estimar se realmente é possivel alcançar velocidades de corrida ainda melhores, com as capacidades de velocidade e força existentes (qualidades musculares). Esses não dependem somente de melhor capacidade de desempenho aeróbio, como é expresso analiticamente pelo deslocamento para a direita das curvas de lactato ou freqüência cardíaca e desempenho, mas, também, da capacidade de velocidade da musculatura na área anaeróbia.
4. Os testes de velocidade e força de salto mostram negligências claras no treinamento de velocidade e força que, muitas vezes, é totalmente descuidado, tendo em vista um objetivo do treinamento unilateral: o de deslocar a cinética do lactato para a direita. Todavia, a avaliação dos resultados de velocidade e força de salto exige valores padronizados e comparativos.

5. O mais importante na interpretação dos dados é a discussão com os treinadores. Os resultados dos testes devem ser confrontados com o treinamento cumprido.

3.4.5 Métodos do treinamento de resistência

Os parâmetros dos métodos do treinamento de resistência são es *exigências de solicitação.* Na dosagem certa, eles devem produzir as *cargas individuais* objetivadas e, com isso, causar determinadas *adaptações* (seções 3.1.4 e 3.1.5). Da variação dos graus de definição dos diversos componentes de solicitação, volume, *intensidade, duração* e *densidade*, surgiram os métodos de treinamento de resistência e os princípios de condução hoje usuais. Com isso, a principal relação que determina o grau de manifestação dos outros três componentes de solicitação (volume, duração e densidade), como esquematizado na Figura 3.62, é:

intensidade da solicitação ←→ efeitos das cargas

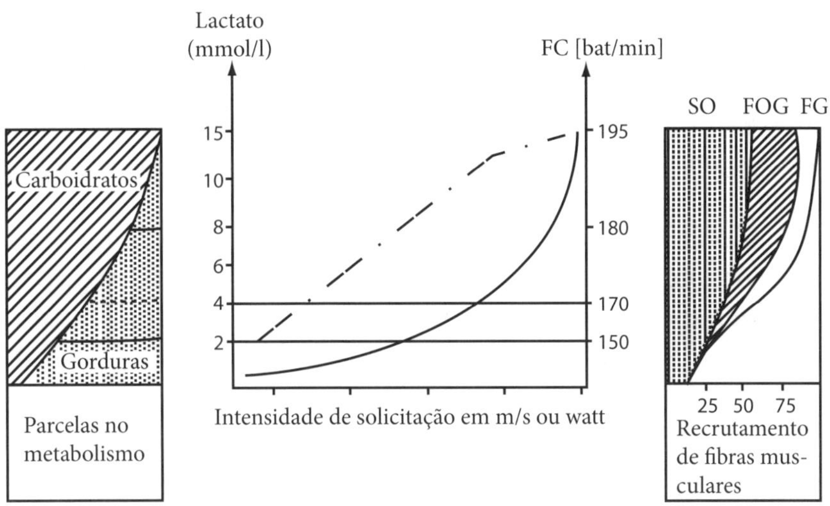

Figura 3.62 Representação esquemática da relação entre intensidade de solicitação (m/s; *watt* etc.) e a cinética resultante do lactato ——— (curva de lactato e desempenho), — · — · — (curva de freqüência cardíaca e desempenho), das parcelas metabólicas participantes e do recrutamento de fibras musculares, com aumento da intensidade. SO = fibra de contração lenta oxidante; FOG = fibra de contração rápida glicolítica oxidante; FG = fibra de contração rápida glicolítica.

Para realizar determinadas *formas de cargas* com diversas *durações de solicitação*, com e sem *interrupções*, com diferente *intensidade de solicitação*, foram desenvolvidos os seguintes *métodos de treinamento de resistência*: (1) *método contínuo com velocidade constante*, (2) *método contínuo com velocidade variada*, (3) *método intensivo com intervalos*, (4) *método extensivo com intervalos*, (5) *método de competição e de controle*, e (6) *método de repetição*.

Para a utilização dos diferentes métodos, vale o seguinte princípio: eles são ligados entre si e não são intercambiáveis de qualquer maneira. Eles formam um *sistema uniforme* com intensidade escalonada de solicitação e volume adequado. A intensidade e o volume são utilizados de acordo com a prioridade objetivada de carga, ou seja, metabolismo, musculatura, coração ou circulação (Figura 3.62).

3.4.5.1 O método contínuo com velocidade constante

Este método tem a maior aplicação em todas as modalidades de resistência de média e longa duração para o desenvolvimento das resistências fundamental e específica, ainda mais que podem ser desenvolvidos, ao mesmo tempo, também a economia de técnicas de determinadas modalidades. No método contínuo, deve ser cumprida determinada distância (em m ou km) em um determinado tempo (em minutos). Disso resulta certa *intensidade de solicitação*.

A fixação da intensidade de solicitação deve ser feita com muito cuidado, principalmente porque certa parte do treinamento de atletas de alto nível das modalidades de resistência de longa duração ocorre na *área do limiar* (LENZI, 1987, p. 47). Para a fixação do limiar e das etapas de intensidade, foram comprovados os seguintes procedimentos diagnósticos de desempenho, apresentados na seção 3.4.4.4, que podem ser aplicados tanto no diagnóstico do desempenho como para a *condução contínua do treinamento*:

- *Teste de campo como teste de múltiplas distâncias* com medições de lactato e registros da freqüência cardíaca, serve para a determinação da curva de lactato e desempenho, e do limiar anaeróbio individual, e mostra, ao mesmo tempo, comparações com o respectivo valor de FC;

- *Teste de Conconi*, serve para a determinação da curva de freqüência cardíaca e desempenho, e dos pontos vd e pd.

Tendo em vista as experiências, defendemos, na condução do treinamento com diversos participantes do quadro (triatlo, biatlo, esqui nórdico), que, para uma fixação correta da *intensidade de solicitação*, deve-se recorrer a ambos os testes: *à curva de lactato e desempenho*, para garantir que o treinamento ocorra em um *estado constante de lactato ótimo* prefixado, e à curva de freqüência cardíaca e desempenho, para garantir que o estado constante de lactato ótimo pretendido possa ser controlado e conduzido por meio da freqüência cardíaca. Se, por exemplo, a intensidade fosse conduzida por meio de determinado valor da velocidade, com relação a um certo valor de mmol/l da curva de lactato e desempenho, com a crescente duração da solicitação, aumentaria a *carga* metabólica. Este diagnóstico pode ser observado no aumento contínuo da freqüência cardíaca, com a velocidade constante. Mas, justamente por meio da intensidade de solicitação exatamente dimensionada, a condução pela freqüência cardíaca oferece a "proteção à sobrecarga" necessária (Heck, s/a, p. 245) e, desta maneira, a garantia de que o estado constante de lactato ótimo objetivado possa ser mantido.

As diversas *intensidades de solicitação* para o método contínuo podem se orientar no chamado *limiar de Mader*, com as restrições já mencionadas (seção 3.4.4.1). Todavia, o teste de campo deveria ser feito de acordo com a especificidade esportiva. O limiar de Mader é uma simples determinação gráfica, por meio de interpolação linear, entre o último valor do lactato, antes da linha de 4 mmol/l, e o primeiro acima desta linha. No ponto de interseção, é traçada uma perpendicular sobre o eixo x e lido o valor do limiar (Figuras 3.39 e 3.40). Como os estudos comparativos na esteira e na bicicleta ergométrica mostraram que limiares anaeróbios individuais (segundo Keul ou Stegemann) não estimam melhor o máximo estado constante de lactato que o limiar fixo de 4 mmol/l (Heck, s/a, p. 199), o limiar de Mader cumpre amplamente as necessidades para o escalonamento da intensidade. Todavia, deve-se fazer restrições, no sentido de que, nos *treinados de resistência de longa duração*, o limiar esteja abaixo da linha de 4 mmol/l, e, nos *treinados de resistência de curta duração*, acima.

Com base em experiências práticas com escalonamentos de intensidade e na suposição de que o *máximo estado constante de lactato* deve estar em ~ 3 – 3,5 mmol/l (Heck, s/a, p. 204), chegamos às seguintes *áreas de intensidade* para o método contínuo para *treinandos de resistência de longa duração*:

- A *área limite* é idêntica ao máximo estado constante de lactato (~ 3 mmol/l ou cerca de 97% da FC de pd, segundo o teste de Conconi);
- A *área de desenvolvimento* (aqui, a capacidade aeróbia de desempenho deveria se desenvolver otimamente) está no limiar aeróbio e, com isso, em 2 a 2,5 mmol/l de lactato (ou em 92 % da freqüência cardíaca de pd, segundo o teste de Conconi);
- A *área de estabilização* (aqui, é estabilizada a capacidade aeróbia de desempenho) está um pouco abaixo de 2 mmol/l e em 85% do pd, segundo teste de Conconi;
- A *área de regeneração* está consideravelmente abaixo do limiar aeróbio, em cerca de 75 a 80% de pd.

Para *treinandos de resistência de curta duração*, as *áreas de intensidade* estão mais altas, a *área limite* em cerca de 3,5 a 4,5 mmol/l (máximo estado constante de lactato) e a *área de desenvolvimento* em cerca de 2,5 a 3,5 mmol/l.

É tarefa da condução correta de treinamento aplicar estas áreas de intensidade (1) no *volume ideal*, (2) em *proporções adequadas* e (3) na medida dos respectivos *objetivos*. A Tabela 3.17 ordena as áreas mais importantes de intensidade para modalidades de resistência de curta, média e longa duração.

Tabela 3.17 Áreas das intensidades de solicitação para modalidades de curta, média e longa duração, com relação ao valor pd (freqüência cardíaca no ponto de inflexão), do valor vd (velocidade no ponto de inflexão), segundo o teste de Conconi e valores de lactato de testes de campo de múltiplas distâncias

Modalidades de resistência de longa duração		**Modalidades de resistência de curta e média duração**	
Nível de intensidade	**Áreas da intensidade de solicitação**	**Nível de intensidade**	**Áreas de intensidade de solicitação**
103% de pd	Área para treinamento intensivo com intervalos	até FCmáx. ou até Vmáx.	Área para treinamento intensivo com intervalos (resistência de *sprint*)
pd ou lactato ~ 3,5 a 4 mmol/l	Área para treinamento extensivo com intervalos	até 90 % da Fcmáx. ou Vmáx.	Área para treinamento intensivo com intervalos (resistência de velocidade)
~ 97% de pd ou lactato ~ 3 mmol/l	Área limite para métodos contínuos (máximo estado constante de lactato)	105% de vd ou lactato > 4 mmol/l	Área para treinamento extensivo com intervalos
~ 92% de pd ou lactato ~2 a 2,5 mmol/l	Área de desenvolvimento para a capacidade aeróbia de desempenho (ótimo estado constante de lactato)	~ 97% de vd ou lactato > 3 mmol/l	Área limite para métodos contínuos (máximo estado constante de lactato)
~ 85% de pd	Área de estabilização para a capacidade aeróbia de desempenho	~92 % de pd ou lactato ~2,5 a 3 mmol/l	Área de desenvolvimento para a capacidade aeróbia de desempenho (ótimo estado constante de lactato)
75 a 80% de pd	Área de regeneração	~ 85% de pd	Área de estabilização para a capacidade aeróbia de desempenho
		75 a 80% de pd	Área de regeneração

Destas considerações resultam, para os métodos contínuos relacionados com a *duração da solicitação*, as seguintes variações (valores orientadores):

- *Treinamento abaixo da distância* na *área limite*, com duração aproximada de 45 minutos;
- *Treinamento abaixo da distância* na *velocidade* atual *de competição*; conforme a modalidade esportiva de competição, a duração é de 30 a 45 minutos;
- *Treinamento na distância* na *área de desenvolvimento* e *estabilização*, com duração de 60 a 90 minutos;
- *Treinamento acima da distância* na *área de estabilização* e *regeneração*, com duração de 90 a 150 minutos.

Além disso, para a determinação da intensidade de solicitação para os métodos contínuos *sem possibilidade de teste*, deduzimos uma *fórmula* que permite o cálculo de uma intensidade relativa de solicitação na "proximidade da área de desenvolvimento". O procedimento é descrito na seção 7.2.2.2, capítulo 7.

Como com métodos contínuos, muitas vezes, o treinamento é feito em *terreno acidentado*, as modalidades esportivas, como esqui nórdico, ciclismo de rua e outras, treinam mesmo permanentemente em terreno acidentado, a condução correta da intensidade de solicitação; dentro das áreas de intensidade, é especialmente difícil e exige um *controle* exato. A intensidade média da solicitação realizada resulta, neste caso, da chamada *freqüência cardíaca média de distância*, a média da soma dos valores registrados da freqüência cardíaca (Batalov, 1989, p. 51). Com os freqüencímetros atualmente em uso, que armazenam e reproduzem os valores da freqüência cardíaca em quaisquer intervalos de tempo, do ponto de vista técnico de mensuração, este procedimento de controle é solucionado. Todavia, por este procedimento, somente após o treinamento pode ser calculado se a intensidade média objetivada pode ser mantida. Batalov (1989, p. 51) sugere, para o controle da intensidade durante o treinamento, o método de três pontos. Desta maneira, são somados pelo treinando os valores da freqüência cardíaca no final de um aclive, em certa distância de declive em um trajeto plano, e divididos por três. Se este valor estiver com mais ou menos, dois a três batimentos da freqüência cardíaca objetivada pelo treinamento, então a intensidade foi escolhida corretamente.

3.4.5.2 Método contínuo com velocidade variável

No método contínuo com velocidade variável, deve ocorrer uma mudança do metabolismo aeróbio para o anaeróbio para se conseguir uma ampliação adicional das funções de órgãos. Diferenciam-se dois tipos: o "método alternado" e o "método variado".

No *método alternado*, a distância total é dividida em distâncias parciais, mais curtas e mais longas. As distâncias parciais mais longas são, geralmente, percorridas com uma intensidade de solicitação na *área de estabilização*; as mais curtas, com intensidade maior na *área limite* ou *acima*, para estabelecer, temporariamente, um metabolismo anaeróbio. Para isso, apresentamos um exemplo do treinamento de natação (Schramm, 1987, p. 41).

O treinamento deve durar, no mínimo, 20 minutos. As distâncias parciais mais longas são de 800 a 2.000 m e são nadadas com 85% da velocidade (área de estabilização). As distâncias parciais intercaladas são cumpridas com *sprints* de 50 a 100 m com 90 a 95% da velocidade máxima possível. A soma das distâncias intercaladas corresponde a 200 a 800 m, dependendo da estruturação do treinamento. Estes programas também podem ser repetidos de uma a três vezes, após uma pausa.

O *método variado* provém da Escandinávia. Ele é usado principalmente como treinamento de corrida nas diversas modalidades esportivas. A execução depende amplamente da escolha correta do terreno, que deve ser acidentado com colinas e apresentar diversos tipos de dureza do solo (caminhos de campo, bosque e areia). O método variado deve ser amplamente padronizado, para tornar seu caráter de solicitação reprodutível, mas, também, deve dar liberdade para a estruturação individual. Os conteúdos consistem em mudança de velocidade com distâncias mais longas, cumpridas na velocidade de corrida de resistência, *sprints* de colina, corridas de coordenação em leve declive, mudança de velocidade em aclive, etc. A corrida dura entre 45 e 90 minutos, dependendo da intensidade relativa. Deve haver também uma mudança entre o metabolismo aeróbio e, temporariamente, o anaeróbio.

3.4.5.3 O treinamento com intervalos

O objetivo do treinamento com intervalos é, em primeiro lugar, o melhoramento da *capacidade anaeróbia* e, com isso, um aumento de *desempenhos de resistência de velocidade*, como são necessários principalmente nas modalidades de resistência de curta e média duração. Todavia, a capacidade anaeróbia é de difícil definição e não pode ser registrada tão bem quanto a capacidade aeróbia. O conceito tem mais *caráter de modelo* para um metabolismo bem definido, influenciado por (1) *disponibilização de energia alática* e *glicolítica*, (2) *tolerância à acidose*, (3) *disposições genéticas*, (4) *propriedades especiais de vontade* e (5) *velocidade específica de modalidade esportiva.*

Tendo em vista a difícil determinação do que realmente seja a capacidade anaeróbia, logicamente também são difíceis a avaliação e a quantificação da capacidade anaeróbia de desempenho. Sobretudo, esta capacidade, de acordo com SALTIN (1986, p. 92), não pode, como admitido em parte, ser avaliada por meio do comportamento do lactato em determinada intensidade de solicitação, porque há uma série de incertezas, como, por exemplo, o problema da identificação do equilíbrio entre o lactato muscular e o sangüíneo. Sem dúvida, o lactato é um indicador para a parcela de glicose na disponibilização de energia, mas não para a medida da capacidade anaeróbia de desempenho (seção 3.4.3.4).

Da mesma maneira, os diversos métodos para a determinação do *déficit de oxigênio*, principalmente em caso de solicitações de esgotamento, mostraram-se inadequados para a determinação da capacidade anaeróbia de desempenho, porque este *déficit* é, em primeiro lugar, uma capacidade, e não uma medida, como, por exemplo o VO_2máx para a determinação da capacidade aeróbio de desempenho, embora esta capacidade possa ser usada também como orientação para a avaliação da capacidade anaeróbia de desempenho. De acordo com o atual estado de conhecimento (SALTIN, 1986, p. 99), os desempenhos de resistência de curta duração, com relação à sua parcela da capacidade anaeróbia de desempenho, podem ser caracterizados da seguinte maneira:

Em desempenhos em torno de 35 a 60 segundos, em 100 m de *sprint* de *crawl*, nas corridas de 400 e 500 m com patins no gelo, os *fatores limitadores* não são o *aumento do lactato*, nem o *déficit de oxigênio*. Deve-se supor que o tempo no qual a *velocidade de ação mais alta possível* pode ser mantida represente a limitação do desempenho. Falar, neste caso, de *resistência de velocidade* não seria preciso o suficiente, porque a manutenção da alta velocidade de ação nestes curtos espaços de tempo não deve ser devido à limitação do processo de metabolismo, mas pela diminuição da *condução diferenciada dos programas motores* e, com isso, a limitação do desempenho deve ser devido a uma *fadiga do programa*.

Nos *desempenhos de resistência de curta duração*, em torno de dois minutos, é diferente, como no nado borboleta de 200 m, na corrida de 800 m e outros. Nestes casos, ocorre um *déficit* de 100% de oxigênio e, além disso, a taxa de vazão da glicólise pode representar mais uma limitação da capacidade de desempenho.

Neste caso, seria adequado o conceito de *resistência de velocidade* segundo SALTIN, porque se trata de desempenhos que realmente devem ter sua limitação na capacidade anaeróbia (ver também HOLLMANN & HETTINGER, 1976, p. 473). Por isso, também se justifica a diferenciação entre resistências de *sprint* de velocidade.

Na *resistência de sprint*, há desempenhos de trabalho de até cerca de 30 segundos, com intensidade máxima. O fator limitador é, provavelmente, a diminuição da condução diferenciada (fadiga de programa).

Na *resistência de velocidade*, há desempenhos de trabalho de até cerca de 120 segundos (desempenhos de resistência de curta duração). Os fatores limitadores são, provavelmente, a taxa de vazão da glicólise e um *déficit* de 100% de oxigênio.

De acordo com SALTIN (1986, p. 101), o treinamento da capacidade anaeróbia, como precondição para os desempenhos de resistência de velocidade, deve ter, portanto, dois componentes:

- aumento da taxa de vazão da glicólise;
- a tolerância de produção de lactato em desempenhos intensivos.

Para o primeiro componente, pode-se julgar, resumidamente, o seguinte: a taxa de fluxo da glicólise é influenciada por três condições: (1) os estoques de glicogênio, (2) as enzimas glicolíticas e (3) a ativação destas enzimas por meio de enzimas chave. Nas formas de treinamento, realizadas por curtos períodos com intensidade elevada, pôde-se comprovar um aumento de enzimas glicolíticas. Ainda se desconhece a treinabilidade da ativação das enzimas chave. Supõe-se, em geral, que o treinamento com intensidade máxima cause uma condução vegetativa do nervo simpático, que estimula muito a glicólise. O segundo componente refere-se à chamada tolerância ao lactato no músculo e suas conseqüências (com relação a isso, ver seção 3.4.3.4).

A *capacidade anaeróbia* é resultado das capacidades alática e lática de desempenho da musculatura, e é usada, na maioria das modalidades esportivas, junto com a capacidade aeróbia de desempenho. A relação entre as capacidades aeróbia e anaeróbia de desempenho pode ser vista da seguinte maneira: enquanto, no metabolismo aeróbio, pode ser negligenciada a utilização simultânea das possibilidades anaeróbias da musculatura, na disponibilização anaeróbia de energia são necessárias elevadas taxas aeróbias de vazão da disponibilização de energia, devido à intensidade elevada de solicitação necessária. Isso significa que *a capacidade também anaeróbia pressupõe uma capacidade aeróbia elevada.*

No desenvolvimento da capacidade anaeróbia, deve-se supor, de acordo com o estado atual de conhecimento, que ela esteja baseada em dois componentes. Por isso, as precondições para o aumento da capacidade anaeróbia no treinamento são as seguintes:

- Mudanças nos padrões neurais de comando;
- Aumento da atividade de enzimas glicolíticas nas fibras musculares de contração rápida;
- Participação elevada de fibras RG (rápidas glicolíticas) nas seqüências motoras no treinamento.

Isso pressupõe, na mobilização do metabolismo anaeróbio, velocidade e intensidade de solicitação muito altas, específicas de modalidade esportiva. Com isso, a este respeito, são dados objetivos à metodologia e à condução do treinamento.

Todo *treinamento com intervalos* é uma combinação de fases de solicitação e recuperação. Sempre devem ser fixados os seguintes itens para todos os métodos com intervalos:

- *Extensão das distâncias* (distâncias parciais);
- *Velocidade na realização das distâncias* (duração e intensidade de solicitação);
- *Número de repetições e séries* (volume de solicitação);
- *Duração e estruturação das pausas* (densidade de solicitação).

Na literatura técnica específica, mantiveram-se, também, conceitos para a modificação dos métodos de treinamento com intervalos, como "corridas de resistência com intervalos", "corridas de velocidade" etc. (Hirsch, 1977, Schmidt, 1977; Pöhlitz, 1987), ou houve uma subdivisão em métodos com intervalos de curta, média e longa duração (Harre, 1979, p. 166). Esta variedade de conceitos só confunde a situação metódica e tem pouca correspondência nas publicações da ciência do treinamento no exterior. Em outros países, comprovou-se, a diferenciação de *treinamento com intervalos extensivo* e *intensivo*. Estes conceitos são válidos para todas as modalidades esportivas de resistência.

A estruturação das pausas da *fase de recuperação* é importante para o treinamento com intervalos. A medida de *três minutos* para as fases de recuperação no treinamento com intervalos tem, fundamentalmente, significado orientador. Mesmo atingindo a freqüência cardíaca máxima, o pulso de recuperação, após três minutos, é de menos de 120/min. Com isso, a inércia de ativação dos processos metabólicos é tão grande que as pausas devem ser estruturadas de maneira ativa, isto é, com intensidade reduzida, para poder evitar uma queda excessiva do pulso de recuperação e da atividade metabólica. Portanto, para a estruturação das pausas, vale o seguinte princípio:

A *fase de recuperação* entre distâncias parciais maiores ou entre séries com distâncias mais curtas dura, geralmente, *3 minutos*, porque a musculatura, devido à rápida *ressíntese de fosfato de creatina* e à conseqüente degradação de prótons, está praticamente com a capacidade plena após este tempo.

A pausa é estruturada *ativamente*, com intensidade muito reduzida, para não deixar baixar demais (100 a 120/min) o pulso de recuperação.

Se no treinamento intensivo com intervalos forem intercaladas pausas de 30 a 90 segundos, devido a distâncias parciais menores, a pausa entre séries deve durar três minutos após três a quatro solicitações.

O *treinamento com intervalos extensivos* serve para a formação da capacidade de resistência na *área limite* e acima, com as distâncias parciais mais longas na área limite e, mais curtas acima. Desta maneira, são incluídos também processos anaeróbios e é desenvolvida *uma resistência de desempenho com intensidade elevada*. Com a manutenção de uma velocidade relativamente elevada, que deve ser maior que a velocidade de corrida nas modalidades de resistência de longa duração, ainda há *exigências psíquicas* elevadas.

As seguintes *regras* devem ser observadas na aplicação deste método:

A *duração total* das distâncias parciais a serem cumpridas < 60 minutos.

Para *modalidades de resistência de curta e média duração*, a intensidade de solicitação fica, com 85 a 90% geralmente, abaixo da velocidade de corrida.

Para *modalidades de resistência de longa duração*, o treinamento extensivo com intervalos tem uma extensão total de 10 a 12 km, com intervalos de

1.000 a 2.000 m e com uma intensidade de 103% (Tabela 3.17), e são intercaladas pausas ativas de recuperação de três minutos com 70% da intensidade; ou o treinamento extensivo com intervalos tem uma extensão total de 12 a 15 km, com intervalos de 3.000 a 5.000 m, com uma intensidade na área limite (Tabela 3.17) e intercaladas pausas ativas de recuperação de três minutos, com 60 a 70% de intensidade (Lenzi, 1987, p. 48).

Na natação, por exemplo, o treinamento extensivo com intervalos tem duração total de 30 a 45 minutos; nada-se distâncias médias de 200, 300, 400 e 800 m. A intensidade é de 85% da velocidade máxima em 200 m e 90% em 800 m. A duração das pausas é de 30 a 90 segundos entre as solicitações e de três minutos entre as séries.

O *método intensivo com intervalos* é usado principalmente para o desenvolvimento da capacidade anaeróbia. O sistema cardiovascular e os processos do metabolismo têm solicitações tão elevadas que sempre é necessária a fase de recuperação de três minutos. De acordo com Saltin (1986, p. 106), o treinamento intensivo com intervalos deve ser feito de duas formas:

Forma 1: para a *ativação e a progressão das enzimas glicolíticas*. Para isso, são necessárias solicitações de 30 a 40 segundos de duração, com máxima intensidade, com três a oito repetições, dependendo do nível de treinamento.

Forma 2: para o *melhoramento da capacidade armazenada no músculo esquelético*. Para isso, são necessárias solicitações de 1:30 a dois minutos, com intensidade quase máxima, e dois a seis repetições. Neste caso, por "questões psicológicas", a fase de recuperação pode durar mais que três minutos.

3.4.5.4 Método de repetição

O método de repetição é geralmente realizado como treinamento abaixo da distância. Ele é usado para repetir várias vezes exigências parciais, específicas de competição dentro de uma unidade de treinamento. Com isso, é escolhida, principalmente, a velocidade de competição, objetivada no ano de treinamento, como intensidade de solicitação, para harmonizar a freqüência e a velocidade do movimento com a velocidade de corrida a ser alcançada.

Também neste caso, a fase de recuperação ativa de três minutos é suficiente para regenerar a musculatura para a capacidade plena. Quando motivos psicológicos exigem pausas maiores, o bom estado de preparação, para a repetição seguinte, deve ser mantido por meio de medidas correspondentes.

3.4.5.5 Métodos de competição e de controle

Como o nome diz, este método é baseado em duas áreas de experiências a *competição*, ou seja, a corrida, a natação etc., com condições táticas típicas, e o *controle diagnóstico de desempenho*.

Os métodos, com a inclusão destas duas áreas de experiências, servem primeiro ao desenvolvimento da *resistência específica de competição*, à aquisição de experiências táticas (de acordo com etapas) e à consciência individual de desempenho; segundo, ao *controle do desempenho* para determinar seu estado atual. Estes métodos têm grande importância, principalmente das modalidades de resistência de curta e média duração. De acordo com Pöhlitz (1987, p. 21), por exemplo, os corredores de meio fundo na etapa de pré-competição deveriam cumprir uma unidade de treinamento por semana, no sentido de treinar estas áreas de experiência. Para o método de competição e controle, há as seguintes variantes:

Abaixo da distância: mais rápido que a velocidade de competição.

Distância de competição: velocidade de competição ou uma velocidade definida mais lenta (90 ou 95%).

Acima da distância: com velocidade mais alta possível.

Desmembramento da distância de competição em distâncias parciais com pausas curtas: cada distância parcial com velocidade máxima.

A gama dos métodos a serem usados no treinamento de resistência deixam aos treinadores possibilidades de variação de muitas maneiras. Assim, na sintonização da duração e da intensidade dos métodos a serem usados, na estruturação de métodos com intervalos, como a seqüência de diferentes distâncias, por exemplo, intervalos em série com distâncias crescentes e decrescentes etc. Além disso, há a mudança de técnicas de movimento como treinamento contínuo ou com intervalos (por exemplo, primeira distância com bicicleta, segunda distância com corrida etc.; primeira distância com corrida, segunda distância com *rollerski*, terceira distância com saltos passados na colina etc.). O treinador deve, a partir da oferta de métodos do treinamento de resistência, elaborar uma concepção total conveniente e de desenvolvimento de desempenho. O treinamento total de resistência sempre está baseado numa concepção específica de modalidade esportiva.

3.4.6 Treinamento específico de resistência – um modelo de orientação para modalidades esportivas de jogos

A temática da resistência específica foi tratada na seção 3.4.2.2. Como o treinamento de resistência específico para modalidades de jogo é sempre discutido novamente há anos, dedicaremo-nos especialmente a este tema. De um lado, os atletas de jogos não devem ser designados como atletas de resistência; por outro, os jogos duram, no handebol, uma hora (sem considerar as interrupções), no futebol, 90 minutos, no vôlei e no tênis, não raramente, mais de duas horas etc. Considerando-se como um parâmetro importante da capacidade aeróbia, a *capacidade máxima de captação de oxigênio*, nas modalidades de jogo, é medida, em média, 65 ml de VO_2 por kg de massa corporal nos homens e 55 ml nas mulheres (HOLLMANN & HETTINGER, 1976, p. 360; LIESEN et al., 1977, p. 70; FORSBERG, 1986, p. 31). Tanto HOLLMANN como HETTINGER publicaram para jogadores de futebol e de hóquei de alto nível valores > 70 ml, como também FORSBERG para jogadoras de badminton > 60 ml. Mas, antes de tratar questões de conteúdo e método, é conveniente observar os desempenhos de resistência nas modalidades de jogo de maneira analítica.

De acordo com resultados existentes, o desempenho específico de resistência pode caracterizar-se da seguinte maneira: de acordo com estudos de SICHELSCHMIDT & KLEIN (1986), no *handebol*, por exemplo, durante o jogo, deve ser cumprido um desempenho de corrida de, aproximadamente, 80 a 95 m por minuto, e isso corresponde mais ao comportamento regenerativo de corrida. Todavia, durante este tempo, são realizados, em média 70 *sprints*, que correspondem, no total, a uma distância de corrida de 470 a 560 m. Com isso, estes *sprints* têm a duração, em média, de 6 a 8 m. A densidade média entre os *sprints* é de cerca de 50 segundos. Tomando como base estes fatos, para o jogo de handebol, resulta um tipo de resistência que, com intensidade média moderada do trabalho de corrida (cerca de 1,6m/s), precisa realizar um *sprint* curto a cada 50 segundos. Como as distâncias de *sprint* são muito curtas (dois a três segundos) e os intervalos muito longos, não se trata de desempenhos de resistência de velocidade (de curta duração), mas de desempenhos em áreas de disponibilização alática de energia. Os exames de lactato e amoníaco, que realizamos em testes de campo, confirmam esta opinião (Tabela 3.18).

Tabela 3.18 Valores de lactato e amoníaco de seis indivíduos testados, determinados após o primiro intervalo e após o jogo

Indivíduos testados	**Lactato medido**		**Amoníaco medido**	
	após o 1º tempo	após o jogo	após o 1º tempo	após o jogo
1	2,6	-3,04	27	-26
2	6,84	-2,35	62	-38
3	5,5	-2,13	38	-41
4	3,54	-7,09	47	-60
5	2,64	-1,70	27	-22
6	5,61	-3,25	54	-31

Os valores de lactato permaneceram relativamente baixos, embora quase não houvesse interrupções. Como, também, os valores de amoníaco são de, somente, 50 a 60% dos valores máximos medidos em atletas de resistência, mostra-se que a solicitação total, apesar de muitos *sprints*, fica na área do limiar ou pouco acima. As medições de freqüência cardíaca feitas no jogo de handebol e realizadas por motivos experimentais muito rapidamente confirmam esta hipótese (Tabela 3.19).

Tabela 3.19 Valores de freqüência cardíaca do primeiro e segundo tempos de três indivíduos testados. Os valores foram registrados com o "Sporttester PE 3000"

	$\bar{x}$ *FC*		*FC mínima*		*FC máxima*	
Indivíduos	1º tempo	2º tempo	1º tempo	2º tempo	1º tempo	2º tempo
G	167	165	133	140	189	180
B	164	160	143	120	187	177
E	172	159	151	133	188	175

As mensurações da freqüência cardíaca mostraram que o desempenho médio está na área do limiar, mas, em cada tempo, foram atingidos de oito a dez picos acima do limiar. Todavia, entre estes picos, há, em média, três minutos, nos quais a freqüência cardíaca diminui consideravelmente. Estes valores mostram que jogadores de handebol necessitam de boa resistência, mas também de uma resistência específica de jogo com o ritmo de solicitação descrito acima.

Winkler (1983, p. 5) analisou a solicitação de corrida de jogadores de futebol da Liga Nacional. Aproximadamente 30% da locomoção é caminhada, 58% trote lento e 12% corrida rápida ou *sprint*, com desempenhos de locomoção de 8.000 a 11.500 m no jogo.

Semelhante ao jogo de handebol, neste caso, a intensidade total com 1,8 m/s não é muito alta. Isso também é confirmado por Liesen (1983, p. 11), medido em duas equipes em seis jogos. O lactato do sangue após o primeiro tempo foi de 4 a 6,3 mmol/l. Durante o segundo tempo, caiu para 2 a 3,2 mmol/l, e após o segundo tempo, ficou entre 3 e 5,3 mmol/l.

Projetando-se, com base nesta análise, um perfil de resistência para modalidades esportivas de jogo com grande parcela de corrida, deve-se levantar a hipótese de que a capacidade aeróbia de desempenho necessária não pode ser desenvolvida unicamente pelo jogo, porque a intensidade total do desempenho de corrida no jogo é tão baixa que o efeito do estímulo não será suficiente. O treinamento de resistência deve representar, portanto, uma mistura de *resistência geral* e *específica* com a seguinte relação (Figura 3.63):

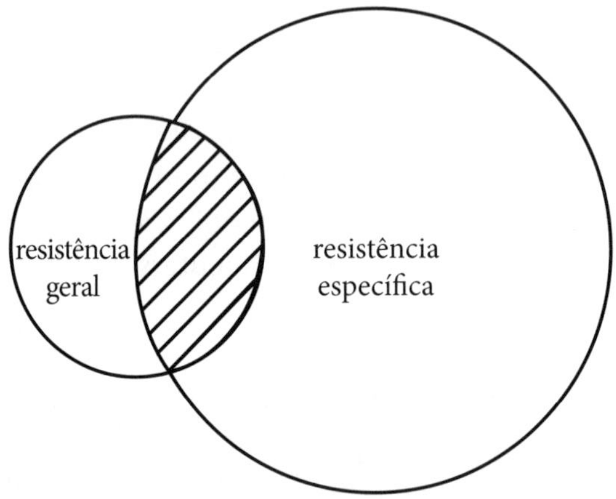

Figura 3.63 Volume do treinamento de resistência geral e específica nas modalidades esportivas de jogo.

O *treinamento geral de resistência* é cumprido pelo método contínuo na corrida e, em parte, com o tipo principal de locomoção do respectivo jogo (pólo aquático = natação; hóquei no gelo = patins sobre gelo ou corrida com patins sobre gelo), porque, junto com o treinamento de resistência, deve ser conseguida, ao mesmo tempo, uma *economia* da técnica de locomoção. A duração da solicitação por unidade de treinamento é de 30 a 60 minutos, e a intensidade de solicitação para o treinamento da corrida deveria ser determinada pela fórmula descrita na seção 7.2.2.2, capítulo 7. O treinamento da resistência geral ocorre, principalmente, no período de preparação, no fim do período de transição e no período intermediário. Durante todo o período, um treinamento de resistência geral pelo método contínuo (20 a 45 minutos com intensidade de ~ 70%) auxilia, imediatamente após a competição, a regeneração mental-psíquica e estabiliza, assim, também a capacidade aeróbia de desempenho.

A *resistência específica*, ou, também, *resistência específica de jogo*, é exercitada principalmente por formas de jogo que exigem um trabalho constante de corrida dentro de seu ritmo. Um treinamento específico de resistência com o objetivo de conseguir elevada extensão de deslocamento ocorre uma ou duas vezes por semana. Ele dura 30 a 60 minutos (ou mais), dependendo do objetivo (melhoramento da capacidade aeróbia de desempenho, estabilização, regeneração) e do período de treinamento.

Como complexo, o treinamento das resistências geral e da especial de jogo tem três objetivos: primeiro, o desenvolvimento da *necessária capacidade aeróbia de desempenho*. O parâmetro para as modalidades de jogo com elevada extensão de locomoção (futebol, handebol, hóquei, hóquei no gelo etc.) é um VO_2máx/kg ~ 65 ml nos homens e ~ 55 ml nas mulheres (Hollmann & Hettinger, 1976, p. 360; Liesen et al., 1977, p. 70; Forsberg, 1986, p. 31); segundo, a *transformação* da capacidade aeróbia de desempenho em *extensão elevada de resistência específica de jogo*; e terceiro, a *economia* da técnica específica de locomoção como tarefa coordenativa.

3.4.7 Planejamento e condução do treinamento de resistência

O estado de desempenho experimenta, nos esportistas de resistência, determinadas mudanças dentro de um ano de treinamento ou ciclo periódico. Por conseguinte, o ciclo periódico deve reagir a estas mudanças de estado. Nas modalidades de resistência, são usadas periodizações simples, duplas e também triplas. Estas periodizações múltiplas são concebidas não só devido ao calendário de competições específicas de modalidade esportiva, mas devem ser mudadas dentro de uma modalidade esportiva por motivos de condução do treinamento, porque uma estruturação deste em longo prazo deve apresentar diferentes estruturas no treinamento de fundamentos, estrutural e de alto nível.

Segundo Harre (1986, p. 172), as periodizações duplas ou formas mistas têm algumas vantagens com relação à periodização simples. Desta maneira, a mudança do treinamento da resistência geral para o treinamento intensivo de competição ocorre mais rapidamente. Os processos de adaptação seriam estimulados mais constantemente que em período longo de preparação, enquanto estes processos com solicitações uniformes enfraquecem paulatinamente. Desta maneira, seriam criados picos psíquicos que incentivasse a disposição para o desempenho. Apesar disso, uma estruturação do desempenho com periodização dupla e tripla não é sem problemas, porque desenvolvimento acelerado de um estado elevado de desempenho nem sempre é ligado ao fortalecimento o deste. Assim, provavelmente uma *mudança entre a periodização dupla e simples,* em ritmo de dois anos, contrapõe-se a uma estagnação precoce do desempenho.

3.4.7.1 Exemplo do esqui nórdico

As concepções de treinamento nas modalidades de resistência de longa duração, muitas vezes, estão baseadas em conceitos de parâmetros geralmente reconhecidos, que descrevem os volumes do treinamento geral e específico de resistência, as parcelas de participação aeróbia e anaeróbia, e o treinamento em horas e/ou em quilômetros. A Tabela 3.20 mostra um destes conceitos de parâmetros.

Um grupo de trabalho de treinadores do esqui nórdico (do Canadá, Alemanha, Finlândia, Itália, Noruega, União Soviética, Suíça, Suécia, EUA) fixou, no seminário internacional de treinadores em 1986, na Suécia, principalmente com base em experiências práticas, os parâmetros da Tabela 3.20 como dados de experiência para a estruturação de um sistema de treinamento bem sucedido no esqui nórdico.

Tabela 3.20 Parâmetros para o treinamento no esqui nórdico como exemplo de uma modalidade de resistência de longa duração

		Homens	Mulheres
Volume total do treinamento no ano		h 800 a 900 km 7.000 a 9.500	500 a 700 5.500 a 7.500
Treinamento geral e específico de resistência (aeróbio)		80 a 90%	80 a 90%
do qual:	de esqui	50%	50%
	de *rollerski*	23%	23%
	treinamento de corrida	23%	23%
	ciclismo/remo	4%	4%
Treinamento de resistência anaeróbia de velocidade		5 a 10%	5 a 10%
Treinamento de resistência de força		5 a 10%	5 a 10%

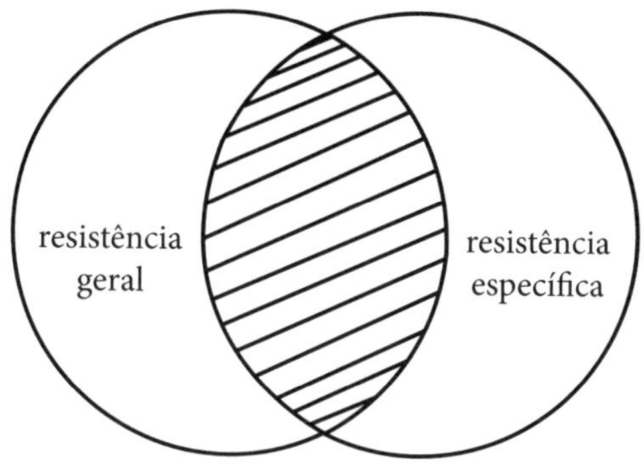

Figura 3.64 Volume do treinamento de resistência geral (resistência geral) e específico (resistência específica). O treinamento de resistência geral inclui o treinamento de corrida, de ciclismo, de *rollerski* e esqui, com intensidade do metabolismo aeróbio. O treinamento de resistência específica abrange o treinamento de *rollerski* e esqui, com intensidade mais elevada, o treinamento específico de competição e o de resistência de velocidade (Tabela 3.20).

Desta concepção de parâmetros, resulta o fato de que os diversos conteúdos de treinamento não podem ser associados inequivocamente ao treinamento da resistência geral nem da específica, tendo em vista a intensidade de solicitação escolhida e a técnica aplicada. Isso é visível pelo conjunto de interseção da Figura 3.64. Nesta área de intensidade, o treinamento executado com técnica específica de modalidade esportiva é, fundamentalmente, um treinamento muito eficiente para modalidades de resistência de longa duração. Como a solicitação é distribuída no ciclo anual e os procedimentos diagnósticos de desempenho usados na condução do treinamento são mostrados no exemplo dos participantes italianos no esqui nórdico (Vanoi, 1987).

Este modelo é baseado nos seguintes princípios, que podem ter validade geral para a periodização simples nas modalidades de resistência de longa duração:

- O ciclo periódico total começa com um *exame diagnóstico de desempenho* no laboratório e em campo (Figura 3.65), com a tarefa de determinar o limiar tanto anaeróbio como aeróbio, mediante dados de medição ergoespirométricos e a curva de lactato e desempenho;

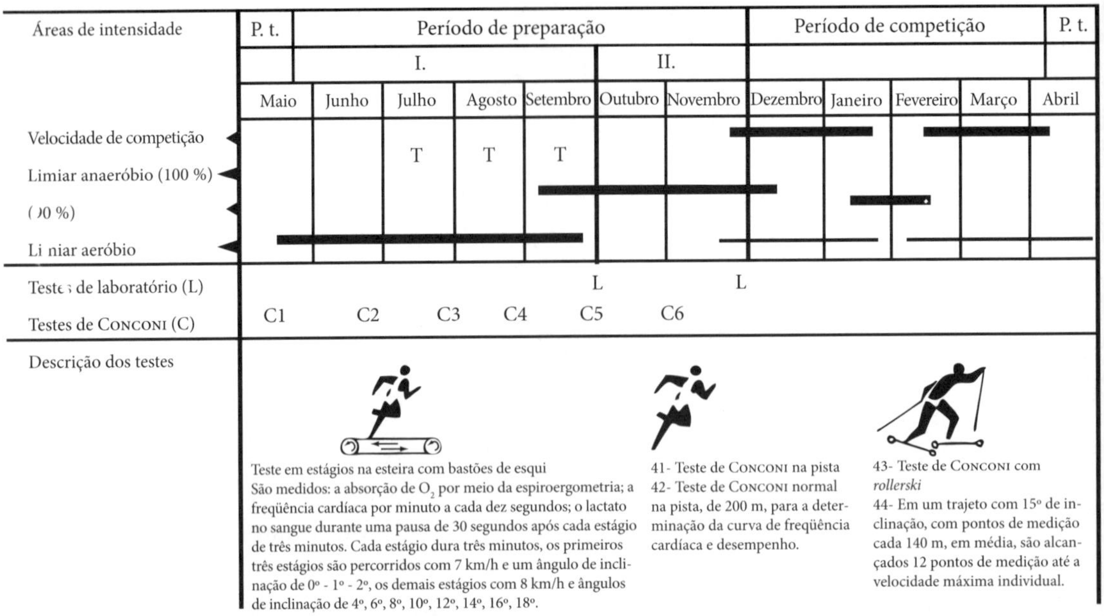

Figura 3.65 Estrutura do treinamento representada pelas áreas de intensidade e os procedimentos diagnósticos de desempenho para a condução do treinamento (segundo VANOI, 1987, p. 76) (P.t. = período de transição).

O limiar aeróbio é determinado pelo primeiro aumento de lactato, junto com o primeiro aumento do volume respiratório por minuto e relacionado ao desempenho individual de trabalho, à freqüência cardíaca e à admissão de O_2. Para a determinação do limiar individual, são decisivos, também, valores comparativos dos exames anteriores. O limiar anaeróbio individual é determinado pela inclinação da curva de lactato e desempenho, e pelo volume respiratório por minuto. Estes valores também são relacionados com os exames anteriores (MOGNONI, 1988, PUNKKINEN, 1988).

- A cada quatro semanas, é feito, ainda, um teste de CONCONI na esteira ou no *roller esqui* (Figura 3.65), para observar continuamente a mudança da capacidade individual de desempenho de resistência. Além disso, é determinado, por meio da comparação dos resultados obtidos na pista e no *roller esqui*, em quais destas duas áreas de treinamento há *déficit*;

A *estrutura do treinamento* não prevê, na primeira etapa do período de preparação, intensidades de solicitação altas demais. A *intensidade* está constantemente um pouco acima do limiar aeróbio e entre a área de estabilização e a de desenvolvimento. O aumento da exigência total de solicitação nesta etapa é realizado por meio de um acréscimo contínuo, com *intensidade relativamente constante*. Esta intensidade é garantida por meio do controle da freqüência cardíaca. Com o desenvolvimento crescente da resistência e freqüência cardíaca constante, o desempenho objetivo (por exemplo, velocidade de corrida em m/s) torna-se sistematicamente mais alto. No final desta primeira etapa do período de preparação, a metade da duração do treinamento é feita com intensidade mais elevada, mas abaixo do limiar anaeróbio. A outra metade é cumprida com intensidade na área do limiar aeróbio. No final da primeira etapa, é feito um exame diagnóstico amplo do desempenho em laboratório, que deve determinar mais precisamente e controlar, mais uma vez, o desenvolvimento do desempenho.

Na segunda etapa do período de preparação, com volume variado, o treinamento é feito, primeiro, com volume elevado, depois decrescente e novamente crescente, com a intensidade média abaixo do limiar anaeróbio, na área limite, devendo ser cumprido um treinamento adicional de regeneração com intensidade de 70 a 80%. No final da segunda etapa do período de preparação e no início do período de competição, é feito o programa diagnóstico de desempenho em laboratório para diagnosticar com precisão o estado de desempenho após este treinamento intensivo e fazer prognósticos para o período de competições. Mas isso só é possível quando existem valores comparativos do diagnóstico de desempenho e dos resultados de competição de anos anteriores.

O período de competição é dividido em duas etapas e tem de um a dois microciclos entre a primeira etapa e as competições principais da segunda. A intensidade média de solicitação nesta etapa curta intermediária é de 80 a 90% do pd. O período de competição entra com treinamento leve no período de transição.

Segundo Punkkinen, os erros típicos da condução de treinamento nas modalidades de resistência de longa duração é o aumento forte demais da admissão máxima de oxigênio já na primeira etapa do período preparatório, com a conseqüência de alcançar a forma máxima cedo demais e ela não durar até o fim do período de competição. Portanto, uma dosagem coerente de solicitação aliada à condução sistemática do treinamento é decisiva na primeira etapa do período de preparação.

3.4.7.2 Exemplo da natação

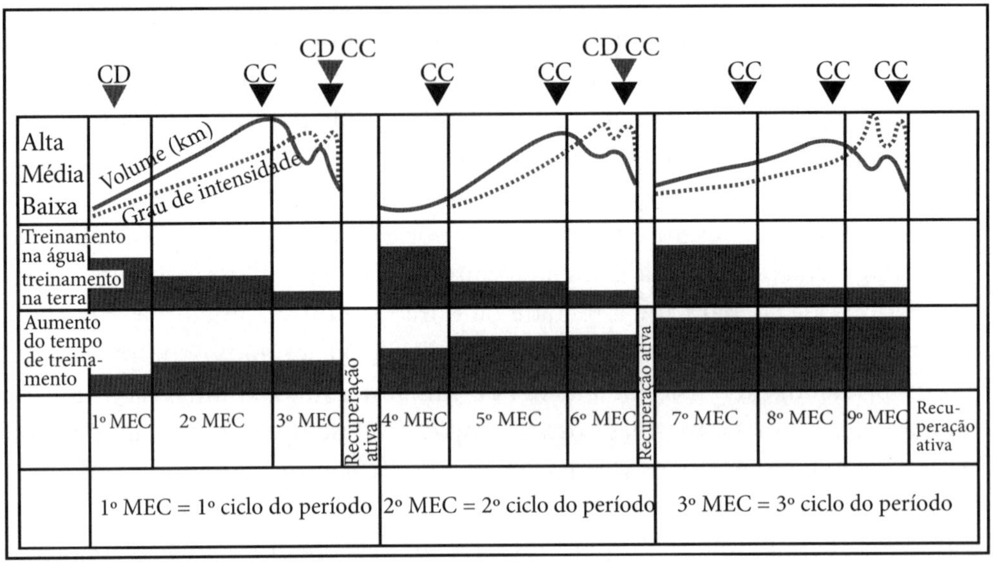

MEC = mesociclo
MAC = macrociclo

Figura 3.66 Representação do princípio do ano de treinamento com a estrutura de solicitação (volume e intensidade), as proporções de conteúdo, o tempo de treinamento E os controles de desempenho (CD) e de competições (CC) (segundo SCHRAMM, 1987, p. 191).

O segundo exemplo aqui representado é da natação (Figura 3.66). Trata-se de um modelo sugerido por SCHRAMM (1987, p. 191) com periodização tripla e repetição tripla de macrociclos no ano de treinamento.

O ano de treinamento é dividido em três ciclos periódicos (= macrociclos), nos quais o volume é variável, de pouca a muita e, novamente, pouca. A intensidade começa em cada ciclo também baixa, vai até alta e, no fim de cada ciclo, diminui novamente. Além disso, a concepção é determinada por uma atividade freqüente de competição, mas preparada sistematicamente somente no final de um ciclo periódico, quanto à solicitação (volume e intensidade) e ao conteúdo (treinamento na água e em terra).

3.4.7.3 Características da condução do treinamento

O reconhecimento precoce do *sobretreinamento* é essencial para a condução do treinamento na área de resistência. Devido a *volumes de so-*

licitação extremamente *elevados*, como são usuais nas modalidades de resistência de longa duração, e, principalmente, em concentrações de treinamento e medidas centrais de treinamento – com, às vezes, duas unidades amplas por dia – pode haver facilmente o *sobretreinamento de Addison*, ou *pré-formas* desse (seção 5.4.3, capítulo 5). Elas devem ser diagnosticadas e mantidas sob controle. O reconhecimento precoce deste sobretreinamento ou de seus sinais é de grande importância na condução do treinamento no microciclo, porque deve ser mudado espontaneamente.

O *sobretreinamento de Addison*, ou esta forma de fadiga, é caracterizado por uma patologia do simpático, isto é, no sistema nervoso autônomo prevalecem os processos de inibição (ISRAEL 1976, p. 2; HOLLMANN & HETTINGER, 1976, p. 502). Este sobretreinamento quase não é percebido subjetivamente, porque não há perturbação do sono, são igualmente normais o apetite, a massa corporal, a freqüência cardíaca em repouso, a temperatura do corpo, a capacidade de recuperação, a disposição e também o desempenho que, visto de maneira subjetiva, é percebido como normal. Entretanto, determinados sintomas são indícios desta forma de fadiga:

- *Aumento constante da uréia* de manhã, que não diminui, apesar do tempo de regeneração durante a noite (figura 3.67);
- *Aumento* precoce *de amônia* no desempenho;
- *Capacidade diminuída de produção de lactato*;
- *Freqüências cardíacas mais elevadas com desempenhos iguais* (LEHNERTZ & MARTIN, 1988).

As *mnsurações de uréia* do soro sangüíneo já são métodos freqüentemente praticados para o diagnóstico da solicitação de treinamento. Elas são feitas para constatar se os processos de regeneração entre as solicitações foram suficientes ou não. Supõe-se que as solicitações de treinamento devem ser reduzidas quando os valores de uréia, após uma fase de recuperação, ainda estão acima de 8 mmol/l (em mulheres, acima de 7 mmol/l) e quando não há outras causas (por exemplo, ingestão de muita proteína) (NEUMANN, 1985, p. 13).

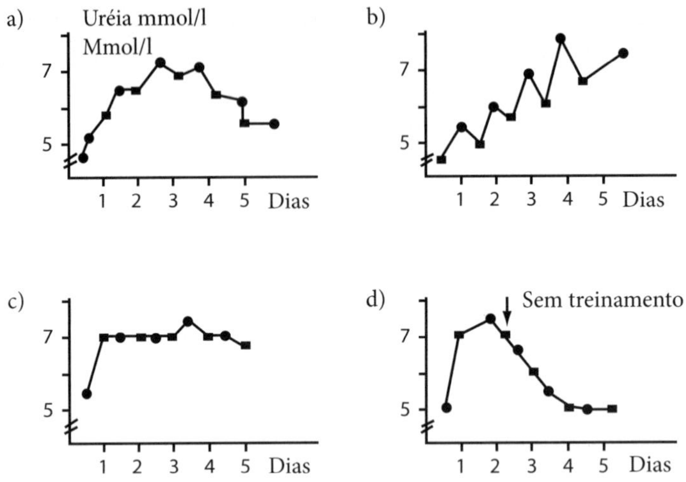

—■— valores de repouso de manhã
—●— valores após a solicitação à noite

Figura 3.67 Exemplos da cinética da uréia. A) transição para a solicitação de treinamento mais alta, com uma adaptação a estas solicitações; B) acúmulo de fadiga e intolerância ao treinamento; C) recuperação inadequada após treinamento intenso, sem diminuição dos valores matutinos; D) cinética da uréia após a parada do treinamento (segundo Neumann, 1985).

3.5 Mobilidade e treinamento de mobilidade

3.5.1 Mobilidade – característica e conceito

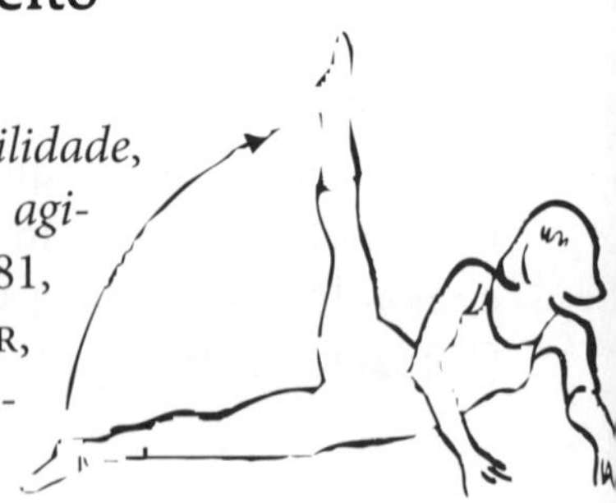

A área de capacidade que é chamada de *mobilidade*, por outros autores é denominada, como sinônimo, *agilidade* (Grosser, Starischka & Zimmermann, 1981, p. 129) ou *flexibilidade* (Hollmann & Hettinger, 1976, p. 165). Como agilidade, entende-se a capacidade de executar movimentos intencionais com grande amplitude, em determinadas articulações.
O conceito de flexibilidade refere-se mais à capacidade de alongamento dos músculos, dos tendões, dos ligamentos e da pele, e designa a elasticidade de todo músculo esquelético (Hollmann & Hettinger, 1976, p. 166).

Mantemos o conceito de mobilidade porque esta capacidade não pode ser descrita somente pela amplitude das articulações ou da capacidade de alongamento da musculatura, mas por *precondições complexas*. Bons desempenhos de mobilidade são resultantes da ação conjunta das *propriedades elásticas* dos músculos, tendões e ligamentos, da *força necessária* para atingir a amplitude do movimento nas articulações, anatomicamente possível, de boa *coordenação intra e intermuscular*, de *programas motores* existentes e da capacidade funcional das *articulações*. Esta complexidade de precondições atuando em conjunto pode ser incluída o mais próximo possível no conceito de mobilidade.

O treinamento da mobilidade tem, portanto, a tarefa de otimizar as propriedades elásticas da musculatura, desenvolver a força necessária que utiliza objetivamente a amplitude anatômica das articulações e melhorar os desempenhos de coordenação refletora da musculatura.

Definição:

Mobilidade é a capacidade de poder realizar movimentos intencional e objetivamente, com a amplitude necessária e ótima das articulações participantes.

A mobilidade é uma capacidade que depende das horas do dia, da temperatura do corpo e da fadiga, como mostra a Figura 3.68.

		Após 10 min de permanência ao ar livre (sem roupa) com 10º C	Após 10 min de permanência na água morna com 10º C	Após 20 min de treinamento de aquecimento	Após treinamento fatigante
8 h	12 h	12 h	12 h	12 h	12 h
-14	+35	-35	+78	+89	-35 (mm)

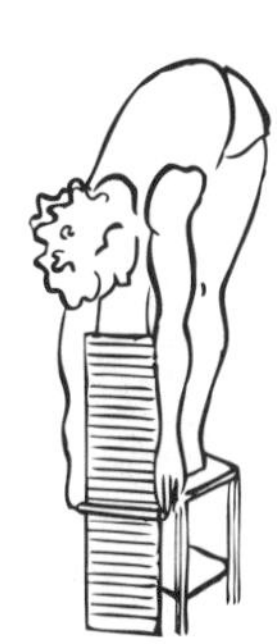

Figura 3.68 Tabela sobre as mudanças da mobilidade, de acordo com as horas do dia, a temperatura do corpo e a fadiga, segundo Osolin, com o exercício de teste (Zatsiorsky, 1972, p. 109).

A mobilidade é uma precondição fundamental para a motricidade humana, principalmente para a do esporte. *Por este motivo, o exercício de mobilidade é parte integrante e insubstituível do processo de treinamento.* De acordo com observações freqüentes de treinamentos, constata-se, todavia, que na prática do treinamento, muitas vezes, é dada pouca importância a ela, ou é menosprezada com algumas formas padronizadas de exercícios, como acessório "inoportuno" do treinamento "verdadeiro". Mas ela atua diretamente no desempenho esportivo porque, com uma mobilidade ótima, podem ser executadas ações de força e desempenhos de velocidade mais facilmente, isto é, com menor resistência interna. Além disso, o aprendizado motor não é perturbado por movimentos "desajeitados", e o perigo de lesões é menor, como fissura do músculo ou da fibra, por exemplo.

3.5.2 Estruturação e formas de manifestação da mobilidade

Tradicionalmente, a teoria de treinamento diferencia as exigências e os tipos de mobilidade com pares de conceito, como mobilidade "geral – específica", "ativa – passiva" e "estática – dinâmica", para sistematizar a complexidade desta capacidade.

A *mobilidade geral* designa um nível médio de mobilidade nos sistemas mais importantes de articulações. Mas esta medida, a ser vista como "normal", tem pouca importância para o desempenho esportivo, e deve ser ultrapassada pelo atleta de alto nível, se ele quiser usar plenamente suas possibilidades coordenativas e de condicionamento. Portanto, uma mobilidade geral acima da média é um objetivo permanente no treinamento de todas as modalidades esportivas.

A *mobilidade específica* é exigida pela especificidade da modalidade esportiva, e objetiva as exigências "específicas" de uma modalidade esportiva. Para isso, as modalidades esportivas, com um perfil especial de exigências de mobilidade, desenvolvem "programas de mobilidade" e "exercícios de controle" próprios (Counsilman, 1980, p. 126; Schmidt, 1987, p. 29), que resultam em até treinamento técnico adicional (seção 2.2.2.6, capítulo 2).

A *mobilidade ativa* é a maior mobilidade possível de uma articulação que pode ser produzida independentemente, sem auxílio do desempenho muscular ativo. Neste caso, a capacidade de alongamento e a força dos agonistas limitam o desempenho (Maehl, 1986, p. 13).

A *mobilidade passiva* denomina a forma da mobilidade em uma articulação, a qual pode ser alcançada por meio da atuação de forças externas (parceiro, aparelhos, massa corporal própria). A mobilidade passiva é, geralmente, maior que a ativa.

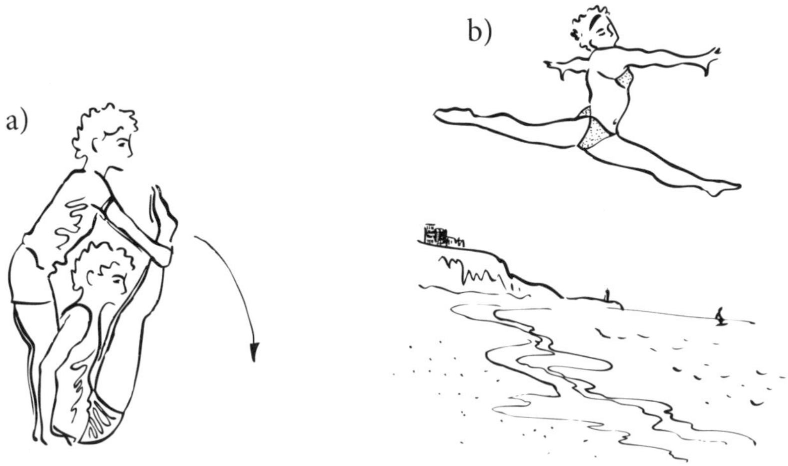

Figura 3.69 Exemplos: a) para mobilidade passiva;
b) para mobilidade ativa.

Certamente, a diferenciação entre mobilidade ativa e passiva não define corretamente o fato. Isto é, a diferenciação não pode ser feita exatamente, nem física nem fisiologicamente. Mas, por motivos de método de treinamento, ela deveria ser mantida, porque a mobilidade é exercitada com execuções ativas e passivas.

Mais uma diferenciação é a *mobilidade estática e dinâmica*. A mobilidade estática denomina a manutenção de determinada posição da articulação por um período (como, por exemplo, a manutenção da posição de avião), que pode ser iniciada tanto ativa como passivamente. A mobilidade dinâmica significa que certa posição da articulação pode ser conseguida, temporariamente, por exemplo, por movimento oscilatório.

Todavia, a complexidade da mobilidade é apresentada de forma insuficiente por meio destas diferenciações (Maehl, 1986, p. 16). Deve-se observar aqui que, ainda, há poucos estudos científicos para a problemática da mobilidade.

3.5.3 Modelos explicativos científicos da mobilidade

Os desempenhos de mobilidade dependem, sob o ponto de vista biológico, das seguintes precondições: (1) capacidade funcional e graus de liberdade das articulações, (2) capacidade de alongamento da musculatura e de seus tendões e (3) capacidade de desempenho muscular na formação da força, (4) a coordenação intra e intermuscular.

Como já tratamos da "força e o treinamento de força" (seção 3.2.3) das características biológicas do desempenho muscular, e da "velocidade e o treinamento da velocidade" (seção 3.3.3) da coordenação intra e intermuscular, aqui nos ateremos, principalmente, às articulações e a capacidade de alongamento da musculatura.

3.5.3.1 Articulações e lesões em articulações

De acordo com a teoria geral das articulações, para possibilitar os movimentos do nosso corpo e de seus sistemas parciais, os diferentes ossos devem ser móveis entre si. Isso ocorre em forma de *união* (união ligamentosa, união cartilaginosa, união óssea) ou, principalmente, por *articulações*. Em uma articulação real, as superfícies são revestidas por cartilagem e separadas pela cavidade articular, sendo o *côndilo*, convexo, e a *glena*, côncava. A articulação é envolvida pelo periósteo e, desta maneira, forma a *cápsula articular*, fechada externamente (Figura 3.70).

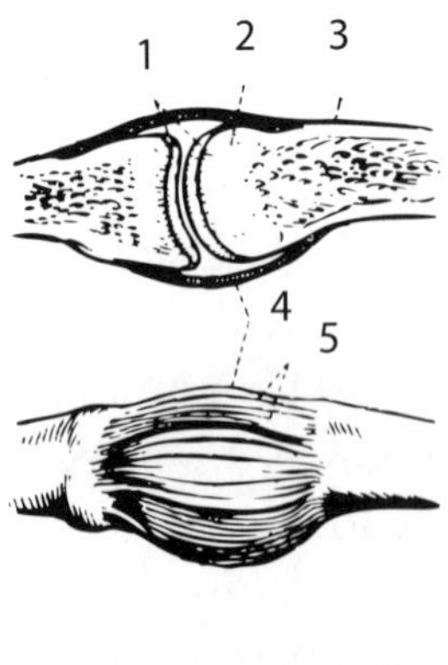

Figura 3.70 Estrutura de uma articulação (em cima, um corte longitudinal). 1 = cartilagem articular (cartilagem hialina); 2 = osso; 3 = periósteo; 4 = cápsula articular; 5 = ligamentos (Kuhn, 1979, p. 52).

A membrana sinovial da cápsula articular secreta um líquido viscoso, a *sinóvia*, que nutre a cartilagem articular, lubrifica-a e atua, ao mesmo tempo, como "amortecedor". A cápsula articular fecha tão bem, que pode haver depressão na articulação. Ao contrário das articulações técnicas (eixo *cardan*), que se unem pelas superfícies, as articulações do organismo vivo se *unem pela força*.

> "Isso significa que as forças atuantes sobre elas não dependem totalmente da forma e da posição das superfícies articulares, uma vez determinada para sempre. São as forças musculares que determinam a direção do movimento, às vezes independente das superfícies articulares. Sob estas condições, elas podem ceder elasticamente, podem mesmo ser deslocadas ou transformadas"
>
> (Kuhn, 1979, p. 52)

Raras vezes, os ossos das articulações são exatamente ajustados, como, por exemplo, na articulação do quadril e do cotovelo. Por exemplo, na articulação do joelho, meniscos são intercalados e funcionam como distribuidores de pressão ou como coxim e facilitam um ajuste das extremidades da articulação. A camada interna da cápsula articular forma dobras e saliências com vasos, nervos e receptores. Estas dobras e saliências tendem à calcificação. Quando rompem, podem ficar presas como "corpos articulares livres" e causar travamento dolorido na articulação. O estímulo para a formação da sinóvia é dado pelo movimento. O repouso da articulação, devido a lesões, falta de movimento etc., causa a parada da produção de sinóvia e a articulação "funciona a seco". Em contrapartida, sobrecargas, compressões e torções causam a superprodução de sinóvia, com conseqüentes inchaços (Grosser, Starischka & Zimmermann, 1981, p. 132).

Os *ligamentos* reforçam a articulação (ligamentos de reforço), garantem sua guia (ligamentos de guia) ou inibem seus movimentos (ligamentos de inibição) e, desta maneira, protegem-na de amplitude demasiada (Waldeyer, 1942, p. 52). Como os ligamentos consistem de tecido não elástico, eles não se tornam mais móveis por meio de treinamento de mobilidade. Isso também vale para a articulação em sua totalidade. Como as *superfícies articulares* são praticamente imutáveis, a superfície em si também não pode se tornar mais móvel pelo treinamento de mobilidade. Os movimentos fisiológicos levam à deformação das cartilagens articulares e, desta maneira, a uma área de contato maior entre o côndilo e a glena. Com isso, a distribuição da pressão é melhor.

A *forma da articulação* determina seus *graus de liberdade* e a *mobilidade fisiológica* ótima. O organismo humano possui *articulações esferóides* com um côndilo em forma de esfera e uma glena em forma de taça, a qual permite movimentos em torno de três eixos nas três dimensões, como, por exemplo, a articulação do ombro. Na *articulação em bola-e-soquete*, uma forma específica da articulação esferóide (como na articulação do quadril), onde uma glena profunda envolve o côndilo pela metade, estes três eixos de movimentos são levemente restringidos.

Na *articulação em dobradiça*, um côndilo em forma de rolo gira dentro de uma glena em forma de calha, como na articulação do cotovelo entre o braço e a ulna. A articulação do joelho, como *articulação condilar*, ainda possui um segundo grau de liberdade. Ela ainda permite, flexionada, uma rotação em torno do eixo longitudinal da tíbia. Além disso, ainda há *articulações elipsóides* (ossos do carpo), *articulações em sela* (por exemplo, entre o polegar e o carpo), assim como *articulações em pivô* (por exemplo, entre a primeira e a segunda vértebra cervical).

Pelo tipo de união da qual depende a estabilidade de uma articulação e seu grau de liberdade, as articulações ainda são diferenciadas com relação à sua *guia*. Na articulação do quadril, por exemplo, a direção e a extensão do movimento são determinadas pela forma do ajuste do côndilo e da glena. Esta guia é chamada de *guia óssea*. Quando ligamentos garantem a união, como, por exemplo, na articulação do joelho, onde as superfícies articulares não são ajustadas precisamente, fala-se de uma *guia ligamentosa*. Por outro lado, a articulação do ombro possui uma grande mobilidade, porque as superfícies articulares têm contato relativamente pequeno e faltam ligamentos que restringiriam a liberdade de movimento. Neste caso, a união é feita por músculos. Esta forma é denominada *guia muscular* (Kuhn, 1979, p. 52).

Em caso de sobrecarga, movimentos não fisiológicos, cargas erradas de compressão e tração em articulações, ocorrem as seguintes *lesões e danos*: traumatismos, distensões, luxações, rupturas de ligamentos e fraturas.

Em *traumatismos*, freqüentemente causados por fortes batidas, é lesionada a cartilagem articular por fortes pressões.

Na *distensão*, a cápsula articular é estendida fortemente, em parte até a ruptura. Com isso, ocorrem inchaços e hematomas, e músculos e ligamentos também podem ser afetados.

Fala-se de uma *luxação* (deslocamento) quando, por meio de ações forçadas de tração ou cisalhamento, a cápsula articular fissura, ou quando o côndilo, após esta ação, não volta para a glena, mas fica deslocado (Kuhn, 1979, p. 55).

As *fissuras de ligamentos* pertencem às mais graves lesões das articulações, como conseqüência de forças de tração e pressão, extremamente não fisiológicas, sobre a respectiva articulação. Elas são, na maioria, tratadas cirurgicamente e exigem um processo de cura muito longo. Situação semelhante vale para as fraturas.

Na maioria das modalidades esportivas, a *mobilidade da coluna vertebral* tem grande importância. Ela ocorre pela soma de movimentos parciais e pela elasticidade do total de 32 discos intervertebrais. Isso leva a uma flexibilidade notável, para todos os lados, do eixo do esqueleto, mas que varia individualmente em função da estrutura das articulações intervertebrais nas partes cervical, torácica e lombar. As *principais direções de movimentos da coluna vertebral* são:

- A *torção em torno do eixo longitudinal*, muito desenvolvida na parte cervical e torácica. Com os pés fixos, é alcançado um raio de ação de quase 180 graus;
- A *flexão lateral em torno do eixo sagital* ocorre, principalmente, na parte da coluna torácica, e alcança, na parte cervical, de 30 a 40 graus de flexão lateral;
- A *flexão do tronco para frente e para trás (também extensão) em torno do eixo transversal* é muito acentuada, principalmente nas partes sem costelas.

Tabela 3.21 A mobilidade normal da coluna vertebral (Tittel, 1985, p. 139)

Movimento	*Parte cervical (sem articulação da cabeça)*	*Parte torácica*	*Parte lombar*
Flexão	+ + +	+ +	+
Extensão	+ + +	+	+ + +
Flexão lateral	+ +	+ + +	+ +
Torção	+ + +	+ +	--

– = sem mobilidade + = pouca mobilidade
++ = boa mobilidade +++ = muito boa mobilidade

Por meio de um treinamento muito intensivo da extensão e flexão da coluna vertebral, desde a infância, como é usual nos artistas, nas ginastas artísticas, nas ginastas de competição etc., é alcançada uma mobilidade quase anormal da coluna vertebral em movimentos de flexão e extensão, mas que, na área das vértebras lombares, segundo Tittel (1985, p. 139), pode causar a osteocondrose precoce. Mas estas extensões e flexões extremas também ocorrem nas áreas sem costelas da coluna vertebral (Figura 3.71).

Figura 3.71 Mobilidade hiperfisiológica da coluna vertebral na parte cervical e lombar (Tittel, 1985, p. 140).

Como mostraram estudos de Tilscher (1985, p. 194), a hipermobilidade, principalmente da coluna lombar, contém em ginastas uma potência elevada de doença, mas sem precisar ser patológico. Esta hipermobilidade pode ser apoiada e bem compensada por uma musculatura bem desenvolvida.

A manutenção de graus de liberdade fisiológicos ótimos e o suprimento de articulações com sinóvia tornam indispensável um treinamento sistemático e contínuo da mobilidade.

3.5.3.2 Alongamento muscular – propriedades mecânicas

As *propriedades mecânicas* são compostas de diversas propriedades de materiais. As miofibrilas (seção 3.2.3.2) das fibras musculares possuem propriedades *plásticas*, isto é, elas não contrapõem resistência específica ou duradoura a uma força atuante. No término da força atuante, elas também não voltam sozinhas ao comprimento inicial. A *parte do tecido conjuntivo* do músculo tem propriedades *elásticas*. Ele consiste, em média, 15% da massa muscular, dos tendões, como elementos elásticos em série, e dos elementos elásticos paralelos, envolventes do músculo. Com forças atuantes, ele é deformado, mas, no término da ação da força, volta ao seu comprimento inicial. Na contração e no alongamento do músculo, sempre são atingidas três estruturas: (1) as *miofibrilas* como elementos contráteis das fibras musculares, (2) as *partes do tecido conjuntivo, paralelas* às miofibrilas (por exemplo, fáscias), e (3) as *partes do tecido conjuntivo, distribuídas em série* às miofibrilas (tendões).

No alongamento, os *filamentos* de *actina* e *miosina* deslizam, inicialmente, quase sem resistência, e as formações de pontes entre os filamentos de actina e as cabeças dos filamentos de miosina diminuem. Ao mesmo tempo, as partes elásticas do tecido conjuntivo, distribuídas paralelamente, começam a contrapor uma resistência crescente. Com isso, aumenta a tensão muscular. Com determinado grau de tensão, os *tendões* também começam a formar resistência ao alongamento (Markworth, 1984, p. 51).

Quando um músculo isolado é alongado e, em cada etapa, estimulado artificialmente para uma contração isométrica, pode-se observar que a tensão muscular inicialmente aumenta, mas depois cai (Figura 3.72).

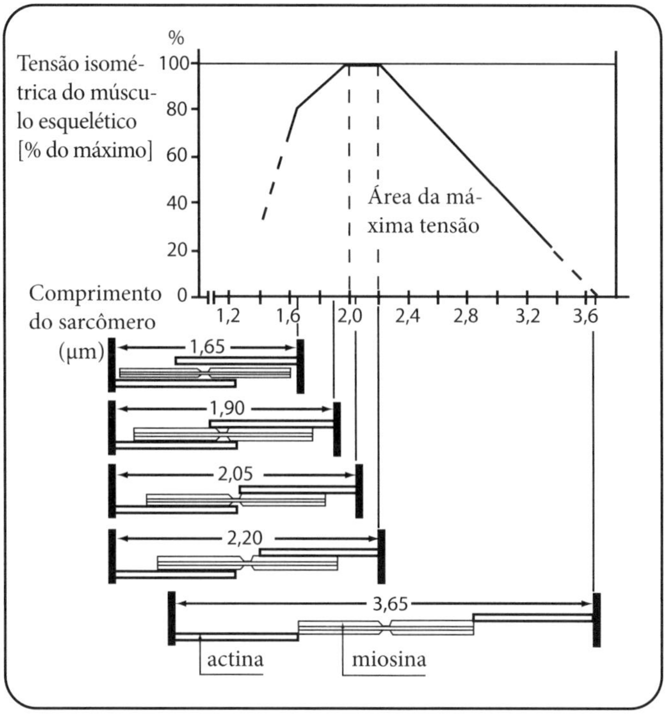

Figura 3.72 Curva da tensão muscular ascendente e descendente, em função do comprimento do sarcômero (segundo MARKWORTH, 1984, p. 55).

Quando, com um comprimento dos sarcômeros, de aproximadamente, 3,5 μm, as cabeças de miosina e os filamentos de actina não se encontram mais, o músculo não pode mais desenvolver nenhuma tensão.

O comprimento no qual o músculo pode atingir sua máxima tensão é chamado de *comprimento de repouso*. Este conceito foi escolhido porque se pôde observar que a maioria dos músculos do corpo humano, em posição relaxada de repouso, são pré-tensionados para este comprimento de repouso. Se em uma intervenção cirúrgica o músculo é separado da inserção, ele se contrai novamente para 10 a 20%, e atinge, com isso, o chamado *comprimento mínimo*. Na sua posição de repouso, o músculo pode desenvolver uma tensão ótima, não só porque o comprimento do sarcômero de 2,2 μm (Figura 3.72) mostra a sobreposição de miosina e actina mais favorável, mas também porque nesta pré-tensão de 120%, com relação ao comprimento mínimo, as partes elásticas do tecido conjuntivo são pré-tensionadas de tal maneira que a força desenvolvida pelos sarcômeros pode ser transmitida otimamente para os ossos.

Em movimentos de rotação do braço com pré-tensão maior, a tensão ativa, produzida pelos sarcômeros, diminui, mas a tensão total, atuando para fora, a soma da tensão produzida ativamente e a da tensão passiva armazenada nas estruturas elásticas aumentam.

Nos alongamentos, os *reflexos de alongamento* têm um papel importante (como descritos na seção 3.3.3.3). O encadeamento dos reflexos espinhais de alongamento deve ser considerado como um circuito regulador estabilizador do comprimento do músculo, com a seguinte seqüência: cada músculo possui *fusos musculares* com a função de receptores de alongamento. Eles são distribuídos paralelamente às fibras musculares e muito sensíveis ao alongamento. Quando um músculo é alongado, os fusos musculares também se alongam. O receptor de alongamento é ligado à medula através de fibras nervosas sensíveis Ia (Figura 3.47). Nos tendões, encontram-se mais receptores, os órgãos tendinosos ou órgãos de Golgi. Eles estão dispostos em série e capacitados para sentir mudanças de tensão e são estimulados tanto na contração ativa quanto no alongamento passivo do músculo. Quando um tendão é alongado, os órgãos de Golgi informam à medula, através das fibras Ib (Figura 3.47), o aumento de tensão. O limiar do estímulo dos órgãos tendinosos é muito maior do que o dos fusos musculares. Por isso, eles atuam somente com contrações ou alongamentos fortes.

Este mecanismo de regulação mostra que os exercícios usuais de alongamento, como oscilar, balançar, solavancar etc., podem ser contraproducentes. Isso porque um alongamento forte brusco sobre o músculo, como na oscilação ou no balanço, geralmente causa, através do reflexo de alongamento, uma "inibição autógena", o contrário do reflexo de alongamento, e influencia, assim, os agonistas e antagonistas, porque a freqüência do estímulo do fuso não depende só do grau de alongamento (aumento de comprimento), mas também da velocidade de alongamento (mudança de comprimento por unidade de tempo). A musculatura agonística contrapõe-se, desta maneira, às contrações. Em vez de tornar a musculatura mais elástica e maleável, em caso de alongamentos oscilantes e com solavancos, é alcançado o contrário, pois, visto em longo prazo, nos alongamentos, estes músculos devem desenvolver uma resistência elevada a encurtamentos (Knebel, 1985, p. 42).

Esta versão, embora seja, aparentemente, uma teoria reconhecida, ainda deixa dúvidas. Do ponto de vista neurofisiológico, não foi esclarecido incontestavelmente se a "inibição autógena" realmente mostra os efeitos supostos, porque, provavelmente, ela dura somente alguns milissegundos. Também não está claro com qual tensão muscular esta inibição é acionada. Justamente em atletas bem treinados no alongamento, é de se duvidar que uma tensão muscular desenvolvida intencionalmente cause realmente uma inibição clara deste músculo. Se fosse o caso, com qualquer aumento da tensão muscular, por exemplo, por meio de pré-tensões ativas, nos movimentos de rotação dos braços etc., o músculo em funcionamento seria inibido. Isso teria como conseqüência restrições consideráveis dos padrões motores (Hoster, 1987, p. 1526). Nem a medicina do esporte, nem a ciência do treinamento podem, até hoje, apresentar resultados assegurados de estudos sobre diferentes técnicas de alongamento.

3.5.4 Métodos do treinamento da mobilidade

3.5.4.1 Relação entre objetivos e métodos

Quando consideramos, resumidamente, as observações feitas, o treinamento da *mobilidade* deve ter dois objetivos e tarefas: o *melhoramento da mobilidade das articulações* e *da capacidade de alongamento da musculatura.*

Pelo treinamento da *mobilidade das articulações*, podem ser influenciados (1) o *metabolismo da articulação*, (2) os *processos neurofisiológicos de condução, inibição e ativação*, e (3) o *estado dos elementos de forma do tecido conjuntivo* e o *estado da musculatura atuante sobre a articulação.* Fatores não influenciáveis são (1) a forma da articulação, (2) o aparecimento de desgastes na articulação e (3) as mudanças na forma das estruturas cartilaginosas da articulação (Knebel, 1985, p. 88). O treinamento da mobilidade da articulação é feito com *exercícios de ginástica.* Eles devem conseguir manter uma *mobilidade geral da articulação.*

O treinamento da *capacidade de alongamento* da musculatura visa um melhoramento qualitativo das *propriedades elásticas* dos músculos. Isso é conseguido, em menor escala, pela maior capacidade de alongamento do tecido conjuntivo do músculo, porque ele pode ser alongado de 150 a 200% de seu comprimento inicial, enquanto os tendões são alongáveis somente em cerca de 5%. A melhor capacidade de alongamento da musculatura é conseguida, primariamente, pelo melhoramento qualitativo das propriedades elásticas dos próprios músculos.

3.5.4.2 O treinamento da mobilidade geral das articulações

O treinamento da mobilidade geral das articulações é feito por meio de *exercícios ativos de ginástica.* Estes exercícios são organizados em um *programa* que se orienta nos *círculos funcionais* do sistema global de nosso aparelho motor. De acordo com Knebel (1985, p. 75), os círculos funcionais designam uma unidade funcional ou um sistema parcial do aparelho motor. Esta divisão tem uma importância sistematizadora, principalmente em relação ao treinamento da mobilidade das articulações.

Para a execução prática do treinamento, recomendamos (com base em Knebel) os seguintes círculos funcionais, para os quais são escolhidos, para cada um, de quatro a cinco formas de exercícios no programa de treinamento:

- *Círculo funcional I*: articulação do ombro, escápula, clavícula, membro superior completo;
- *Círculo funcional II*: coluna cervical, torácica e lombar;
- *Círculo funcional III*: quadril e articulação do quadril;
- *Círculo funcional IV*: articulação do quadril com membro inferior completo.

Para a execução dos exercícios, valem as seguintes características metódicas:

- Os exercícios devem utilizar toda a *amplitude do movimento*, para que o estado atual dos movimentos possa ser usado totalmente e ampliado;
- A *velocidade de execução* é intensa até rápido médio;
- Os *números de repetições* são de dez a 20 por exercício.

Aqui foi apresentado somente um programa de exercícios sem aparelhos. A literatura especializada oferece uma série de publicações com formas ativas e passivas de exercícios, com e sem aparelhos, para todos os círculos funcionais da mobilidade das articulações. É decisivo que as formas dos exercícios atuem *funcionalmente* na *musculatura de ação* e na *amplitude do movimento* da respectiva articulação.

3.5.4.3 O treinamento da capacidade de alongamento da musculatura

Na teoria do treinamento tradicional (Harre, Zatsiorsky et al.), são descritos quatro tipos de alongamento: (1) o *alongamento dinâmico ativo*, (2) o *alongamento estático ativo*, (3) o *alongamento dinâmico passivo* e (4) o *alongamento estático passivo*. Por *técnicas de alongamento*, entende-se na literatura de língua alemã: (1) *alongamentos estáticos passivos* (o alongamento mantido, alongamento constante) e (2) *alongamentos após tensão isométrica.* Este alongamento é também chamado por diversos autores de *alongamento pós-isométrico* (na medicina manual), *alongamento CHRS* (*contract-hold-relax-stretch*) (KNEBEL, 1985, p. 59) e *alongamento AED* (tensionar - relaxar - alongar) (SÖLVEBORN, 1983, p. 11). Mas estes conceitos, metodica e fisiologicamente diferentes, são usados de maneira tão irregular como o próprio conceito de *alongamento.*

Os *alongamentos dinâmicos ativos*, como forma tradicional ginástica de alongamento, entraram na linha de tiro dos "defensores do alongamento", e foram chamados por eles de "técnica de distensão" sem efeito e prejudicial (SÖLVEBORN, 1983). Estas rejeições globais deveriam ser avaliadas com mais distância crítica, pois a argumentação usada contra é unilateral (MAEHL, 1986, p. 97). Menciona-se, principalmente, o reflexo de alongamento muscular que, sendo rápido, leva à atividade do fuso muscular, o que deve prejudicar consideravelmente o efeito de alongamento. Este processo neurofisiológico deve ocorrer em alongamentos musculares inesperados e repentinos. Mas isso foi mostrado pelo processo de treinamento: o alongamento dinâmico ativo, na condução correta, vigorosa e controlada do movimento, não é dolorido nem prejudicial (HOSTER, 1987, p. 1524). Os exercícios com alongamento dinâmico ativo são mesmo necessários para desenvolver a sensação para o alongamento e a capacidade de alongamento em *movimentos de rotação do braço* (modalidades de arremesso, nado borboleta, *crawl* e costas) e *ações de impulsão* dos membros. Para o alongamento dinâmico ativo, valem os seguintes princípios metódicos: (1) os exercícios devem mostrar *conduções controladas dos movimentos*; (2) o alongamento não ocorre de maneira brusca, no sentido de distensão, mas *vigorosa e elegantemente*; (3) o *grau de alongamento* é aumentado *em etapas* na seqüência de repetições até o alongamento máximo dos antagonistas (HOLLMANN & HETTINGER, 1980, p. 175) (4) a musculatura a ser alongada deve ser bem *pré-aquecida;* e (5) os *números de repetições* são de 10 a 20.

Alongamentos estáticos ativos são definidos amplamente pela força isométrica dos respectivos antagonistas. Este tipo de alongamento tem uma importância significativa em ginastas. O método usado para isso é, principalmente, a técnica PNF, criada por HOLT em 1971 (PNF = técnica de estímulo proprioceptivo neuromuscular). Ela tem a seguinte seqüência: alongamento do respectivo músculo - contração isométrica deste músculo por seis segundos - fase de relaxamento de dois segundos - mais alongamento (contração concêntrica) deste músculo por seis segundos. Desta maneira, no limite da capacidade de alongamento do músculo, é contraposta uma resistência de parada. Depois, o músculo alongado é fortemente contraído isometricamente e não ocorre mudança da posição da articulação. Na fase seguinte de relaxamento, o músculo deve ser mais uma vez alongado ativamente (no sentido de contração concêntrica), por meio da contração isométrica ativa. Este processo de "alongar - tensionar - relaxar - alongar mais" é repetido por cerca de 60 segundos.

A execução prática desta técnica não é simples, porque sua forma é complexa, e exige experiência. Também podem ser usadas formas de exercícios nos quais a contração isométrica é usada contra a resistência de alongamento. Também é necessária a sensibilidade dos parceiros, porque muitos exercícios são executados com eles (Maehl, 1986, p. 83).

O *alongamento estático passivo*, também chamado de "alongamento contínuo" ou "alongamento permanente", desde a obra padrão de Anderson (1982), atingiu um grau de conhecimento como a verdadeira técnica de alongamento, que originou uma nova consciência sobre o alongamento, tanto no esporte de lazer como no de alto nível. Não se deve esquecer que, com este desenvolvimento, "não ocorreram mudanças essenciais, tanto nos exercícios como nos seus efeitos, no alongamento tradicional com relação à nova orientação *(stretching)*" (Hoster, 1987, p. 1525). Para o treinamento da capacidade de alongamento, no âmbito do exercício da mobilidade, deveriam ser usados o alongamento clássico ou o permanente, no sentido de um *alongamento suave, sem forçar* com (1) formas de exercício *ativas e autoconduzidas* e (2) *passivos com condução externa* (Knebel, 1985, p. 95).

No alongamento suave, sem forçar, também denominado extensão passiva ou "alongamento tenaz" (Sölveborn, 1983, p 113), o músculo é alongado devagar (suavemente) até o comprimento suportado sem dores. Esta fase de *easy stretch* mantém-se de 10 a 30 segundos, isto é, até que a sensação de tensão diminua consideravelmente. Depois, começa a segunda fase, chamada de *desenvolvimento do alongamento*. Nesta fase, alonga-se devagar, mais uma vez, e mantém-se por 10 a 30 segundos. Deve-se evitar uma distensão. Nas duas fases, não se deve ultrapassar 30 segundos no tempo de manutenção. O alongamento também é feito de acordo com *programas*, observando-se para que sejam incluídos os grupos musculares mais importantes dos membros superiores e inferiores, bem como do tronco.

Possivelmente, o efeito da técnica de alongamento, acima descrita, é superestimado, porque a literatura ressalta que, por ele, devem ser alcançados melhores circulação sangüínea, suprimento neural da musculatura, aquecimento, formação de suor, aumento da musculatura, prevenção contra lesões, economia de energia etc. Mas, muitas vezes, ignora-se que o exercício ativo da mobilidade consegue realizar estes resultados de maneira mais efetiva.

Não se comprovaram no esporte de alto nível, compreensivelmente, os alongamentos pós-isométricos e *alongamentos após tensões* (AED/CHRS), mas que são vistos por Sölveborn (1983) como a verdadeira técnica do alongamento.

Sob o ponto de vista de conteúdo, o treinamento da mobilidade geral é a combinação de três pontos principais de conteúdo: (1) exercícios ginásticos objetivos – a) para o desenvolvimento da mobilidade das articulações e b) para a capacidade de alongamento dinâmica ativa; e (2) um programa de alongamento para o desenvolvimento da capacidade de alongamento estática passiva.

3.5.5 Treinamento da mobilidade específica

Em modalidades esportivas, como ginástica em aparelhos, ginástica rítmica esportiva, patinação artística e dança no gelo, saltos ornamentais e também a corrida com barreiras, natação etc., a mobilidade torna-se um parâmetro decisivo de influência do estado de desempenho esportivo, e necessita de treinamento sistemático específico, muito além do treinamento geral de mobilidade.

O treinamento da mobilidade específica é realizado de duas formas: (1) como *parte integrante e ampliação do treinamento de mobilidade* ou (2) como *treinamento técnico complementar* (ver seção 2.2.2.6, capítulo 2.).

O treinamento específico deve ser sistematizado não só no conteúdo, mas em diversas modalidades esportivas. Também é padronizado e, com isso, torna-se avaliável. A importância do treinamento específico de mobilidade será mostrada mediante dois exemplos. O primeiro é do treinamento de nadadores dos EUA (Counsilman, 1980, p. 125). De acordo com este programa, um nadador necessita de uma *mobilidade* média *do quadril* (mobilidade da coluna vertebral) e uma *mobilidade* acima da média *do ombro* e *das articulações do pé*. Esta mobilidade é treinada sistematicamente e controlada continuamente pelos seguintes testes (Figura 3.73):

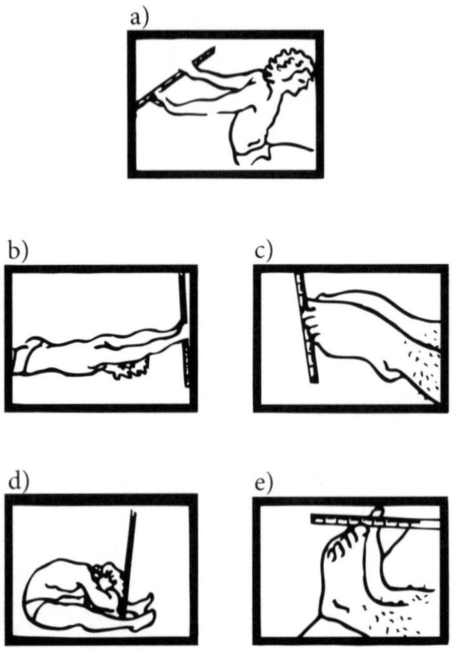

Figura 3.73 Exercícios de teste para a mobilidade de nadadores:
A = "mobilidade do ombro – horizontal": examina-se a capacidade da união das palmas das mãos (em cm) dirigidas para baixo, com os membros superiores estendidos;
B = "mobilidade do ombro – vertical", com o queixo no chão: mede-se a que altura as mãos podem pegar, com ombros e membros superiores estendidos;
C = "flexão das articulações do pé em direção às plantas": mede-se a distância do hálux até o chão;
D = "flexão do tronco para frente": mede-se a distância da teste até o chão, com os joelhos estendidos;
E = "flexão das articulações do pé em direção à tíbia": mede-se a distância da parede até o hálux (Counsilman, 1980, p. 127).

O segundo exemplo apresentado é de *modalidades esportivas de compensação.* Na ginástica rítmica esportiva, na ginástica em aparelhos e na patinação artística e dança no gelo, o treinamento específico da mobilidade ganha uma importância especial, porque a amplitude dos movimentos é uma característica decisiva na avaliação da "estética da execução técnica". Por isso, estas modalidades esportivas também têm uma série de exercícios de teste para medir a amplitude dos movimentos.

Estes exercícios de teste (natação, ginástica em aparelhos) também mostram, ao mesmo tempo, com base em quais conteúdos o respectivo treinamento de mobilidade é estruturado.

Mediante os exemplos apresentados sucintamente, no treinamento específico da mobilidade, deve ser ressaltado, mais uma vez, a *relevância da mobilidade* para o *estado de desempenho esportivo* e chamada atenção para o fato de que a falta de mobilidade deve causar restrições de desempenho técnico e condicionamento, que não podem ser compensadas de outra maneira.

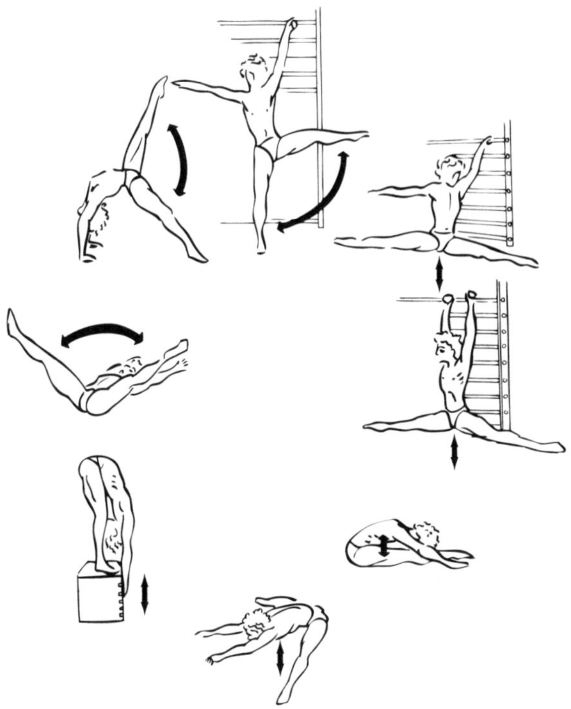

Figura 3.74 Exercícios de teste para a verificação da mobilidade de ginastas em aparelhos, segundo HARRE (1986, p. 184). As setas caracterizam o registro do desempenho.

3.5.6 Princípios gerais para a estruturação do treinamento da mobilidade

O treinamento da mobilidade é submetido a certas precondições e *princípios*, que sempre devem ser obedecidos:

- Todas as modalidades esportivas exigem boa *mobilidade geral das articulações* e *capacidade de alongamento*, e muitas modalidades esportivas requerem uma *mobilidade específica* que vai, em parte, muito além do grau geral de formação. A mobilidade é um *parâmetro* de influência muito determinante do desempenho, do *estado de desempenho esportivo* de toda modalidade esportiva;

- O *desenvolvimento* e a *estabilização* de boa mobilidade geral e específica exigem um *treinamento contínuo* e *sistemático da mobilidade*;
- *Cada unidade de treinamento* começa, portanto, sempre com um *exercício de mobilidade de 15 a 20 minutos.* Ele é parte integrante do aquecimento. No âmbito deste *aquecimento*, o objetivo é obter a *mobilidade ótima das articulações* e a *capacidade de alongamento muscular*, necessárias para o treinamento seguinte;
- A *sistemática* e a *duração* do treinamento de mobilidade orientam-se nas *horas do dia* (de manhã a rigidez é maior do que à tarde) e no *objetivo principal da unidade de treinamento.* Os objetivos, como o exercício de velocidade, de força máxima e de força rápida, necessitam, além de boa mobilidade das articulações, uma musculatura bem pré-alongada e um exercício seguinte de técnicas necessita, adicionalmente, uma preparação de mobilidade específica;
- De acordo com o respectivo *grupo de treinamento* e sua *modalidade esportiva*, o *exercício da mobilidade geral* e *específica* é combinado e recebe a ênfase de seus conteúdos em função da unidade de treinamento seguinte;
- Além disso, o treinamento da mobilidade é usado para o *relaxamento* e para *evitar rigidez das articulações*, após solicitações pesadas e amplas. Nisso, as *técnicas de alongamento* foram especialmente bem comprovadas;
- Os exercícios da mobilidade têm grande eficiência, em combinação com o *banho quente* (fontes termais) e a *sauna.*

4 Tática e treinamento de táticas

4.1 O conceito de tática

Os desempenhos esportivos são baseados em uma série de efeitos de componentes de condicionamento, técnico-motores e intelectuais. A capacidade de condicionamento, como força, velocidade e resistência, tem um efeito ótimo sobre a obtenção de objetivos esportivos, quando são utilizadas no momento apropriado, por meio de técnicas esportivas adequadas. A *seleção* da ação mais adequada no momento é o caráter do *comportamento tático*. Em outras palavras: o *comportamento tático significa utilizar na obtenção de um objetivo esportivo, da melhor maneira possível, suas capacidades de condicionamento, as técnicas esportivas e as precondições psíquicas.* Com base em HAGEDORN (1983, p. 397), definimos o conceito de tática da seguinte maneira:

Definição:
A *tática* designa a utilização de um sistema de planos de ação e de alternativas de decisão, que permite regular as ações de tal maneira que se torna possível um sucesso esportivo ótimo.

O *pensamento tático* também designa, portanto, a capacidade de esportistas relacionar em alternativas próprias e alheias de decisão e planos de ação, e utilizá-las otimamente para o próprio sucesso (HAGEDORN, 1983, p. 397).

Isso deve ser observado, principalmente, com relação à tática na competição, porque, como explica DÖBLER (1976):

> "Primeiro, a ação de um esportista na competição representa uma forma de exteriorização da personalidade, extremamente complexa de uma atividade esportiva, ligada a diversos lados e encadeamentos mútuos da estrutura da personalidade. Segundo, estratégia e tática são baseadas em processos complexos psíquicos e psicofisiológicos e, terceiro, as ações determinadas pela estratégia e pela tática devem ser entendidas como ações objetivas, acionadas por meio de antecipação consciente do objetivo (idéias próprias do objetivo ou identificação com tarefas transferidas) e decisões conscientes (sob observação das seqüências possíveis de ação e, parcialmente motivos contraditórios) e cuja execução é regulada por constantes processos de orientação analítico-sintéticos"
>
> (em BARTH, 1980).

Como já visto na apresentação do treinamento de força, resistência e técnicas, comportamento tático e seu treinamento também devem ser fundamentados em modelos explicativos científicos. Com isso, queremos justificar teoricamente a diferenciação entre treinamento tático e treinamento de técnicas.

4.2 Modelos explicativos científicos para o treinamento de táticas

4.2.1 Fundamentos biológicos do comportamento tático

Desempenhos táticos são caracterizados pela capacidade de perceber situações e reconhecer sua importância para o processo de ação, bem como reagir com ações técnico-motoras adequadas. Com isso, a percepção e o reconhecimento consistem no fato de estruturar as sensações em objetos da percepção, integrar estes conceitos e relacioná-los, num contexto funcional, com o mundo conceitual do objeto. Esta possibilidade comportamental do homem, dependente de sua *capacidade da consciência*, é chamada de *capacidade de desempenho cognitivo*.

4.2.1.1 Desempenhos cognitivos

No capítulo 2, tratamos, fundamentalmente, da importância de componentes cognitivos e da capacidade da *consciência* para a capacidade de desempenho esportivo, abordando a tarefa da linguagem para a otimização do comportamento técnico esportivo. Quando nos confrontamos com uma atividade *que envolve a consciência*, como o comportamento tático, devemos esclarecer se a linguagem é uma condição necessária para uma ação consciente.

Embora, geralmente, os desempenhos cognitivos sejam estreitamente ligados a *desempenhos lingüísticos*, os especialistas orientados principalmente para as ações esportivas têm dúvidas se a "verbalização" das ações esportivas tem a importância que é dada pelos teóricos do esporte. A representação de modelos neurofisiológicos da capacidade de desempenho cognitivo deve contribuir para o esclarecimento desta questão.

Um argumento importante para a estreita relação entre a capacidade de desempenho da consciência (= capacidade de desempenho cognitivo) e a capacidade lingüística é dado pela observação que a maioria dos distúrbios cognitivos também estão ligados aos da linguagem. Por este motivo, fisiologistas do cérebro admitem que a consciência e o pensamento exigem a função do aparelho lingüístico do hemisfério do cérebro dominante da linguagem, mas isso não significa necessariamente que os mecanismos do cérebro que possibilitam o pensamento estão estreitamente ligados aos que possibilitam a linguagem. Desta maneira, a consciência não tem acesso direto às operações do hemisfério não dominante da linguagem. Ela só as alcança quando é feito o acesso através das comissuras inter-hemisféricas do aparelho lingüístico do hemisfério dominante da linguagem.

Estes fatos são uma prova de que todos os tipos de ação são, afinal, uma alternância coordenada entre conjuntos neurais altamente especializados e relativamente independentes, isto é, por um lado o *movimento objetivo* (por exemplo, comportamento técnico esportivo automatizado) *não exige a consciência*, enquanto por outro, a *ação consciente* (por exemplo, comportamento tático esportivo) exige a inclusão *do aparelho de linguagem*. A percepção consciente, o pensamento, a ação e, portanto, a consciência mental total, será possível somente quando o aparelho lingüístico do cérebro estiver disponível e tiver acesso às informações no cérebro todo. Destas relações, que não podem ser tratadas mais profundamente, deduz-se que somente quando a informação bruta dos hemisférios do córtex cerebral é transformada em símbolos e reapresentada ao próprio cérebro com esta transformação simbólica, ocorre a percepção consciente como nós a experimentamos, e somente então é possível o pensamento consciente.

Naturalmente, há desempenhos combinatórios do cérebro, que não aparecem na consciência como pensamento consciente: um problema não resolvido ou um contexto visto vagamente podem aparecer, repentinamente, na consciência claramente, sem que se tenha vivenciado conscientemente os processos que levaram a esta experiência repentina de evidência. O fato de encontrar uma palavra ou um nome meio esquecido é semelhante. Já não se pensa mais conscientemente nisso, mas repentinamente a palavra ou o nome "aparece", portanto, no aparelho lingüístico. Depende da definição do conceito de "pensar", se designarmos a combinação não consciente de emoções e conceitos como "pensamento inconsciente" ou se quisermos reservar a palavra "pensar" somente para combinações lógicas de conceitos na consciência (Creutzfeldt, 1983, p. 342).

A *consciência* como percepção e pensamento conscientes é ligada a funções corticais e à integridade do hemisfério dominante da linguagem, portanto, ao *aparelho lingüístico* do cérebro.

Se, na continuação deste pensamento, tentamos diferenciar entre treinamento de técnicas e táticas, podemos dizer que o *treinamento de técnicas* significa, quanto à fisiologia do cérebro, ênfase no *treinamento do cerebelo*, enquanto o *treinamento de táticas* é dirigido, principalmente, para o melhoramento do trabalho de *áreas do córtex cerebral.* O cerebelo e o córtex cerebral diferenciam-se não só quanto à topografia, mas também quanto a sua plasticidade funcional. Enquanto o cerebelo tem, principalmente, o caráter de *memória em longo prazo,* na qual, por meio de exercícios prolongados – não só motor esportivo, mas também de natureza motor de linguagem e mesmo padrões do pensamento – são fixados programas específicos, o córtex cerebral é visivelmente mais flexível: devido a sua estrutura, ele é muito maior e, principalmente, mais ágil que todas as estruturas subcorticais. Isso significa, para a tática, que as concepções podem ser mudadas mais rapidamente que o comportamento técnico. Para a prática, geralmente não há dúvida, quanto às concepções táticas a serem desenvolvidas em curto prazo, quais as habilidades motoras esportivas são necessárias para a tática planejada, mas se deve perguntar quais as concepções táticas são possíveis no estado atual de habilidades.

4.2.1.2 Memória e lembrança

O comportamento tático é, principalmente, um desempenho de estruturas superiores do sistema nervoso central, tendo, como descrito, o hemisfério dominante da linguagem do *córtex cerebral* um papel importante. Com relação à otimização do comportamento tático esportivo é importante saber quais processos servem de base para a mudança funcional e estrutural do sistema nervoso como conseqüência do pensamento e da memória. *O comportamento tático ideal consiste essencialmente na capacidade de lembrar conteúdos relevantes da memória no momento oportuno*, ou formulado de maneira diferente: trazer à consciência conteúdos da memória de longo prazo. Com isso, a consciência é equiparada à memória de curto prazo para categorias mentais.

Em geral, admite-se que há dois tipos de *aprendizado* e *memória*: de *curto* e *longo prazo*. Admite-se como base neural do aprendizado que uma informação primeiramente é armazenada em forma de estímulo circulante, padrão organizado em espaço e tempo, como forma de *engrama dinâmico* (seção 2.4, capítulo 2). O estímulo circulante leva, em seguida, a mudanças estruturais nas sinapses participantes e, com isso, à consolidação, ou seja, a um *engrama estrutural*. O conteúdo da memória pode ser acessado por meio da ativação correspondente destas sinapses. Por este motivo, a sinapse está no centro de atenção da pesquisa do processamento de informações no cérebro.

Como base explicativa da *memória de curto prazo*, vale, atualmente, a chamada *potenciação pós-tetânica* que, com relação aos processos sinápticos, tem como conseqüência a transmissão sináptica: quando se inicia o estímulo de um terminal neural com uma freqüência de 20 s, na sinapse correspondente não se observa quase nenhum sinal sináptico, conseqüente do primeiro estímulo. Somente na seqüência de uma série de estímulos, os sinais ficam cada vez mais fortes. Desta maneira, a ativação repetida aumenta a eficiência da transmissão sináptica. Quando a freqüência do estímulo é dobrada, o efeito de transmissão é maior. Na transmissão, aumenta o número médio de transmissores liberados. O efeito de transmissão é máximo quando o segundo estímulo segue poucos milissegundos após o primeiro; ele enfraquece com constantes de tempo na ordem de 50 ms (Dudel, 1987, p. 57).

Diferentes sinapses mostram dependências de transmissão com diferente grau de manifestação. As sinapses do sistema nervoso central, principalmente, dependem muito da transmissão. Neles, um potencial isolado de ação praticamente não provoca nenhuma liberação de transmissores na terminação pré-sináptica, enquanto vários impulsos seguidos são muito eficazes. O grau e a duração da transmissão dependem fortemente da respectiva sinapse e da duração e freqüência do estímulo repetido. As potenciações pós-tetânicas mais longas, até agora conhecidas, duram várias horas. Do ponto de vista funcional, a potenciação pós-tetânica (= transmissão) é uma seqüência facilitada pelo exercício de um processo nervoso central, portanto, um processo de aprendizado (Dudel, 1987, p. 57).

Enquanto a potenciação pós-tetânica (= transmissão), já descrita, explica o fenômeno da memória de curto prazo, devemos supor que as lembranças remotas, ou seja, a *memória de longo prazo,* está cifrada nas conexões neurais no cérebro, que resistem a mudanças estruturais. Muitos fatos indicam que as mudanças plásticas necessárias devem ser procuradas nas sinapses. Desta maneira, elas podem, por exemplo, hiperatrofiar, podem se formar sinapses adicionais ou desaparecer (Eccles, 1979, p. 230).

Supõe-se que, no processo de aprendizado, as atividades neurais levam primeiro a uma ressíntese específica de RNA (ácido ribonucléico), e essa, por sua vez, a uma síntese de proteína e, finalmente, ao crescimento da sinapse e à codificação da memória. Parece ser necessário um período aproximado de 30 minutos a três horas para o crescimento da sinapse que origina a lembrança remota. Deve haver uma *memória de tempo intermediário* que supere a lacuna entre a *memória de curto prazo*, de segundos, e o início do *crescimento da sinapse*, que leva à *memória de longo prazo*. A potenciação pós-tetânica descrita, assim se supõe, corresponde exatamente às exigências da memória intermediária. Ela seria induzida pelas repetidas ativações sinápticas da memória de curto prazo e ocorreria imediatamente após a ativação e, com isso, seria restrita às sinapses ativadas e escalonada de acordo com sua ação (Eccles, 1979, p. 235).

Quando se transfere a diferenciação entre a memória de curto e a de longo prazo para o nível biológico, a primeira é baseada em mecanismos de íons modificados, enquanto a última é baseada em estruturas modificadas de proteína. A memória de curto prazo ("de íons") manifesta-se como concentração elevada de cálcio e fluxo diminuído de íons de potássio nas células musculares e nervosas que ficam, após uma ativação, especialmente sensibilizadas a estímulos seguidos. A memória de longo prazo ("de proteína") manifesta-se em acúmulo de proteínas específicas nas membranas sinápticas e nas mudanças estruturais dos dendritos das células nervosas (Lehnertz, 1990a).

Entre a *memória "iônica"* e a *"protéica"* há relações estreitas, porque, por um lado, é estimulada a síntese de proteínas formadoras da memória, por meio de atividade aumentada de íons de cálcio; por outro, esta atividade de íons só é possível com base nas estruturas protéicas já existentes. Sabe-se que toda ação esportiva exige um repertório adequado de habilidades, armazenado em longo prazo na memória motora. Desta maneira, a tarefa mais importante do treinamento de técnicas consiste em mobilizar fluxos de íons em seqüência ótima, por meio de ativações repetidas das células musculares e nervosas, que estimulam a síntese protéica desejada como base na memória de longo prazo. A utilização ideal destas habilidades armazenadas em longo prazo necessita do pensamento tático, entendido como processo de associação de situações percebidas e padrões de ação motora lembrados e adequados a elas (Lehnertz, 1990a).

4.2.1.3 Conseqüências para o comportamento tático

A *tática* atinge tanto as decisões tomadas durante a competição, que influenciam diretamente seus acontecimentos, como as decisões em longo prazo que atuam no treinamento. Desta maneira, por exemplo, no treinamento motor extenso, ocorre um problema com relação à *depressão*: quando séries longas de estímulos de alta freqüência percorrem as terminações nervosas, ocorre a depressão sináptica (Dudel, 1987, p. 59). Como neste caso o número de transmissores liberados por sinal neural é diminuído, a transmissão sináptica não ocorre mais de maneira ideal. Em caso de mais estímulos, ocorre, como compensação, a mobilização de sinapses de substituição, o que pode causar novas conexões, mas que não são mais o melhor caminho possível para seqüências motoras ótimas sob condições regeneradas. O *fenômeno da depressão* tem importância para o comportamento tático na competição quando a situação de competição exige e execução de uma série mais longa de seqüências motoras do mesmo tipo e altamente intensivas (Lehnertz, 1990a).

Para poder agir com sucesso na competição, não é só importante ter elaborado uma memória *motora de longo prazo* correspondente, mas é preciso, também, ter a capacidade de aplicar o potencial em longo prazo. Em outras palavras, deve-se lembrar da seqüência motora ideal. Esse é o ponto central do comportamento tático. Com relação aos mecanismos discutidos, da armazenagem de informações, a lembrança a uma seqüência motora aprendida consiste na sensibilização das sinapses necessárias para a condução do movimento. Na prática, isso significa tentar executar o movimento até consegui-lo da forma desejada. A chance de encontrar, na tentativa seguinte, a forma motora melhor possível é maior quando, por uma tentativa anterior, todas as sinapses participantes na forma motora ideal tiverem sido conectadas (Lehnertz, 1990a).

No treinamento de técnicas, os efeitos são continuamente conhecidos e os participantes se preparam por meio de uma tática adequada de treinamento, com ginástica, saltos, arremessos etc., sendo necessárias várias tentativas, conforme a disposição do dia, até que um movimento tenha sucesso na forma desejada. Às vezes todo o esforço feito em uma unidade de treinamento não são bem sucedidos. Neste caso, os esportistas e os treinadores devem considerar a interrupção do treinamento para não favorecer conexões sinápticas indesejadas. Mesmo quando, por meio de concentração e esforço aumentados, uma ou outra tentativa motora transcorrer conforme desejado, a quantidade de repetições dos movimentos, mais ou menos malsucedidas, é maior e, com isso, aumenta mais a probabilidade de programação falha de sinapses que a otimização dos programas. Para esportistas de modalidades esportivas, cuja gama de movimentos consiste de várias habilidades motoras esportivas diferentes, em caso de aparecimento de depressão pode ocorrer uma mudança de movimentos porque, provavelmente, a biossíntese de proteína não concorre com o mecanismo iônico da memória de curto prazo. Mas isso só vale quando o programa substituído diferencia-se nitidamente do programa fatigado e o movimento ocorre sem problemas na forma desejada.

O fato de um movimento somente ser transmitido pelas sinapses com precisão, quando preparado por uma tentativa de ensaio ou pré-tentativa, ligado estreitamente ao tempo da tentativa principal, exige determinados comportamentos. A este fato só podem satisfazer, da melhor maneira, os atletas em algumas modalidades esportivas que se valham da possibilidade de executar, *antes da tentativa na competição, uma tentativa completa de ensaio ou pelo menos as principais posições do movimento*. Da mesma maneira, é importante se movimentar sem maiores riscos diretamente no começo de um exercício complexo de competição (patinação artística no gelo, apresentação de ginástica, *slalom* etc.), para iniciar a *sensibilização sináptica*, na base iônica, nas estruturas neurais e somente "acelerar" quando os movimentos estiverem conectados. Jogadores de tênis sabem o risco, por exemplo, de interromper um "duelo cruzado" com uma bola em linha. Também, aqui, a causa para esta ligação difícil consiste no fato de que, após diversas seqüências cruzadas de bola, esta batida esteja completamente conectada e outra eventualmente não. Com isso, a probabilidade de sucesso de nova bola cruzada é muito maior que todas outras formas de batida (Lehnertz, 1990a).

Do fato da transmissão sináptica limitada no tempo, dá-se uma exigência contra a qual muitas vezes se "peca" nas competições de salto em altura e salto com vara: muitos saltadores desperdiçaram suas possíveis medalhas em importantes competições internacionais, como Jogos Olímpicos, campeonatos mundiais ou europeus, porque escolheram alturas iniciais altas demais ou porque na fase final deixaram de saltar, por considerações táticas e alturas intermediárias. Nos dois casos, pelo maior tempo de espera entre as tentativas de salto, ocorreram tentativas falhas, invertendo-se a vantagem tática do menor número de tentativas para a desvantagem de tentativas falhas. Aqui, também, a causa principal é que a transmissão sináptica desaparece quase completamente quando os períodos entre as tentativas motoras forem muito longos. A evidente desvantagem resultante não pode ser compensada com máxima concentração mental.

Tendo em vista a observação insistente sobre a importância de realizar pré-tentativas, de preferência completas, na preparação de uma tentativa de competição, não deve ficar a impressão de que medidas mentais não teriam importância na preparação de tentativas motoras práticas. Ao contrário, uma pré-programação mental adequada também é absolutamente necessária para a prontidão ideal do movimento. Na imaginação mental de uma seqüência motora a ser executada, ocorre uma transmissão sináptica no nível nervoso central mais alto, no córtex associativo (córtex cerebral) que se assemelha à execução real do movimento, mas estas transmissões ficam restritas principalmente a estruturas mais elevadas, de modo que o movimento não é transmitido até a musculatura (Lehnertz, 1990a).

Finalmente, há ainda a *"memória adicional"*, que deve ser usada objetivamente. É a *fixação por escrito* de auxílios lingüísticos para a condução de ações e movimentos. Atletas que exercem modalidades esportivas exigentes técnica e taticamente formulam, pelo menos mentalmente, determinadas sensações cinestésicas, seqüências motoras apresentadas visualmente e decisões táticas impressionantes na forma verbal. Estas codificações verbais sobre a percepção do próprio movimento e da ação podem e devem ser fixadas também por escrito. Aqui, a palavra escrita pode servir para despertar a respectiva lembrança e, com isso, criar a condição para a transmissão sináptica de um movimento ou uma ação na qualidade desejada (Lehnertz, 1990a). Da mesma maneira, a lembrança de ações bem sucedidas na competição é mais provável mediante a ocupação regular de experiências anotadas.

4.2.2 Modelos psicológicos de ação para a tática

Atividades orientadas no objetivo são geralmente chamadas de ações. As atividades para se alcançar um objetivo esportivo são, conseqüentemente, sempre *ações esportivas*. Quando se dividem estas ações em componentes de determinação física e motora, e mais cognitiva, prevalecem nas ações táticas os componentes de desempenho cognitivo.

Portanto, do ponto de vista psicológico de ação, às ações táticas são atribuídas experiências, isto é, conhecimento adquirido e armazenado para a execução do treinamento e da competição. Entretanto, na situação concreta de ação, este conjunto de experiências associa-se às condições da execução da ação, que é visto, na literatura especializada, como uma *seqüência de fases*. De acordo com este modelo, as ações táticas desenrolam-se nas seguintes *fases*:

- 1ª fase (parte sensorial) – *percepção da situação* – movimentos do adversário, trajetória e velocidade da bola, posicionamentos e posições no espaço são percebidos e registrados;
- 2ª fase (parte discriminativa) – *confronto mental e análise da situação* – aqui são calculadas as próprias possibilidades e as do adversário, e simuladas mentalmente possibilidades de solução;
- 3ª fase (parte combinatória) – *elaboração de um plano de ação*, considerado como melhor solução momentânea.
- 4ª fase (parte operativa) – *transformação em ação* – aqui ocorrem processos mentais operativos simultâneos, pelos quais o plano de ação original é adaptado novamente às condições da situação;
- 5ª fase (parte de avaliação) – *análise do resultado* – ela começa na seqüência ativa da ação e continua depois desta (nesta fase, ocorre uma avaliação subjetiva do resultado da ação; a sua intensidade tem um papel decisivo na coleta de experiências).

Se as ações bem sucedidas, principalmente nas modalidades esportivas de jogos (tênis, tênis de mesa) e nas de luta sob pressão de tempo, podem ocorrer nas fases acima descritas, não se sabe. Já discutimos esta problemática nas seções 2.2.2.5 do capítulo 2 e 3.3.2.1 do capítulo 3.

O tratamento científico de questões táticas, que são mais desenvolvidas nos jogos esportivos, mostra claramente que os processos cognitivos têm grande importância nas ações táticas bem sucedidas. Não importa se os respectivos estudos dedicam-se à questão, até que ponto as seqüências de tempo em uma modalidade esportiva exigem ações táticas na base da antecipação ou se perguntam sob quais condições neurofisiológicas ocorrem reações (seção 4.2.1). Todos os estudos chegam à seguinte conclusão: *inde-*

pendente das modalidades esportivas, as ações táticas podem ser atribuídas a processos anteriores de condução. As diferenças de desempenho entre os mais fortes e os mais fracos no desempenho e entre atletas mais e menos experientes podem ser atribuídas principalmente a diferenças no recebimento e processamento de informações (Westphal, Gasse & Richtering, 1987, p. 57). Deve-se supor, portanto, que atletas experientes possuam uma *capacidade de antecipação* bem desenvolvida, baseada em experiências. Eles são, portanto, capazes, por meio de poucas informações relativas à situação, de construir de antemão seus resultados de ações e antecipá-los (Meinel & Schnabel, 1987, p. 75).

A literatura diferencia a capacidade de antecipação em antecipação pela percepção e pela experiência (Russel, 1976, p. 87) ou em antecipação da situação, do objetivo e do programa (Meinel & Schnabel, 1987, p. 80), e mostra nesta diferenciação o seguinte: (1) antecipar toda a situação mediante poucas informações (antecipação pela percepção e da situação) e (2) reagir rapidamente com um programa de ação antecipado (antecipação pela experiência ou do programa). Por isso, a antecipação da situação e a da ação (como chamamos estas duas formas) são diferenciáveis e resultados de um processo tático de experiências.

Westphal, Gasse & Richtering (1987, p. 58) resumem os resultados da pesquisa da tática psicológica de ação nos jogos esportivos da seguinte maneira:

- No domínio cognitivo de tarefas táticas, aos processos da recepção e do processamento de informações é atribuído um papel decisivo;
- A capacidade de tomar decisões sob pressão de tempo e antecipar as ações é independente da modalidade esportiva, mas definido especificamente para a modalidade esportiva e a situação;
- No tempo total da ação (ocorrência do sinal até a execução da ação), os processos cognitivos tomam mais que a metade do tempo;
- Atletas com melhor desempenho e mais experientes registram as informações mais rapidamente. Eles possuem melhores precondições de desempenho cognitivo e um comportamento de observação mais eficaz. Em situações conhecidas, o olhar vai, a tempo, em forma de movimentos antecipados dos olhos para áreas nas quais são esperadas as ações decisivas. Durante a observação, eles incluem poucas características, mas indubitavel-

mente as certas. Eles avaliam o resultado da seqüência da ação mais rápida e mais correta que principiantes;
- Atletas experientes reconhecem melhor, novamente, os conteúdos da percepção.

Fundamentalmente, pode-se resumir que, para a ação tática, a *experiência* tem a importância excepcional.

4.3 Considerações metódicas para o treinamento de táticas

Para o treinamento de táticas, não há concepções típicas de métodos de treinamento, como, por exemplo, no treinamento de técnicas, força ou resistência, que resultam da associação de conteúdos de treinamento e exigências de solicitação. Como, entretanto, a ação tática ideal é um dos componentes mais importantes na determinação do desempenho e o sucesso esportivo é atribuído decisivamente à execução tática ideal do treinamento e da competição, para os conteúdos de treinamento a pergunta é: "*como* deve ser treinada a ação tática?".

4.3.1 Objetivos do treinamento tático

Ações táticas ideais são baseadas, reconhecidamente, (1) em *experiências* acentuadas, específicas de modalidade esportiva, (2) em uma boa *antecipação da situação e de ação,* e (3) estes desempenhos de antecipação baseiam-se em *processos cognitivos* complexos. Quais conseqüências práticas podem ser obtidas destas precondições de desempenhos táticos? De acordo com Westphal, Gasse & Richterling (1987, p. 65), as ações táticas pressupõem o seguinte:

- A capacidade de avaliação de *seqüências de tempo* das ações próprias e do adversário;
- Conhecimentos sobre a importância de *características de situações*;
- Conhecimento das *alternativas de ação* em situações concretas de decisão;

- A capacidade para a aplicação de *processos mentais e de decisão*, e para a avaliação do *estado próprio de desempenho*;

Quando elaboradas precondições para as ações táticas, o treinamento de táticas deve perseguir os seguintes *objetivos* (p. 65):

1. A *formação de conhecimentos táticos*: os atletas devem adquirir conhecimentos sobre os sistemas táticos fundamentais de sua modalidade esportiva. Eles precisam adquirir, principalmente, conhecimentos sobre as possibilidades e as seqüências de acontecimentos em chamadas situações padrão.
2. A *formação da capacidade de percepção*: sob este objetivo, deve ser exercitada a capacidade de percepção, principalmente sob o aspecto dos conteúdos de percepção, específicos de modalidade esportiva. Disso fazem parte o exercício do comportamento motor da visão, a direção da atenção, a percepção total e pontual etc.
3. A *elaboração de passos de decisão*: para isso, a decisão consciente é a precondição. Diversas alternativas de ação, específicas da situação, devem ser elaboradas e exercitadas conscientemente e acessadas como possibilidades. Para isso, os atletas devem aprender a relacionar informações percebidas com as possibilidades de ações táticas, específicas da situação.
4. A *instrução ao autocontrole*: para ações adequadas à situação, o autocontrole é fundamental. Desta maneira, os atletas devem ser capacitados para reconhecer e aceitar decisões erradas, para poder usá-las construtivamente para mudanças comportamentais em situações comparáveis.

4.3.2 Princípios metódicos para o treinamento de táticas

O princípio do treinamento de táticas é a coleta sistemática de experiências para o domínio bem sucedido de exigências de competição específicas de modalidade esportiva. Por este motivo, o treinamento de táticas pode ser visto, também, no âmbito de uma dinâmica própria, específica de modalidade esportiva. Isso não facilita, de modo algum, a procura por uma generalização de princípios válidos para o treinamento de táticas. Por isso, deve-se procurar pelo "menor denominador comum", isto é, por regras metódicas que podem exigir uma validade geral. Com base nas discussões teóricas até agora feitas sobre ações táticas e nos quatro objetivos do treinamento de táticas, Westphal, Gasse & Richtering (1987, p. 68) deduziram quatro princípios metódicos, que seguimos pelo conteúdo, no sentido de uma generalização teórica do treinamento. São os seguintes:

1. *Deixar desenvolver a capacidade de percepção*: nos principiantes dos jogos, por exemplo, a percepção fica inicialmente concentrada na pessoa. Unicamente com a crescente segurança, o olhar fica livre para novos contextos, mas ainda permanece concentrado na pessoa. Somente no terceiro passo do desenvolvimento do jogo, a atenção é dirigida para estruturas mais abstratas. Devido a esta seqüência de evolução, a percepção deve ser desenvolvida em etapas; mas ela deve tornar-se consciente no treinamento e os *resultados da percepção têm de ser elaborados sistematicamente.*

2. *Da observação à percepção:* o que os esportistas, por exemplo, observam em uma seqüência de jogo, eles devem adquirir sistematicamente e aprender a perceber por que o posicionamento, a posição, o campo visual e a perspectiva restringem as possibilidades de percepção, da mesma maneira como o tempo disponível. Por isso, da situação total, podem ser observadas e percebidas somente uma a duas características. Da observação, deve surgir a percepção da situação, para poder iniciar ações adequadas à ela. *No treinamento, deve-se tornar sistematicamente consciente quais características têm de ser observadas em determinadas situações.*

3. *Exercício independente*: ações conforme a situação exigem autonomia, percepção e interpretação independentes da respectiva situação. O treinamento de táticas deve se tornar o *impulso para ações auto-responsáveis.* As formas de exercícios e o exercício de situações padrão têm de permitir margens para decisões, e poder resultar em decisões táticas erradas. Além disso, a autonomia exige a auto-avaliação. Desta maneira, os atletas não devem depender somente do *feedback* do treinador, mas adquirir a possibilidade de avaliar mesmo suas ações.

4. *Feedback objetivo*: informações objetivas são indispensáveis para aprender, avaliar e observar as próprias ações mediante fatos. Por isso, análises por meio de vídeo tornarem evidentes os comportamentos da própria equipe e do adversário no jogo. Também se deve observar o jogo e tornar as estruturas táticas observadas parte integrante do treinamento de táticas.

Na formação, a tática individual deve-se tornar a real base da tática da equipe e ficar em primeiro plano. Seria ideal se a elaboração de decisões individuais pudesse ser aperfeiçoada no âmbito da tática da equipe. Ela deve ser associada, desde o início, a técnicas e deixar claro que a técnica do movimento preenche uma função para a aplicação de pensamentos do jogo.

Enfim, a tática individual será melhorada, como exercício da capacidade de percepção e de decisão, em formas de exercícios semelhantes ao jogo, porque somente desta maneira pode ser elaborada a importância dos sinais que conduzem a ação.

Estas formas de exercícios devem representar as condições das decisões de maneira padronizada e, inicialmente, conter somente uma alternativa. O jogador deve antecipar a seqüência da ação com base em suas observações e decidir a alternativa. Esta escolha deve ser tomada de maneira independente e não ser facilitada por seqüências regulares, para que a decisão represente, inicialmente, um problema que ele aprende a resolver por meio de auxílios de orientação.

Nas diversas formas de exercício, a decisão deve ser elaborada, mantendo-se as três etapas seguintes:

1. O jogador observa a seqüência dos acontecimentos e tenta descobrir regularidades.
2. Ele exercita-se para descobrir, na seqüência de observação, as características que representam relações regulares do tipo 'quando... então'.
3. Ele associa suas observações com as próprias ações: quando isso é assim, "ele faz isso e eu faço aquilo".

Em um último passo, pode-se aperfeiçoar a proximidade com o jogo, adicionando-se mais alternativas conhecidas.

O treinador/professor restringe-se ao processo do exercício, colocando impulsos e dando feedback, por meio de tarefas de observação e perguntas. Sua função é principalmente de concepção e de controle da seqüência do exercício:

- As precondições da forma do exercício combinam com as da situação de jogo?
- As condições são padronizadas?
- A alternativa de ação corresponde ao nível de desempenho e capacidade dos jogadores?
- As precondições são mantidas na execução? Os jogadores decidem e como?
- Finalmente, ele vai fixar as condições de situações aprendidas, bem como as alternativas de ações elaboradas e dar aos seus jogadores a possibilidade de eles mesmos examinarem criticamente o seu grau de conhecimento (Westphal, Gasse & Richtering, 1987, p. 70).

O cumprimento metódico de treinamento de questões táticas pode ser possibilitado somente em combinação com tarefas de competição a serem resolvidas concretamente, considerando-se as *precondições técnicas* momentâneas *e de condicionamento* (Kern, 1989, p. 53). Como o grau de capacidade técnica e as possibilidades de condicionamento desenvolvem-se continuamente, o treinamento de táticas também deve mostrar, considerando-se os quatro princípios acima mencionados, uma concepção em longo prazo, com as ênfases metódicas de conteúdo (Barth, 1980).

Na primeira etapa da formação tática, são repetidas *características típicas de determinadas ações em competições* e constantemente exercitadas, até que os atletas percebam estas características e a decisão da ação ocorra sempre mais rapidamente.

Na segunda etapa, deve-se trabalhar sistematicamente para que os atletas aprendam a *antecipar as situações da competição*, isto é, aqui se deve antecipar as ações do adversário por meio de uma característica de probabilidade e reagir convenientemente.

Na terceira etapa, deve-se desenvolver uma *memória de situações* que permita identificar probabilidades de acontecimentos. Para a definição de um comportamento específico de probabilidade, é decisiva a participação em muitas competições com diferentes adversários.

5 Estrutura, organização ou sistema do treinamento esportivo

Na seção 1.2, capítulo 1, apresentamos o processo total e a estrutura do treinamento como esquema de bloco de um círculo de regulação (Figura 1.4), denominado de *sistema do treinamento esportivo*, tendo em vista o fluxo cibernético de informação.

O conceito de sistema foi usado conscientemente porque ele deve substituir o conceito de *estrutura do treinamento* (Thiess, Schnabel & Baumann, 1978, p. 239; Martin, 1980, p. 9). O conceito de estrutura de treinamento abrange os componentes (1) periodização, (2) ciclicidade, (3) dimensionamento dos conteúdos, (4) dinâmica de solicitação e (5) mudança temporal dos conteúdos do processo de treinamento. Esse uso mostra que o conceito de estrutura engloba mais a montagem formal de determinadas relações (Dorsch, 1970, p. 401). O conceito de "sistema", entretanto, descreve um agregado de processos isolados que atuam entre si, de acordo com certas regras, para alcançar um efeito comum (Dorsch, 1970, p. 406). Como a estrutura e a organização do treinamento esportivo seguem exatamente estes princípios e são direcionadas sistematicamente a determinado desenvolvimento de desempenho, os objetivos pretendidos são realizáveis somente sob as condições de um sistema relacionado a isso. *A estrutura e a organização do treinamento seguem, portanto, um sistema regulado pelo objetivo pretendido do treinamento e pelas regras das condições, sob as quais este objetivo é alcançável.*

Como antecipação a este capítulo e à temática tratada aqui, para os temas de *treinamento de técnicas* (na seção 2.6, capítulo 2), *treinamento de força* (na seção 3.2.7, capítulo 3), *treinamento de velocidade* (na seção 3.3.6, capítulo 3) e *treinamento de resistência* (na seção 3.4.7, capítulo 3) foram descritos características e princípios da organização da estrutura do treinamento, quanto ao conteúdo específico, fundamentados por meio de exemplos práticos.

5.1 Considerações fundamentais mais recentes da estrutura do treinamento

Devido aos trabalhos de Boiko (1988) e Verkhoshansky (1988), Tschiene (1989) estava convicto de que a teoria de treinamento finalmente tivesse se movimentado, pois estes autores teriam criado uma teoria, em princípio "nova", orientada no sistema e na teoria de ação, na qual colocariam no centro de atenção as leis das adaptações influenciadas pelo meio ambiente. Uma análise destes trabalhos, orientada para a prática, mostra que estas teorias "mais novas" questionam principalmente três aspectos: (1) a supremacia da *especialização* (seção 2.1.1, capítulo 2) no treinamento, (2) o problema de *adaptações em longo prazo* de solicitações de treinamento e (3) o *método da concentração dirigida de solicitações.*

5.1.1 Especialização como orientação para a estruturação do treinamento

Quando seguimos a argumentação de Boiko (1988, p. 53), o objetivo condutor do treinamento é, em muitos casos, uma *atividade de competição específica* e *bem sucedida*. A execução do treinamento inclui tanto *formas de treinamento específicas* de condicionamento, coordenativas e técnico-táticas, que têm uma relação direta com a atividade de competição e, com isso, garantem uma "transmissão positiva", como *formas de treinamento não específicas*, que têm relação somente indireta, ou possivelmente em menor grau, à atividade de competição. Estas formas de treinamento desenvolvem a universalidade motora e um nível de condicionamento geral. Mas, quando se supõe que os atletas possuem uma gama restrita de *reservas de adaptação* (seção 3.1.5.2, capítulo 3), no aproveitamento de reservas existentes de adaptação, os conteúdos de treinamento não específicos estão concorrendo com os específicos.

Anochin (1975) defende a tese de que a adaptação a desempenhos esportivos exigidos ocorre dentro do princípio da probabilidade, isto é, a adaptação antecipa desempenhos quando determinadas influências ambientais (assim também o treinamento) se repetem constantemente. Neste caso, as repetições do treinamento são recebidas pelas funções motoras dos atletas como sendo normativas, e desenvolvimentos de antecipação são iniciados. Do ponto de vista prático, isso significa o treinamento deve antecipar constantemente, na dificuldade e variabilidade, de maneira repetitiva, as exigências específicas da atividade de competição, quanto ao condicionamento, à técnica, à tática e psiquicamente. Com isso, ocorre a diminuição da universalidade dos componentes a serem treinados e o treinamento concentra-se melhor na execução das reservas funcionais individuais e das reservas de adaptação.

O volume da reserva funcional atual é limitado, com grande probabilidade, pela capacidade funcional atual. Por isso, as exigências de solicitação podem ser vistas como efetivas quando elas avaliam as respectivas reservas funcionais (seção 3.1.5.2, capítulo 3).

Verkhoshansky (1988, p. 59) dá mais um motivo para a especialização do processo de treinamento. De acordo com ele, as pessoas não possuem sempre um complexo de mecanismos bem especializado, mas uma gama universal e ampla de possibilidades funcionais e uma grande estabilidade com relação a influências externas. Por isso, não há mecanismos específicos que sozinhos seriam responsáveis pela força, resistência, velocidade ou técnica esportiva. Qualquer ação esportiva é assegurada pelo mesmo complexo de sistema funcional. No treinamento, entretanto, os sistemas funcionais especializam-se na direção para a qual são solicitados. Visto desta maneira, o desenvolvimento da capacidade específica de desempenho é associado, pelos atletas, secundariamente à formação de diversas áreas de capacidade.

Primariamente, a especialização funcional do organismo reage na direção do desempenho de competição, específico de modalidade esportiva.

A especialização do treinamento significa a estruturação de solicitações complexas de treinamento, que se orientam condicional e tecnicamente nos exercícios da competição. Ela quer evitar, em primeiro lugar, o treinamento dirigido ao desenvolvimento unilateral a somente um componente ou uma capacidade. Na psicologia, esta especialização é denominada recentemente por *aquisição de expertise*, significando a concentração do desenvolvimento do desempenho àquela competência específica, necessária para o domínio ótimo de determinadas situações.

5.1.1.1 Treinamento complexo como uma forma da especialização

Diversas modalidades esportivas introduziram, para determinados *conteúdos especializantes de treinamento*, o conceito de "treinamento complexo". O *treinamento complexo* integra os componentes do desempenho, gerais e específicos de condicionamento, e os técnico-táticos com orientação às condições da atividade da competição, para uma forma de treinamento específico de modalidade esportiva.

No exemplo do biatlo, é mostrado como os diversos componentes do nível de desempenho são integrados, no sentido de uma especialização: o treinamento complexo, de acordo com análises de treinamento, tornou-se a forma principal de treinamento. Com isso, o treinamento *geral* e *específico* de resistência, com os conteúdos de corrida de resistência, treinamento de *rollerski*, treinamento de esqui com diferente *intensidade* e *duração de solicitação*, é associado à modalidade de tiro para seu treinamento de maneira complexa, simultaneamente ao desenvolvimento da resistência, em diferentes intervalos de tempo, em pé e deitado, após as solicitações de resistência. Na área de treinamento complexo, os treinadores são solicitados a elaborar formas de treinamento que antecipem o desempenho da competição e partes dela por meio de constantes repetições.

5.1.2 Adaptações de longo prazo a solicitações

As adaptações são observáveis pelos efeitos de treinamento. Elas são o resultado de solicitações que levam a cargas com efeitos de adaptação (seções 3.1.4 e 3.1.5, capítulo 3). Nisso se diferenciam reações *atuais*, reações correntes a solicitações e *efeitos cumulativos de treinamento*. Essas são reações a uma série de diferentes exigências acentuadas de solicitações, associadas a diferentes conteúdos, que solicitam o organismo paralelamente ou em seqüência. Os efeitos cumulativos de treinamento são o resultado das reações de adaptação "armazenadas" que se mostram, depois de determinados períodos, como parâmetros do desenvolvimento do desempenho.

5.1.2.1 O efeito de treinamento retardado em longo prazo

Uma periodização objetiva pode comandar, sabidamente, o grau de definição dos efeitos do treinamento. Por isso, a fixação de objetivos de treinamento é uma condição para a adaptação de longo prazo.

A solicitação total resulta (1) das unidades de treinamento cumpridas, (2) das exigências de solicitação e (3) da dinâmica temporal das solicitações, bem como da disposição dos conteúdos (periodização). A sintonização destas três condições, ou seja, dos *parâmetros* de um ciclo de treinamento, dão a direção e a definição da adaptação em longo prazo. Com isso, os *conteúdos do treinamento* orientam-se, no sentido da *especialização*, nas exigências específicas da atividade de competição, devendo seu *potencial de eficiência do treinamento* (VERKHOSHANSKY, 1988, p. 98) ser ampliado sistematicamente, isto é, um ciclo de período não será iniciado diretamente com uma repetição constante no treinamento, do exercício, da distância e da velocidade da competição, mas se deve proceder "eficientemente no treinamento", ou seja, aumentar sistematicamente as solicitações.

A *exigência* total *de solicitações*, a ação conjunta do *volume de solicitação* e da respectiva *intensidade de solicitação* dão a segunda condição (parâmetro). Os efeitos do treinamento esperados em longo prazo pressupõem uma transição correta da ênfase no volume para a ênfase de intensidade. A combinação dos componentes de solicitação e de suas exigências funciona no sentido da adaptação em longo prazo, quando pode ser avaliada como terceira condição (parâmetro) a *distribuição no tempo* dos *conteúdos* e dos *componentes de solicitação*, de acordo com o estado atual de desempenho dos esportistas e do desempenho total orientado na sua capacidade funcional atual.

Isso é explicado no exemplo do *efeito de treinamento retardado em longo prazo* (Figuras 3.6 e 3.39) (seções 3.2.5.2 e 3.2.7.1, capítulo 3): na soma de solicitações de treinamento, surge a pergunta: "por quanto tempo as reservas funcionais existentes ainda podem ser usadas sem perturbar a capacidade funcional existente e atuar negativamente sobre os processos pretendidos de adaptação?". Para as *modalidades esportivas de força rápida*, Verkhoshansky (1988, p. 43) pôde analisar duas "formas" de seqüências de adaptação. A *primeira forma* (Figura 3.6) mostrou uma ampliação contínua dos parâmetros de força e velocidade, por meio de um acréscimo moderado do volume de solicitação. Com isso, as perdas de energia puderam ser compensadas continuamente. Este tipo de condução dos efeitos de treinamento é apropriado, principalmente, nos atletas de nova geração, com um nível médio de desempenho. A *segunda forma* (Figura 3.6) caracteriza o real efeito de treinamento retardado em longo prazo. Ele resulta das seguintes condições: uma primeira etapa de treinamento muito ampla, que diminui os parâmetros da força e da velocidade bem abaixo do nível inicial, e leva à interrupção das reações de adaptação. Este bloco de treinamento tem um volume extraordinariamente elevado, com baixa intensidade de solicitação. No final desta etapa, o volume é sistematicamente diminuído e a intensidade, aumentada.

A duração de um efeito de treinamento retardado em longo prazo é determinada pelo fato de "quando" é iniciada a transição do treinamento mais extenso para o mais intensivo. Os *períodos de uso* para a *reserva funcional atual* são de 18 a 22 semanas (Figura 3.6). Com isso, os "blocos de solicitação" na "forma 1" podem durar de cinco a seis semanas, antes de serem interrompidos por um microciclo de regeneração; mas os blocos de solicitação da "forma 2", que objetivam o efeito de treinamento retardado em longo prazo, duram somente de três a quatro semanas. Depois disso, é necessário um microciclo de regeneração. Após, no máximo, três blocos de solicitação, deve ocorrer a transição para o treinamento menos extenso e mais intensivo.

Tabela 5.1 Resumo dos períodos de solicitação das formas 1 e 2 da Figura 3.6

Período do macrociclo 18 a 22 semanas			
Forma	Período de um bloco de solicitações	Número de blocos de solicitação	Treinamento de regeneração entre blocos
Forma 1	5 a 6 semanas	2 a 3	7 a 10 dias
Forma 2	3 a 4 semanas	37 a 10 dias	

5.1.3 Condução de efeitos de treinamento retardados em longo prazo, com o método da concentração objetiva de solicitação

As mudanças de desempenho dentro de ciclos de treinamento podem ser conduzidas por meio dos componentes de ação recíproca, *tempo*, conteúdos, bem como definições das *solicitações complexas do treinamento*. O respectivo período do desenvolvimento do desempenho é determinado pelo calendário da competição; a solicitação complexa do treinamento é limitada pela capacidade funcional atual. Estes fatos são a base para as concepções conhecidas por *periodização*. A teoria de periodização defende a seguinte opinião: o desenvolvimento do desempenho em um ciclo de treinamento segue a seqüência de *preparação geral* para a *específica*, sendo a primeira caracterizada ainda por *volumes de solicitação* com crescimento acentuado e a segunda por volumes decrescentes de solicitação com o aumento da intensidade. Além disso, esta teoria diz que uma especialização precoce demais do processo de treinamento levaria a adaptações unilaterais do organismo e, com isso, à dominância de somente um componente de desempenho. O desenvolvimento do desempenho esportivo estaria fundamentado, principalmente, em uma base universal.

De acordo com o atual estado de conhecimento sobre a condução de treinamento para um processo de treinamento cíclico e de vários anos, deve-se partir, portanto, da seguinte *regra*: a *concepção de periodização* geral e usual (seção 5.2) vale somente para classes de desempenho inferiores ou médias das modalidades esportivas individuais. Para *atletas altamente qualificados* do esporte de alto nível devem ser usados somente os períodos de tempo fixados por ciclos e períodos, pelo calendário de competição, e não a seqüência usual de preparação geral para a específica. Isso porque atletas de alto nível possuem, primeiro, um elevado nível de desempenho específico, e somente é possível o aperfeiçoamento deste *nível específico*; segundo, eles treinam já na área limite de suas *reservas de adaptação*. Por esse motivo, este treinamento deve ser sempre orientado para *solicitações de treinamento, especiais e específicas de modalidade esportiva*.

Para a condução do treinamento na área de alto nível, deve ser usado, de acordo com os resultados dos estudos de Verkhoshansky (1988, p. 128), o *método da concentração objetiva de solicitação*. Ele significa: formar *"blocos" com pontos principais de conteúdo*, como blocos de técnicas, de força e de força e velocidade, com elevado volume de solicitações. A eficiência destes blocos é comprovada por vários cientistas soviéticos do esporte de alto nível. Com isso, não se ignora que o problema de blocos esteja na influência negativa sobre os efeitos de treinamento do componente de desempenho treinado em um bloco com conteúdo e volume somente baixos, adicionalmente ao conteúdo principal, por exemplo, de um treinamento extenso de força para o treinamento de técnicas.

5.1.3.1 Condução do treinamento para a força rápida e para modalidades esportivas de composição – um exemplo

A influência negativa de solicitações elevadas de força sobre o treinamento de técnicas é amplamente conhecida. Apesar disso, no esporte de alto nível, é necessária a combinação destes dois componentes de desempenho, no sentido de uma especialização.

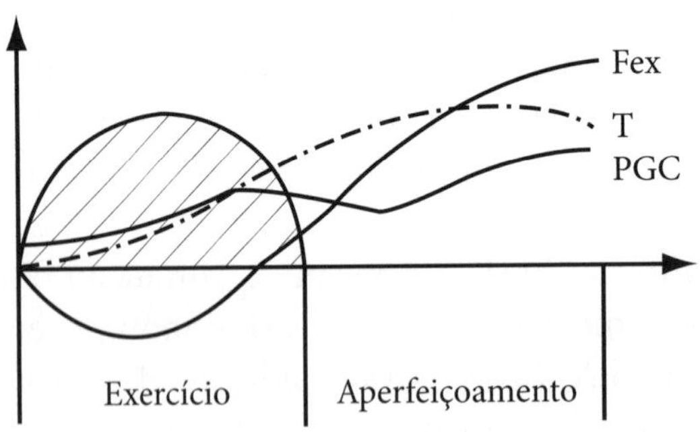

Figura 5.1 PGC = preparação geral complexa (velocidade, mobilidade, resistência, coordenação); T = treinamento de técnicas; Fex = força explosiva (segundo VERKHOSHANSKY, 1988, p. 132).

A base deste modelo é a *diferenciação* da *solicitação concentrada de força* (Figura 5.1, traços inclinados), como conteúdo principal do primeiro macrociclo, e do *treinamento de técnicas* (T), como conteúdo principal do segundo microciclo. O objetivo desta condução é executar o treinamento principal de técnicas quando os efeitos de treinamento retardados em longo prazo do treinamento de força permitem o treinamento de técnicas, sob ações de força mais elevadas possíveis para executá-lo o mais próximo à competição (Figura 5.1, segundo macrociclo). Por isso, o período de preparação divide-se em dois macrociclos de treinamento de técnicas (exercício, aperfeiçoamento). No primeiro macrociclo, o ciclo da solicitação concentrada de força, o treinamento de técnicas consiste da aquisição de técnicas com baixa intensidade de movimento e do treinamento complementar de técnicas. No macrociclo do efeito de treinamento retardado em longo prazo, começa o aperfeiçoamento da técnica pelo treinamento de aquisição de técnicas sob máxima intensidade de movimento, com adaptação ao nível mais elevado da força rápida e ao treinamento de aplicação de técnicas semelhantes às da competição. Neste macrociclo, o nível elevado de força deve ser mantido por meio de um treinamento de força com baixo volume, mas elevada intensidade e qualidade específica de modalidade esportiva.

5.1.3.2 Condução do treinamento para a modalidade de *sprint* – um exemplo

Mais um exemplo mostra como, principalmente, a velocidade do movimento (seções 3.3.2.3 e 3.3.3.3, capítulo 3) deve ser desenvolvida em longo prazo, no âmbito do período de preparação. Ao contrário do exemplo, anteriormente descrito, para modalidades esportivas de força rápida e composição (Figura 5.1), para as modalidades de *sprint* é feita nítida diferenciação do bloco de força e do melhoramento da velocidade (Figura 5.2, v e $v_{máx}$). No macrociclo com a solicitação concentrada de força (Figura 5.2, traços inclinados), dispensa-se completamente o treinamento de velocidade. Todavia, as condições para a coordenação intramuscular da velocidade do movimento (estrutura de coordenação) são mantidas em nível elevado, mediante um trabalho "de relaxamento". O próprio treinamento de velocidade de *sprint* começa no segundo macrociclo, durante o efeito de treinamento retardado em longo prazo das solicitações de força.

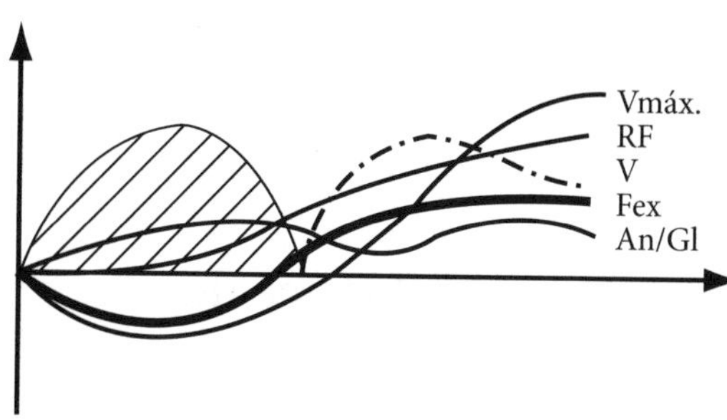

Figura 5.2 Descrição no texto; RF = resistência de força; An/Gl = área anaeróbio-glicolítica (segundo VERKHOSHANSKY, 1988, p. 134).

O treinamento para o desenvolvimento da capacidade anaeróbio-glicolítica, como um componente de resistência de *sprint* (Figura 5.2, An/Gl), é caracterizado neste modelo por duas ondas. Uma está no final da solicitação concentrada de força; a outra segue, no segundo macrociclo, a velocidade do movimento (Figura 5.2, V), após o volume principal, somente com volume pouco fatigante.

O método da concentração da solicitação em blocos, apresentado neste capítulo, difere evidentemente do entendimento da teoria usual de periodização, baseada na preparação complexa, com desenvolvimento paralelo, de diversos componentes de desempenho. O método da concentração objetiva de solicitação não deve excluir os conhecimentos da periodização. Essa concentração só mostra que se procura, e deve-se procurar, por métodos mais racionais da estruturação do treinamento quando a *especialização,* com solicitações na área do limite da *reserva de adaptação,* torna-se a idéia que guia o sistema de treinamento.

5.2 Periodização – ciclos

O trabalho de L. P. Matveiev "Periodização do treinamento esportivo" foi publicado na Alemanha pela primeira vez em 1972. Este trabalho é um dos clássicos da teoria do treinamento. A teoria daí deduzida foi apresentada, discutida e modificada em várias publicações (Lempart, 1973; Tschiene, 1977, 1985; Martin, 1980, 1987; Starischka, 1988; Verkhoshansky, 1988). Como estas teorias também representam a base para o planejamento do treinamento, foram necessários sua constante verificação e desenvolvimento (seção 5.1).

> Definição:
> A *periodização* é a fixação de uma seqüência de períodos, cuja estruturação de conteúdo, de solicitação e em ciclos, objetiva a definição da forma esportiva ótima para determinado período dentro do ciclo de períodos.

5.2.1 A teoria clássica de Matveiev

Matveiev admite que esportistas não podem manter sempre uma forma esportiva adquirida, mas que primeiro adquirem-na em "fases" (periodicamente); segundo, podem mantê-la por um período; e terceiro, perdem-na temporariamente. As fases do desenvolvimento da forma e de sua manutenção atingem, com um processo correspondente de treinamento de vários anos, um nível mais elevado a cada ano.

Tendo em vista a necessidade de alcançar a forma máxima em determinado momento, e não em qualquer período do ano, para as competições principais o processo de treinamento pode e deve ser conduzido de maneira que esta forma máxima seja alcançada no momento planejado, desde que as *regras objetivas do desenvolvimento da forma* sejam reconhecidas e mantidas. As fases de desenvolvimento necessárias recebem, devido a esta função de condução, uma estrutura de treinamento exatamente determinada e conteúdos de treinamento a ela associados. Disso resulta um treinamento com três ciclos: (1) *o período de preparação*: nele é desenvolvida a forma esportiva; (2) o *período de competição*: nele são aperfeiçoadas as possibilidades adquiridas e realizadas nas competições; (3) o *período de transição*: significa recuperação ativa, com a manutenção do estado de treinamento um determinado nível (Matveiev, 1972, p. 108).

Para entender as *relações objetivas*, é importante o seguinte fato: os períodos de treinamento não resultam somente de os atletas não poderem estar sempre em forma, mas, também, porque a *mudança periódica da estrutura de treinamento* e dos *conteúdos do treinamento* é condição objetivamente necessária do desenvolvimento esportivo. Com isso, Matveiev explica que cada fase deste desenvolvimento está ligada a um conteúdo e uma estrutura especiais do processo de treinamento. Neste processo de desenvolvimento, as *exigências de solicitação*, primeiramente, e depois a *estrutura de conteúdo* formam certa relação, esquematizada na Figura 5.3.

O ciclo de treinamento (seja de um ou meio ano) admite determinado ápice e é dividido em períodos de treinamento. O período de competição é bem definido. Sua duração é definida pelo tempo, no qual os atletas devem manter sua forma sob as respectivas condições. O período de competição dura, dentro de um ciclo de um ano inteiro, quatro ou cinco meses. O período de transição dura de um a dois meses e o período de preparação, de cinco a seis meses. Dentro de cada período, a relação entre volume e intensidade de treinamento recebe uma acentuação bem definida (Figura 5.3).

Como esquematizada na Figura 5.3 (acima), a *intensidade de solicitação* cresce linearmente até o início do período de competição e chega ao ponto máximo durante o período de competição. O *volume de solicitação* cresce rapidamente até a metade do período de preparação, mas diminui com o aumento da intensidade. *O primeiro fator de condução* que influencia muito o momento da "forma máxima" é, portanto, a intensidade de solicitação. Se ela atingir seu máximo muito cedo, o desempenho máximo também é esperado cedo demais no período deste ciclo e, provavelmente, não é estabilizável por muito tempo. Por outro lado, no final do período de preparação e no começo do período de competição, somente se pode treinar com intensidade elevada quando for precedido por um treinamento de elevado volume.

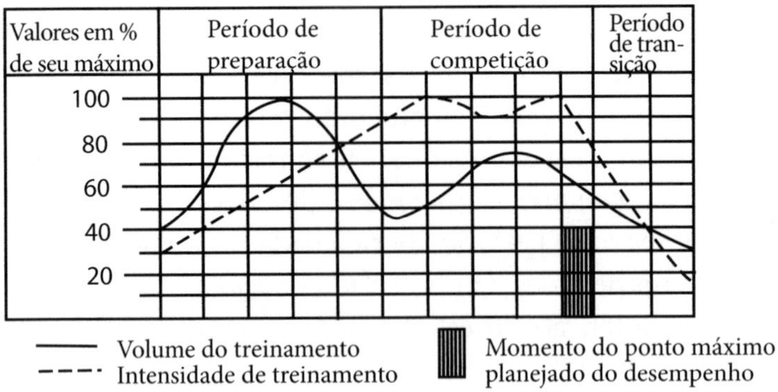

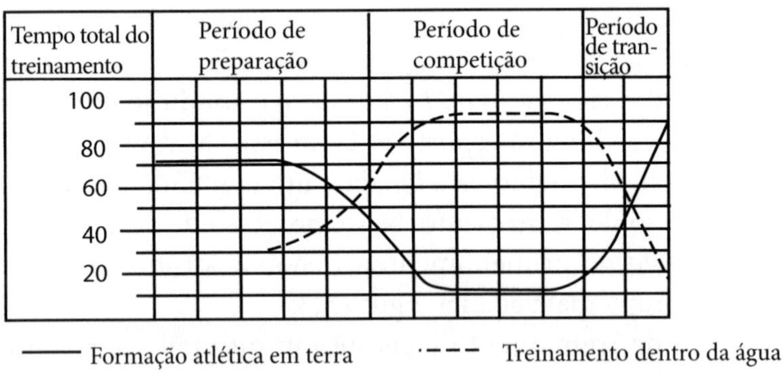

Figura 5.3 Em cima: tendência da dinâmica de solicitação (volume e intensidade); embaixo: distribuição dos conteúdos de treinamento em preparação geral (formação atlética em terra) e preparação específica (treinamento dentro da água), segundo Lewin (1974, p. 150).

O *segundo fator de condução* é o conteúdo do treinamento e sua estruturação (Figura 5.3, embaixo). Os conteúdos são incluídos no processo de treinamento em seqüência sistemática. Junto com a "relação de volume e intensidade", eles formam a periodização. Na primeira metade do período de preparação, trata-se de melhorar o condicionamento geral. Com isso, o volume de treinamento alcança seu ponto máximo. Na segunda metade do período de preparação, são usadas formas específicas de exercício como pontos principais, e a intensidade aumenta com a diminuição do volume. A intensidade máxima com menor volume está no começo do período de competição. Aqui, o exercício da competição torna-se o conteúdo principal.

5.2.2 Os períodos

Os períodos de treinamento são estágios seguidos em um processo de treinamento. Eles são caracterizados pelo uso adequado de determinados conteúdos e métodos que garantem uma incidência objetiva sobre o desenvolvimento do desempenho. Os períodos de treinamento são, portanto, estágios seguidos de um processo de condução para o desenvolvimento da forma esportiva. Disso, resulta que as leis da periodização do treinamento são, principalmente, leis da condução da forma esportiva, em diferentes estágios deste processo. Os limites entre os períodos são fluentes. Eles não significam uma mudança repentina do conteúdo ou da solicitação, mas representam nódulos no processo de treinamento, e são determinados, bem precisamente, no tempo. Nestes nódulos, mudam as exigências de solicitação, bem como o conteúdo e, com isso, todo o processo de treinamento. Assim, eles conduzem de uma fase de desenvolvimento da forma esportiva à outra (Matveiev, 1972).

5.2.2.1 O período de preparação

O *período de preparação* é o ciclo periódico que persegue o objetivo de criar precondições básicas de condicionamento e técnico-táticas para desempenhos esportivos elevados e solicitações de treinamento no período de competição (Starischka, 1988, p. 33).

Tradicionalmente, o período de preparação é desmembrado em duas etapas: preparatória geral e a preparatória específica. Mais recentemente, a divisão é feita em três macrociclos (MAC), que duram de quatro a oito semanas. Os três *macrociclos* (MAC) do período de preparação têm as seguintes funções: no MAC 1, deve ser alcançada novamente a *capacidade geral de desempenho* do ano passado e, na medida do possível, superada. Os conteúdos de treinamento não são específicos e a solicitação do treinamento é de média a alta. No MAC 2, devem ser desenvolvidos os *fundamentos do desempenho especialmente dominantes*. Os conteúdos de treinamento são específicos e as solicitações do treinamento estão na área limite. No MAC 3, são aperfeiçoadas as *precondições específicas de desempenho*, em estreita relação com as condições do desempenho da competição. Os conteúdos de treinamento são específicos de competição; a solicitação de treinamento é alta e está na área limite (Starischka, 1988, p. 33).

5.2.2.2 O período de competição

O *período de competição* é determinado no tempo e no conteúdo pelo calendário, número e tipo das competições.

De acordo com os pontos altos da competição, diferencia-se entre período de competição "simples" e "complexo". O *período simples de competição* é subdividido em dois macrociclos (MAC 4 e 5). No MAC 4, a forma esportiva deve ser desenvolvida de maneira ideal; no MAC 5, estabilizada-se uma forma elevada. O *período complexo de competição* mostra uma divisão em três partes: o MAC 4 é o primeiro ciclo da competição; o MAC 5, um ciclo intermediário, e o MAC 6, o segundo ciclo da competição. A duração total do período de competição depende muito da modalidade esportiva. Na periodização simples, ela dura de dois a três meses; na complexa, como, por exemplo, nos jogos esportivos, devem ser planejados períodos consideravelmente mais longos (Stârischka, 1988, p. 35).

5.2.2.3 O período de transição

O *período de transição* é o ciclo da recuperação ativa com redução do desempenho, temporariamente tolerado. Ele dura, em média, de duas a quatro semanas, e possui as seguintes características:

- Redução das solicitações de treinamento;
- Nenhuma competição;
- Manutenção da forma também com treinamento não específico de modalidade esportiva;
- Uso sistemático de medidas acompanhantes do treinamento, como massagens, banhos termais, programas de movimentos de ginástica, natação, mudanças de ar e "férias", que servem à regeneração, ao "acúmulo de forças" e às necessidades pessoais.

5.2.3 Modelos de periodização e suas tendências mais recentes

Tendo em vista os diferentes calendários de competições, ciclos duplos ou triplos dentro de um ciclo anual, nas modalidades esportivas há, forçosamente, diferentes modelos de periodização:

- Modelo de *periodização simples* (um período de competição no ciclo anual);
- Modelo de *periodização dupla* (dois períodos de competição no ciclo anual);
- Modelo de *periodização tripla* (três períodos de competição no ciclo anual).

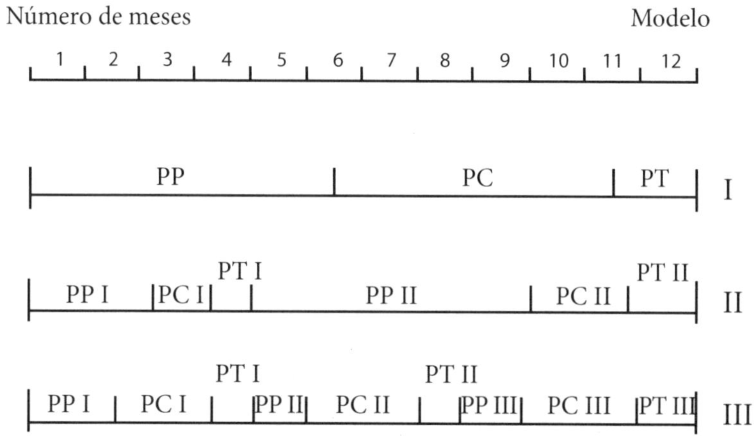

Figura 5.4 Possibilidades de distribuição do tempo em periodização simples (I), dupla (II) e tripla (III). PP = período de preparação; PC = período de competição; PT = período de transição.

5.2.3.1 Problemas específicos dos modelos de periodização

Estudos sobre a dinâmica do desenvolvimento do desempenho de atletas permitem a suposição de que esta dinâmica ocorra em duas grandes ondas, atingindo os valores mais elevados do desempenho na segunda. Isso pode ser atribuído a uma melhor capacidade funcional atual nesta segunda onda. Supõe-se que uma periodização dupla é sempre conveniente para a maioria das modalidades esportivas. Ela é experimentada há mais tempo também nas modalidades que treinaram, tradicionalmente, com a periodização simples. Com o atual estado de conhecimento, a periodização simples praticamente não pode ser mais apoiada. Muitos treinadores passam nas modalidades esportivas da periodização simples para a dupla. A periodização tripla afirmou-se na natação, no boxe etc. Para as modalidades de resistência de longa duração e/ou para as modalidades múltiplas, entretanto, a periodização simples ainda pode ser apoiada. Mediante alguns exemplos, são apresentadas, principalmente, as condições da dinâmica de desenvolvimentos de desempenho.

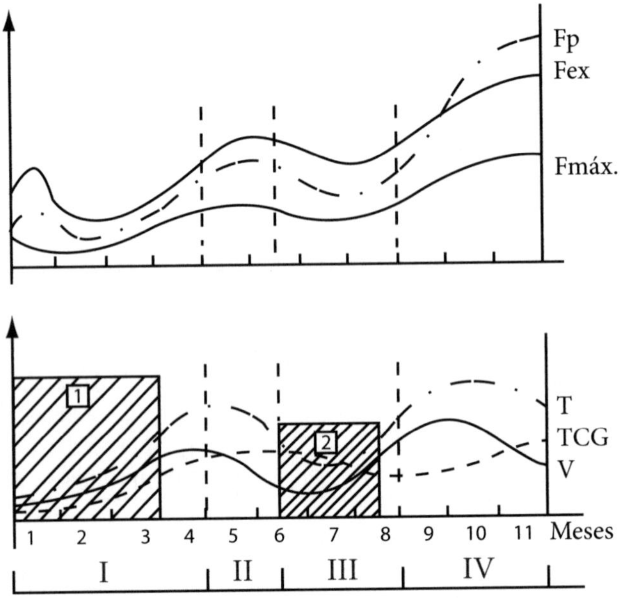

Figura 5.5 Modelo da periodização dupla para modalidades esportivas de força rápida. A parte superior da figura mostra a dinâmica do desenvolvimento de desempenho da força máxima (Fmáx), força explosiva (Fex) e força de partida (Fp). A parte inferior mostra a distribuição do treinamento de técnicas (T), de velocidade (v) e de condicionamento geral (TCG), com dois blocos de força (linhas inclinadas). I = período de preparação I; II = período de competição I; III = período de preparação II; IV = período de competição II (segundo VERKHOSHANSKY, 1988, p. 149).

A Figura 5.5 mostra um modelo da periodização dupla com dois blocos de força que devem levar a um efeito de treinamento retardado em longo prazo. Este fenômeno foi descrito detalhadamente nas seções 5.1.2 e 5.1.3. Ele é realizado duas vezes em uma periodização dupla, apresentando no segundo bloco de força um volume menor de solicitação um período menor. Em contrapartida, a intensidade total de solicitação tem um nível mais elevado no período de preparação II.

O modelo de uma periodização simples, para modalidades esportivas de resistência de longa duração, é apresentado na Figura 5.6. Para o desenvolvimento da adaptação estável do organismo, é necessário um período de preparação relativamente longo (até 6 meses). Além disso, é característico o aumento paulatino do volume de solicitação, que não pode ter queda brusca no período de competição. Mostrou-se que uma diminuição do volume em longo prazo, no período de competição e na periodização simples, pode levar a processos de readaptação, que são de fácil comprovação pelos parâmetros do nível de desempenho. As próprias solicitações de competição não podem garantir o nível elevado da capacidade de desempenho. Além disso, o modelo (Figura 5.6) mostra dois blocos do treinamento específico de força e velocidade. Os volumes de solicitação deste treinamento estão, todavia, em áreas da disponibilização anaeróbio-alática.

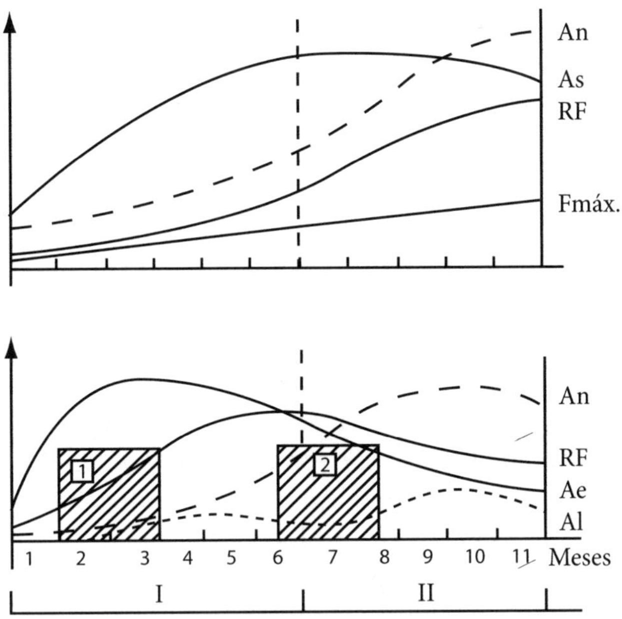

Figura 5.6 Modelo da periodização simples para modalidades esportivas de resistência de longa duração. An = capacidade anaeróbia de desempenho/treinamento; Ae = aeróbia; Al = alática; RF = resistência de força; Fmáx = força máxima. A figura superior mostra a dinâmica do desempenho, a inferior os respectivos volumes de solicitação. I = período de preparação; II = período de competição; (segundo VERKHOSHANSKY, 1988, p. 153).

5.2.3.2 Tendências mais recentes ou variações na periodização

Os modelos até agora apresentados mostram o esquema básico da periodização com sua divisão em períodos de preparação, competição e transição. Conceitos como "período de recuperação", "período de desenvolvimento do condicionamento", "período da manutenção da forma", como Tschiene (1986, p. 126) apresentou a partir de traduções dos trabalhos de Bondarcuk, não se impuseram na área de língua alemã. A periodização ocorre, ainda, de acordo com os três períodos mencionados acima, com as denominações de períodos de preparação, competição e transição. Com isso, periodizações duplas e triplas são, em parte, concebidas de maneira que apresentam, somente no final de um ciclo anual, um período de transição. Outras têm um período curto de transição após cada um dos dois ou três períodos de competição (Figura 5.4).

As documentações de treinamento de atletas alemães de classe mundial (biatlo, salto de esqui, combinação nórdica) mostraram duas tendências que devem ser vistas inequivocamente como especialização do treinamento, com relação à atividade de competição: primeiro, *formação de blocos*, nos quais estão no programa ênfases para o treinamento de técnica e treinamento de técnicas com condicionamento específico, e que englobam um a dois microciclos; e, segundo, uma *mudança brusca do volume de solicitação* de um microciclo a outro, no desenvolvimento do condicionamento (Tabela 5.2).

A Tabela 5.2 mostra claramente estas duas tendências. O primeiro macrociclo (1ª etapa) mostra o bloco puro de resistência com mudanças bruscas dos volumes de solicitação (km). O segundo macrociclo (2ª etapa) é uma combinação de blocos: 29ª semana = bloco de saltos, 30ª semana = treinamento de esqui, 32ª semana = bloco de saltos, 33ª semana = treinamento de esqui, 34ª/35ª semana = bloco de saltos etc.

Até que ponto os princípios da "formação de bloco" e da "mudança brusca do volume de solicitação" têm validade geral para o treinamento no esporte de alto nível, talvez mesmo na área de nova geração, deve ser estudado em experimentos específicos de modalidade esportiva.

TABELA 5.2 Documentação do treinamento cumprido por um atleta de alto nível na combinação nórdica

		1ª Etapa									2ª Etapa													
	Mês	Maio			Junho						Julho				Agosto					Setembro				
	Semana	18	19	20	21	22	23	24	25	26	27	28	29	30	31	32	33	34	35	36	37	38	39	40
		km	km	km	km	km	km	km	km	km	km	km	km	km	km	km	km	km	km	km	km	km	km	km
Resistência	Corrida contínua	80	48	112	64	112	48	80	64	64	80	48	32	80	64	32	32	48	32	48	64	32		64
	Roller esqui		54	54	54	54	36	108	72	18	36	36	18	18	36	36	36	18	18	36	36	18		72
	Esqui													40			55			56			91	
	UT	5	6	10	7	9	5	11	9	5	7	5	3	8	6	4	7	5	3	8	6	3	5	8
	km	80	102	166	118	166	84	188	136	82	116	84	50	138	100	68	123	84	50	140	100	50	91	136
Saltos	Colchonete/ Neve										C		C			C		C	C		C	C		
	Número										10		45			30		10	30		10	45		
	UT										2		9			6		2	6		2	9		
Força/Coordenação	Força	1		1		1		1		1	2	2	1	2	2	1	2	2	1	2	2	1	2	2
	Velocidade	1	1	1	1	1	1	1	1	1	1	2	2	1	1	2	2	1	2	1	2	2	1	1
	Coordenação	1	2	1	2	1	2	1	2	1	1	1	2	2	1	2	1	2	2	1	1	2	2	1
	Soma de UT	3	3	3	3	3	3	3	3	3	4	5	5	5	4	5	5	5	5	4	5	5	5	4
Total	UT	8	9	13	10	12	8	14	12	8	13	10	17	13	10	15	12	12	14	10	19	17	10	12
	km	80	102	166	118	166	84	188	136	82	116	84	50	138	100	68	123	84	50	100	140	50	91	136

C = Saltos em colchonete;
UT = unidade de treinamento.

5.2.4 Macrociclo e microciclo nos períodos

Ciclo significa uma seqüência de elementos, de coisas em seqüência de contexto, mas, também, seqüências repetidas. Um ciclo de treinamento é um determinado período. A teoria de treinamento diferencia *microciclos* (micro = pequeno), que abrangem geralmente uma semana, *mesociclos* (meso = médio, entre) que compreendem de três a quatro microciclos, e *macrociclos* (macro = grande) como uma disposição maior de micro e/ou mesociclos, e o ciclo do período com ciclo anual ou parte do ano. Como mais um desmembramento temporal do processo de treinamento, ainda é usado o conceito de *etapa*, como uma subdivisão dos períodos.

Por motivos de precisão e simplicidade terminológicas, usamos somente os conceitos de "microciclo" e "macrociclo". Um *microciclo* descreve, geralmente, o período de uma semana de treinamento; um *macrociclo* diferencia-se de outro pelas ênfases mudadas de conteúdo e uma estrutura mudada de solicitação, e é composto de um número de microciclos necessário para a solução desta tarefa. Por isso, os macrociclos não têm a mesma duração. O período de preparação na periodização simples consiste, freqüentemente, de três, e na periodização dupla de dois macrociclos.

Se o período de preparação no treinamento da combinação nórdica, como representado na Tabela 5.2, fosse subdividido conforme este entendimento de um macrociclo, resultariam três macrociclos (MAC). MAC 1: da 18ª à 26ª semana, ênfase no treinamento de resistência por meio de corrida de resistência e de *rollerski;* MAC 2: da 27ª à 43ª semana (não consta mais na tabela), alternância de blocos de resistência, saltos em esteiras e treinamento de esqui; e MAC 3: da 45ª à 50ª semana: treinamento na neve (corrida, salto).

A decisão de não usar o conceito de "mesociclo" pode ser justificada da seguinte maneira: o mesociclo foi introduzido porque se supunha que um macrociclo deveria ser desmembrado em mesociclos "introdutório" → "fundamental" → "de controle" → "de aperfeiçoamento" (THIESS, SCHNABEL & BAUMANN, 1978, p. 162; HARRE, 1986, p. 104). Todavia, esta seqüência de um macrociclo não pôde ser reconhecida em todas as nossas análises de treinamento. Também não seria adequada na exigência da especialização. Desta maneira, há a pergunta prática: "por que seria necessária mais uma subdivisão em mesociclos?".

5.2.4.1 O macrociclo

Como o planejamento do treinamento elabora, na maioria dos casos, um plano anual com seus períodos e planos semanais (microciclos), os princípios de mais uma subdivisão dos períodos, ou seja, dos macrociclos (etapas, mesociclos), têm pouca importância. Isso também mostra o tratamento desta temática na literatura da teoria do treinamento. Portanto, na prática, a *divisão dos macrociclos* não segue tanto as regras teóricas do treinamento; segue mais as condições pragmáticas. Desta maneira, a divisão de macrociclos é baseada, primariamente, em planejamentos calendários, como o calendário de competições, o enquadramento temporal de medidas centrais de treinamento, mesmo as estações do ano, acertos de data para exames diagnósticos do desempenho etc.

Na prática, os macrociclos surgem freqüentemente por meio de determinado ritmo na *mudança brusca do volume de solicitação*, como mostra o exemplo seguinte na Tabela 5.3. Aqui, é apresentado um macrociclo da estrutura do treinamento da equipe nacional feminina do esqui nórdico da Noruega. Até o início do treinamento contínuo na neve, o período de preparação é dividido em macrociclos de quatro semanas. Nos microciclos, o volume de solicitação é mudado bruscamente de acordo com certa sistemática. A Tabela 5.3 mostra um macrociclo com quatro semanas em setembro.

Outras delimitações de diversos macrociclos são mais determinadas pelo conteúdo, como mostrou o exemplo da Tabela 5.2.

Tabela 5.3 O macrociclo setembro da Equipe Nacional Feminina do esqui nórdico da Noruega; D = semana dura, no total de 13 a 14 unidades de treinamento; L = semana leve, no total: 7 UT; M = semana média, de 9 a 10 UT; MD = semana meio dura, 11 UT (Kaas, 1986, p. 211)

Conteúdos do treinamento	D	L	M	MD
Aquecimento	1,20	0,20	0,50	1,10
Corrida contínua	6,20	4,00	5,00	5,30
Treinamento de corrida/velocidade de resistência	0,20		0,20	
Treinamento intervalado	1,40	0,30	1,00	1,20
Velocidade explosiva	0,40	0,10	0,30	0,30
Força	1,40	1,00	1,20	1,30
Quantidade total de horas	12,00	6,00	9,00	10,00
Quantidade de unidades de treinamento	9	5	7	8
Quantidade de unidades de treinamento de *roller esqui*	3-4	2	2-3	3

5.2.4.2 O microciclo

Geralmente, um *microciclo* tem a duração de uma *semana*, de 2ª feira a domingo. O *macrociclo* dá à concepção dos respectivos microciclos duas características ou parâmetros (Tabelas 5.2 e 5.3):

- Os *conteúdos* a serem treinados (corrida de resistência, treinamento de *rollerski*, treinamento de força, técnica de salto, treinamento de velocidade etc.);
- Os *volumes de solicitação*, com os quais estes conteúdos devem ser treinados (horas, unidades de treinamento, km etc.).

O microciclo mesmo determina (1) número e momento das *unidades de treinamento*, (2) associa os *conteúdos* a unidades de treinamento, (3) determina o *volume de solicitação* das diversas unidades de treinamento e (4) regula a *intensidade de solicitação* destes volumes. Disso resulta o problema principal do planejamento de um microciclo efetivo: a estruturação da *dinâmica da exigência total de solicitação*, porque esta dinâmica deve respeitar as seqüências de fadiga e regeneração dentro deste ciclo.

Quanto à dinâmica de solicitação, deve-se dizer, logo no início, o seguinte: a ciência do treinamento ainda não tem afirmações suficientemente fundamentadas e verificadas para o tema da condução do microciclo. Com base nos conhecimentos atuais, entretanto, podem ser feitas as seguintes afirmações quanto à seqüência da fadiga.

A *fadiga de treinamento* é uma redução de desempenho natural e intencional que ocorre, com grande probabilidade, em duas fases. Na *primeira fase*, as reduções de desempenho causadas por solicitações podem ser regeneradas rapidamente.

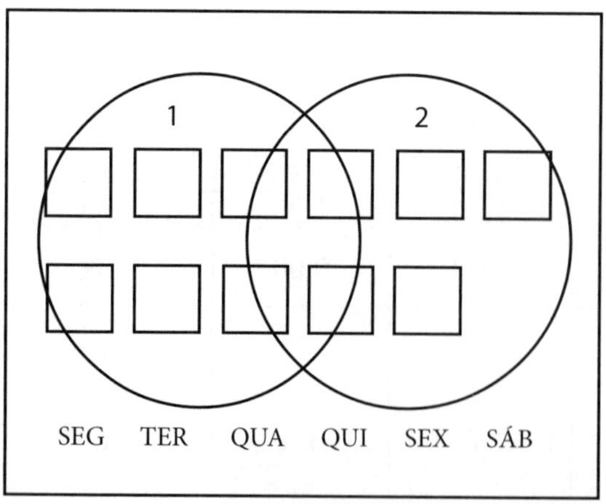

Figura 5.7 Esquema das duas fases de fadiga em um microciclo com 11 unidades de treinamento.

Na soma de exigências de solicitações, há, a partir de determinado momento, um acúmulo de restos de solicitação e diminuições de desempenho, que não podem ser eliminados em curto prazo. Esta segunda fase chamamos de *fadiga complexa*, que deve ser causada centralmente (MARTIN, 1987a, p. 378). Na seção 2.6.1, capítulo 2, já discutimos esta problemática com relação ao treinamento de técnicas.

Com grande probabilidade, na soma de solicitações e suas respectivas cargas, os *processos de fadiga e de regeneração* dentro de um microciclo seguem determinada seqüência de fase. Isso pode ser visto de tal maneira que até na quinta ou sexta unidade de treinamento ocorre apenas a primeira fase de fadiga, portanto, somente fadigas musculares rapidamente regeneráveis. Depois, inicia-se a segunda fase de fadiga, com as fadigas complexas, cujas reduções de desempenho não são mais regeneráveis no âmbito do microciclo, mas necessitam de uma fase mais prolongada de regeneração (Figura 5.7). Deve-se supor que a utilização de *reservas funcionais* atuais ocorra somente na segunda metade de um microciclo e, possivelmente, quando a solicitação total deste ciclo atingir a capacidade funcional atual. Por este motivo, as recuperações após um microciclo são muito importantes.

Para a estruturação da dinâmica de solicitação em um microciclo, há três modelos:

Modelo 1: Microciclo com *um pico de solicitação* na 5ª feira, com solicitação crescente e depois decrescente (figura 5.8).

Modelo 2: Microciclo com *dois picos de solicitação* na 4ª feira e no sábado, com baixa solicitação na 5ª feira e aumento de solicitação na 6ª feira (figura 5.8).

Modelo 3: Microciclo com *dois picos de solicitação* na 3ª feira e na 6ª feira, com nível de solicitação relativamente elevado entre os picos (Figura 5.8).

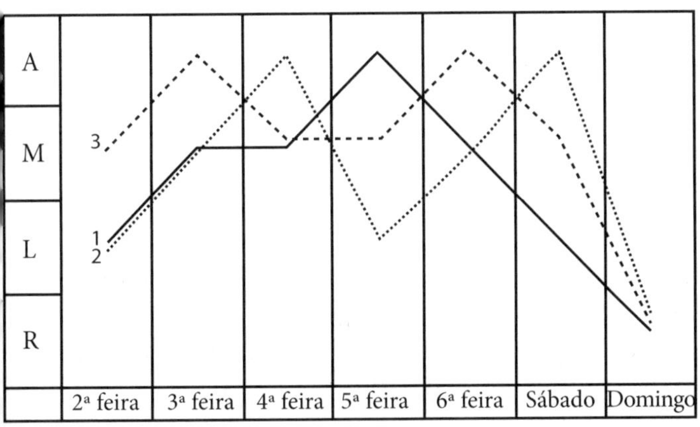

Figura 5.8 Três modelos para a dinâmica de solicitação nos microciclos. A = solicitação alta; M = solicitação média; L = solicitação leve; R = regeneração.

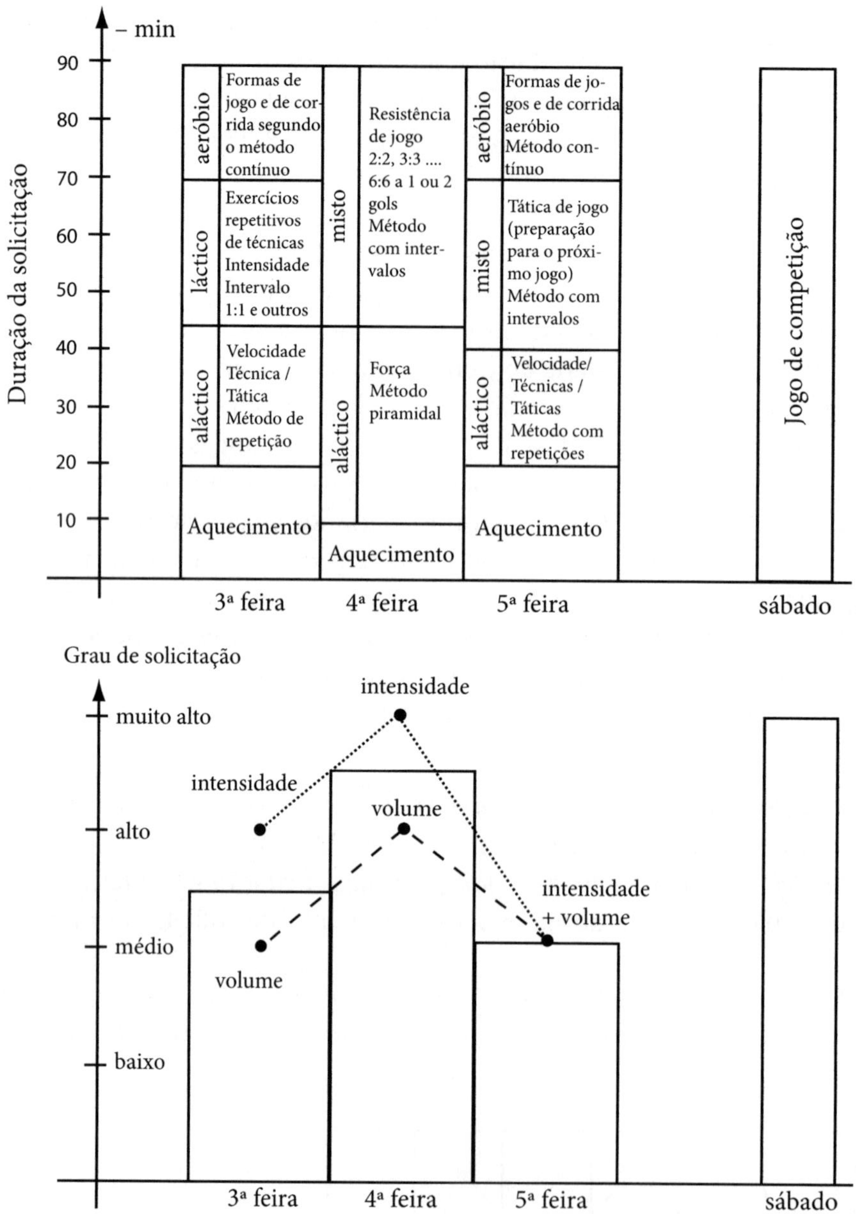

Figura 5.9 Distribuição dos conteúdos de treinamento e seqüência da dinâmica de solicitação em um microciclo de handebol (Brack, 1986, p. 119).

O próximo exemplo (Figura 5.9) da dinâmica de solicitação é do jogo de handebol. Ele mostra um plano de treinamento semanal, associado a uma dinâmica de solicitação de um microciclo durante a temporada. De um jogo de competição a outro, o ciclo tem, somente, um pico de solicitação.

5.3 Planejamento do treinamento

O planejamento do treinamento como fixação dos programas de treinamento faz parte do dia a dia de treinadores, como a condução e a avaliação da execução do treinamento. Embora os planos de treinamento, algumas vezes, sejam cercados de segredos, hoje se sabe, em geral, como treinar, porque em publicações específicas de modalidade esportiva são apresentados planos de diretrizes para diversas modalidades esportivas e suas classes. Além disso, estes planos são discutidos em seminários internacionais de treinadores com grande franqueza. Por este motivo, os dados principais específicos de modalidade esportiva e sua inclusão nos *planos de diretrizes* são, atualmente, de conhecimento geral.

Os *planos de diretrizes* contêm programas de treinamento generalizados de determinadas modalidades. Em parte, até fazem diferenciações de faixa etária e quadros, ou níveis de grupo. Eles orientam, no sentido de um *modelo teórico*, sobre os dados principais dos conteúdos e exigências de solicitação, sua disposição temporal, a periodização específica e as competições. Os planos de diretrizes são indispensáveis como modelo e padrão para planejamentos do treinamento.

Apesar desta aparente vinculação ao plano, muitas vezes não acreditamos tanto no plano. Sempre pode ser constatado que muitos treinadores deixam-se afastar do procedimento planejado para serem impelidos ao improviso, pelos mais variados motivos: quando ocorrem lesões, medidas centrais de treinamento devem ser evitadas, períodos de mau tempo cruzam a concepção etc. Muitas vezes, a redisposição não significa correção do plano, mas improvisação, e a estrutura do plano tem tantas mudanças que o programa de treinamento, originalmente concebido, perde suas estruturas. Redisposições com improvisações tornam, muitas vezes, o plano de treinamento incontrolável. Além disso, é de difícil rastreamento, de modo que determinados resultados aconteceram ou não puderam ocorrer.

5.3.1 Planejamento e plano – conceitos e características

Sem pretensão de precisão conceitual, deve-se estabelecer, primeiramente, um entendimento geral sobre o planejamento e o plano. O *planejamento* é um procedimento prognóstico com o objetivo de estabelecer um plano. Com isso, o *plano é "apenas" um pré-projeto teórico*, um programa que descreve como e sob quais condições deve ser alcançado um objetivo planejado. Por este motivo, ele não equivale à sua realização e não oferece nenhuma garantia se realmente for realizável; ele também não garante que seja aceito por aquele que deve realizá-lo.

Além disso, o planejamento tem de ser entendido como um processo contínuo, no qual deve haver adaptações contínuas ao plano através de *feedback*. Pela experiência, sempre há, durante um ciclo anual, os motivos para a adaptação do plano, devido a doenças, lesões, problemas profissionais, deslocamento de datas fixadas, mas também a resultados de teste insuficientes ou não esperados.

Por isso, deve existir constante *comparação de teórico-real* entre o *planejamento* e a *prática realizada*. Para a função de planos de treinamento vale, portanto, o seguinte princípio: o planejamento do treinamento não é um procedimento único, que ocorre no começo de um ciclo de treinamento e é fixado por determinado tempo, mas um *processo contínuo*, ligado à realização da prática e constantemente completado e aperfeiçoado com as experiências da prática de treinamento. O planejamento do treinamento, a supervisão da realização do treinamento e a adaptação do plano às condições de treinamento formam uma unidade de autocondução e representam uma especial exigência ao planejamento do treinamento (Martin, 1982, p. 11).

Definição:
O *planejamento de treinamento* é um método para a elaboração de um plano de treinamento, como programa de medidas de treinamento a serem cumpridas futuramente. Ele inclui adaptações do plano às mudanças de condições.

A eficiência e a realidade de um plano de treinamento dependem da sua capacidade de preencher as seguintes *tarefas*: (1) com qual precisão ele consegue adaptar o programa de treinamento às condições de *desempenho subjetivo e do meio ambiente*; (2) se com o programa concebido pode realmente ser cumprido o *desenvolvimento do desempenho objetivado*; (3) até que ponto há a possibilidade, por meio do plano, da *condução* e da *adaptação* do treinamento às condições em mudança; e (4) se o plano é considerado pelos *treinandos* como *realizável* e se estes podem se *identificar* com ele.

5.3.1.1 Diferentes tipos de planos

Na literatura, é apresentada uma série de tipos de planos que se diferenciam, primeiro, pelo grupo-alvo considerado e, segundo, pelo período de planejamento. A Figura 5.10 dá uma visão geral destes tipos de planos, descritos sucintamente.

A função de *planos de diretrizes* já foi discutida inicialmente. São modelos de treinamento generalizados, específicos de modalidade esportiva e diferenciados pelo nível de desempenho, nos quais os planejamentos devem se orientar. A visão geral da Figura 5.10 faz uma diferenciação geral para os tipos de planos seguintes, em planos de treinamento individuais e de grupos, e mostra, com isso, que todos os planos seguintes podem ser concebidos tanto individual como especificamente para grupos.

Os *planos de treinamento individuais* contêm programas de treinamento para atletas individuais. Eles são usados, principalmente, nas classes mais altas de desempenho das modalidades esportivas individuais ou quando um grupo treina pouco em conjunto e se as condições de treinamento forem diferentes.

Os *planos de treinamento de grupo* têm aplicação quando o nível de desempenho e o objetivo de treinamento de um grupo forem aproximadamente comparáveis. Para equipes esportivas que treinem sempre em conjunto, os planos de treinamento de grupo são a regra.

Os *planos de treinamento de vários anos* têm a função de planos de diretrizes. Eles descrevem a estruturação de treinamento em longo prazo de maneira prospectiva, sendo representados globalmente, principalmente, os objetivos e os conteúdos de treinamento em mudança.

O *plano de treinamento anual* é o primeiro tipo de plano que interfere *ativamente* na execução do treinamento. Ele descreve o programa de treinamento para um ciclo anual. Os *planos de macrociclos* são menos elaborados na prática, porque planos de treinamento anual bem concebidos incluem a seqüência e os respectivos parâmetros dos macrociclos.

O *plano de treinamento semanal*, que descreve a execução exata de treinamento de um microciclo, é o plano segundo o qual os esportistas realmente treinam. Ele é o horário de uma semana de treinamento. Os planos de unidades de treinamento são usados aquela que são repetitivas. Os planos de treinamento anual e semanal ainda serão tratados separadamente, além deste breve resumo.

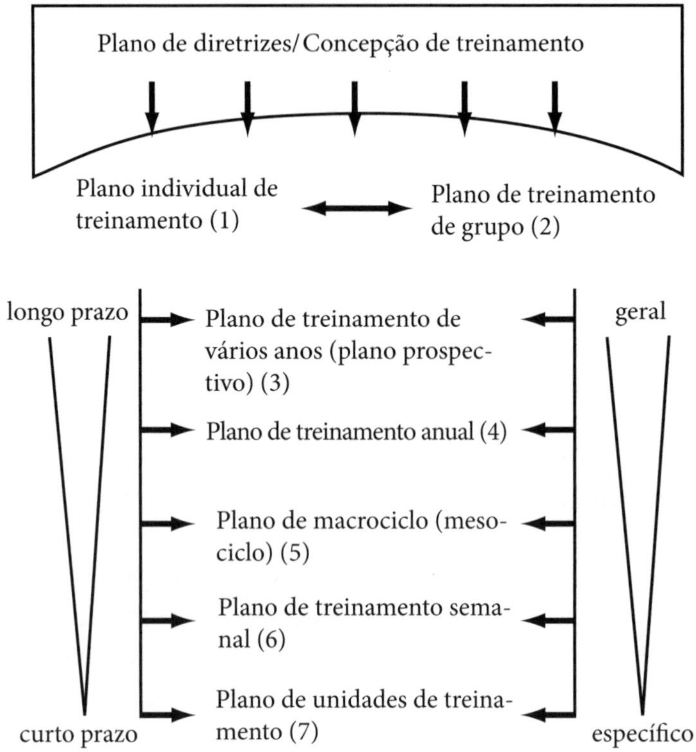

Figura 5.10 Tipos de planos de treinamento (Starischka, 1988, p. 11).

5.3.2 Passos na elaboração do planejamento do treinamento

Os planos de treinamento são, na maioria das vezes, *planos seqüenciados*. Em grandes parte dos casos, eles se baseiam no nível atual de desempenho e prognosticam um objetivo de treinamento pretendido. Baseado nestes dois componentes, o plano de treinamento é orientado para o sistema de um programa projetado para a execução do treinamento. Portanto, o planejamento pressupõe determinadas etapas na elaboração e nos métodos (Figura 5.11).

Os *preparativos* para o planejamento consistem em *análises* (1) do nível atual de desempenho do atleta, e (2) também das condições nas quais o respectivo desempenho ocorreu. Por isso, as *análises do nível real* e a avaliação da documentação de treinamento são preparativos necessários e os primeiros passos do planejamento do treinamento.

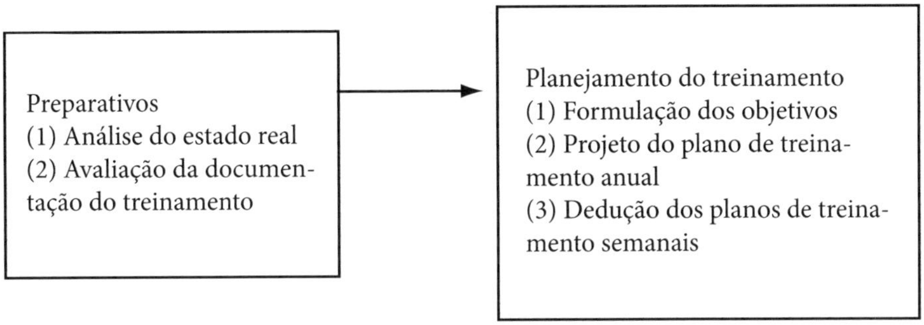

Figura 5.11 Passos na elaboração do planejamento de treinamento.

5.3.2.1 Análise do nível de desempenho

Uma análise do nível de desempenho deve ser feita em longo prazo, porque não somente o nível do último período tem importância, mas a dinâmica do desenvolvimento do desempenho em si. O nível de desempenho é determinado, primeiro, mediante *dados de competição* e, segundo, por meio de *dados diagnósticos de desempenho*. Os primeiros são coletados mediante as listas de resultados, devendo-se observar, principalmente, as distâncias mudadas com relação aos melhores da respectiva classe ou ao "resultado de orientação da competição".

Da mesma maneira, são importantes os dados diagnósticos do desempenho e seus valores comparativos. O diagnóstico do desempenho está sujeito, portanto, às seguintes condições: (1) a *aplicação de procedimentos afirmativos e relevantes de modalidade esportiva* para a determinação do estado de desempenho, (2) a *aplicação determinada dos mesmos procedimentos* durante vários anos, (3) sua *utilização sob condições sempre iguais* (padronização) e (4) sempre no *mesmo momento do ciclo anual*. Sob estas condições, os dados diagnósticos do desempenho podem ser usados em estudo longitudinal e, com isso, para a análise do nível real.

Os procedimentos pelos quais o diagnóstico do desempenho deve ser realizado foram descritos objetivamente nas seções determinadas para isso, do treinamento de força (ver seção 3.2.4), treinamento de velocidade (ver seção 3.3.4), treinamento de resistência (ver seção 3.4.4) e treinamento de mobilidade (3.5.5).

Quanto à *análise do nível real*, pode ser dito resumidamente o seguinte: ela é um *processo permanente* que não ocorre somente após o término do período, antes de um novo planejamento de treinamento, mas cujos resultados são necessários como *feedback* para a verificação da realização planejada, com relação às fases e, com isso, para a *condução do treinamento*. Esta análise deve ser complementada, evidentemente, pelas *condições materiais* (condições e tempo de treinamento) e *influências sociais* (formação, profissão), porque elas também devem ser consideradas no planejamento.

5.3.2.2 Documentação do treinamento

A documentação do treinamento inclui o registro sistemático de dados do treinamento, seu agrupamento em categorias e unidades de medida e a avaliação destes dados. Ela registra quais medidas de treinamento, com relação ao conteúdo, foram cumpridas, com quais exigências de solicitação e em quais momentos e competições foram realizadas com qual preparação (Martin, 1980, p. 204).

A documentação de treinamento (1) mostra o treinamento realizado. (2) Com isso, é rastreável com quais medidas de treinamento, conteúdos e solicitações o nível atual do desempenho foi causado. (3) Ela serve como princípio para planejamentos futuros de treinamento, porque mudanças de conteúdos das solicitações na macro e microestrutura do treinamento só podem ser feitas quando o treinamento a ser planejado novamente for comparável ao realizado. O planejamento do treinamento necessita de valores comparativos que só podem ser trazidos pela documentação de treinamento. Ela tem as seguintes *precondições metódicas*:

- Registro, pelos atletas, dos *dados de treinamento* em *diários de treinamento* ou *folhas de documentação*.
- Registro adicional de *protocolos de treinamento* pelo treinador, para modalidades esportivas de jogo e grupos que treinaram juntos. Em combinação com os diários de treinamento, o registro de dados fica mais exato.
- A concepção de *procedimentos de avaliação*. Isso podem ser folhas de análise preenchidas a mão, mas na era do computador pessoal, há muitos exemplos de programas simples da documentação de dados de como avaliar dados de treinamento, colocá-los em tabelas e representá-los graficamente.

Faz parte da função pedagógica de treinadores introduzir os atletas ao acompanhamento, a tempo, na documentação de seu treinamento para dar-lhes a responsabilidade da avaliação. Uma série de exemplos práticos comprovou que os ativos fazem este trabalho de maneira consciente e, em parte, elaboram este trabalho com seu próprio computador pessoal de maneira profissional.

Para que o sistema *"planejamentos do treinamento → execução do treinamento → registro dos dados do treinamento → avaliação"* possa ser mantido em funcionamento, é necessária a enumeração dos *dados a serem documentados*. Para isso, são necessários dois procedimentos: primeiro, uma coordenação precisa sobre as *categorias de conteúdo* a serem utilizadas, e, segundo, a *quantificação* do trabalho de treinamento cumprido mediante um conteúdo deste. As *categorias dividem os conteúdos de treinamento em classes e fazem uma determinação conceitual precisa destas classes. Quantificar significa a associação de unidades de medida (números) às categorias.*

Todo o sistema de "planejamento – documentação" só funciona quando, no planejamento do treinamento, no projeto do diário de treinamento e/ou das folhas de documentação, mesmo no treinamento prático para a designação de determinado conteúdo, são usadas as mesmas categorias.

Nesta documentação, foram usadas, para a quantificação do volume de solicitação, as unidades de medida km, tempos de treinamento em horas (h) e unidades de treinamento (UT). A intensidade de solicitação (I) foi documentada somente para a área de resistência, em três escalas de intensidade (I_0, I_1, I_2), estabelecidas segundo a freqüência cardíaca. I_r significa intensidade relativa, e é determinada por cálculo. As categorias e unidades de medida, aqui relacionadas, também foram usadas para os registros do livro de treinamento. Este tipo de avaliação mostrou-se bem apropriado para a aplicação do planejamento seguinte de treinamento.

Para a documentação de treinamento, apoiado pelo processamento eletrônico de dados, pode-se resumir o seguinte: um grupo de trabalho sobre Starischka trabalha desde 1984, por incumbência do BISp, neste projeto. Mas ele chegou à conclusão de que o dispêndio de trabalho de treinadores é elevado demais para o trabalho em si, e que os trabalhos de desenvolvimento não podem ser feitos somente pelos treinadores. Neste caso, devem ser reunidas instituições científicas. Apesar disso, esta documentação se imporá na medida em que os desenvolvimentos de *software* avançarem.

TABELA 5.4 Folhas de avaliação para livros de treinamento no esqui nórdico. Explicações no texto. RV = Resistência de velocidade; F = força; Sp = Salto de partida; S = salto

Mês	Maio														
Semana	18			19			20			21			22		
Área de resistência	km	t	UT	km	t	UT	km	t	UT	km	t	UT	km	t	UT
Resistência total	39	3:45	3	55	7:20	6	57	11:20	5	80	8:35	5,5	98	12:55	8
Intensidade I_r total	150			144			150			150			150		
Corrida de resistência total	39	3:00	3	55	5:05	4,5	57	7:20	3	80	8:35	5,5	82	9:30	5
Intensidade I_0	--	---	--	18	1:50	1,5	6	0:40	0,5	4	0:25	--	--	---	--
I_1	39	3:00	3	37	3:15	3	44	6:10	2,5	72	7:50	5	82	9:30	5
I_2	--	---	--	--	---	--	7	0:30	--	4	0:20	0,5	--	---	--
I_r	150			144			150			150			150		
Roller esqui total	--	---	---	---	---	---	---	---	---	---	---	---	16	0:55	1
Intensidade I_{0-1}	---	---	---	---	---	---	---	---	---	---	---	---	16	0:55	1
I_2		---	---	---	---	---	---	---	---	---	---	---	--	---	--
I_r													150		
Treinamento de esqui total															
Intensidade I_{0-1}															
I_2															
I_r															
Ciclismo, remo etc.	---	0:45	---	---	2:15	1,5	---	4:00	2	---	---	---	---	2:35	2
Competições															
Resistência de velocidade	---	---	---	---	---	---	---	---	---	---	---	---	---	0:10	---
Área de força total	---	---	---	---	---	---	---	0:40	1	---	1:25	1,5	---	---	---
no corpo todo	---	---	---	---	---	---	---	0:10		---	---	---	---	---	---
trabalho com pernas	---	---	---	---	---	---	---	0:20	1	---	0:15	0,5	---	---	---
trabalho com braços	---	---	---	---	---	---	---	0:10		---	1:10	1	---	---	---
Jogos	---	0:10	---	---	0:25	---	---	0:50	---	---	0:45	---	---	0:10	---
Velocidade	---	---	---	---	0:20	---	---	0:40	1	---	0:20	---	---	---	---
Área de RV-F-Sp-S	---	0:10	---	---	0:45	---	---	2:10	2	---	2:30	1,5	---	0:20	---
Área de resistência + área de RV-F-Sp-S	39	3:55	3	55	8:05	6	57	13:30	7	80	10:55	7	98	13:20	8
Seminários centrais															

5.3.2.3 Formulação dos objetivos

Como mostrado na Figura 5.11, o "trabalho real" do planejamento do treinamento começa com a formulação dos objetivos. O treinamento é deduzido fundamentalmente dos *objetivos condutores de treinamento*. Eles servem como objetivo superior e, com isso, para a orientação geral de atletas e treinadores. Além disso, ele deve formar os motivos e servir à identificação das ações esportivas. Estes *motivos* são o alcance de determinado desempenho de competição, a entrada pretendida na corrida final dos Campeonatos Alemães, a subida à próxima classe de desempenho mais alta, a participação nos Jogos Olímpicos etc. Os objetivos condutores do treinamento dão ao *planejamento do treinamento*, com as *decisões* a serem tomadas, uma orientação superior.

Os objetivos do treinamento são formulados, em diversos níveis, pela dedução ou pelo contexto de deduções e apresentados ao planejamento do treinamento. No nível mais alto, estão os *objetivos condutores do treinamento*. Eles descrevem o objetivo superior, como já dito acima, e servem para a dedução dos objetivos do nível inferior, os *objetivos parciais de treinamento*. Esses são formulados pelas precondições concretas, sob os quais os objetivos condutores do treinamento devem ser alcançados.

Deve-se mencionar três motivos pelos quais cada planejamento de treinamento deve ser precedido de fixações claras de objetivos: (1) *os objetivos dão à pretensão pedagógica a orientação fundamental e são modelos de qualidade necessários para a motivação do desempenho;* (2) *os objetivos do treinamento tornam avaliável o grau de eficiência do treinamento;* e (3) *os objetivos do treinamento tornam o treinamento condutível.*

5.3.2.4 Projeto do plano de treinamento anual

O plano de treinamento anual é o projeto de um *programa de treinamento* para um grupo de treinamento (plano de grupo) ou para atletas individuais (plano individual). Ele abrange um *ciclo anual* de 12 meses que começa com o primeiro período de preparação e termina no último período de transição, no início do novo ciclo anual. Vários motivos fizeram necessários planejamentos anuais, como calendários tanto nacionais como internacionais planejados para um ciclo anual, divisões em faixas etárias no treinamento de nova geração, planejamentos financeiros das federações etc.

De acordo com os objetivos do treinamento, é tarefa do *plano de treinamento anual* conceber o programa de treinamento de maneira que os objetivos sejam alcançados. Se quiser cumprir sua função, o plano deve conter as seguintes posições:

- O plano de treinamento é um *calendário* com divisões em meses e semanas, começando com o início do ciclo anual de treinamento (por exemplo, 18ª semana, 32ª semana);
- Partindo do calendário de competições, o calendário de treinamento deve ser dividido em *períodos e ciclos* a serem concebidos;
- Na coluna vertical, antes do calendário, são inseridas as *categorias de conteúdo* (Tabelas 5.5 e 5.6);
- O plano deve ressaltar claramente a *mudança temporal* dos *conteúdos* e seu respectivo *dimensionamento*;
- A *dinâmica de solicitação* é representada no plano de treinamento anual quase exclusivamente por *indicações* precisas *de volume* ou menos precisas. Os planejamentos de intensidade não são feitos no plano de treinamento anual;
- Além disso, o plano tem indicações sobre número, tipo e momento das *competições*;
- Depois, são inseridas as *medidas centrais de treinamento.*
- Finalmente, são informados os momentos e tipos de *exames diagnósticos do desempenho.*

Para os planos, são usadas quatro diferentes formas de representação: primeiro, *planos estruturados graficamente*, que a) quantificam os *volumes de solicitação* ou b) os simbolizam; segundo, *planos em tabelas* a) com *indicações de volume* em símbolos (+ + + +) (Tabela 5.5) ou b) com indicações quantificadas de volume (Tabela 5.6).

O plano mais adequado, mas que requer o maior trabalho de detalhes e que não pode ser estabelecido sem material suficiente de dados da documentação do treinamento, é o *plano em tabela com quantificação do volume.* Dele podem ser deduzidos, com a máxima precisão, os planos de treinamento semanais (Tabela 5.5).

TABELA 5.5 Plano de treinamento anual com periodização dupla para ginástica em aparelhos.

Como forma de representação, foi escolhida a tabela com indicações do volume em símbolos (FRIEDRICH & BRÜGGEMANN, 1981, p. 50)

Conteúdo \ Tempo		Janeiro / Fevereiro	Março / Abril	Maio / Junho	Julho	Agosto	Setembro	Outubro / Novembro	Dezembro
		1º período de preparação		1º período de competição	1º período de transição	2º período de preparação		2º período de competição	2º período de transição
		1ª etapa	2ª etapa			1ª etapa	2ª etapa		
Exercício de desenvolvimento geral		+++	++	+	+++	++	+	+	+++
Exercícios especiais	Força	+++	+++	++	○	+++	++	++	○
	Mobilidade	++	++	++	+	++	++	++	+
	Partes isoladas	++++	++	+	○	+++	++	+	○
	Combinações	++	++++	++	○	++	+++	++	○
Exercícios de competição		○	++	++++	○	+	+++	++++	○
Medidas de acompanhamento	Balé	+++	+++	+	○	+++	+++	+	○
	Tática, estruturação	+++	+	+	○	++	+	+	○
	Cuidados com o corpo	++	++	++	++++	++	++	++	++++
Agenda	Pessoal	F; Δ Prova de direção	F		F; Viagem de férias			Δ Aniversário; F	Férias; F
	Competições	Δ A Δ A	Δ T Δ T Δ E	Δ E Δ P Δ P			Δ A Δ E	Δ E Δ P Δ E Δ E Δ P Δ A	
	Outros	Δ EM			Δ EM		Δ BM		

Legenda:

++++: máxima importância +++: grande importância ++: média importância +: pouca importância

O: sem atividades F: férias A: apresentação de ginástica T: competição interna de teste

E: luta estrutural P: competição principal EM: data de exame (médico) BM: data de exame (biomecânico)

Tabela 5.6 Esta tabela foi elaborada para a combinação nórdica. As seguintes indicações de volume são quantificadas como: número de unidades de treinamento (UT), quilômetros (km), tempo (h) e número de saltos (S) em plataformas com neve e esteiras

Período								
Ciclo								
Mês	Maio							
Semana	18.				19.			
Categorias de conteúdo	UT	h	km	salt.	UT	h	km	salt.
1. Técnica de salto								
1.1 Técnica								
- esteira								
- neve					2	4		10
1.2 Treinamento de imitação					0,5	1		
1.3 Treinamento de força	1	1			1	2		
1.4 Treinamento de velocidade								
2. Treinamento geral								
2.1 Coordenação	0,5	1			0,5	1		
2.2 Mobilidade	0,5	1			0,5	1		
3. Treinamento de corrida								
3.1 Esqui	3	4	60			1	15	
3.2 *Roller esqui*								
3.3 Treinamento de corrida	4	5	60		2,5	3	40	
Soma	9	12	120		7	13	55	10
Medidas centrais								
Competições								
Testes								

5.3.2.5 Projeto do plano de treinamento semanal

O plano de treinamento semanal é o projeto de um programa de treinamento detalhado de uma semana, com exigências de solicitação e conteúdo de um microciclo.

'ABELA 5.7 Plano de treinamento semanal para velocistas (THIELE, 1981, p. 135)

ª feira	3ª feira	4ª feira	5ª feira	6ª feira	Sábado	Domingo
manhã)	Coordenação	(manhã)	Técnica	Força 8 x 6 Flexões do joelho I = 85% veloci-dade submáxima 8 x 6 flexões i = 85%	Coordenação	Descanso
orça	Técnica	Força	Velocidade	30' *Medicine ball* (atletas, em geral)	Velocidade	
oordenação	Velocidade	6 x 8 Flexões de joelho	Resistência de velocidade (11/12)		Resistência de velocidade (12/13)	
x 5 S1P	Resistência de velocidade (i1)	I = 70 % Velocidade submáxima	4 x 10 m al-tern.		2 x 20/20/30 CLI	
x 5 SP	2 x 10/20/30 m CLJ	6 x 8 Flexões I = 70% aprox. 200 repetições	4 x 20 m Ppa		2 x 20/40/ 60 Pp	
x 10 sp	4 x 20 m Ppa	Geral (musc. ventral, dorsal, braço etc.)	4 x 40 m Ppa		6 x 100 m 6' P	
0 x 5 SGE so-re barreiras	4 x 40 m Ppa	(tarde)	3 x 4 x 50 m com barreiras		10,6/10,4/10,2/ 10,2/10,4/10,6	
x 20 m CLJ	6 x 60	Coordenação	180 m/220 m/ 120 m			
x 20 m Pp	6,3" - 4' P	Comp. (C. ext.) força	19,5/3,0/12,2"			
tarde)	120 m/180 m/ 120 m	4 x 20 m TAP e CLJ	P - 10"			
'elocidade	12,2"/19,5"/ 12,2"	6 x 20 m CLJ				
esistência de elocidade (I1)	p – 10 – 15"	2 x 4 Corridas diagonais no gramado				
x 20/40 m P		4 x 8 SGE				
x 4 x 60 m		4 x 12 Salt. dist.				
,6" - 2' P						
x 300 m						
3,5" - 12' P						

1P = saltos com um pé; SP = saltos passados; SGE = saltos grupados estendidos; CLJ = corrida com levan-amento do joelho; Pp = partida em pé; Ppa = partida em posição agachada; TAP = trabalho na articulação o pé; Comp = compensação; (C. ext.) = corridas extensivas de velocidade; P = pausa; I = intensidade; I1 = ntensidade 1 (92 – 97 %); I2 = intensidade 2 (85 – 92 %); C = coordenação; Freq. = caminhando, de submá-imo até máximo; HL = *Hopserlauf*.

Como mostra o exemplo da Tabela 5.7, o plano de treinamento semanal contém as seguintes informações: (1) a *distribuição das unidades de treinamento* nos dias da semana e nas manhãs e tardes; (2) a *descrição* detalhada *da execução do treinamento* para cada unidade de treinamento, no sentido da seqüência metódica do conteúdo e (3) a *fixação de exigências das solicitações*, com descrição do grau de esforço e da intensidade. Para as descrições do conteúdo e das solicitações, são estabelecidas abreviações, símbolos ou valores numéricos.

Para melhor lidar com o problema da *dinâmica de solicitação* e da *mudança de solicitação para a recuperação*, isto é, para definir no gráfico mais nitidamente o verdadeiro caráter de um microciclo no plano, recomendamos fixar, também, os *períodos de tempo* entre as unidades de treinamento da manhã e da tarde e esquematizar o *"grau de dureza"* no ciclo (Figura 5.11).

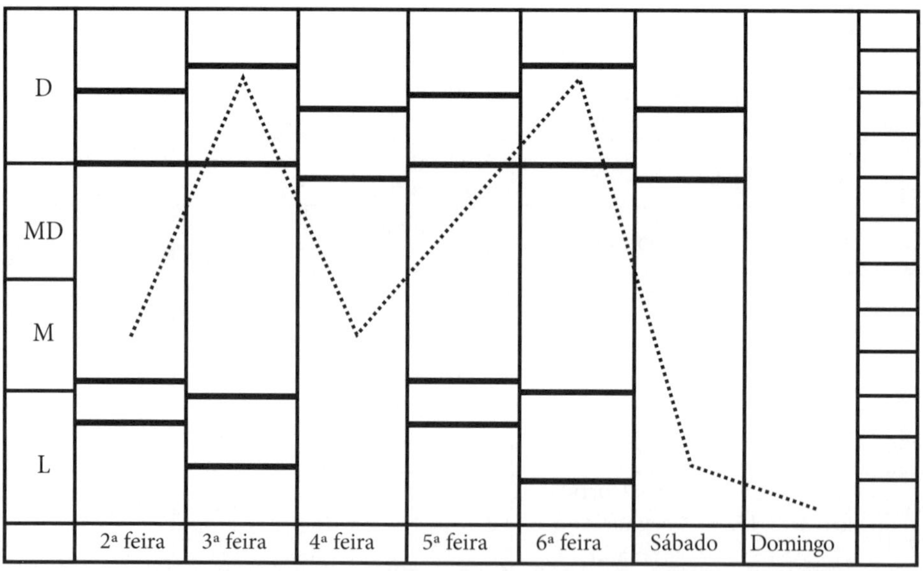

Figura 5.12 Esquema de um plano de treinamento semanal com horário (margem direita) e "graus de dureza" de um dia de treinamento: L = leve; M = médio; MD = meio duro; D = duro.

5.3.4 A unidade de treinamento

Se quiser ser orientada na eficiência do treinamento, a unidade de treinamento, com suas diversas partes, deve atuar como um todo funcional. Ela deve ser estruturada tanto pelo conteúdo como pelo método, não para o "cumprimento", mas com determinação para alcançar os *objetivos determinados*. Por isso, suas diversas partes também - *parte de introdução* (PI) → *parte principal* (PP) → *desaquecimento* (D) - devem ser concebidas, não no sentido de *sua* função, associada à teoria do treinamento, mas para cumprir sua função específica, dirigida para o objetivo da unidade de treinamento.

A *parte de introdução* prepara os treinandos, por meio do *posicionamento* e da *cognição*, para a conscientização do objetivo, a tarefa da unidade de treinamento, a atuação individual esperada e a colaboração. Em segundo lugar, trata-se de preparar *sistematicamente* para a parte e as tarefas principais da unidade de treinamento, de maneira *motor-reguladora* e *física*, com a busca da otimização da elasticidade muscular e da mobilidade articular, pela preparação orgânica e a "familiarização" com seqüências motoras específicas (imitação de técnicas, mobilidade específica e reações).

A *parte principal* cumpre as tarefas objetivadas por meio de sua estruturação metódica e de conteúdo. O caráter diferenciado de tarefas de diferentes conteúdos gerou tipos específicos de unidades de treinamento, como unidades de treinamento de técnicas, aprendizado motor, treinamento semelhante à competição, de táticas, complexo, de resistência, força, velocidade e coordenação, e combinações destes tipos. A eficiência de todos os tipos de unidades de treinamento depende, entretanto, da sistemática das seguintes condições:

- Da fixação da *seqüência temporal* e da condução da seqüência, de acordo com o desenvolvimento da execução do treinamento (como, por exemplo, no treinamento de técnicas ou táticas).
- Da determinação da *seqüência* dos *conteúdos* e do *procedimento metódico*.
- Do planejamento da *organização do espaço e dos aparelhos*, do *uso da mídia* e da *divisão ou distribuição* do grupo de treinamento.
- Do uso de *medidas de controle* (gravador de vídeo no treinamento de técnicas, medições de tempo no treinamento de velocidade, medições do pulso no treinamento de resistência, controles das ações de força etc.).

- Da garantia do *fluxo* contínuo *de informações* entre treinadorese os membros do grupo de treinamento.

O *desaquecimento* tem sempre a função de iniciar os *processos de regeneração* quando necessário. As unidades de treinamento, como, por exemplo, no treinamento ou no aprendizado de técnicas, nos quais é importante não apagar "rastros", dispensam a fase de desaquecimento (seção 2.6, capítulo 2). De maneira alguma se deve dispensar o desaquecimento como introdução à regeneração, após solicitações de condicionamento, treinamento complexo e treinamento semelhante à competição. *Formas típicas de desaquecimento* são o relaxamento dinâmico, técnicas de alongamento, ginástica de mobilidade das articulações, ginástica na água quente, ou também, formas de jogos.

Cada *unidade de treinamento*, ou cada dia de treinamento, deveria ser terminado com uma *conclusão reflexiva*. Ela pode ser realizada por meio de *resumos*, *avaliações* dos *resultados do treinamento*, *conversas individuais* ou *em grupo* ou após o treinamento semelhante à competição, de técnicas ou táticas, convenientemente, em *forma de seminário*, com a inclusão de registros audiovisuais. Principalmente quando a unidade de treinamento deve satisfazer suas tarefas pedagógicas, não se pode dispensá-la da conclusão reflexiva. Os sucessos de aprendizado psicomotor, o desenvolvimento da manutenção de valores e do posicionamento, bem como a aquisição necessária de conhecimentos, dependem de experiências e pressupõem, portanto, a reflexão e a conscientização. Deve cumprir, portanto, uma conclusão reflexiva. Por isso, ela também é um instrumento da *condução do treinamento*.

Olhando-se a formação da unidade de treinamento sob o ponto de vista de considerações mais recentes, com relação à estruturação do treinamento (seção 5.1) e especialmente sob o aspecto da especialização, então na área do esporte de alto nível, uma unidade de treinamento deve conter somente uma parte principal, uma tarefa principal. Nos níveis inferiores e na área de nova geração, com poucas unidades de treinamento por semana, esta exigência não pode ser realizada plenamente. Apesar disso, deve-se mencionar que aqui também se deve tentar, no sentido *de formação de blocos* e *concentração objetiva de solicitações* (seção 5.1.3), formar as unidades de treinamento com, somente, uma parte principal. Na combinação de duas partes principais, devem ser obedecidas as seguintes regras:

1. O *treinamento de técnicas* é a última parte da unidade de treinamento, porque os engramas dinâmicos estimulados precisam, necessariamente, de uma fase seguinte de consolidação (seção 2.6.1, capítulo 2). Antes do treinamento de técnicas, pode-se colocar um *treinamento de força* ou *velocidade,* curto e não fatigante, com intensidade elevada.
2. Antes do *treinamento de velocidade,* pode ser colocado um *treinamento de força* curto e intensivo (Allmann, 1985, p. 294), um *treinamento de mobilidade* geral e/ou específico ou um *treinamento de coordenação.*
3. O treinamento de força ou resistência, com amplas solicitações, pode ser combinado somente com um treinamento de mobilidade precedido.

A opinião aqui defendida contradiz as teorias de seqüência até agora praticadas, baseadas em considerações da suposta "transmissão positiva".

5.4 Fadiga de treinamento e supertreinamento

5.4.1 Fadiga

O treinamento objetiva solicitações que levem, devido ao seu caráter de exigência, a adaptações funcionais e/ou a ativos de experiências coordenativo-motoras. Com isso, os sistemas de treinamento são exigidos, freqüentemente, até o limite da capacidade de solicitação e funcional atual. A alternância de *solicitação → fadiga → recuperação* é o típico modo de funcionamento biológico. Ele é objetivado pelo treinamento e também realizado. Dentro deste modo de funcionamento, a *fadiga* é um sintoma necessário do treinamento e, ao mesmo tempo, precondição para o melhoramento de desempenhos, porque somente solicitações repetidas que levam à fadiga causam o esgotamento das reservas funcionais e, dentro destas reservas, a adaptações. Portanto, o treinamento deve levar à fadiga, mas, por outro lado, evitar as fadigas que causam sintomas de supertreinamento. A fadiga e a recuperação são, desta maneira, fatores importantes para a estruturação e a condução do treinamento (Martin, 1987a, p. 378). Com base em Danko (1974, p. 342), descrevemos o conceito de fadiga da seguinte maneira:

Definição:
Fadiga é um estado físico e psíquico especial como resultado de solicitações. Ela se manifesta em descoordenação das funções do organismo e em diminuição temporária do desempenho. O estado de fadiga é transitório, reversível e representa um fato complexo que abrange processos físicos e psíquicos.

Devido a diferentes princípios teóricos e resultados de pesquisa, pode-se diferenciar entre fadiga *local* (periférica) e *central* (geral). Mostra-se, também, que as fadigas não se manifestam somente de maneira localizada, mas se ampliam *gradualmente* e *em fases*. Por isso, também é conveniente diferenciar graus de fadiga que vão do uso pleno de depósitos relevantes de energia (primeira fase) → a fadigas complexas (segunda fase) → até o supertreinamento. A *primeira fase* ocorre geralmente pelo *uso pleno local de depósitos de energia* nos grupos musculares em trabalho, e é regenerado localmente pelo abastecimento destes depósitos. Nesta fase, em caso de solicitações de curta duração, a capacidade de desempenho pode ser mantida ainda em nível elevado. Esta forma de fadiga de regeneração relativamente rápida ocorre principalmente na primeira metade de um microciclo de solicitação, como já foi mostrado na seção 5.2.4.2. Na *segunda fase*, trata-se de *fadiga complexa* (central), *intransponível, de curta duração*, que chamamos hipoteticamente de *fadiga do programa* porque, neste caso, as fadigas referem-se a um programa todo (Martin, 1989a, p. 390).

As *fadigas complexas* ocorrem em microciclos duramente solicitados, geralmente, na segunda metade da semana, devido à soma de exigências de solicitações. Mas, possivelmente, somente no estado de fadiga complexa, as reservas funcionais do organismo podem ser usadas de tal maneira que, com o grau de solicitação atingido, possam ocorrer adaptações no âmbito destas reservas. As fadigas complexas causam *diminuições complexas de desempenho*, que se tornam observáveis, como na execução de movimentos, nos desempenhos de coordenação rápida e na capacidade de condicionamento. As fadigas mostram-se no treinamento da seguinte maneira (só serão mencionados alguns sintomas):

- Por meio de *diminuição de desempenho*, que se situam entre 7 e 10% abaixo da atual capacidade de desempenho (indicação para a segunda fase de fadiga);

- Um aumento *precoce dos valores de amônia no sangue* e o alcance precoce dos valores de amônia (nos casos examinados por nós, a queda de solicitação coincidiu sempre, tanto no estado de fadiga como no estado regenerado, com o valor máximo individual de amônia) (figura 5.12) (indicação para a segunda fase de recuperação);
- Uma capacidade consideravelmente reduzida para a produção de lactato (depósitos vazios), deslocamentos da curva de freqüência cardíaca e desempenho e da curva de desempenho e lactato, geralmente para a esquerda;
- Valores de uréia constantemente elevados (seção 3.3.6.2, capítulo 3) (LEHNERTZ & MARTIN, 1988, p. 9);
- Seqüências motoras descoordenadas.

O estabelecimento de *tempos de regeneração*, em função de solicitações precedentes de diferentes formas, com efeitos diferentes de fadiga, é muito difícil, pois no treinamento de força e/ou de resistência – somente para mencionar dois tipos de treinamento –, ocorrem constantemente exigências diferentes de solicitação, e o nível inicial, antes do treinamento, nunca apresenta estados de regeneração equivalentes. Além disso, na soma de solicitações, como ocorrem no âmbito de um microciclo, diminuem a eficiência da *regeneração constante* durante o treinamento e a *regeneração imediata* iniciada após o treinamento. Por estes motivos, são pouco úteis à condução do treinamento indicações sobre, por exemplo, qual a duração geral de uma regeneração com-

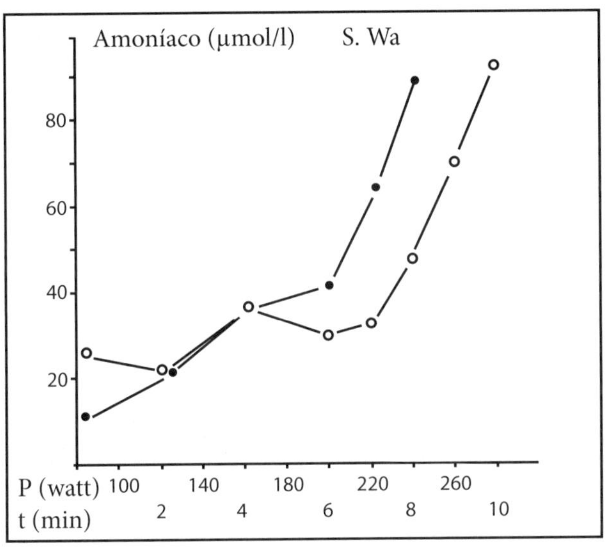

Figura 5.13 Deslocamento da curva de amônia e desempenho na solicitação ergométrica, T_1 = estado regenerado e T_2 = estado de fadiga (LEHNERTZ & MARTIN, 1988, p. 11).

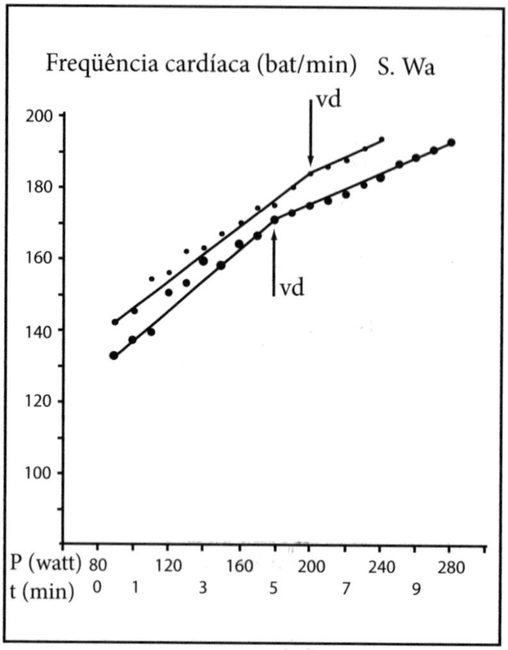

Figura 5.14 Curvas de freqüência cardíaca e desempenho da mesma pessoa da Figura 5.15. Aqui se mostra um deslocamento para a esquerda no estado de fadiga = T_2 (LEHNERTZ & MARTIN, 1988, p. 9).

pleta após um treinamento de resistência extenso aeróbio e anaeróbio ou um treinamento amplo de força.

Por este motivo, estabeleceremos algumas *regras* gerais, mas que devem ser aplicadas em função de experiências individuais:

1. As *regenerações imediatas* iniciam após cada treinamento. Quanto mais regenerado um organismo esteve antes deste treinamento, mais efetivas são as regenerações imediatas. Elas possibilitam, também, a realização diária de duas e mesmo três unidades de treinamento.
2. Com o *volume* crescente *de solicitações* dentro de um *microciclo*, o efeito da regeneração imediata diminui continuamente, e as unidades de treinamento seguintes devem ocorrer em nível mais elevado de fadiga. Isso se mostra, principalmente, na segunda metade do microciclo.
3. Isso torna necessária, após cada microciclo, uma *fase de regeneração*, a ser cumprida por meio de treinamento regenerativo e/ou descanso. Após um microciclo muito duro, além desta fase de regeneração, deve-se seguir, adicionalmente, uma semana leve de treinamento (seção 5.2.4.2).

5.4.2 Medidas de regeneração

Na seguinte apresentação, nos referimos resumidamente aos trabalhos de KEUL (1978, p. 236) e KINDERMANN (1978, p. 348).

As medidas de regeneração que acompanham o treinamento devem ser tomadas por três grupos de medidas: (1) *alimentação* correta, principalmente por meio de misturas adequadas de carboidrato, gordura e proteína, junto com eletrólitos, líquidos e vitaminas, (a alimentação correta é um meio muito importante de regeneração para as *modalidades esportivas de resistência)*; (2) *medidas de relaxamento*, como sono, treinamento autógeno, sedativos, mudança do meio ambiente; e (3) *Medidas físicas*, como massagem, hidroginástica, banhos quentes e sauna.

Nas modalidades esportivas de resistência, as *reservas de energia* esgotadas, principalmente os depósitos esvaziados de carboidrato, devem ser regenerados mediante uma alimentação rica em carboidratos (dieta de carboidrato). Após solicitações altamente intensivas de 60 a 90 minutos e também com grandes volumes, os depósitos de carboidratos estão quase esgotados e são recuperados com alimentação mista normal somente após cerca de 72 horas. Com alimentação rica em carboidratos (dieta sistemática), os depósitos de glicogênio podem ter atingido, já dentro de 24 horas após a solicitação, seus valores iniciais. Este exemplo mostra como uma alimentação correta é importante para os processos de regeneração, principalmente nas modalidades esportivas de resistência. Além disso, deve-se pensar, também, na maior necessidade de vitaminas. Com trabalho corporal intensivo, a necessidade de vitaminas do grupo B, vitaminas C e E duplica. Com consumo aumentado de carboidratos, deve-se observar, principalmente, um aumento de necessidade de vitamina B_1.

Além disso, para o processo de regeneração, é importante o equilíbrio de líquidos e eletrólitos. Como o organismo consiste em 70% de água, mudanças no equilíbrio de água podem causar maiores distúrbios do meio interno. As perdas de massa durante o treinamento são, em especial, o resultado de perda de suor. Com desempenhos extensos de resistência e nos jogos esportivos, há perdas consideráveis de líquido. Ao mesmo tempo, são perdidos eletrólitos. Este estado pode até causar um engrossamento do sangue com a conseqüência de uma irrigação sangüínea periférica diminuída e o distúrbio na eliminação de resíduos metabólicos. Com a perda de água, ainda são eliminados sal, potássio e magnésio e, com isso, há um distúrbio do equilíbrio de ácido e base. As perdas de água e sal estão associadas a perdas consideráveis de desempenho, as quais, nas formas agudas, causam cãibras musculares, tonturas, irritabilidade e tônus muscular aumentado. Esta compensação é ainda mais importante quando o treinamento ocorre com temperaturas elevadas.

Uma série de estudos pôde comprovar que a adição de eletrólitos, uma vez durante solicitação de duas horas (na segunda metade da solicitação), atua como melhoramento do desempenho, mas também pode influenciar eficazmente os processos de regeneração (Keul, 1978, p. 241). Para a formação de glicogênio, as adições de eletrólitos também são importantes. Da mesma maneira, com transformação elevada de carboidrato, é comprovada maior necessidade de vitamina B_1, e adições de vitaminas são especialmente recomendáveis. Nestes casos, os preparados de eletrólitos, enriquecidos com carboidratos, foram muito bem aprovados.

As medidas de regeneração necessitam de uma aplicação sistemática. Eles começam com o *desaquecimento sistemático* de uma unidade de treinamento, e abrangem, dependendo do grau de esforço da solicitação, medidas físicas e de relaxamento e alimentação correta.

Tabela 5.8 Medidas de regeneração após treinamento duro e/ou competição

	Fase de desaquecimento da unidade de treinamento/da competição	Medidas físicas	Nutrição
Solicitações de resistências muito extensas	Exercícios de relaxamento, técnicas de alongamento	Automassagem, banhos quentes	Dieta de carboidrato, vitaminas, eletrólitos, muito líquido
Solicitações de força muito extensas	Relaxamento dinâmico, soltura, técnicas de alongamento	Massagem, banhos quentes	Alimentação rica em proteínas, vitaminas, eletrólitos
Jogos de competição	Relaxamento dinâmico, soltura, técnicas de alongamento	Massagem, banhos quentes	Líquido, vitaminas, eletrólitos

5.4.3 Supertreinamento

O supertreinamento é a conseqüência de freqüentes exigências muito altas de solicitações e mostra-se na discrepância crônica entre a exigência e a capacidade de desempenho com capacidade reduzida de solicitação (Hollmann & Hettinger, 1976. p. 501). Segundo Israel (1976), ao qual nos referimos principalmente neste aspecto, seria mais acertado falar de um *treinamento falho* ou de sobrecarga ou reação de sobre-exigência, porque os sintomas de um supertreinamento verdadeiro, somente em casos raros, podem ser atribuídos ao excesso de solicitação esportiva. Como as exigências aos atletas são variadas, mas também complexas, como competição, treinamento, escola, profissão e vida privada, as causas para uma queda de desempenho, muitas vezes diagnosticada como supertreinamento, podem ser vistas apenas sob o aspecto de causas multifatoriais.

Segundo Israel, atualmente, podem ser diferenciadas, com relativa segurança, duas formas de supertreinamento, embora ambas as formas de manifestação sejam a *capacidade reduzida de desempenho específico de modalidade esportiva* e a redução das reservas acessíveis. Na divisão destas duas formas de supertreinamento e na sua determinação conceitual, Israel admite distonias vegetativas (distúrbio do estado de tensão normal do sistema nervoso autônomo). De acordo com isso, diferencia-se:

1. O *supertreinamento de Basedow*: é caracterizado por forte aumento do metabolismo básico. Os traços deste supertreinamento são simpáticos, isto é, no sistema nervoso autônomo predominam os *processos de excitação.*
2. O *supertreinamento de Addison* é caracterizado por uma parassimpaticonia, isto é, no sistema nervoso autônomo predominam os *processos de inibição* (Israel, 1976, p. 2; Hollmann & Hettinger, 1976, p. 502).

Em ambas as formas, ocorre no *sistema nervoso autônomo* uma *dominância simpática ou parassimpática.* Os sintomas destas solicitações de todo o sistema vegatativo também podem ocorrer em pessoas com atividades mentais e por ocasião de vivências deprimentes. Não são, portanto, típicos, somente do supertreinamento do esporte, mas também do estresse. Na Tabela 5.9, são resumidos os sintomas do supertreinamento.

Tabela 5.9 Comparação dos sintomas e sinais das duas formas do supertreinamento, segundo Israel (1976, p. 2)

Supertreinamento de Basedow	Supertreinamento de Addison
Fadiga leve	Fadiga leve (anormal)
Sono perturbado	Sono não perturbado
Apetite reduzido	Apetite normal
Redução da massa corporal	Massa corporal não muda
Tendência para suar, suor noturno e mãos úmidas	Termorregulação normal
Olheiras	
Tendência para dores de cabeça	Cabeça clara
Palpitações, pressão e pontadas no coração, pulso de repouso acelerado	Bradicardia
Metabolismo aumentado	Metabolismo normal
Temperatura corporal levemente aumentada	Temperatura corporal normal
Volta retardada de freqüência cardíaca para valores de repouso após carga	Volta rápida da circulação após carga
Pressão arterial não característica	Aumento da pressão arterial diastólica até 100 mmHg sob e após carga
Hiperpnéia anormal sob carga	Sem dificuldade na respiração
Hipersensibilidade a estímulos sensoriais (principalmente acústicos)	
Seqüência motora pouco coordenada, freqüentemente exagerada	Seqüência motora insuficientemente coordenada em caso de intensidade elevada
Tempo de reação reduzido, mas com muitas reações falhas	Tempo de reação normal ou aumentada
Tremor	
Recuperação retardada	Capacidade de recuperação boa a muito boa

5.4.3.1 Diagnóstico do supertreinamento

Ambas as formas do supertreinamento ocorrem de forma diferente e relativamente pura, e, muitas vezes, só pode ser observada uma parte dos sinais e sintomas. O supertreinamento é, em todo caso, relevante para as capacidades, isto é, para as capacidades e fatores determinantes do desempenho. Elas são exigidas especialmente numa modalidade esportiva específica e também têm, portanto, alto valor qualitativo, além de serem as mais atingidas por uma redução de desempenho causada pelo supertreinamento. Um arremessador de peso, por exemplo, pode reproduzir valores normais em aspectos parciais do treinamento, como no seu desempenho de *sprint*, de força de salto e mesmo no desempenho de força máxima; o seu desempenho motor esportivo complexo, entretanto, é reduzido. Um meio-fundista, cujo desempenho complexo é momentaneamente menor, apesar disso, pode mostrar, no treinamento de resistência, todas as características de capacidade de desempenho não diminuído. Principalmente para o supertreinamento de Addison, é típico que grandes volumes de treinamento tornem-se possíveis, mesmo com um grau acentuado de supertreinamento. Um corredor de esqui nórdico com supertreinamento de Addison é inteiramente capaz de treinar distâncias longas com relativa intensidade. Mas, em uma corrida forte, com aclives e no confronte de homem contra homem, com as respectivas variações de velocidade, ele cai no desempenho, embora nunca tenha tido a impressão de estar "exaurido". Por isso, muitas vezes, os supertreinados de Addison dizem, após uma competição, que "poderiam fazer a corrida novamente". Neste supertreinamento, não há exaustão (Israel, 1976, p. 3).

O *supertreinamento de Basedow* aparece em curto prazo e é caracterizado por um complexo de sintomas com "predominância do tônus do simpático". Os atletas se sentem doentes. Para isso, há grande quantidade de diagnósticos clínicos. O diagnóstico é simples.

No *supertreinamento de Addison* é diferente. Faltam estes diagnósticos acentuados e marcantes. Sob condições de repouso e no treinamento normal, o atleta não percebe a redução de desempenho provocada pelo supertreinamento. Se ele perceber, neste estado, uma redução de desempenho, ela é quase inexplicável para ele. *Esta forma de supertreinamento é difícil de ser observada.*

Ele começa, geralmente, de maneira discreta e, por isso, é diagnosticado somente após determinado tempo, quando o estado já está fixado. Muitas vezes, no reconhecimento de uma redução ou estagnação de desempenho, tenta-se compensá-la com treinamento forçado. Um sinal seguro de um supertreinamento de Addison é que, apesar do aumento do treinamento, ocorre mais redução de desempenho.

O diagnóstico do supertreinamento depende do desempenho objetivo. Se a redução do desempenho tiver sido observada sem restrições de treinamento, como *déficit*, doença, lesão etc., deve-se contar sempre com um supertreinamento. Neste caso, devem ser feitos (1) *diagnósticos clínicos* e (2) *análises do treinamento*, para que possam ser reconhecidas as causas do processo de treinamento (monotonia, pausas de recuperação insuficientes, intensidade muito elevada).

5.4.3.2 Causas do supertreinamento

O supertreinamento de Addison é mais observado atualmente como a "forma moderna", e o supertreinamento de Basedow como a "clássica". É provável que tenhamos prestado menos atenção anteriormente à "forma moderna", e o estado era mais caracterizado como *"exaurido"*. O supertreinamento de Addison é baseado, na maioria dos casos, em um treinamento falho.

Fundamentalmente, deve-se supor que as categorias básicas dos métodos de solicitação, o *volume* e a *intensidade*, com seus correlatos biológicos, têm importância na origem de um ou outro tipo de supertreinamento. Assim, na área da resistência, o volume causa uma mobilização mais forte do processo aeróbio de disponibilização de energia, e a intensidade, o processo anaeróbio.

O supertreinamento de Basedow ocorre quando devem ser suportadas altas intensidades pelo organismo, sem que, por meio de um treinamento precedente de fundamentos suficientemente amplo, pudesse ser desenvolvida a base para a absorção destes estímulos de solicitação. Não é de se admirar que justamente nos corredores populares os perigos de supertreinamento de Basedow sejam elevados, pois, neste caso, a intensidade e a ambição, muitas vezes, não possuem base física suficiente.

Principalmente quando solicitações limites são alcançadas sem preparação adequada, é dado o perigo do supertreinamento de Basedow. Em caso de freqüente solicitação plena sem base adequada, nenhum organismo pode se adaptar otimamente.

O supertreinamento de Addison ocorre quando se treina (1) com *volumes* muito grandes, (2) com certa *monotonia*, (3) adicionalmente com *elevada intensidade, exaurindo o substrato*, e (4) quando não são garantidos os *processos de regeneração* necessários.

Os estados de supertreinamento podem ser caracterizados tanto pelo ímpeto de querer compensar a falta de capacidade de desempenho por mais treinamento, como pelo desânimo geral, pessimismo, apatia e mesmo aborrecimento com o esporte. No supertreinamento de Basedow, o ânimo é geralmente instável, e a autoconfiança é consideravelmente restrita. Isso tem influência forte sobre as relações psicossociais, e os conflitos são freqüentes.

Os supertreinados de Addison são relativamente estáveis emocionalmente, mas inseguros na avaliação do próprio desempenho. Além dos fatores do processo de treinamento como volume, intensidade, monotonia, processos de regeneração etc., ainda há uma série de outros fatores, que favorecem uma das duas formas do supertreinamento: doenças sem relevância e com foco, infecções, reconvalescenças, deficiências na alimentação, estimulantes, *déficit* de sono, fatores bioclimáticos como períodos de calor, elevadas cargas e dificuldades escolares, profissionais e econômicas, desconfiança com relação ao treinador ou à estrutura do treinamento etc. (ISRAEL, 1976, p. 5).

O supertreinamento pode ser causado por muitos fatores. Todavia, devem-se observar os efeitos de um treinamento são o resultado de ações recíprocas entre as solicitações de treinamento e a personalidade de esportistas. Desta maneira, esses efeitos não dependem somente das solicitações, mas também de inúmeros fatores internos e das relações de dosagem de efeito, que são muito dinâmicas. Pode-se esperar o efeito máximo de treinamento quando a dosagem e a capacidade de solicitação estão sintonizadas otimamente, devendo as solicitações do treinamento serem vistas, neste caso, como resultado do meio ambiente complexo. Portanto, o treinamento representa apenas uma parte das solicitações atuantes sobre os atletas. Dependendo da causa geradora, pelo supertreinamento, podem ser alteradas diferentes funções. Mas em primeiro plano está o distúrbio dos sistemas de regulação: (1) do *sistema nervoso central*, (2) do *sistema nervoso autônomo* e (3) do *sistema endócrino*.

Em caso de discrepância entre a solicitação e a capacidade momentânea de desempenho, ocorrem distúrbios gerais na neurodinâmica, isto é, distúrbios na mobilidade dos processos de estímulo e inibição. Este estado causa um distúrbio da atividade neural total. Estes distúrbios de regulação equivalem a uma neurose. Portanto, o supertreinamento tem sempre fundo neurótico (ISRAEL, 1976, p. 6). Esta indicação de uma neurotização de supertreinados também dá, ao mesmo tempo, a principal direção no tratamento de supertreinados: ele deve solucionar o distúrbio neurótico do sistema nervoso central.

Como já descrito no supertreinamento de Basedow, ocorre uma predominância permanente do tônus simpático, e no supertreinamento de Addison, uma predominância permanente do tônus parassimpático. Isso significa, para a primeira forma, uma mudança insuficiente do desempenho para a recuperação e, no segundo caso, da recuperação para o desempenho. Por um lado, os atletas estão fixados num tipo de pausa de recuperação. A disposição é, por conseguinte, boa. Por outro, os supertreinados de Basedow encontram-se constantemente em fase de desempenho. Esta regulação autônoma entre solicitação e recuperação, por meio do sistema nervoso autônomo, é consideravelmente perturbada.

5.4.3.3 Tratamento do supertreinamento

A parada total do treinamento é inadequada porque o sistema de alívio pioraria mais a situação geral. A continuação da mesma solicitação elevada do treinamento também não pode ser mantida, porque haveria maior desgaste. *O tratamento do supertreinamento exige uma continuidade do treinamento reduzida e mudada.*

Quando os sintomas de um supertreinamento de Basedow são reconhecidos, ele pode ser eliminado, com relativa facilidade, em uma a duas semanas, por meio de um treinamento bem reduzido, totalmente diferente e, eventualmente, por uma mudança de meio ambiente (férias), por massagens e muito sono. No reinício do treinamento sistemático, após o desaparecimento dos sintomas do supertreinamento, a solicitação, principalmente a intensidade, deve ser aumentada gradualmente. *Antes do início da atividade de treinamento, deveria haver um treinamento de resistência fundamental e um treinamento geral de resistência de força.*

O supertreinamento de Addison é mais problemático porque, de imediato, quase não é diagnosticável. Os esportistas atingidos são freqüentemente repreendidos por falta de vontade, disposição e espírito de luta. Atualmente, esta forma de supertreinamento é freqüente. Isso também confirma análises próprias. O supertreinamento de Addison é um estado geral de estresse dos atletas.

No diagnóstico de uma redução de desempenho inexplicável, apesar do treinamento inalterado – e isso é, muitas vezes, na falta de diagnósticos clínicos, o único sinal deste tipo de supertreinamento –, os atingidos devem ser apoiados, em primeiro lugar, psiquicamente, e sua autoconfiança deve ser fortalecida. O "tratamento" dos atletas "estressados" desta maneira necessita de semanas; em caso de supertreinamento acentuado, meses, às vezes, um período inteiro de competição pode ser considerado perdido. No supertreinamento de Addison, o treinamento específico é mudado e reduzido.

Como o supertreinamento de Addison é resultante, sobretudo, de um *treinamento falho*, no verdadeiro sentido da palavra, o combate do supertreinamento é mais na estruturação ótima do treinamento, para que se possa excluir profilaticamente a ocorrência de estados de supertreinamento. Nisso, os seguintes pontos devem ser observados:

- *planejamento* minucioso e *estruturação* com periodização adequada;

- evitar *acúmulos de fadiga* após solicitações elevadas, *processos de regeneração suficientes, alternâncias* bem elaboradas *entre solicitação e recuperação*;
- evitar *monotonia* e *estereótipos de treinamento* (portanto, os pontos 2 e 3 referem-se à estruturação correta de microciclos e unidades de treinamento);
- *formação* das condições ambientais sociais e individuais, *pobres em conflitos*;
- *colaboração com confiança* entre atletas e treinadores e médicos do esporte (Israel, 1976, p. 10).

5.5 Condições de competições esportivas

O treinamento – quando não orientado para programas de condicionamento físico, preventivos e de saúde – é geralmente planejado e executado em função dos desempenhos e do sucesso em competições esportivas. Com isso, o sucesso esportivo em competições ganha, para muitos programas de treinamento, uma *função de objetivo*. Além disso, as competições esportivas servem como importante *forma de treinamento* no desenvolvimento do desempenho, porque determinadas capacidades, como mobilizar reservas, usá-las taticamente de maneira correta, dar o máximo de si e "superar-se" só podem ser desenvolvidas na própria competição. Além disso, a necessária experiência e a rotina só podem ser adquiridas por meio de participação continuada em competições.

Definição:
Uma *competição esportiva* é um evento público e organizado da comparação do desempenho esportivo, no qual se confrontam adversários, de acordo com um regulamento, cujos desempenhos são classificados, mediante regras, em *ranking* e colocações.

O elemento de suporte da competição é o *regulamento* (determinações da competição). Ele regula todas as condições de uma comparação de desempenho sob a máxima de *igualdade de chances*. A igualdade de chances pode ser estabelecida por meio de regras para competições, mas não para as condições de preparação dos desempenhos, pois essas dependem do programa de preparação, considerado e executado como individualmente ótimo pelos participantes e treinadores. Os regulamentos da competição influenciam consideravelmente o processo de treinamento, com relação à formulação do objetivo, dos conteúdos e dos métodos de treinamento, porque eles determinam as técnicas permitidas, os volumes ou tempos de comparação dos desempenhos, os aparelhos, meios auxiliares, as vestimentas, as divisões em classes, a determinação dos resultados e, também, os auxílios e as sanções permitidas em caso de comportamento falho. Desta maneira, pode-se constatar que o regulamento exerce um efeito constitutivo sobre os programas específicos de modalidade esportiva.

A segunda característica da competição é a *presença do adversário*. Em caso de desempenhos mensuráveis, a presença de adversários não é evidente, quando o desempenho serve apenas para uma tentativa de recorde, ao *ranking* ou a marcas de recorde. Mas estas tentativas de recorde não são competições, apesar de serem alcançados desempenhos máximos. Pela presença do adversário, a competição ganha suas característica típica como "comparação direta dos desempenhos" e "variantes táticas na condução da competição", para acertar otimamente os desempenhos próprios às ações do adversário, resolver e apresentar surpresas e realizar as qualidades psíquicas que a comparação direta e os elevados desempenhos exigem. A presença do adversário, como característica constitutiva da competição, também tem influência direta sobre o objetivo e a execução do treinamento.

A *presença do público* leva as competições a um estado emocional especial e libera motivações mas ela também tem grande importância com relação à testemunha da seqüência da competição. Considere uma falta de um jogador de defesa do adversário, cometida em um atacante da equipe da casa, e como aumenta a pressão (assobios) sobre este jogador de defesa no resto do jogo etc.

5.5.1 Métodos da competição e do jogo de competição no treinamento

A *especialização* como modelo fundamental na estruturação do treinamento significa a formação de exigências complexas de solicitação, com orientação em técnicas e condições de condicionamento da competição (seções 2.1.1, capítulo 2 e 5.1.1). Os *métodos da competição* e do *jogo de competição* incluem ainda a comparação de desempenhos de acordo com as exigências do *regulamento* específico de modalidade esportiva e a *rivalidade* dos parceiros de treinamento (presença do adversário).

Os *objetivos do treinamento* dos métodos da competição e do jogo de competição são os seguintes: (1) adaptação à *estrutura específica de solicitação* da competição e coleta de *experiências de competição*; (2) aprendizado da *utilização racional da capacidade de desempenho* e da *condução tática da competição*; e (3) formação de propriedades da vontade e *competência de decisão* na condução da competição. Portanto, a aplicação de métodos e jogos de competição deve ser arranjada de maneira que os objetivos do treinamento sejam realizáveis.

Os métodos da competição também são os procedimentos diagnósticos mais afirmativos do desempenho e dos *métodos de controle*. As competições de controle têm função semelhante. Sua execução ocorre em cada ciclo anual, sob as mesmas condições de competição. Com isso, o desenvolvimento do nível de desempenho é observável com precisão de um ciclo a outro.

Os métodos da competição e do jogo de competição são executados, recentemente, também como *treinamento de bloco* (seção 5.2.3.2). Estes blocos são distribuídos sistematicamente pelos macrociclos do período de preparação. Com isso, uma periodização simples também pode tomar características de periodização dupla ou tripla.

O princípio fundamental de um método de competição é a variação ou mudança da prática de competição atual e é, dessa forma, conforme as regras, de acordo com um determinado objetivo. Com isso, há as seguintes possibilidades de mudança: (1) redução de partes da competição (exercícios na ginástica, nas modalidades múltiplas); (2) repetição de partes da competição (por exemplo, um exercício em barras, duas vezes seguido, sob condições de competição etc.); (3) redução da duração da competição (modalidades de duelo); (4) redução do programa da competição, redução de duração; (5) utilização de determinados adversários (adversários mais fáceis ou mais difíceis, como parceiros de *sparring*); (6) mudança constante de adversário (jogos de rebater, modalidades de duelo); (7) dificuldades, como aumento das distâncias ou duração da competição; e (8) mudança das condições externas (condições de solo, aparelhos mais leves ou mais pesados, distância inicial menor no salto de esqui, gols estreitos no *slalom* etc.).

O *método do jogo de competição* varia, mantendo-se a idéia do jogo e a maioria das partes do regulamento: (1) tempo do jogo; (2) seqüência, velocidade e ritmo do jogo; (3) medidas do campo; (4) número de adversários (superior ou inferior ao normal); (5) condições externas (principalmente as condições do solo); e (6) formações de equipes.

5.5.2 A estruturação do período e da época da competição

5.5.2.1 Freqüência da competição – função das competições

As competições não servem apenas para a apresentação do desempenho e a determinação de resultados de desempenho. Elas são, ao mesmo tempo - segundo o princípio de que a competição é o melhor treinamento - um *método de desenvolvimento do desempenho*. Nesta função metódica de competições, as perguntas sobre a *freqüência de competições* e da *distribuição das competições* recebem uma importância especial. Primeiramente, a *freqüência de competições* depende basicamente da *modalidade esportiva* e das datas fixadas que servem de base. Nas *modalidades esportivas de jogo*, principalmente quando as equipes, além da rodada do campeonato, participam dos jogos da Taça e ainda têm obrigações representativas, 60 e mais jogos duros não são raros. Isso significa que, em algumas semanas do período, joga-se duas vezes. Nas *modalidades esportivas com caráter de força rápida,* as 25 a 35 competições são distribuídas em seis a sete períodos mensais de competição. Neste caso, também são realizadas duas competições em uma semana.

Para as *modalidades esportivas de resistência e luta*, esta freqüência ainda é alta demais, porque os processos de regeneração são mais demorados. A freqüência das competições é de 20 a 30. O menor número de competições é realizado nas *modalidades múltiplas* (decatlo, pentatlo feminino, pentatlo moderno, combinação nórdica, ginástica de competição e nas modalidades múltiplas da ginástica masculina e feminina). A freqüência das modalidades múltiplas é de 10 a 20, raras vezes acima, e pode haver, adicionalmente, participação em modalidades específicas (Martin, 1980, p. 227).

Além disso, a freqüência de competições depende do nível de *desempenho dos esportistas*. Independente da modalidade esportiva e das condições determinadas, a freqüência de competições de atletas de alto nível de desempenho é maior que dos outros, nos homens é maior que nas mulheres, mas isso pode ser devido a menor oferta de competições, pois não há motivos metódicos de treinamento obrigatórios para uma freqüência menor de competições. *Independente da freqüência ideal de competições, um período de competição deve ser um período real de competição, ele deve conter tantas competições quantas forem necessárias para o aperfeiçoamento do estado de desempenho.*

Além disso, as competições têm diferentes funções e significados. Pode-se diferenciar três tipos: (1) *competições estruturais* – elas fazem parte do treinamento, sem fase específica de preparação, e servem à transição da microestrutura da preparação para a estrutura da competição e, com isso, à adaptação, à solicitação e à freqüência da competição; (2) *competições de preparação* – elas têm uma função específica de verificação, seleção e preparação para a competição principal seguinte e devem considerar o maior número possível de características das competições seguintes, dos programas, das condições de partida, das particularidades dos adversários, do local de competição etc.; (3) *competições principais* – são pontos alto de competição da época e das eliminações eventualmente necessárias, e se tornam os nódulos de todo o planejamento para o período de competições (Matveiev & Nowikow, 1982, p. 46).

5.5.2.2 Seqüência e variantes do período de competições

Os resultados de competições estão sujeitos a oscilações consideráveis. Por outro lado, estas oscilações são pretendidas objetivamente, para que os resultados de competições desenvolvam-se de acordo com determinada *dinâmica de desempenho*. Os perfis de desempenho de esportistas, daí resultantes, referem-se ao fato de que os desempenhos máximos não podem ser mantidos por um período maior e, muitas vezes, não puderam ser alcançados no momento das competições principais. É tarefa da condução do treinamento estruturar a dinâmica do desempenho de maneira que os desempenhos máximos sejam alcançáveis por ocasião das competições principais. Disso resulta a pergunta: "Quais precondições devem ser dadas para a dinâmica objetivada do desempenho?". Esta pergunta, a teoria do treinamento, mesmo com o conhecimento parcial existente, ainda não pode ser respondida com todos os detalhes, mas a dinâmica típica ideal deveria corresponder à seguinte idéia de modelo: uma capacidade crescente de desempenho até o momento das competições principais, depois o alcance dos desempenhos máximos e a estabilização do nível por determinado tempo. As precondições para uma dinâmica ideal de desempenho garantem, primeiro, a condução precisa da *freqüência de competições*; segundo, a *densidade ótima da seqüência de competições*; terceiro, as *medidas* necessárias *de regeneração e preparação* entre as competições, sobretudo as competições principais. Destas três características, resulta a condução do período de competição, bem como suas variantes individuais e específicas de modalidade esportiva (Martin, 1980, p. 230).

Além da freqüência das competições, o planejamento da *densidade da seqüência de competições também* deve conduzir o período de competição. Eis um exemplo: KALININ & OSOLIN (1975, p. 231) analisaram a dinâmica do desempenho dos melhores corredores de meio-fundo do mundo e da Europa (n = 79), ao longo de dez períodos de competição e obtiveram resultados interessantes. Eles são somente relevantes para modalidades esportivas, com precondições semelhantes de treinamento e regeneração como a corrida de meio-fundo (como, por exemplo, outras modalidades esportivas de resistência de velocidade e de resistência), mas elas evidenciam a *influência da densidade de competições* sobre o desenvolvimento do desempenho.

Quando os resultados de competições destes corredores de meio-fundo são classificados, assim como fizeram KALININ & OSOLIN, metodicamente em: (1) "desempenhos relativamente elevados" (= desvio de, no máximo, 2% do melhor desempenho), (2) "desempenhos médios" (= desvio de, no máximo, 2 a 3,5%) e (3) "desempenhos baixos" (= desvios de 3,5 a 5%), pode-se constatar que, de toda forma, 49% de todos os resultados estavam na faixa de desvio de 2% do melhor desempenho e, desta maneira, podem ser considerados como desempenhos elevados e estáveis. Deles, 51% foram desempenhos médios e baixos. Todavia, nos diversos corredores, estes resultados tinham uma amplitude considerável, e nem todos puderam alcançar seus melhores desempenhos nas competições principais.

Os intervalos individuais de tempo entre as competições variam entre quatro e 21 dias. Puderam ser alcançados desempenhos elevados mais freqüentemente quando os intervalos mantidos eram de uma a duas semanas, portanto *dez dias*. Desta maneira, KALININ & OSOLIN (1975, p. 232) chegaram à seguinte constatação: uma densidade elevada de competições tem relação negativa com a estabilidade de desempenhos elevados. Em intervalos curtos entre as competições, não se consegue manter a forma por muito tempo. O desempenho máximo só pode ser mantido quando o número total de competições, o número de competições principais e os intervalos forem planejados como uma só estrutura.

Isso se refere ao fato de que a relação das competições com o tempo (densidade de competições) tem papel importante, e a dinâmica do desempenho é determinada amplamente por esta estrutura.

O planejamento do período de competição começa com a divisão de seu tempo em macrociclos de diferentes funções. Estes *macrociclos de competição* (MAC-C) duram, de acordo com os usuais períodos nos calendários de competição, em média, de quatro a cinco semanas. Eles devem incluir as seguintes partes: os *microciclos de preparação* a uma ou várias competições principais, o *microciclo da(s) competição(ões) principal(ais)* e da *fase após a competição*. Em um período mais longo de competição, são necessários *macrociclos intermediários* (MAC-I). Com isso, formaram-se os seguintes tipos com funções diferenciadas: (1) um macrociclo intermediário *com função de regeneração e preparação*, que deve conter, na fase de re-preparação, até diversas partidas com tarefas de verificação e preparação, e (2) um macrociclo intermediário com *função de regeneração e manutenção de forma* – neste caso, o volume de solicitação deve ser novamente aumentado sensivelmente, porque o estado de desempenho mostra diminuições devido à readaptação. Estes macrociclos intermediários são ciclos de treinamento situados, geralmente, na metade do período de competição dividido em dois.

Com relação à Figura 5.15, eis ainda algumas observações: quando a competição está na segunda metade do período de competição, o macrociclo intermediário pode ser combinado com a função de manutenção da forma e um macrociclo objetivo de competição de preparação (Figura 5.15, exemplo abaixo), no qual é feito um trabalho sistemático de preparação para a competição principal. Se forem intercalados macrociclos intermediários, deve-se contar sempre com oscilações de desempenhos em forma de onda, que não precisam, ainda, significar nenhuma perda da forma, mas, muitas vezes, são justificados pela adaptação e/ou regeneração. Caso não seja possível intercalar um macrociclo intermediário, por qualquer motivo (torneio de futebol de salão durante a pausa de inverno), deve-se treinar objetivamente em diversos microciclos do período de competição para se manter a forma por meio de aumentos de volume, compensando a falta de exigências de solicitação.

Finalmente, com relação à estruturação do período de competição, deve-se constatar o seguinte: para cada modalidade esportiva e, também, para os desenvolvimentos individuais de desempenho, deve-se experimentar com a divisão cíclica, porque os calendários de competições permitem variações cíclicas e não há normas que exigem a essa divisão por meio de determinadas condições.

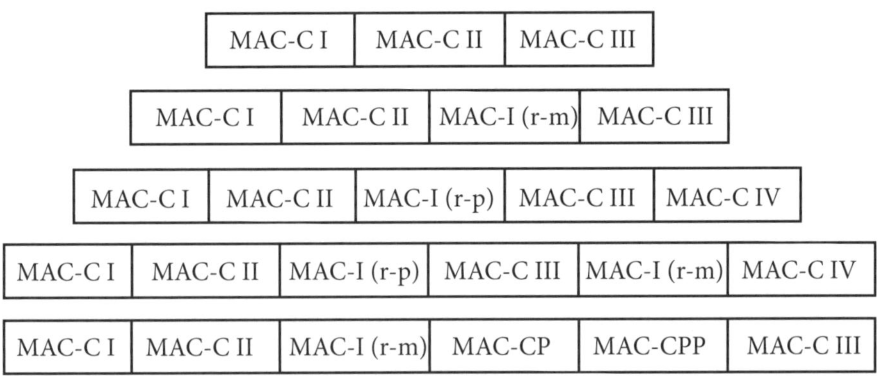

Figura 5.15 Diversos modelos da divisão cíclica do período de competição (com base em Matveiev & Nowikow, 1982, p. 48); (r – m) = regeneração e manutenção da forma; (r – p) regeneração e preparação; MAC-C = macrociclo da competição; MAC-I = macrociclo intermediário; MAC-CPP = macrociclo da competição principal; MAC-CP = macrociclo da competição de preparação.

5.5.3 A preparação da competição

5.5.3.1 Fundamentos gerais da preparação

A preparação da competição tem a tarefa de utilizar medidas metódicas do treinamento, pedagógico-psicológicas e organizacionais de maneira que os atletas alcancem sua forma esportiva máxima por ocasião das competições principais ou decisivas, e que eles tenham estabilidade psíquica para o desempenho e o posicionamento certo com relação a estas competições.

Uma *preparação* sistemática é feita sempre para as competições, nas quais é esperado um resultado elevado (sobretudo em competições principais). Com isso, o treinamento deve prever o maior número possível de situações das condições posteriores na competição. Portanto, este treinamento simula muitas condições esperadas na competição posterior. Isso pode ser feito, por exemplo, pelas seguintes medidas:

1. *Posicionamento com relação ao futuro adversário.* Isso é possível por meio de vários métodos. Podem ser feitas gravações em vídeo ou observações da futura equipe adversária, do adversário no boxe, na luta, no judô etc., que devem ser avaliadas e discutidas para que os conhecimentos e resultados para a preparação possam ser trazidos imediatamente para a preparação da competição. O posicionamento perante o adversário futuro significa também a avaliação correta e sensata das próprias possibilidades e capacidades de desempenho.
2. *Transmissão do conhecimento para a interpretação correta de regras e práticas de avaliação.* Deve-se introduzir este conhecimento na competição, além das particularidades conhecidas dos participantes da arbitragem.
3. *Familiarização sistemática com os aparelhos da competição.* Nas modalidades esportivas que necessitam de aparelhos de competição (*bobsled*, canoa, arma, esqui, mas também bolas, luvas etc.), eles têm grande influência sobre o desempenho da competição. Deve-se estabelecer uma confiança absoluta quanto à qualidade. Os atletas devem estar convencidos que, com relação aos seus aparelhos, trata-se do melhor material. Mas familiarizar-se com o aparelho significa também dominar exatamente a

sua técnica, tratamento e mudanças de regulagem do aparelho e usá-lo otimamente conforme a situação.

4. *Treinamento em locais adequados de competição* (perfil da distância, condições de correnteza, plataforma de salto de esqui etc.). Isso significa que as condições específicas de iluminação, a particularidade da pista etc. devem ser, nos treinamentos, as mais semelhantes possíveis.
5. Preparação, a tempo, para o *ritmo da competição*. Isto é, preparar-se para os horários de competição, para o fato de que ocorrem no mesmo dia, em determinados horários, competições preparatórias e finais para uma competição (decatlo, esgrima, ginástica) durante várias horas com respectivas pausas, etc. (Lempart, 1973, p. 125; Harre, 1975, p. 257; Marin, 1980, p. 237).

Certamente, ainda há outras condições para os quais deve-se estar preparado, mas que não foram relacionadas aqui, assim como as condições de tempo, altitude específica (por exemplo, Cidade do México), transcorrer do dia em ambiente desconhecido, adaptações a fusos horários etc.

Os princípios gerais aqui mencionados devem se referir ao fato de que, paralelamente às preparações metódicas do treinamento ocorre um *processo pedagógico*, no qual os atletas estão sistematicamente confrontados com situações da competição futura.

5.5.3.2 A preparação metódica do treinamento

O objetivo da preparação metódica do treinamento é conceber uma microestrutura de preparação direta e indireta que leve, no começo da respectiva competição, ao nível de desempenho momentaneamente melhor possível. Regras gerais, fundamentadas cientificamente para estas preparações, são difíceis de serem estabelecidas, porque, antes, elas devem ser feitas muito “individualmente”, e depois, não se aplicam, porque, para chegar ao local de competição, freqüentemente há muitas horas perdidas no ônibus ou no carro. Todavia, baseadas na experiência, podem ser mencionadas as seguintes regras para a preparação direta:

- O *volume de solicitação* é reduzido drasticamente cerca de três dias antes da competição;

- A partir do terceiro dia antes da competição, é copiado o "ritual individual" do *aquecimento* no momento deste trabalho de preparação no dia da competição;
- As *refeições* são transferidas para os mesmos horários do dia da competição;
- As *unidades de treinamento* são realizadas no mesmo horário das competições;
- Os *conteúdos de treinamento* são os seguintes: solicitações breves e intensivas de força, força rápida e velocidade na área alática, com execuções precisas de técnicas, programas complementares de técnicas (como formas de imitação, exercícios específicos de coordenação; capítulo 2), bem como a manutenção coerente da elasticidade dos músculos e da mobilidade das articulações;
- *Medidas regenerativas.*

O objetivo da preparação direta da competição é colocar os atletas com nível de desempenho altamente motivados, rápidos nas reações, com bom nível técnico-coordenativo, bem preparados e regenerados com relação aos músculos. A preparação direta da competição resulta da estrutura e das tarefas do respectivo macrociclo do período da competição.

5.5.3.3 A preparação pedagógico-psicológica da competição

A tarefa da preparação pedagógico-psicológica é o *desenvolvimento da disposição do desempenho e da competição, do posicionamento positivo com relação ao trabalho duro de treinamento e à competição, uma vontade própria para a ação, o desafio e a estabilização de determinadas propriedades da personalidade e específicas de modalidade esportiva e, principalmente, a preparação para a auto-educação e auto-regulação.*

Estas propriedades só podem ser formadas no treinamento e na competição (Puni, 1973, p. 147), e podem ser vistas somente na interação como o nível total. Uma forma crescente do condicionamento normalmente aumenta também a forma psíquica, dá alento afetivo, favorece a vontade no treinamento e na competição, enquanto uma perda de forma de condicionamento provoca perdas de desempenho e fracassos.

> "No estado de um bom posicionamento psíquico, parece crescer também a capacidade de mobilização de reservas, tornam-se possíveis o deslocamento para frente dos limites de desempenho, o acréscimo repentino e a defesa de conflitos de todo tipo. Aumenta ainda a disposição para conversas importantes sobre o treinamento e o planejamento da competição. Isso tudo significa também uma disposição aumentada de aprendizado, uma melhor capacidade de coordenação, um reconhecimento de detalhes técnicos e de seqüências motoras. É evidente que uma série destes conceitos como sensação de excesso de força, autoconfiança ou segurança está ligada estreitamente aos valores de condicionamento. Um aumento de condicionamento significa, portanto, um aumento da forma psíquica."
>
> (RIEDER, 1973, p. 382)

Devido a observações de atletas de alto nível no atletismo, pôde-se constatar que a relação entre todos os componentes do nível de desempenho e a dinâmica do desempenho sempre existe. Com boa forma e elevado desempenho, os esportistas possuem um máximo de concentração para a competição a ser realizada. Sua vontade para o desempenho aumenta. Muitas vezes, seu trabalho de treinamento aumenta de tal maneira que deve ser freada. Mas este elevado grau em "estabilidade psíquica", ganho com a capacidade de desempenho, é somente relativo, e pode, realmente, ser perdido ou bloqueado rapidamente, por exemplo, por lesões leves de longa duração ou por fracassos, para os quais não se pode encontrar uma explicação precisa.

Por outro lado, após uma série longa de sucessos, deve-se contar com fracassos inesperados. Para poder restabelecer a estabilidade psíquica anterior, deve-se reiniciar com um treinamento modificado e cheio de contrastes, para que possa ser readquirida, primeiramente, a forma esportiva (RIEDER, 1973, p. 383).

Neste processo alternado de treinamento e educação, estão as tarefas pedagógicas dos treinadores. Esportistas sempre estão sujeitos a um ímpeto de prestígio voltado para fora. Mas junto, há a pretensão para a auto-afirmação, a afirmação segundo padrões próprios. De acordo com a idéia e as observações de K. ADAM, o desempenho e a personalidade desenvolvem-se melhor pela aspiração ao valor próprio, no sentido de uma auto-afirmação (1973, p. 385).

Os meios para o desenvolvimento psíquico do desempenho não são nenhuma "mágica", mas são eles: *objetividade, conscientização, racionalização* e *inclusão de reações emocionais* no planejamento e na realização do treinamento. Isso só pode ser conseguido por meio de um estilo de liderança social-integrativo, que, também no treinamento do desempenho, deve ser afastado completamente do estilo autoritário. No estilo de liderança autoritário, todas as diretrizes sempre partem, sem discussão, dos treinadores. No estilo de liderança social-integrativo, as medidas do treinamento e da competição são discutidas plenamente entre treinandos e treinadores(as), com o objetivo da otimização, e realizadas em estratégias de ação de responsabilidade conjunta.

Ambos os estilos possíveis no treinamento têm vantagens e desvantagens. O estilo de liderança autoritário é descomplicado, simples e rápido de usar, e exige pouco dos participantes; os treinadores fornecem receitas; os atletas treinam sem pensar e refletir muito. A desvantagem é que os treinadores podem controlar o grupo somente na sua presença, pois, quando viram as costas, geralmente é engatada uma "marcha menor". No estilo de liderança social-integrativo, os atletas participam na concepção. No planejamento e controle da realização, eles se identificam com estas ações. São dadas a eles possibilidades da auto e co-decisão, que são capazes de apoiar melhor a formação da personalidade e a aspiração ao valor próprio.

> "No estilo de liderança social-integrativo, o elevado grau de identificação de cada um com o planejamento conjunto abre a possibilidade importante da prática do controle autônomo, do autocontrole do atleta no treinamento. Com isso, o treinador pode acompanhar um grupo maior, o treinamento à distância torna-se possível. Há experiências que comprovam que este autocontrole dos diversos atletas pode funcionar também com elevadas solicitações."
>
> (Adam, 1973, p. 387)

Quase toda preparação pedagógica e psicológica no esporte é feita por treinadores. Raras vezes eles são auxiliados por psicólogos. Ela é, portanto, uma parte permanente da estratégia do treinamento e, por este motivo, ainda hoje é importante repetir os seguintes conselhos que o inesquecível Karl Adam deu aos seus colegas treinadores, com relação à sua ação pedagógico-psicológico:

- Sua tarefa principal é fornecer aos atletas todas as informações importantes para seu desenvolvimento do desempenho;
- Estas informações devem ser confiáveis, corretas e detalhadas. Se você não tem absoluta certeza, não fale ou chame a atenção do atleta quanto à problemática; se você estiver certo, examine esta opinião sempre pela experiência. Nunca tente manipular seu atleta com informações falsas;
- Faça a troca de informações de maneira intensiva, veemente, até mesmo com paixão; acompanhe-a diariamente, mas não mais que necessário; não fique sempre em cima. Providencie uma troca intensa de informações entre os atletas e o grupo de treinadores;

- Analise seus motivos, mas os verdadeiros, e os de seu atleta. Tente constantemente, tão intensivamente quanto possível, colocar-se na situação deles e senti-los;
- Sempre tente influenciar favoravelmente não só o desempenho esportivo, mas também a personalidade do atleta e seu desempenho na profissão e na vida, estimular a transferência consciente, desenvolver preferencialmente a aspiração para o valor próprio de seu atleta e a sua própria e limitar o seu ímpeto pelo prestígio;
- Faça o atleta o mais independente possível, também de você;
- Os conflitos entre treinador e atleta e entre os atletas não devem ser reprimidos, mas resolvidos segundo o lema: "Quando vocês não gostarem de algo, falem!";
- Trate sempre para que seu atleta tenha um objetivo parcial, difícil de ser atingido, mas não impossível;
- Informe seu atleta antes que, no estado de treinamento de alto nível, ele esteja propenso a ficar irritado, agressivo e com idéias alucinadas. Se ele conhecer antes os sintomas, é mais fácil combater o estado por meio de racionalidade. Não espere ou exija do atleta agradecimentos. (Adam, 1973, p. 389).

5.5.3.4 A preparação estratégico-tática da competição

A estratégia e a tática devem influenciar favoravelmente as próprias ações, e posicionar-se otimamente perante o adversário e as situações para conseguir vantagens com relação ao objetivo da competição. Ações estratégico-táticas manifestam-se no *planejamento*, na *organização* e na *condução* de competições, de acordo com a situação. A capacidade de ação é sempre o resultado de um processo sistemático de aprendizado e experiência. Ela só pode ser desenvolvida na medida em que o processo de treinamento é capaz de obter informações sobre a competição futura, processá-las e exercitar as ações táticas mediante estas informações (capítulo 4).

A preparação estratégica da competição consiste, primeiramente, da elaboração de um *plano da competição*, com o qual a condução tática da competição é simulada teoricamente e fixada. A principal tarefa do plano de competição é dar ao atleta uma concepção organizada, sistemática e objetiva. *Nas competições importantes, uma condução da competição sem concepção (tática) planejada é impensável. Com isso, o plano da competição é a base para a preparação tática da condução da competição futura.*

O valor pedagógico-psicológico da preparação tática, conduzida por este plano, está na transmissão de confiança aos atletas em seu próprio desempenho. Por isso, a concepção deve ser estruturada principalmente nos *pontos fortes,* e estes devem ser utilizados. Quando o planejamento orienta-se principalmente nos pontos fracos (isso também é sempre possível), é porque se acredita que desta maneira é mais fácil evitar fracassos ou perdas. Neste caso, pela experiência, uma competição já começa com insegurança. Assim, é importante observar bem os atletas já nas competições estruturais para descobrir onde estão os pontos fortes e fracos da vontade, onde a disposição para o risco e a capacidade de desempenho podem mobilizar reservas e sob quais situações e condições estes pontos fortes e reservas podem ser eventualmente paralisados.

Para o planejamento da competição, são igualmente decisivas a observação da capacidade de desempenho e a condução da competição dos *adversários.* Antes de um jogo difícil ou competições de boxe, judô ou esgrima, os treinadores e os atletas devem usar toda oportunidade para estudar futuros adversários. Suposições ou opiniões não ajudam a conhecer bem os adversários, mas sim análises detalhadas. Principalmente os resultados da competição dos adversários devem ser conhecidos, pois definem a capacidade de desempenho também quantitativamente. Além disso, para o planejamento da competição, é importante a análise *das condições externas da mesma.* Trata-se das particularidades do local da competição (perfis, dimensões, característica do solo e da pista), das condições meteorológicas esperadas e condições de visão, o público, a arbitragem etc.

Para os treinadores, a preparação tática dos atletas (e também para equipes) consiste das três seguintes tarefas:

- Antes do início da competição – e para isso também deve ser incluída a viagem para competições importantes –, deve-se obter a maior quantidade possível de *informações sobre o adversário e o local da competição*, para se desenvolver um plano de competição;
- Antes da competição, esta concepção deve ser analisada e discutida com os atletas ou as equipes, para se fixar uma tática aceita por todos e que possa ser apoiada externamente (treinadores, dirigentes da equipe);
- Após a competição, a seqüência e as ocorrências devem ser analisadas profundamente, com conclusões, principalmente com relação às *competições seguintes* (Martin, 1980, p. 250).

6 Treinamento de jovens

6.1 Treinamento de jovens como parte do treinamento com orientação para o esporte de alto nível

Como já mostrado nos capítulos anteriores, o treinamento esportivo pode ser realizado com objetivos condutores de treinamento muito diferentes, e, com relação a isso, com engajamento muito diferente. O *treinamento orientado para o esporte de alto nível* é sempre um processo em longo prazo. Em virtude dos esforços para um nível cada vez mais alto de desempenhos, não ocorreu somente um acréscimo considerável de solicitações de treinamento na idade adulta como também um acréscimo da solicitação no treinamento com crianças e jovens, além de uma antecipação do início do treinamento e do exercício para uma idade cada vez mais precoce. Com isso, desempenhos esportivos de alto nível já são alcançados por jovens em grande número de modalidades esportivas. Desde os anos 1960, ficou amplamente usual dividir, no esporte de alto nível, o processo de treinamento, com relação à capacidade de desempenho máximo, nas duas etapas de treinamento em longo prazo:

- Treinamento de jovens;
- Treinamento de alto nível.

Em virtude dos esforços, cada vez mais avançados, quanto à diferenciação do treinamento de nova geração, foram feitas inúmeras sugestões para uma maior diferenciação dele (Thiess, 1964; Höger, 1969; Harre, 1979; Bauersfeld & Schröter, 1979; Martin, 1980; Carl, 1984). Em apreciação da discussão teórica e sob a observação das realidades práticas do treinamento e de recomendações (compare, entre outros, Hiersemann, 1989: modelo da busca do talento e do incentivo do talento em Nordrhein-Westfalen e o conceito do incentivo para a nova geração e o talento no esporte de alto nível da Federação Alemã do Esporte/Conselho Alemão do Esporte de Alto Nível de 1990), o processo de treinamento em longo prazo é dividido em três etapas de treinamento *de formação geral básica, treinamento de nova geração* e *treinamento de alto nível.* O treinamento de jovens, por sua vez, é diferenciado em etapas de treinamento de vários anos, em treinamento de fundamentos, treinamento estrutural e treinamento adicional.

Tabela 6.1 Etapas da estruturação do treinamento orientado para o esporte de alto nível

Formação básica geral	
Treinamento de nova geração	Treinamento de fundamentos Treinamento estrutural Treinamento adicional
Treinamento de alto nível	

Martin (1988, p. 101) considera ideal para o desenvolvimento do desempenho, com ênfase no treinamento infanto-juvenil, a seguinte seqüência:

1. Etapa de formação: formação básica universal.
2. Etapa de formação: desenvolvimento de fundamentos específicos de modalidade esportiva.
3. Etapa de formação: estruturação sistemática da capacidade de desempenho de condicionamento e da estabilização do desempenho.

Observando-se os princípios 3, 4, 5 e 6, formulados na seção 1.2.3.2, capítulo 1), quanto à estruturação e organização do treinamento, as diversas etapas de treinamento estão associadas aos seguintes objetivos condutores:

Objetivos condutores da formação básica universal:

O melhoramento universal do nível de desempenho esportivo, o despertar do interesse estável por ações de treinamento e competição, orientado para o esporte de alto nível, e também o melhor conhecimento de uma modalidade esportiva escolhida.

Objetivos condutores do treinamento de nova geração:

O melhoramento em longo prazo e planejado de um estado de desempenho específico da modalidade esportiva até um nível que permita o início do treinamento de alto nível, a estabilização de uma elevada motivação para o desempenho, orientada para a modalidade esportiva, e a participação bem sucedida na competição, dentro da faixa etária e da classe de desempenho mais altas, associadas ao treinamento de jovens.

Para as diversas etapas do treinamento de jovens, obtêm-se os seguintes objetivos condutores:

Treinamento de fundamentos:

- Bom estado de desempenho geral e universal;
- Desenvolvimento das capacidades fundamentais específicas de modalidades esportivas e aprendizado das técnicas motoras fundamentais;
- Conhecer e experimentar diversos métodos de treinamento, específicos de modalidade esportiva;
- Despertar a motivação para o desempenho orientado à modalidade esportiva no treinamento e na competição.

Treinamento estrutural:

- Elevado estado de desempenho, específico de modalidade esportiva;
- Domínio das técnicas mais importantes, específicas de modalidade esportiva;
- Conhecimento de métodos de treinamento, específicos de modalidade esportiva;
- Estabilização da motivação para o desempenho, específico de modalidade esportiva;
- Participação com sucesso em competições nacionais.

Treinamento adicional:

- Contínuos aumentos no estado de desempenho de condicionamento, específico de modalidade esportiva;
- Domínio virtuoso do repertório de técnicas, específicas de modalidade esportiva;
- Tolerância das solicitações de treinamento, necessária nos diferentes ciclos de treinamento;
- Participação com sucesso em campeonatos nacionais e internacionais, na classe mais alta da faixa etária do treinamento de nova geração;
- Perspectiva para atingir desempenhos esportivos máximos no treinamento de alto nível.

De acordo com o sistema de categorias, deduzido na seção 1.2, capítulo 1, das ações de treinamento, nas seções seguintes são apresentadas decisões específicas para a estruturação do treinamento, organização, conteúdos e métodos do treinamento, com relação ao treinamento de jovens. A diferenciação dentro do treinamento de nova geração é amplamente ignorada. Ela segue principalmente condições específicas de modalidade esportiva.

No âmbito das observações sistemáticas do processo de treinamento esportivo, sempre foi lembrada a estrutura de condicionalismo das decisões do treinamento (ver, entre outros, MARTIN, 1977; 1980; CARL, 1984). Com referência ao treinamento de jovens, parece ser necessário mencionar, pelo menos de maneira sucinta, as particularidades do amadurecimento humano, o desenvolvimento e a influência do meio social (como pais, amigos, escola, profissão, toda a sociedade) sobre as ações esportivas.

Para um estudo mais aprofundado, são mencionadas as três cartas de estudos da Academia de Treinadores de Colônia, de 1988, que tratam dos temas de "Treinamento na Idade Infanto-juvenil" (MARTIN), "Busca, Seleção e Estímulo do Talento" (CARL) e "Fundamentos Pedagógicas do Treinamento" (KURZ), bem como algumas teorias de treinamento específicas de uma modalidade esportiva, entre outros, para o atletismo (BAUERSFELD & SCHRÖTER, 1979), para a natação (COUNSILMAN, 1980; SCHRAMM et al., 1987), para o remo (KÖRNER et al., 1985), para os jogos esportivos (STIEHLER et al., 1988) e para a ginástica artística (FRIEDRICH & NILSSON, 1979; FRIEDRICH & BRÜGGEMANN, 1981).

6.2 Condições para as decisões no treinamento de jovens

6.2.1 Particularidades do desenvolvimento de jovens

Como a velocidade do *desenvolvimento da personalidade* do jovem é geralmente maior que a do adulto, as particularidades específicas do desenvolvimento nas faixas etárias do treinamento de jovens têm grande importância. Neste âmbito, não é possível apresentar detalhadamente o problema do desenvolvimento da personalidade ou do desenvolvimento motor (ver Meinel & Schnabel, 1987; Willimczik & Roth, 1983). Aqui são esquematizados alguns aspectos importantes para o treinamento de jovens.

Na apresentação de regularidades do desenvolvimento humano, deve-se considerar sempre que estas regras ou leis representam somente um valor médio de seqüências de desenvolvimento, individualmente muito diferentes. Portanto, elas oferecem, para a avaliação do desenvolvimento, somente uma orientação grossa. Além disso, deve-se observar sempre que as seqüências individuais de desenvolvimento dependem tanto das predisposições genéticas quanto das influências ambientais. Martin (1988, p. 13) menciona que as teorias da psicologia de desenvolvimento admitem que o processo de desenvolvimento seja determinado pelos quatro processos de amadurecimento, socialização, aprendizado/exercício e auto-regulação. Ele dá a seguinte formulação com relação ao desenvolvimento da personalidade:

> "Toda personalidade desenvolve-se pelo seu destino específico da vida individual, por meio de uma elevada parte de auto-regulação e predisposição genética e pela sua própria socialização. Por isso, é difícil fazer afirmações gerais sobre o processo todo do desenvolvimento de jovens."
>
> (Martin, 1988, p. 97)

Embora o desenvolvimento seja muito diferente individualmente, contínuo e não brusco, para as ações práticas é útil caracterizar as diversas faixas etárias por particularidades específicas do desenvolvimento. A Tabela 6.2 mostra, para o período importante da formação esportiva de jovens, o chamado *modelo de desenvolvimento em estágios* (segundo Grimm, 1966; Kirchmair, 1971; Martin, 1980, p. 285).

Tabela 6.2 Modelo de desenvolvimento em estágios, segundo Grimm (1966) & Kirchmair (1971)

<table>
<tr><td colspan="3">1. Mudanças na formação</td></tr>
<tr><td>Idade pré-escolar</td><td colspan="2">Abrange o período do 3º ao 7º ano de vida. Aqui se realiza o desenvolvimento da forma de criança pequena (tronco arredondado sem cintura, abdome acentuado, cabeça relativamente grande, membros curtos) até a forma da criança escolar (tronco estendido com cintura, membros mais compridos, cabeça relativamente pequena).</td></tr>
<tr><td>Idade escolar precoce</td><td colspan="2">Ela abrange o período do 1º ao 3º ano escolar, ou do 7º ao 10º ano de vida. É uma forma intermediária até o aparecimento dos primeiros sinais de amadurecimento.</td></tr>
<tr><td rowspan="2">Idade escolar tardia (fase pré-púbere)</td><td>Meninas</td><td>Meninos</td></tr>
<tr><td>3º/4º ao 5º/6º ano escolar ou 10º/11º ao 11º/12º ano de vida</td><td>3º/4º ao 6º/7º ano escolar ou 10º/11º ao 12º/13º ano de vida</td></tr>
<tr><td></td><td colspan="2">Início da aceleração do crescimento longitudinal, rápido desenvolvimento genital, primeira formação de mamas.</td></tr>
<tr><td colspan="3">2. Mudança na formação</td></tr>
<tr><td>Primeira fase púbere (puberdade)</td><td>Meninas</td><td>Meninos</td></tr>
<tr><td></td><td>5º/6º ao 7º/8º ano escolar ou 11º/12º ao 13º/14º ano de vida</td><td>6º/7º ao 8º/9º ano escolar ou 12º/13º ao 14º/15º ano de vida</td></tr>
<tr><td></td><td colspan="2">A puberdade abrange, nas meninas, o período do início do amadurecimento sexual até a primeira menarca (menstruação), nos meninos, até a espermarca (aparecimento dos primeiros filamentos de sêmen maduro).</td></tr>
<tr><td></td><td colspan="2">Individualmente, são observados, nesta fase, desvios de ± 2 anos (acelerados e atrasados)</td></tr>
<tr><td rowspan="2">Segunda fase púbere (adolescência)</td><td>Jovens do sexo feminino</td><td>Jovens do sexo masculino</td></tr>
<tr><td>7º/8º ao 10º/11º ano escolar ou 13º/14º ao 17º/18º ano de vida</td><td>8º/9º ao 11º/12º ano escolar ou 14º/15º ao 18º/19º ano de vida</td></tr>
<tr><td></td><td colspan="2">A adolescência é vista nas jovens como período da menarca e nos jovens, da espermarca, até alcançarem a maturidade (maturidade corporal completa). No início da adolescência, ocorrem diferenças individuais consideráveis no desenvolvimento.</td></tr>
</table>

Nesta tabela, os treinadores ou coordenadores podem ver, grosso modo, em qual estágio de desenvolvimento está um jovem sob seus cuidados e quais as características gerais, não específicas do esporte, neste estágio. Deve-se mencionar que o desenvolvimento individual pode diferir consideravelmente do "desenvolvimento médio", esquematizado na Tabela 6.2, principalmente no estágio das fases púberes. Segundo Hollmann & Hettinger (1980, p. 606), as maiores diferenças ocorrem em meninos, 3,4 anos, para a idade de 13 anos, e 3 anos nas meninas com idade de 11 anos.

Para quantificar o nível individual de desenvolvimento, introduziu-se a idade biológica, em vez da idade de vida (ou cronológica). A idade biológica designa o estado de desenvolvimento e a capacidade funcional do organismo da população média, na respectiva idade cronológica (quanto à problemática da definição e medição da idade biológica, compare, entre outros, Grimm, 1978; Brauer, 1982). Um aumento progressivo dos processos de crescimento e desenvolvimento, com relação à média da população, é chamado de *aceleração* ou uma inibição de *atraso*.

Quanto ao contexto de dedução, deve-se mencionar novamente à literatura especializada (ver Willimczik & Roth, 1983; Meinel & Schnabel, 1987; Oerter & Montada, 1982; e outros). A importante pergunta, principalmente para o prognóstico do talento, se os *atrasados* ou *normais no desenvolvimento* podem alcançar, ou mesmo superar, a vantagem de desenvolvimento dos *acelerados*, após a fase de crescimento, não pode ser respondida com suficiente segurança. Mas se deve mencionar que nas modalidades esportivas, nas quais o nível de desempenho é determinado principalmente pelo estado de desempenho de condicionamento, os sistemas de incentivo das federações, muitas vezes, dão preferência aos jovens acelerados.

Do ponto de vista da teoria do treinamento, com relação às particularidades do desenvolvimento dos jovens, são importantes, além dos problemas gerais apresentados acima, as seguintes questões do método de treinamento:

- Em qual estágio de desenvolvimento as diferentes capacidades e habilidades esportivas são treináveis de maneira especialmente efetiva (as chamadas fases sensíveis ou estágios de desenvolvimento ontogenéticos especialmente favoráveis)?
- Há, no desenvolvimento humano, momentos até os quais devem ser colocados determinados estímulos de desenvolvimento, se diversas capacidades ou habilidades devem ser formados otimamente, de acordo com seu potencial genético (as chamadas fases críticas)?

- Há estágios de desenvolvimento nos quais os jovens são especialmente vulneráveis com relação à saúde ou ao seu desenvolvimento da personalidade, devido às ações de treinamento e competição, orientadas para o esporte de alto nível?

Tentaremos responder a estas perguntas a seguir.

6.2.1.1 Fases de desenvolvimento favoráveis ao treinamento

A questão de se na idade infanto-juvenil há períodos de desenvolvimento favoráveis ao desenvolvimento de diversas capacidades corporais e habilidades motoras – as chamadas *fases sensíveis* –, foi tratada principalmente por Winter (1984). O grau de treinabilidade das diversas capacidades depende principalmente do processo de desenvolvimento das precondições individuais de desempenho, observadas indiretamente e determinantes do desenvolvimento de capacidades ou habilidades (Figura 1.1). Com base nos trabalhos de Winter (1984), pode-se salientar (de maneira bem simplificada), para as precondições individuais de desempenho, observadas diretamente, as fases sensíveis de desenvolvimento associadas na Tabela 6.3.

Tabela 6.3 Fases de desenvolvimento favoráveis para o desenvolvimento de diversas capacidades esportivas e habilidades motoras

Capacidade/habilidade	Fases sensíveis de desenvolvimento
Coordenação motora	Idade pré-escolar Idade escolar precoce e tardia
Habilidades motoras	Idade escolar precoce e tardia Adolescência
Mobilidade (passiva) (ativa)	A partir da idade da primeira infância Idade escolar precoce e tardia
Velocidade	Idade escolar precoce e tardia Puberdade
Força máxima	A partir da adolescência
Resistência (aeróbia) (anaeróbia)	Não há fase sensível A partir da puberdade

6.2.1.2 Fases críticas de desenvolvimento

Para o planejamento do treinamento em longo prazo, é especialmente importante a pergunta se no processo de desenvolvimento há momentos ou períodos limites nos quais os desenvolvimentos pretendidos ainda podem ser alcançados (WINTER, 1980, p. 102). A existência das chamadas *fases críticas* não pôde ser comprovada com suficiente exatidão para o desenvolvimento humano. Mas ela ainda é admitida para o desenvolvimento de diversas capacidades coordenativas. Desta maneira, ISRAEL (1977) levanta a hipótese de que crianças, especialmente da idade pré-escolar, muitas vezes são subexigidas na coordenação, e vê a necessidade de uma formação precoce, principalmente das capacidades coordenativas e habilidades motoras simples, tendo em vista um desenvolvimento motor ótimo. Como o desenvolvimento das capacidades coordenativas é condicionado à forma funcional dos sistemas de informação, especialmente do sistema nervoso central, ele vê certo paralelo com a velocidade de crescimento do cérebro. Ele atinge, já após o terceiro ano de vida, 80% de seu tamanho final. Enquanto pode ser realmente conveniente admitir para o desenvolvimento de capacidades coordenativas "fases críticas do desenvolvimento", que não parecem existir para as capacidades de condicionamento (CARL, 1984, p. 921).

6.2.1.3 Perigos com o treinamento orientado para o alto nível para crianças e jovens

Conseqüências negativas para o desenvolvimento da personalidade dos jovens podem resultar de sobrecargas em longo prazo no treinamento e na competição, e afetar tanto o organismo como a psique. Deve-se mencionar principalmente, as possibilidades de ameaça a seguir.

Com solicitação alta demais, por um período prolongado, acompanhado de grande consumo de energia, podem ocorrer *distúrbios do metabolismo*. WEINECK (1986, p. 48) aponta, por exemplo, que o aumento do consumo básico como conseqüência de solicitações de treinamento altas demais pode causar restrições no metabolismo e distúrbios no crescimento.

Como conseqüência de solicitações de treinamento muito altas no treinamento de força, pode haver danos do *aparelho motor passivo*, portanto, de ossos, cartilagens, tendões e ligamentos, que ainda são menos solicitáveis que nos adultos. O perigo de danos é especialmente grande nas fases de crescimento acelerado porque a sensibilidade do tecido é proporcional à sua velocidade de crescimento (WEINECK, 1986, p. 48).

A freqüência e a duração muito altas do treinamento podem causar a constante *escassez de tempo* de crianças e jovens, de modo que há principalmente o perigo de que os jovens não possam mais realizar paralelamente seus planos de carreira no esporte de alto nível, na escola e na profissão. Pressão exercida externamente para o sucesso pode levá-los a sentirem as ações orientadas para o esporte de alto nível como sobrecarga, na qual se perdem os espaços livres necessários para seu pleno desenvolvimento da personalidade. A sensação do *estresse psíquico* constante e, finalmente, distúrbios psíquicos em longo prazo podem ser a conseqüência (Sociedade Alemã para a Ciência da Pedagogia, 1982).

6.2.2 Influência do ambiente social sobre as ações de treinamento e competição

A influência do ambiente social sobre as ações de treinamento e competição é visível, e não precisa ser especialmente comprovada, pois ficou claro para todos, por exemplo, nos caminhos diferentes que as duas partes da Alemanha escolheram para o incentivo do esporte de jovens, antes da reunificação.

Além das condições do âmbito social global, como o posicionamento da sociedade com relação ao desempenho esportivo, as ofertas de locais para o esporte e os meios financeiros disponíveis, as influências que se tornam eficientes nas imediações sociais do atleta têm um papel importante na decisão individual para ações orientadas para o esporte de alto nível. Os fatores de influência mais importantes para o atleta da nova geração são a *família*, principalmente os *pais*, os *amigos*, a escola ou a formação profissional, e a atratividade das ofertas das associações esportivas. Tanto no encaminhamento para determinada modalidade esportiva como no apoio da organização de treinamento, os pais têm o papel mais importante. Este fato fundamentou, em parte, uma pesquisa de opinião de Stork (1983). À pergunta "Como você chegou à sua modalidade esportiva?", os atletas do quadro D de Nordrhein-Westfalen deram as respostas relacionadas na Tabela 6.4.

Tabela 6.4 Estímulos recebidos para a atividade de treinamento de uma modalidade esportiva (menções múltiplas eram possíveis, Stork, 1983)

1º pais	54,6%
2º amigos	41,4%
3º treinador da associação	27,0%
4º professor de educação física na escola	17,7%
5º modelo de um atleta de alto nível com sucesso	10,9%
6º outros	17,9%

Treinadores bem sucedidos também confirmam sempre que os pais têm um papel importante no apoio à organização do treinamento (Carl, 1988). Em contrapartida, o papel da escola como catalisador do treinamento de jovens é irregular e certamente determinado fortemente pelo engajamento de alguns professores. Principalmente quando um professor de uma escola também acompanha grupos de treinamento de jovens em uma associação esportiva, pode-se notar grande influência da escola. Apesar da concentração maior do treinamento de alto nível em locais centrais de treinamento, como, por exemplo, nas bases de apoio olímpicas, a oferta de treinamento das associações esportivas para a maioria das modalidades esportivas é a base para um estímulo bem sucedido de jovens. Os objetivos e a qualidade do trabalho nas associações, especialmente dos coordenadores e treinadores, com atuação principalmente semi-oficial, determinam substancialmente o sucesso de Conselhos Técnicos no treinamento de nova geração.

As associações têm uma tarefa especial no incentivo ao esporte de crianças antes da entrada no treinamento de jovens. Na seção seguinte, é apresentada a importância da formação básica geral para o treinamento de nova geração, não orientada exclusivamente para o treinamento do esporte de alto nível.

6.3 Formação básica geral como etapa inicial do treinamento de jovens

Os objetivos condutores pretendidos na seção 6.1, neste capítulo, da *formação básica geral*, (1) o melhoramento universal do nível geral de desempenho esportivo e (2) o despertar do interesse estável nas ações esportivas (também pelo melhor conhecimento de uma modalidade esportiva) são alcançados, geralmente, em especial pela atividade esportiva *universal*. Como a "universalidade" deve ser vista na 1ª etapa de formação de ações esportivas em longo prazo orientadas para o desempenho, é apresentado a seguir.

A primeira categoria de decisão do planejamento e da execução do treinamento, a *estrutura do treinamento* (seção 1.2.2, capítulo 1 Tabela 1.1), é caracterizada, na formação básica geral, pelas seguintes particularidades. Para o início do treinamento, não há momento precoce demais, desde que se observem as particularidades específicas de idade, das crianças e dos jovens. Desta maneira, pode-se começar, sem problema, já na idade pré-escolar. O momento mais tardio para começar orienta-se no início médio recomendado pelas diversas modalidades esportivas para o treinamento de fundamentos (específico de modalidade esportiva). Como a formação básica geral deveria durar, geralmente, pelo menos, dois anos, para muitas modalidades esportivas, dá-se a idade escolar precoce (1º - 3º ano escolar; 7º - 9º/10º ano de vida) como período mais favorável; podendo ser mais cedo nas modalidades esportivas de composição, em parte, já na idade pré-escolar, nas modalidades esportivas de resistência e em algumas modalidades de jogo mais tarde, mas, em todo caso, antes da puberdade.

Para as decisões a serem tomadas no início do treinamento, para uma modalidade esportiva ou um grupo de treinamento não valem somente pontos de vista do método de treinamento. Com relação à pretensão do grupo de treinamento de conquistar um grupo suficiente de possíveis talentos do esporte de alto nível, a decisão deve ser tomada também com vistas às modalidades esportivas competidoras dos talentos potenciais ou dos grupos de treinamento e devem iniciar a formação básica geral, eventualmente no momento no qual ainda não seria necessário, estritamente sob ponto de vista do método de treinamento.

A idade pré-escolar ou a escolar precoce oferecem, para a formação básica geral, precondições especialmente favoráveis, porque estas faixas etárias são muito favoráveis para a formação das estruturas de recepção e processamento de informações, portanto, principalmente para a formação das capacidades coordenativas (seção 6.2). Com relação à estruturação do treinamento nesta etapa de formação, ainda são necessárias considerações especiais para a formação de ciclos. A seqüência do ano de treinamento orienta-se principalmente na estrutura do ano escolar. A freqüência de treinamento deve ser de duas a três unidades de treinamento por semana, com duração de uma a 1,5 hora cada uma. Para a idade pré-escolar duas são mais recomendadas unidades de treinamento; já para a idade escolar precoce, três unidades. As diversas unidades de treinamento são semelhantes na sua estrutura: elas oferecem, em especial, possibilidades universais de aprendizado e exercício e sistematizam-se pelo princípio de introdução, parte principal e desaquecimento. Ao contrário do treinamento avançado de nova geração e do de alto nível, praticamente não há influências recíprocas entre diversas unidades de treinamento, devido à relativamente baixa freqüência e solicitação do treinamento, de modo que as considerações quanto ao planejamento do treinamento não devam ser concentradas tanto na estruturação do microciclo (ou ciclos mais longos), mas na a estruturação efetiva da *unidade de treinamento*. Mesmo na formação básica geral, as ações de treinamento sem relação a ações da competição são impensáveis.

Entretanto, as *competições* diferenciam-se fundamentalmente das etapas seguintes de formação, tanto com relação ao objetivo como quanto às exigências. Na formação básica geral, as competições têm, principalmente, a função de trazer diversidade para as ações de treinamento e motivar para ações de desempenho esportivo. Os conteúdos de competição resultam das ações de treinamento precedentes. Elas podem abranger, portanto, componentes específicos e não específicos de modalidade esportiva e suas regras não estão ligadas a normas superiores nacionais ou internacionais. A preparação para as diversas competições deve ser sempre clara para as crianças, e não deve abranger períodos muito longos. As diversas situações de competição devem exigir concentração para os acontecimentos, mas, ao mesmo tempo, sempre permitir a compensação de desempenhos falhos. Isso pode ocorrer, por exemplo, pela determinação de tentativas múltiplas ou por competição de modalidades múltiplas ou de equipe. Geralmente, as competições na formação básica geral devem ser realizadas pelas crianças participantes não como situação de estresse, mas como situação de afirmação alegre (Carl, 1988, p. 51).

Para a *organização* da formação básica geral, é sua característica a execução em grupos de uma associação (ou em casos excepcionais em grupos de incentivo ligados à escola), muitas vezes a utilização de locais esportivos pouco específicos e, geralmente, com a condução do treinamento por coordenadores semi-oficiais ou honorários. Os grupos de treinamento ainda são, geralmente, relativamente heterogêneos quanto ao desempenho, e não associados a determinado quadro de desempenho. Embora o treinamento não seja orientado para alcançar posteriormente desempenhos esportivos de alto nível, os grupos de treinamento oferecem possibilidades ideais para a busca de talentos para o treinamento subseqüente de fundamentos. Nesta etapa de formação, não é necessário um planejamento do treinamento muito detalhado. Pode-se dispensar, principalmente, os valores teóricos para as solicitações e cargas. Parece ser suficiente uma restrição com relação à previsão de ênfases de conteúdo e princípios metódicos. Para os coordenadores, em parte, com formação não muito ampla, são úteis, principalmente, exemplos de modelos de horário para as diversas tarefas de treinamento. Ainda se pode dispensar um diagnóstico detalhado de desempenho e a documentação do treinamento.

A universalidade exigida na formação significa uma *universalidade dos conteúdos do treinamento*. Fazem parte tanto movimentos básicos da corrida, do salto, do arremesso e da escalada, portanto movimentos não específicos de modalidade esportiva, como também elementos básicos simples de diversas modalidades esportivas. Para se atingir o objetivo pretendido, ou seja, o melhoramento do estado de desempenho esportivo geral, com ênfase nas capacidades coordenativas, é especialmente apropriado, para conteúdos de treinamento, principalmente os chamados pequenos jogos universais e as formas básicas da ginástica em aparelhos. Para melhorar as capacidades de alongamento e força, são ainda favoráveis exercícios escolhidos da ginástica e formas universais de salto. Para o indispensável exercício da resistência, são apropriados não só as corridas usuais mais longas, mas novamente jogos, e também, dependendo das circunstâncias locais, a natação, o ciclismo ou o esqui nórdico. A *orientação específica de modalidade esportiva* é alcançada pelo aprendizado de algumas técnicas fundamentais, em parte de forma simplificada, como, por exemplo, os mini-jogos esportivos.

O *comportamento motor* das crianças na formação básica geral, principalmente daquelas que se encontram nas fases de desenvolvimento da idade pré-escolar e idade escolar precoce, é caracterizado por uma diferenciação relativamente pequena das diversas capacidades coordenativas e de condicionamento (Filippowitsch & Turewskij, 1977, p. 507), por uma preferência de movimentos de alta freqüência e curta duração, e por uma mudança freqüente e breve dos exercícios de treinamento. Os estímulos do treinamento tornamse efetivos, em especial, no aprendizado de novas habilidades motoras e nos "exercícios aeróbios de resistência".

O *método de treinamento* preferido é, portanto, a forma de jogo. Durante a formação básica geral, pelo menos as crianças que já atingiram a idade escolar precoce devem ser acostumadas ao método contínuo (como método mais importante do treinamento aeróbio de resistência), com cumprimento de corridas lentas (ou outros exercícios de resistência) com pausas mais curtas e cada vez mais raras.

No *exercício das habilidades*, pelo método de treinamento, é importante não o sucesso rápido de aprendizado, mas, além disso, também o incentivo à criatividade das ações, o que é alcançado principalmente pela preferência das *tarefas motoras* em vez das *exigências motoras,* muito mais fortemente regulamentadas. De acordo com as particularidades específicas do desenvolvimento das crianças, a apresentação dos objetivos ocorre, especialmente, pela "demonstração", e menos pela explicação. As mídias audiovisuais não têm papel importante para a apresentação dos objetivos do treinamento nem como método de *feedback*. A solicitação e a carga, no total, ainda são baixas. As progressões ocorrem, primeiramente, por meio do aumento do *grau de dificuldade* dos exercícios. Quanto à exigência de solicitação, ocorre um aumento progressivo do volume, da intensidade e da densidade de solicitação na aquisição de habilidades, principalmente dos conteúdos de aprendizado. No geral, deve-se observar, na exigência de solicitação, que as regiões do corpo solicitadas sejam várias vezes mudadas dentro da unidade de treinamento, e que após solicitações mais intensivas sigam pausas de recuperação relativamente longas.

6.4 Estrutura, organização e configuração do método e conteúdo do treinamento de jovens

Enquanto a formação básica geral é orientada, em grande parte, para objetivos condutores não específicos de modalidade esportiva, no treinamento de jovens está no centro de atenção, desde o início, uma orientação específica de modalidade esportiva (seção 6.1). Ao contrário da formação básica geral, o treinamento de jovens não é um processo relativamente uniforme. Enquanto a configuração de método e conteúdo, no início do treinamento de fundamentos, ainda apresenta grande semelhança com a formação básica geral, o treinamento estrutural, e principalmente o treinamento adicional, assemelham-se cada vez mais ao treinamento de alto nível.

No planejamento e na execução do treinamento de jovens, é importante encontrar uma relação ideal entre a *formação geral* (não específica de modalidade esportiva), a *formação específica* (específica de modalidade esportiva) e as condições ontogenéticas. Com isso, deve-se observar para que no treinamento seja criadas uma *base de condicionamento* estável, geral e ampla, por meio de colocação de estímulos em todas as capacidades de condicionamento, e que seja incentivada a formação das *capacidades e habilidades específicas de modalidade esportiva*. Nisso, deve-se dar ênfases individuais às capacidades menos desenvolvidas e escolher uma solicitação e um esforço que considerem as particularidades individuais de desenvolvimento, com relação tanto a evitar riscos grandes demais, como aproveitar chances ontogenéticas em virtude do desenvolvimento.

A comparação feita, principalmente desde os anos 1970, dos dois conceitos de treinamento, ou seja, de "especialização precoce" e "estruturação do desempenho de acordo com o desenvolvimento" (Feige, 1973), parece não apresentar uma real alternativa para um conceito de treinamento de nova geração, efetivo e orientado para o alto nível, tendo em vista as experiências no treinamento dos últimos anos e os conhecimentos da ciência do treinamento (Carl, 1984; 1988; Martin, 1988; Tschiene, 1989). A orientação das ações expressa-se melhor no *"princípio da especialização de tempo e ritmo crescente"* (Müller, 1988a, p. 105; ver também seção 1.2.3.2, capítulo 1 princípio 6). Este princípio deixa claro, sobretudo, que dentro de um treinamento de nova geração, orientado para o esporte de alto nível, a formação geral universal deve ser complementada e, em parte, substituída a tempo, geralmente o mais tardar na fase pré-púbere, favorável para o exercício de coordenação e condicionamento, por conteúdos de treinamento específico de modalidade esportiva.

O denominado "princípio da especialização de tempo adequado e ritmo crescente" oferece um sentido concreto para os objetivos e conteúdos do treinamento, se o componente ontogenética for reconhecido como fator dependente dos efeitos do treinamento. Assim, este princípio significa não somente a aquisição de uma competência específica de ação uma modalidade esportiva, mas também o uso pleno das possibilidades de adaptação ontogenéticas, especialmente favoráveis temporariamente, ou seja, a utilização plena das fases sensíveis. Justamente este componente, muitas vezes, não é considerado na determinação do conteúdo da formação específica.

Incluindo na determinação do conteúdo da formação específica o componente ontogenético mencionado, o "princípio da especialização de tempo e ritmo crescente" deveria ser modificado como mostrado na Figura 6.1. Esta modificação (Figura 6.1) considera, na estrutura do tempo no treinamento de nova geração e na sua divisão horizontal em formação "específica" e "universal", dois blocos verticais, dos quais o primeiro deve estar localizado no período da idade escolar tardia (ver Tabela 6.2), portanto, principalmente no treinamento de fundamentos; e o segundo, na primeira fase púbere, portanto, no treinamento estrutural. A característica de conteúdo continua, nos dois blocos, a divisão em formação universal geral e específica, mas que recebe, sob um objetivo condutor específico do bloco, uma exigência específica e determinada ontogeneticamente. No primeiro bloco, é a exigência elevada dos sistemas de recepção e processamento de informações, por meio de exigências de aprendizado e coordenação. No segundo bloco, há uma solicitação com aumento acentuado dos processos energéticos do organismo.

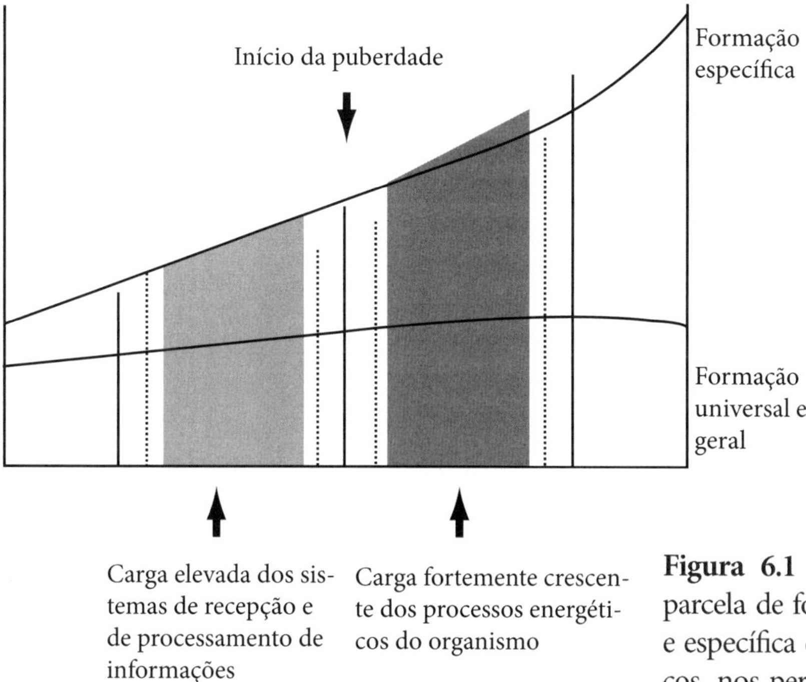

Figura 6.1 Mudança da parcela de formação geral e específica com dois blocos, nos períodos de treinamento de fundamentos e estrutural.

A opinião sobre o tamanho das respectivas parcelas não é uniforme na literatura especializada. A tabela 6.5 representa a opinião da cientista soviética do esporte Nabatnikova (1982) para alguns grupos de modalidades esportivas.

Tabela 6.5 Relação da preparação geral de condicionamento (PGC) e específica (PEC), incluindo o exercício de técnicas (Nabatnikova, 1982)

Grupo de modalidades esportivas	Etapa (anos)	Meios de preparação (%)	
		PGC	PEC
Modalidades esportivas cíclicas	12 a 14	80 a 70	20 a 30
	15 a 17	40 a 30	60 a 70
Modalidades esportivas de força rápida	12 a 14	75 a 70	25 a 30
	15 a 17	60 a 45	40 a 55
Jogos esportivos	12 a 14	75 a 65	25 a 35
	15 a 17	40 a 30	60 a 70
Esporte de luta	12 a 14	75 a 60	25 a 40
	15 a 17	45 a 40	55 a 60
Modalidades esportivas difíceis na coordenação	12 a 14	40 a 30	60 a 70
	15 a 17	30 a 20	70 a 80

Com isso, fica claro, e certamente nenhum especialista duvida, que nas "modalidades esportivas coordenativas difíceis" a parcela da *formação específica* é grande desde o início. Todavia, deve-se questionar se nos outros grupos de modalidades esportivas são suficientes 25 a 35% de formação específica de modalidade esportiva, na primeira fase púbere, portanto, já no treinamento de nova geração "avançado", para uma condução individualmente melhor possível para o esporte de alto nível. Com referências a matérias da antiga Alemanha Oriental, Tschiene (1989/4, p. 17) recomenda para o atletismo parcelas consideravelmente maiores da formação específica de modalidade esportiva. Ele menciona para a relação entre a *formação universal geral* e a *universal específica*, para os de dez anos de idade, uma medida de tempo de 51:49; para os de 11 anos, de 40:60; e para os de 12 anos, de 28:72. Sobretudo, para poder usar plenamente as possibilidades individuais, com relação ao "nível técnico motor", parece ser imprescindível, para todo o treinamento de jovens, uma parcela elevada de formas específicas de treinamento, mas com um grau de solicitação ainda relativamente pequeno.

A integração temporal do treinamento de jovens nas fases de desenvolvimento da criança ou do jovem em crescimento é determinada principalmente pela idade de máximo desempenho e pela ampliação necessária do treinamento de jovens. O ponto central da orientação para todas as considerações na estruturação do treinamento é a idade no início do treinamento de fundamentos (específicos de modalidade esportiva). Rost (1989, p. 11, segundo Platanov & Sachowski) menciona os seguintes fatores, que influenciam principalmente a estrutura do tempo da configuração do treinamento:

- "A estrutura do desempenho de competição e as precondições necessárias para desempenhos dos melhores do mundo;
- As regras para o desenvolvimento dos diferentes componentes da maestria esportiva e dos processos de adaptação, nos sistemas funcionais importantes para a respectiva modalidade esportiva;
- Os conteúdos do processo de treinamento (...), bem como a execução de medidas complementares (...);
- A idade do início de treinamento e a do momento da especialização inicial, bem como a situação da idade de máximo desempenho;
- As particularidades individuais e específicas de sexo dos esportistas, os momentos do amadurecimento biológico e do desenvolvimento da maestria esportiva.

Além disso, a duração total da estruturação do desempenho em longo prazo pode ser influenciada por fatores externos, por exemplo, de tendências de evolução da modalidade esportiva, que levam à mudança do limite de idade, fatores sociais, mudanças dos aparelhos de treinamento e de competição etc.".

Da enumeração dos fatores de influência na *estrutura do tempo* do treinamento de jovens, pode-se reconhecer que será praticamente impossível mencionar uma data fixa para o início do treinamento, com validade geral e específica de modalidade esportiva. Além disso, não é de se admirar que na prática de treinamento de quase todas as modalidades esportivas haja uma grande amplitude de variação quanto à idade do início de treinamento. As indicações da teoria do treinamento, em parte, também variam muito. As indicações de números, na maioria das vezes, são pouco úteis, tendo em vista a falta de definição inequívoca do início de treinamento e as diferentes estruturas de treinamento, principalmente na comparação internacional.

Quando se segue a recomendação feita na seção anterior, com relação à formação básica geral, para muitas modalidades esportivas, apresenta-se como momento favorável para o início do treinamento de fundamentos a transição da idade escolar precoce para a tardia, aproximadamente na idade de oito a nove anos. Isso é, certamente, uma orientação de idade para a estruturação do treinamento em longo prazo. Com esta sugestão, concordamos com a prática usada nos anos 1980 na antiga RDA para a seleção de talentos para os centros de treinamento e bases de apoio. A seleção central em todo território ocorreu, para a maioria das modalidades esportivas, na terceira classe. Somente para as modalidades esportivas de ginástica artística, ginástica rítmica esportiva, saltos ornamentais, natação e patinação artística, a seleção foi feita em um momento anterior (ver material de trabalho do DTSB da Alemanha Oriental do ano de 1976).

As respostas recebidas quando se pergunta aos membros do atual quadro C da Alemanha, de diversas modalidades esportivas, quanto ao momento do início de treinamento, são mostradas na Tabela 6.6.

Tabela 6.6 Idade do início do treinamento de atletas do quando C da Alemanha de 1988 (valor médio e desvio padrão)

Modalidade esportiva	Idade no início de treinamento			
	Atletas do sexo masculino		Atletas do sexo feminino	
	$\bar{x}$	s	$\bar{x}$	s
Boxe	12,7	3,3	---	---
Esgrima	10,7	2,1	sem indicação	sem indicação
Judô	7,1	2,3	8,1	1,0
Luta	8,4	2,9	---	---
Levantamento de peso	13,1	2,5	---	---
Atletismo	13,3	2,7	12,6	2,3
Ciclismo	10,6	3,2	11,2	3,2
Remo	14,2	0,9	15,6	2,4
Canoagem	13,1	2,5	12,3	2,4
Corrida de patins no gelo	10,4	2,4	10,0	1,9
Natação	9,8	2,3	9,4	1,9
Badminton	10,5	3,5	10,9	2,6
Tênis de mesa	7,6	1,8	8,6	1,2
Vôlei	11,6	1,6	12,0	2,3
Pólo aquático	10,7	1,2	---	---
Ginástica artística	8,9	1,8	7,9	2,0
Ginástica esportiva rítmica	---	---	7,1	1,4
Saltos ornamentais	9,7	1,9	9,3	2,7
Patinação artística	11,4	3,4	9,4	1,9
Bobslead	16,5	2,4	---	---
Corrida de trenó	11,2	2,3	12,7	1,5
Equitação	12,3	2,9	10,5	3,1
Tiro	14,0	2,3	12,9	2,4

Observação: Dados armazenados no Instituto Federal da Alemanha para a Ciência do Esporte, segundo indicações de atletas do quadro, nos exames anuais da medicina do esporte.

A Tabela 6.6 confirma a suposta grande amplitude de variação na indicação da idade do início de treinamento. Para a grande amplitude de variação dos dados, é responsável, provavelmente, tanto a estrutura irregular do tempo do treinamento de nova geração como uma diferente interpretação individual do momento do início de treinamento. Apesar disso, estes dados dão uma orientação grosseira sobre a idade do início de treinamento nas diversas modalidades esportivas.

Tabela 6.7 Idade média de atletas do quadro C da Alemanha de 1988 (valor médio e desvio padrão)

Modalidade esportiva	Atletas masculinos		Atletas femininos	
	$\bar{x}$	s	$\bar{x}$	s
Boxe	20,3	2,0	---	---
Esgrima	19,2	1,3	sem indicação	sem indicação
Judô	19,8	2,1	17,9	1,3
Luta	19,6	1,5	---	---
Levantamento de peso	18,8	1,0	---	---
Atletismo	19,1	1,6	17,9	1,4
Ciclismo	18,4	2,0	18,1	1,4
Remo	19,4	1,4	20,0	2,1
Canoagem	19,6	2,3	19,0	2,5
Corrida de patins no gelo	16,7	1,9	15,8	1,5
Natação	16,9	0,8	15,6	0,9
Badminton	20,3	2,9	18,8	2,4
Tênis de mesa	13,6	1,7	14,5	1,2
Vôlei	17,1	0,7	17,1	0,9
Pólo aquático	17,4	0,9	---	---
Ginástica artística	16,9	2,0	13,3	1,3
Ginástica esportiva rítmica	---	---	12,8	1,0
Saltos ornamentais	17,4	2,4	16,6	1,7
Patinação artística	18,2	2,1	16,0	1,9
Bobslead	22,7	0,5	---	---
Corrida de trenó	17,0	1,3	16,7	1,5
Equitação	19,7	1,6	18,7	1,8
Tiro	18,7	1,4	17,7	1,8

Observação: Dados armazenados no Instituto Federal da Alemanha para a Ciência do Esporte, segundo indicações de atletas do quadro nos exames anuais da medicina do esporte.

A idade limite aproximada para o treinamento de nova geração pode ser vista quando se pergunta aos atletas do quadro C da Alemanha pela sua idade e subtrai-se um a dois anos dos valores médios da Tabela 6.7, porque se pode supor, como orientação grosseira, que os atletas do quadro C, na ocasião do respectivo levantamento, já pertenciam este quadro, em média, durante esse tempo.

Na comparação das Tabelas 6.6 e 6.7, mostra-se que o treinamento de jovens tem diferente duração específica de modalidade esportiva e individualmente. O treinamento total de nova geração pode durar até dez anos em algumas modalidades esportivas, sendo provavelmente maior a variação da duração do treinamento estrutural específico de modalidade esportiva. Na "Concepção do Estímulo a Jovens e ao Talento", do ano de 1990, o Conselho Alemão do Esporte de Alto Nível da Federação Alemã do Esporte sugere um treinamento de nova geração de seis anos, em média. Uma concepção de estímulo à nova geração da Federação Alemã de Ginástica para a ginástica artística masculina abrange, por exemplo, 11 faixas etárias (Carl, 1988, p. 108).

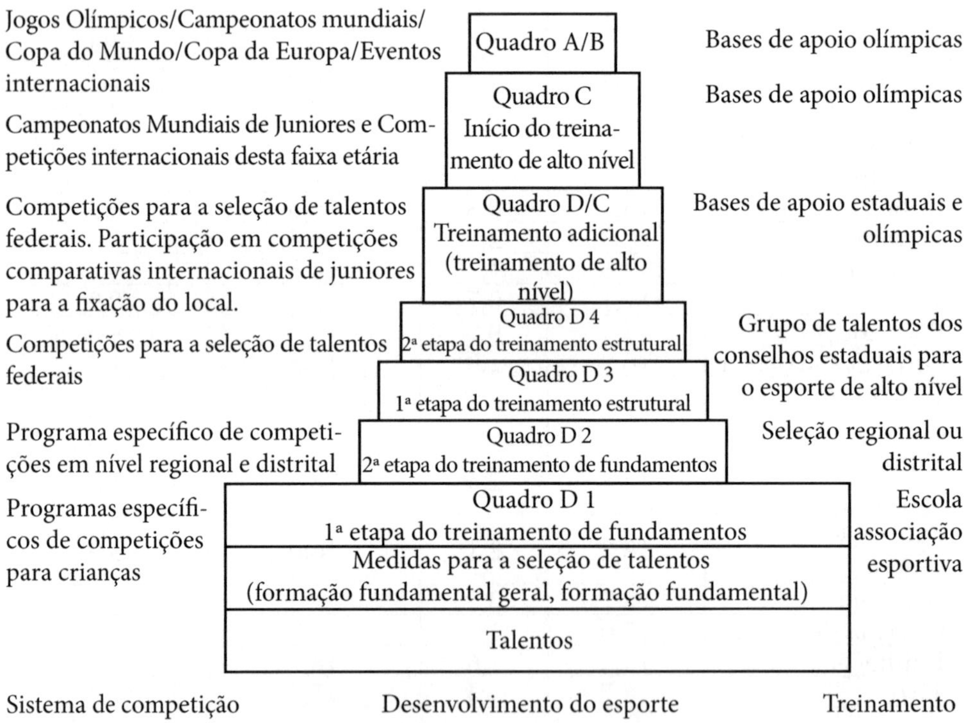

Figura 6.2 Associação de etapas de treinamento, formação de quadros, organização do treinamento e sistema de competição (extrato do esquema "Sistema de Formação de um Quadro/Desenvolvimento do Talento" da Federação Alemã do Esporte de 1990).

A Figura 6.2 representa um extrato do "Sistema de Formação de Quadros/Desenvolvimento do Talento", sugerido pelo Conselho Alemão do Esporte de Alto Nível. O esquema parece ser, no total, rígido demais e, portanto, não transferível, desta maneira, para as diferentes condições e exigências das várias modalidades esportivas. Isso vale, principalmente, para a extensão das diversas etapas de treinamento. Todavia, importante para uma estruturação sistemática do treinamento é a associação feita de suas etapas a classes de quadros, sistemas de competição e sua organização.

A *estrutura do ciclo* (periodização) do treinamento é, sem considerar evidentes particularidades específicas de modalidade esportiva (capítulo "Estrutura, organização ou sistema do treinamento esportivo"), muito diferente nas diversas etapas do treinamento de jovens. No treinamento de fundamentos, ela se orienta fortemente nas condições familiares ou escolares, externas às ações esportivas. Um possível esquema estrutural do treinamento de jovens é o exemplo para natação, mostrado por Freitag (1977), que se orienta na estrutura do ano escolar (Figura 6.3).

Tabela 6.8 Ano de treinamento dividido em três, para a natação de nova geração (segundo Freitag, 1977, p. 157)

	1ª parte 1.9. – 15.12.	Período de transição I	2ª parte 16.12. – 28.3.	Período de transição II	3ª parte 12.4. – 18.7.	Período de transição III
Período de estruturação	3 semanas	Está no período estrutural da IIª parte	3 semanas contido	concentração de esqui, concentração de treinamento, curso	2 semanas	entre outros, é encurtado pelas competições
Período de preparação	9 semanas		9 semanas	alguns dias de férias	9 semanas	férias, colônia de férias, atividade esportiva universal
Período de competição	3 semanas	concentração de esqui, concentração de treinamento, curso	3 semanas		3 semanas	
Período de transição				2 semanas		6 semanas
52 semanas =	15 semanas		15 semanas	2 semanas	14 semanas	6 semanas

No *treinamento estrutural* e principalmente no *treinamento adicional*, a estrutura do ciclo fica cada vez mais semelhante à do treinamento de alto nível, e determinado decisivamente pelas exigências do calendário de competições nacionais e internacionais.

A *freqüência de treinamento* e a *duração do treinamento* aumentam consideravelmente durante o treinamento de jovens. As concepções específicas de modalidade esportiva, desenvolvidas na Alemanha para o treinamento de jovens recomendam, geralmente, uma freqüência e duração do treinamento muito abaixo de valores de orientação comparáveis de países do leste europeu. Por exemplo, para o modelo experimental para a busca e o estímulo do talento no atletismo em Bochum-Wattenscheid, é recomendada uma freqüência de três a quatro unidades de treinamento por semana, para o treinamento de fundamentos de dois anos de duração, para alunos de 12 a 14 anos de idade. Para o treinamento estrutural seguinte, com duração de quatro a cinco anos, admite-se de quatro a seis unidades de treinamento, com duração de aproximadamente duas horas para cada unidade (compare Matérias para o Esporte em Nordrhein-Westfalen, uma série de escritos do Ministério da Cultura, volume 28: *Uma tentativa valeu a pena – o internato de tempo parcial para o atletismo* –, de 1990, p. 17). Como comparação, há as recomendações de treinamento, representadas na Tabela 6.8, para os diversos blocos de modalidades do atletismo, da União Soviética para a *chamada terceira etapa de treinamento.*

Tabela 6.9 Freqüência e duração de treinamento, recomendadas na União Soviética, para a terceira etapa de treinamento de diversos blocos de modalidades no atletismo, admitindo 45 semanas de treinamento (segundo Platonov & Sachnovskij, 1988)

Bloco de modalidade esportiva	Idade		Treinamento			Horas por semana
	Masculino	Feminino	Dias	Unidades	Horas	
Corrida de curta distância	16 a 18	16 a 18	220 a 240	280 a 300	680 a 700	15,1 a 15,6
Corrida de média e longa distância	18 a 20	17 a 19	270 a 300	300 a 330	750 a 800	16,7 a 17,8
Salto	16 a 18	16 a 18	270 a 280	230 a 300	550 a 600	12,2 a 13,3
Arremesso	18 a 20	16 a 18	250 a 270	270 a 300	650 a 700	14,4 a 15,6

Para a metade do treinamento estrutural, pode-se admitir, pelo menos, uma duração do treinamento uma vez e meia maior. Freqüência e duração do treinamento substancialmente maiores são recomendadas, na União Soviética, em modalidades esportivas com idade precoce de máximo desempenho. Rost (1989, p. 26), por exemplo, chega à conclusão que ginastas do sexo feminino soviéticas, com idade de 10 a 12 anos, já na etapa do treinamento adicional, treinam cerca de 1.200 horas por ano (o que corresponde, com 45 semanas de treinamento admitidas por ano, a uma duração de 26,7 horas por semana).

Mas também para as modalidades esportivas de jogos, é recomendada, na União Soviética, grande duração no treinamento de nova geração. Assim, no handebol, para a idade de 10 a 13 anos, oito horas; para a idade de 13 a 15 anos, 12 horas; para a idade de 15 a 17 anos, 18 horas (Rost, 1989, p. 28).

A freqüência e duração de treinamento, recomendadas no passado em diversos países do leste europeu, só podem ser realizadas quando os atletas de nova geração freqüentam escolas especiais, como as escolas esportivas para crianças e jovens na antiga Alemanha Oriental, nas quais a formação escolar é subordinada à formação esportiva. Sob as condições sociais da Alemanha, é necessário desenvolver um sistema de treinamento de nova geração que admita menor freqüência e duração de treinamento e que alcance elevada *eficiência de treinamento*, por meio de constante *melhoramento de sua qualidade*, principalmente por meio de sua forte individualização. Recomendações de treinamento, que admitem para o treinamento estrutural mais de 18 a 20 horas por semana, não parecem ser realizáveis com ampla base na Alemanha, mesmo com o melhor apoio possível aos jovens. A Tabela 6.9 mostra que, mesmo atletas do quadro C, treinam muito menos, segundo suas próprias indicações.

Tabela 6.10 Horas de treinamento cumpridas por semana de atletas do quadro C de 1988 (valores médios e desvio padrão)

Modalidade esportiva	Atletas do sexo masculino		Atletas do sexo feminino	
	$\bar{x}$	s	$\bar{x}$	s
Boxe	14,6	7,7	---	---
Esgrima	15,0	8,4	sem indicação	sem indicação
Judô	12,3	3,5	7,5	3,2
Luta	9,1	2,0	---	---
Levantamento de peso	16,5	6,0	---	---
Atletismo	13,0	4,6	9,9	2,9
Ciclismo	14,1	5,7	10,2	3,3
Remo	17,1	4,5	12,6	5,0
Canoagem	15,8	6,3	13,1	3,4

Modalidade esportiva	Atletas do sexo masculino		Atletas do sexo feminino	
	$\bar{x}$	s	$\bar{x}$	s
Corrida de patins no gelo	13,9	4,3	10,3	3,3
Natação	17,1	3,2	15,9	5,2
Badminton	18,9	7,6	12,9	4,3
Tênis de mesa	15,2	3,6	14,7	3,5
Vôlei	13,7	4,4	10,0	2,8
Pólo aquático	11,3	1,6	---	---
Ginástica artística	16,6	2,7	16,5	2,9
Ginástica esportiva rítmica	---	---	14,4	4,5
Saltos ornamentais	9,4	4,1	8,3	3,5
Patinação artística	17,8	8,6	16,8	8,0
Bobslead	14,3	5,6	---	---
Corrida de trenó	10,3	1,3	8,3	4,7
Equitação	27,5	10,7	25,7	11,0
Tiro	9,8	5,9	8,6	3,1

Observação: Dados armazenados no Instituto Federal da Alemanha para a Ciência do Esporte, segundo indicações de atletas do quadro nos exames anuais da medicina do esporte.

Como orientação, deve-se considerar que os atletas masculinos do quadro C, com idade média de 18,5 ± 2,3 anos, treinam, em média 12,4 ± 6,2 horas por semana, e as atletas femininas, com idade de 17,3 ± 2,5 anos, 11,5 ± 5,9 horas por semana.

Pontos de referência para as ações no treinamento de jovens são, além do objetivo em longo prazo da preparação para desempenhos esportivos máximos, os desempenhos alcançáveis imediatamente e os sucessos na *competição*. O sistema de competição do treinamento de nova geração tem, em comparação à formação básica geral e ao treinamento de alto nível, um objetivo muito mais complexo. De um lado, tem a formação de normas para as ações de treinamento e, além disso, tem a tarefa de conduzir o desenvolvimento do desempenho do atleta na trajetória para o máximo pretendido posteriormente, e motivar o treinamento para este objetivo em longo prazo. Por este motivo, pelo sistema de competição do treinamento de jovens, devem ser colocados objetivos intermediários atrativos, mas alcançáveis (Carl, 1988, p. 51). O

"Sistema de Formação de Quadros/Desenvolvimento de Talentos", do Conselho Alemão do Esporte de Alto Nível (Figura 6.2), deixa clara uma possibilidade para o aumento da atratividade do sistema de competição. Enquanto no início do treinamento de fundamentos estão no centro de atenção programas específicos de competição em nível de associação que não necessariamente se orientam nas regras nacionais ou internacionais, no treinamento adicional as competições podem conduzir a competições internacionais de comparação ou a campeonatos entre faixas etárias.

Como particularidade da *organização do treinamento* de jovens, com relação ao treinamento de alto nível, deve-se ver, primeiramente, sua pouca diferenciação e pouco profissionalismo. Na execução do treinamento, a centralização dos locais para sua realização ainda não é muito difundida, pois os grupos de treinamento ainda são relativamente grandes. Os treinadores e coordenadores ainda são, na maioria, meio-oficiais, e meios de treinamento dispendiosos são usados somente em casos excepcionais. Um diagnóstico sistemático de desempenho é amplamente restrito ao instrumento de testes motores esportivos. Diagnósticos específicos da medicina, biomecânicos ou psicológicos do esporte ainda não podem ser realizados. Uma documentação sistemática de treinamento e sua avaliação existem, no máximo, como iniciativa privada pontual, e referem-se a alguns atletas jovens. Portanto, uma influenciação central sobre a condução do treinamento dificilmente pode ocorrer.

As medidas de busca e seleção de talentos tomam amplo espaço na organização do treinamento de nova geração. Embora, ao contrário da antiga Alemanha Oriental nos anos 1980, nunca tenha existido na República Federal da Alemanha uma busca de talento, deve-se referir a inúmeras atividades isoladas, em parte, muito efetivas. Um sistema diferenciado da busca do talento e da formação básica geral, com colaboração entre a escola e a associação esportiva, é realizado principalmente em Nordrhein-Westfalen (Hiersemann, 1989).

Todavia, com todas as medidas da busca, da seleção e do estímulo do talento, deve-se observar que não é possível prognosticar, antes ou no início de um treinamento específico de modalidade esportiva, se um jovem é um talento para desempenhos de alto nível em determinada modalidade esportiva.

Antes ou no início do treinamento de muitos anos, geralmente, só é possível prognosticar o desenvolvimento da capacidade geral de desempenho esportivo de maneira muito grosseira. Somente com o avanço do desenvolvimento individual e após alguns anos de treinamento específico de modalidade esportiva é possível uma classificação específica de modalidade esportiva, com relação ao nível de desempenho alcançado. Um prognóstico exato sobre um nível de desempenho de um atleta, que começa com o treinamento de alto nível, a ser alcançado no momento do seu ponto máximo de desempenho individual geralmente parece ser possível, no máximo, após alguns anos desse treinamento (Carl, 1988, p. 44).

Disso resulta, para a prática do treinamento de jovens, uma estratégia com o propósito de períodos relativamente curtos de prognóstico. Recomenda-se tomar as decisões para a seleção de talentos somente com relação a objetivos da etapa de treinamento imediatamente superior. Com relação a objetivos em prazo mais longo, não deveriam ser escolhidos para o grupo de treinamento aqueles que, devido à manifestação insuficiente de alguns fatores condutores para o desenvolvimento do desempenho específico de modalidade esportiva, com alguma certeza, pode-se dizer que não alcançarão desempenhos de alto nível na idade de máximo desempenho da respectiva modalidade esportiva.

Na *configuração do método e conteúdo*, a situação do treinamento de jovens deve ser bem observada entre os dois pólos da formação básica geral e do treinamento de alto nível. O princípio das ações e o *princípio da especialização de tempo adequado e ritmo crescente* ganha agora sua especial importância. Grandes reorientações de método e conteúdo ocorrem no treinamento de nova geração, principalmente na transição dos jovens da etapa de desenvolvimento da idade escolar para a puberdade. Com o início do impulso de crescimento púbere (Figura 6.4), ocorrem consideráveis mudanças, principalmente nas proporções corporais e na liberação de hormônios, e também com relação ao aparelho motor passivo. Estes fatos têm como conseqüência as mudanças, já apresentadas, na treinabilidade das diversas capacidades coordenativas e de condicionamento, e nas habilidades motoras, especialmente um deslocamento das fases sensíveis.

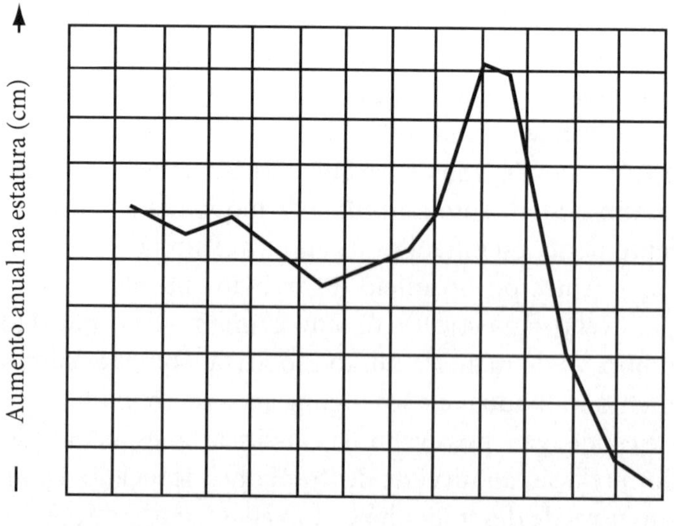

Figura 6.4 Impulso de crescimento púbere na estatura de meninos (segundo Shuttleworth, 1939, citado por Eiben, 1979, p. 194; ver Carl, 1988, p. 31).

Na fixação dos conteúdos do treinamento, deve-se observar não só as diminuições representadas da parcela da formação geral em favor da específica, mas se deve decidir, principalmente, em quais seqüência etapa de desenvolvimento as diversas habilidades motoras, específicas de modalidade esportiva, devem ser aprendidas e aperfeiçoadas. Principalmente nas modalidades com diversidade de movimentos, deve-se ordenar a grande quantidade de várias habilidades de maneira que durante todo o treinamento de nova geração:

- haja suficientes estímulos para o melhoramento contínuo dos processos de recepção e processamento de informações;
- que as formações coordenativas e de condicionamento sejam ajustadas entre si (Figura 6.1).

Além disso, durante todo o treinamento de nova geração, em complemento ao treinamento coordenativo e de condicionamento, *temas cognitivos* devem ser sempre objeto de suas ações. Além das instruções teóricas sobre seqüências motoras, ações táticas e contextos metódicos de treinamento, fazem parte dos pontos principais do treinamento de nova geração a introdução e o exercício de diversas formas do treinamento psicológico. Tschiene (1989, p. 17) elaborou, a partir de matérias sobre o treinamento de nova geração no atletismo da antiga Alemanha Oriental, uma tabela sobre a divisão do tempo de treinamento que deixa clara a parcela de sua teoria em seu tempo total, portanto, no treinamento de fundamentos, como sendo de aproximadamente 8% na faixa etária de 10 a 12 anos.

Também para *decisões metódicas de treinamento*, a transição da idade escolar para a puberdade tem papel importante. Em muitas modalidades esportivas, o treinamento de fundamentos termina, o mais tardar, com a entrada dos jovens na puberdade. As formas de jogo e competição dominantes, muitas vezes, ainda na idade escolar, são amplamente substituídas pelos métodos de treinamento usuais dos de alto nível. Todavia, as *exigências de solicitações* e a *carga* são mantidas, primeiramente, ainda relativamente baixas. Para os acréscimos da solicitação, principalmente no treinamento estrutural, até hoje não há regras de ação suficientemente precisas. Enquanto, basicamente, é claro que todos os *componentes de solicitação*, como volume, intensidade, densidade e *grau de dificuldade dos exercícios*, devem ser aumentados constantemente, ainda há considerável *déficit* sobre o conhecimento da dinâmica dos acréscimos e a relação das taxas de aumentos dos diversos componentes de solicitação entre si (Rost, 1989, p. 28). As recomendações restringem-se, geralmente, à observação que um aumento de solicitação deveria ser, primordialmente, um acréscimo do volume de solicitação, porque, com isso, cria-se uma base ampla e estável para grandes aumentos de solicitação necessários posteriormente. Entre outros, ROST (1989, p. 48) menciona expressamente que os aumentos de solicitação devem ser ligados diretamente à intensificação dos processos de recuperação. Fases de recuperação devem ser planejadas, conscientemente, tanto em cada unidade de treinamento como, também, como "microciclos de alívio" específicos e períodos de recuperação de longa duração (vários meses). Os processos de recuperação deveriam ser apoiados, já no treinamento de jovens, por medidas fisioterápicas simples (como, por exemplo, banhos frios para os pés) e por alimentação adequada.

Resumidamente, fica claro que para um treinamento de jovens eficiente orientado para o esporte de alto nível, é necessário encontrar uma *concepção de solicitações e cargas* que, ao mesmo tempo, coloca estímulos eficazes no treinamento e protege de sobrecargas. Para isso, não basta um planejamento de treinamento que se deixe guiar pelas normas de solicitação específicas de grupos. O mais correto é uma orientação primária a uma concepção de solicitação individual, na qual as decisões para exigências de solicitação e acréscimo ocorrem com base em análises de solicitações e cargas individuais. O fato de que esta concepção só existe, até agora, de maneira pontual, não isenta da obrigação para o seu aperfeiçoamento, porque, em uma área de atividade cheia de riscos para o jovem, como é o treinamento de jovens voltado para o esporte de alto nível, a orientação individual, apoiada pela teoria, deve ser o princípio para as ações responsáveis dos treinadores.

6.5 Particularidades do treinamento de técnicas, de condicionamento e de táticas de atletas jovens

Embora valham, em princípio, para todas as formas do treinamento de jovens, os mesmos princípios do treinamento de alto nível e as diversas regras do método de treinamento diferem consideravelmente. Isso é atribuído, primeiro, às particularidades específicas do desenvolvimento dos jovens. Em função da diferente natureza dos sistemas corporais e de estados psíquicos diferentes, com as mesmas solicitações de treinamento, há cargas e efeitos do treinamento específicos. Segundo, decisões diferentes do método de treinamento são necessárias, muitas vezes, em função do diferente nível inicial no estado de desempenho de atletas jovens de alto nível. A seguir, serão tratadas, em tópicos, algumas particularidades no *treinamento de técnicas, de força, de velocidade, de resistência, de mobilidade e de táticas,* de atletas jovens.

6.5.1 Particularidades do treinamento de técnicas

As diferenças no treinamento de técnicas entre os atletas jovens e os de alto nível resultam, principalmente, do baixo nível das capacidades para a recepção e o processamento de informações, e das capacidades de condicionamento, bem como da pouca experiência motora dos atletas jovens. Por causa da variedade das exigências e da situação das fases sensíveis de treinamento, o treinamento de técnicas representa uma parcela muito maior no tempo total de treinamento nos atletas jovens que nos de alto nível.

De acordo com a modalidade esportiva, deve-se assegurar um bom equilíbrio entre aprendizado de habilidades, aquisição e aplicação de técnicas. Em modalidades esportivas de jogo, duelo etc., as habilidades adquiridas devem ser incluídas imediatamente na aplicação. Nas modalidades esportivas individuais, os primeiros três objetivos do treinamento de técnicas, de um total de cinco, mencionados na seção 2.2.2, capítulo 2, devem ser alcançados com prioridade no treinamento de jovens: (1) *aprendizado das habilidades motoras esportivas,* como base para a formação de técnicas específicas de modalidade esportiva; (2) *aquisição do grau de domínio da técnica esportiva*, que pode ser caracterizado como o *ótimo biomecânico*; e 3) *estabilização* no domínio da técnica. De acordo com isso, o *aprendizado de habilidades*, o *treinamento de aquisição de técnicas* e o *treinamento complementar técnico* formam os pontos principais no treinamento de técnicas dos atletas jovens (compare capítulo 2). Deve-se observar que o treinamento de *capacidades coordenativas* específicas, a ser executado como preparação ou complementação ao treinamento de diversas habilidades motoras, seja uma parte indispensável do treinamento de técnicas, não só na formação básica geral, mas, pelo menos, também no treinamento de fundamentos. As diferenças do método de treinamento, entre o treinamento de jovens e o de alto nível, ocorrem, principalmente, com relação aos seguintes pontos:

1. *Apresentação de objetivos de aprendizado*
   Informações visuais nas crianças, principalmente a "demonstração", tem uma posição dominante, pelo menos, nas primeiras etapas do treinamento de jovens, com relação às diversas formas da informação verbal (seção 2.5.1, capítulo 2).

2. *Informações de feedback*
Devido à especificidade da recepção e do processamento de informações dos atletas jovens e devido ao pouco "profissionalismo" do treinamento de jovens, deve-se prescindir, geralmente, de informações de *feedback* apoiadas por processos de mídia. O *feedback* mais importante para os atletas são os coordenadores ou treinadores com observações e avaliações objetivas.

3. *Disposição dos conteúdos em séries metódicas de exercícios*
Na associação do treinamento de condicionamento e técnicas, deve-se cuidar de uma constante sintonização, tendo em vista os níveis insuficientes de desempenho de condicionamento na realização de determinadas técnicas motoras. Antes do aprendizado de novas habilidades, é necessário possuir ou adquirir um "potencial em excesso" (Rost, 1989, p. 24) nas capacidades coordenativas e de condicionamento. Principalmente no treinamento de nova geração, especialmente nas modalidades esportivas de composição, mais exigentes nas técnicas motoras, a criação deste superpotencial é uma precondição essencial para um treinamento de técnicas com sucesso.

4. *Meios e auxílios de treinamento*
Para transmitir aos treinandos a seqüência motora correta de uma nova técnica motora, no treinamento de nova geração, são usados, muitas vezes, auxílios de apoio ao movimento (por exemplo, auxílio pelo treinador ou por aparelho especial de treinamento), enquanto no treinamento de técnicas do esporte de alto nível é usado mais o *feedback* objetivo, auxiliado pela mídia (por exemplo, mídia áudio-visual, dados de desempenhos fisiológicos ou biomecânicos), para a iniciação e ampliação dos processos de informação.

5. *Dosagem da solicitação de treinamento*
Como no treinamento de nova geração se trata principalmente do aprendizado e aquisição de técnicas, o treinamento de técnicas de atletas de nova geração ocorre geralmente em estado livre de fadiga. Por isso, a densidade de solicitação é muito menor que no treinamento de alto nível. Para a eficiência do treinamento, o caminho certo está mais na organização das informações e da disposição de "pré-exercícios" em uma seqüência metódica do que na dosagem de solicitação.

6.5.2 Particularidades do treinamento de força

Com referência à eficácia e à metodologia do treinamento de força, no treinamento de nova geração, devem ser diferenciadas nitidamente duas etapas de desenvolvimento. Antes da entrada na puberdade, pelo treinamento de força, são alcançados somente efeitos pequenos no crescimento muscular. Adaptações para o melhoramento de capacidades de força são baseadas, principalmente, no melhoramento da capacidade de inervação da musculatura (com relação aos dois objetivos superiores do treinamento de força, seção 3.2.1, capítulo 3). Com isso, o treinamento de força serve, em especial, ao fortalecimento geral e universal de toda a musculatura esquelética, e coloca estímulos para o desenvolvimento ótimo das diversas partes do aparelho motor passivo. Antes da puberdade, o método preferido do treinamento de força é o *treinamento em circuito* com baixas cargas adicionais e sempre com baixa intensidade e densidade, e o *treinamento da força de salto em pista de aparelhos* não dirigidos para uma única forma de manifestação da força. Os estímulos para o desenvolvimento das capacidades de força são colocados também pelos exercícios variados, orientados primariamente para o melhoramento das outras capacidades coordenativas e de condicionamento, e das habilidades motoras, principalmente com o nível de desempenho relativamente baixo, portanto, aproximadamente no treinamento de fundamentos. O objetivo importante do treinamento de força antes da puberdade é, também, a criação de precondições favoráveis para o treinamento seguinte, muito mais eficaz.

Após o início da puberdade, aumenta consideravelmente a eficiência do treinamento de força dirigido para a ampliação do potencial de energia da musculatura, especialmente para o crescimento muscular. A causa para isso, sobretudo nos meninos, é o aumento de produção dos hormônios sexuais masculino, principalmente a testosterona. HETTINGER (1972) mencionou a estreita relação entre força e liberação de hormônio sexual. A treinabilidade favorável da força máxima, a partir da puberdade, já foi mostrada na seção 6.2. Na estruturação do treinamento de força na puberdade, deve-se observar sempre que, nesta fase, devido ao chamado *impulso de crescimento púbere*, o aparelho motor passivo é especialmente suscetível a sobrecargas. Por este motivo, também nesta fase de desenvolvimento, as solicitações não devem ser intensivas demais; os aumentos de solicitação ocorrem, principalmente, por meio do aumento do volume de solicitação. Devem ser evitados exercícios com cargas adicionais elevadas demais. Flexões de joelho muito baixas, exercícios reativos com cargas elevadas demais e levantamento com coluna vertebral curvada facilmente podem causar lesões. Para atingir o nível individual de melhor desempenho possível durante o treinamento de alto nível, principalmente nas modalidades esportivas de força e força rápida, o treinamento de força deve formar, durante todo o treinamento de nova geração, um ponto principal no sentido de um treinamento estrutural muscular. Devido ao perigo de lesões para os jovens, com relação a este treinamento, deve-se ter sempre muito cuidado e dosar, desde o início, individualmente, a solicitação. Na seção 6.5.5, ainda é tratada a estreita relação entre um treinamento de força não intensivo demais e um treinamento de mobilidade. Esta combinação entre ambos os treinamento de deve ser um ponto principal de todo o treinamento de nova geração, e serve, principalmente, para a formação de um bom tônus corporal e uma postura corporal funcional.

6.5.3 Particularidades do treinamento de velocidade

O estado de desempenho referente à velocidade é determinado pelo nível, tanto dos processos de recepção e processamento de informações, como dos processos energéticos (seção 3.3), cujas fases favoráveis ao treinamento estão ou na idade escolar na puberdade. Com isso, para o treinamento de velocidade, devem ser determinadas diferentes regras de seus método, nas diversas etapas do esporte de nova geração, com observação das particularidades específicas do desenvolvimento. A experiência da prática do treinamento de que os estímulos decisivos, para um desenvolvimento da velocidade, individualmente ideal, devem ser colocados já na idade escolar (e eventualmente, mesmo, já na idade pré-escolar) refere-se, principalmente, à formação da parcela coordenativa da velocidade.

O aumento da capacidade de desempenho de velocidade e a sua boa treinabilidade na idade escolar são baseados, em especial, no encurtamento de tempos de reação e no melhoramento da capacidade para a execução de movimentos de alta freqüência em período curto. As formas apropriadas de treinamento para o melhoramento da velocidade na idade escolar são, de um lado, muitos exercícios de reação, específicos e não específicos de modalidade esportiva, que podem estar incluídos em forma de jogo ou de competição, em todas as partes da unidade de treinamento. De outro, são movimentos cíclicos, como, por exemplo, as diversas formas de corrida, executadas com velocidade máxima por pouco tempo ou curta distância, e com pausas de recuperação suficientemente longas.

O rápido crescimento muscular no início da puberdade e o aumento acelerado da capacidade anaeróbia do metabolismo, que, sabidamente, conduzem a fases sensíveis de treinamento com relação à capacidade de força máxima e à resistência de velocidade, mudam substancialmente o treinamento de velocidade. No centro, estão, por um lado, as formas gerais de treinamento, que incentivam o desenvolvimento da força máxima e da resistência da velocidade. Mas, por outro, também as formas de treinamento, próximas às técnicas específicas de modalidade esportiva, que garantem que o potencial (energético) de condicionamento conduza a velocidades maiores de movimento na execução dos movimentos objetivados, específicos de modalidade esportiva. Isso quer dizer que, pelo método de treinamento, deve-se cuidar da estreita relação entre o treinamento básico de condicionamento e o treinamento de técnicas específicas de modalidade esportiva. Com isso, o treinamento de velocidade do atleta jovem muda, durante o processo de treinamento de vários anos, cada vez mais, de uma formação básica não específica de modalidade esportiva para um treinamento específico de condicionamento "próximo às técnicas". Com o início da puberdade, ele se diferencia do treinamento de alto nível, principalmente pelas solicitações de treinamento muito menores.

6.5.4 Particularidades do treinamento de resistência

As diferenças entre o treinamento de resistência na área de alto nível e de jovens apresentam-se de maneira distinta, dependendo do direcionamento do treinamento para o melhoramento da resistência de curta, média ou longa duração (ver seção 3.4, capítulo 3). São, substancialmente, diferenças que resultam entre os jovens e adultos, em diversos sistemas fornecedores de energia (Keul, 1982), e se referem à capacidade aeróbia e anaeróbia. Geralmente se admite uma capacidade aeróbia boa, e anaeróbia e treinabilidade ruins na idade escolar. A puberdade e a adolescência não são mais vistas, hoje, com fases de moderação, mas como fases de boa possibilidade de solicitação e boa treinabilidade, também com referência às exigências na resistência de curta e média duração (Badtke et al., 1987, p. 258).

Com relação ao início do treinamento de resistência, Bradtke et al. (1987, p. 354) admitem que, certamente, não é possível utilizar plenamente o potencial genético individual para alcançar desempenhos máximos, caso seja iniciada a colocação objetiva de estímulos somente após a conclusão do crescimento longitudinal. O treinamento da resistência fundamental, orientado, principalmente, para o melhoramento da capacidade aeróbia, pode ser continuado de maneira muito efetiva, já na idade escolar, com o método contínuo, preferido no treinamento de resistência. Parece ser importante tentar, ainda mais no treinamento de fundamentos, aplicar solicitações de resistência, longas e pouco intensivas, com diferentes conteúdos de treinamento, como corrida, ciclismo, natação, esqui nórdico. O aumento de solicitação deve ser feito, acentuadamente, por meio de um aumento da duração de solicitação.

Quando o treinamento de resistência é dirigido principalmente para o melhoramento da capacidade anaeróbia, somente se deve forçar com a entrada na puberdade. Os métodos de treinamento são os mesmos, como no treinamento de alto nível, novamente com baixa solicitação. Para evitar supertreinamento ou sobrecarga, as pausas entre as diversas fases de solicitação, dentro da unidade de treinamento, mas também entre duas unidades de treinamento com ênfase na "resistência anaeróbia", devem ser relativamente longas.

6.5.5 Particularidades do treinamento de mobilidade

O treinamento de mobilidade é uma parte indispensável de todo o treinamento de jovens. Como a definição da mobilidade atinge seu máximo já na idade escolar e a fase sensível de treinamento também está nesta etapa do desenvolvimento, o treinamento antes do início da puberdade tem uma importância especial.

O treinamento da mobilidade ocorre na idade escolar, principalmente no âmbito do aquecimento, e, portanto, faz parte de cada unidade de treinamento. Em modalidades esportivas, nas quais a mobilidade não é um fator condutor do estado de desempenho, o treinamento de mobilidade restringe-se a uma formação geral e uniforme de todos os círculos funcionais. Os exercícios preferidos do treinamento são os de ginástica, que incluem um alongamento ativo. As modalidades esportivas, nas quais a mobilidade é um fator determinante do desempenho especialmente importante, como, por exemplo, a ginástica rítmica esportiva, a ginástica artística ou a natação, exigem adicionalmente um treinamento específico de mobilidade, no qual não podem ser prescindidos os exercícios de alongamento passivo, mesmo na idade escolar precoce e tardia.

Para manter o nível de desempenho da mobilidade alcançado na idade escolar, é imprescindível o treinamento da mobilidade em cada unidade de treinamento, também, nas etapas seguintes de desenvolvimento a partir da puberdade. Com isso, são usados os mesmos métodos de treinamento de adultos e de alto nível. Todavia, na puberdade, deve-se ter maior cuidado com os exercícios de alongamento passivo. Devido ao impulso de crescimento, as estruturas, ainda instáveis, do aparelho motor passivo são especialmente ameaçadas. Em combinação com um treinamento de força de baixa intensidade, o treinamento de mobilidade tem, já no treinamento de jovens, a função adicional de otimizar a tensão e a postura corporal, e contrapor-se a desequilíbrios musculares. Com isso, um ponto importante é evitar danos de postura na área do tronco, especialmente a chamada *hiperlordose*, que representa uma mudança da estática da coluna vertebral e bacia como conseqüência de desequilíbrios musculares. Para os jovens, há maior perigo de danos quando eles são submetidos, no treinamento, a solicitações de estresse constantes e muito elevadas. Knebel (1985, p. 80) menciona como exercícios eficientes de ginástica, para se contrapor a desequilíbrios musculares na área do tronco, exercícios de alongamento para os músculos flexores do quadril e dos extensores do dorso, bem como exercícios de fortalecimento para os músculos retos abdominais, os flexores do joelho e a musculatura glútea.

6.5.6 Particularidades do treinamento de táticas

Enquanto o treinamento de táticas no esporte de alto nível trata de aperfeiçoar a individualidade nas ações táticas e exercitar a capacidade de aplicar, com surpresa para o adversário, concepções alternativas de ações adequadas à situação, o objetivo do treinamento de jovens é conhecer as estruturas básicas de ações específicas de modalidade esportiva e experimentar situações de treinamento e competição, cada vez mais difíceis.

O treinamento de táticas deveria ser, portanto, desde o início, uma parte integrante imutável de todo o treinamento de jovens, e abranger tanto o exercício prático como a instrução teórica. A parcela do treinamento de táticas no tempo total de treinamento resulta da importância da tática como componente do desempenho específico de modalidade esportiva.

Em particular, o treinamento de táticas no esporte de jovens abrange os seguintes conteúdos:

- O aprendizado de regras;

- O aprendizado cognitivo e exercício prático de situações básicas da condução da competição (em parte, sob condições ou situações simplificadas);
- O experimento de planos de ação anteriormente treinados em "competições de treinamento";
- O exercício com ênfase na capacidade de antecipação de ações do adversário;
- O exercício da observação e análise conscientes de situações de competição;
- A avaliação da própria competência de ação tática.

Ainda deve ser complementado pelo princípio metódico geral: "do fácil para o difícil", observado ainda: "do simples para o complexo", principalmente no treinamento de táticas. Além disso, deve-se observar uma mudança constante de transmissão de conhecimento, observação (em situações reais de competição e na imagem de filme e vídeo), exercício de seqüências e ações motoras no treinamento e experimento com situações de competição, cada vez mais difíceis.

7 Treinamento do condicionamento físico/treinamento para a saúde

7.1 Conceitos, entendimento e característica

7.1.1 Condicionamento físico e saúde

De acordo com a definição conhecida da Organização Mundial de Saúde (OMS), *saúde* é o "estado de completo bem-estar corporal, psíquico e social, que não é alcançado somente pela ausência de doença e fraqueza, e o máximo de saúde alcançável para cada pessoa é um de seus direitos fundamentais". Com isso, constata-se que a saúde não deve ser entendida somente como livre de doença, mas, em primeiro lugar, como *bem-estar* psicossocial e físico.

O filósofo Karl Jaspers vê na saúde um "estado do desejável", uma vida com capacidade de procriação e de desempenho, força, pouco fatigável, livre de dor, um estado no qual pouco se percebe de seu corpo, a não ser o sentimento prazeroso da existência (PRAMANN, 1989, p. 47). Esta descrição da saúde certamente vai além do bem-estar descrito anteriormente e refere-se a características que associaríamos mais ao condicionamento físico. Mas de boa saúde a muito boa saúde até o condicionamento físico, certamente, há transições imprecisas e, de toda maneira, é um problema de acordo, interpretação e definição, o que deve ser entendido com os conceitos de saúde e condicionamento físico.

Condicionamento físico é um estado com exigências mais amplas que a saúde, no qual, além do bem-estar, ainda é acrescida certa exigência de capacidade de desempenho. Nem toda pessoa saudável tem condicionamento físico, pois, para o condicionamento físico, faltam-lhe determinadas evidências de capacidade psicofísica de desempenho. Portanto, sugerimos, por considerações da ciência do treinamento, a definição a seguir.

Definição:
Condicionamento físico é um estado de desempenho psicofísico, objetivado conscientemente por meio de treinamento, alimentação adequada e conduta de vida saudável, e que vai além do bem-estar da saúde.

Esta definição refere-se ao fato de que condicionamento físico não pode ser conseguido com tarifa zero. A base é o aperfeiçoamento da capacidade de desempenho, objetivado conscientemente, visto como alcançável, principalmente, por meio de *treinamento esportivo*, *alimentação adequada* e *conduta de vida saudável.* O motivo *para ter condicionamento físico* e *manter-se com* ele, muitas vezes inclui a consciência de que este estado é realizável somente por meio das atividades e posicionamentos acima descritos.

Condicionamento físico não pode ser fixado em parâmetros, como determinada capacidade muscular, capacidade de absorção de oxigênio, velocidade ou velocidade de reação, mas por uma *medida pessoal de qualidade*, caracterizada, de um lado, por motivos individuais, o "querer ter condicionamento físico", mas que também é influenciada por tendências sociais, modas e pontos de vista.

Os *motivos* iniciais para atividades de condicionamento físico são, freqüentemente, a boa saúde, forma física esbelta, vigorosa e esportiva, capacidade geral de desempenho, capacidade de resistência e prevenção. No decorrer das atividades de condicionamento físico, estes motivos são sobrepostos por objetivos concretos de desempenho que, por sua vez, trazem uma sistematização do treinamento.

7.1.2 Treinamento para a saúde e para o condicionamento físico

A transição do treinamento para a saúde para o de condicionamento físico é imprecisa. Por isso, as fixações conceituais só podem ser feitas por acordo. A diferença das duas formas de treinamento, como a vemos, não deve ser vista tanto na forma do treinamento, mas mais nos motivos para estas atividades.

Alguém faz *treinamento para a saúde* porque está convicto que deve fazer algo pela saúde, possivelmente porque toda a conduta da vida ficou acomodada e, junto com a atividade profissional, levaram à falta de movimento. O treinamento para a saúde deve compensar esta falta. Ele tem, portanto, em primeiro lugar, uma *função de compensação* em caso de falta de movimentos e suas conseqüências.

Em contrapartida, o *treinamento do condicionamento físico* é orientado para o melhoramento da capacidade de desempenho e, portanto, com a visão para frente e menos para trás, como o treinamento para a saúde. Ele tem mais *funções de prevenção* e *melhoramento de desempenho*, e diferencia-se do treinamento para a saúde, certamente, também por maior sistemática no treinamento, freqüência de treinamento e exigências de solicitação (seção 3.1.4, capítulo 3).

Na observação do treinamento para a saúde e para o condicionamento físico, deve-se excluir o *treinamento de reabilitação*, porque abrange as medidas que servem para a restauração da saúde, da capacidade de desempenho, da qualidade de vida e a capacidade profissional após doenças, lesões e incapacidades (Mellerowicz, 1985, p. 55). Para este treinamento, valem princípios terapêuticos, e não do método de treinamento, como para o treinamento para a saúde e para o condicionamento físico.

7.1.3 Conseqüências da falta de movimentos e treinamento do condicionamento físico

De acordo com Mellerowicz (1985, p. 34), a *falta de movimentos* leva à progressiva atrofia de inatividade e fraqueza de desempenho do organismo, os quais se mostram da seguinte maneira: a falta de estímulos motores causa *atrofias* na *musculatura*, com mudanças funcionais e estruturais, e progressivas fraquezas musculares. Com isso, por exemplo, a musculatura do tronco não pode mais exercer sua função de apoio. Desta maneira, ocorrem os conhecidos, e muitas vezes descritos, *erros e fraquezas de postura*, com as mudanças de forma da coluna vertebral, que, por sua vez, causam solicitações erradas com possíveis mudanças de desgaste nas articulações vertebrais. Estes erros de postura ainda podem provocar conseqüências sobre o tórax e seus órgãos.

Tabela 7.1 Representação comparativa de efeitos entre a falta de movimento e o treinamento (Mellerowicz, 1985, p. 36)

Parâmetro	Falta de movimento	Treinamento
	Atrofia de inatividade	
Massa muscular/massa corporal	Quociente: pequeno	grande
Massa de gordura/ massa corporal	Quociente: grande	pequeno
Carga/força	Quociente: grande	pequeno
Capilaridade da musculatura	pequena	grande
Massa do coração	pequena (≈ 250 a 300 g)	grande (≈ 400 a 500 g)
Freqüência cardíaca	70 a 90/min	30 a 60/min
Pressão sistólica	alta	
Trabalho cardíaco	grande	pequeno
Reservas de O_2 nas coronárias	pequena	grande
Desempenho cardíaco máximo	pequeno	grande
Capacidade vital	pequena (≈ 2.000 a 4.000 ml, freqüentemente < 50 ml/kg)	grande (≈ 4.000 a 7.000 ml, frequentemente > 70 ml/kg)
Capacidade de O_2	pequena (≈ 2.000 a 3.000 ml, O_2/min, freqüentemente < 40 ml/kg)	grande (≈ 5.000 a 6.000 ml, O_2/min, freqüentemente < 70 ml/kg)
Volume sangüíneo	pequeno (≈ 51)	grande (≈ 6 a 71)
Capacidade de transporte de O_2 do sangue	pequena	grande
Regulação vegetativa	ergotrópico-adrenérgica	tropotrópico-colinérgica
Reservas adrenocorticais	pequenas	grandes
Facilidade de fadiga	maior	menor
Recuperação	mais lenta	mais rápida
Reservas de desempenho	pequenas	grandes
Queda de desempenho com a idade	mais rápida	mais lenta

Nos músculos não treinados, ocorre ainda a *fraqueza capilar* devido à mudança da absorção de oxigênio no sangue. Ela favorece, principalmente, a hipóxia da idade (falta de oxigênio) nos tecidos. Além disso, a falta de movimentos leva ao desenvolvimento de um *coração* de fraco desempenho. Esta forma do coração também é chamada de "coração de escritório" ou "coração de escrivaninha". O coração pequeno de escritório é constantemente forçado a realizar trabalho antieconômico de freqüência com grande gasto de oxigênio, e reduz, com isso, as *reservas coronárias*. A partir daí, o caminho para a insuficiência coronária não é longo.

Em pessoas com coração com treinamento de resistência, indícios de hipóxia coronária e infarto do miocárdio são extremamente raros. Ao contrário, corações pequenos pouco solicitados tendem à insuficiência coronária, uma das doenças mais freqüentes dos tempos atuais.

A falta de movimento causa, ao mesmo tempo, atrofia de inatividade de todo o *sistema respiratório*. Devido à menor economia respiratória (freqüência mais elevada com volume menor), a ventilação alveolar e a pressão parcial de O_2 são reduzidas, o que traz conseqüências negativas para o suprimento de O_2 de células e órgãos. Uma hipóxia latente por falta de movimento ainda tem conseqüências sobre o sangue, causando uma eritropoese insuficiente, com redução no número de eritrócitos, da quantidade de hemoglobina e da capacidade de transporte de O_2. Finalmente, a falta de movimento pode influenciar negativamente o sistema vegetativo e a capacidade bioquímica de glândulas hormonais. O treinamento do *condicionamento físico* e/ou para a saúde tem exatamente o efeito contrário. Os efeitos da falta de movimento e do treinamento são comparados resumidamente na Tabela 7.1.

7.1.4 Objetivos e conteúdos do treinamento do condicionamento físico e para a saúde

Partindo das definições dos conceitos de condicionamento físico e da saúde, mas também como "ofensiva" contra atrofias de inatividade e fraquezas de desempenho causadas por falta de movimento, resultam, para o treinamento de condicionamento físico e/ou para a saúde, em objetivos e conteúdos daí deduzidos.

1. O primeiro e mais urgente objetivo é o melhoramento da *capacidade aeróbia de desempenho* e, com isso, (1) das formas e funções do

sistema cardiovascular, (2) das funções de condução do sistema nervoso autônomo e (3) dos processos metabólicos no músculo.
As seguintes *formas de resistência* são *conteúdos* bem apropriados, desde que executadas sob *exigências de solicitação* eficientes (seção 7.2): corrida, ciclismo, montanhismo, caminhada, natação, esqui nórdico.

2. O segundo objetivo é a melhora geral das *capacidades de força* e, com isso, do *desempenho muscular* (seção 3.2.1, capítulo 3) da musculatura de apoio do tronco e dos membros superiores e inferiores.
   Conteúdos apropriados são formas do (1) *biotreinamento* (seção "O biotreinamento", neste capítulo), (2) *treinamento em circuito* (seção 7.3.2) e (3) formas simples de *fisiculturismo*, como as executáveis em casa. Um bom exemplo para o "fisiculturismo na sala de estar" dá SCHWARZENEGER em seu livro *Fisiculturismo para mulheres* (1982, p. 47). O importante é que, para a execução (não importa se treinamento em circuito, fisiculturismo etc.) sejam usados, principalmente, os métodos do *treinamento de resistência de força* (seção 3.2.5.5, capítulo 3).

3. O terceiro objetivo é o melhoramento da *mobilidade funcional*, isto é, da *mobilidade das articulações* e da *elasticidade dos músculos* (seção 3.5.2, capítulo 3) de todos os sistemas articulares.
   Conteúdos apropriados são (1) programas da *mobilidade articular* (seção 3.5.4.2, capítulo 3), (2) *técnicas de alongamento* como *stretching* (seção 3.5.4.3, capítulo 3), (3) *ginástica funcional* (seção 7.4).

4. O quarto objetivo é o *aprendizado de habilidades motoras relativas à aplicação*, para o melhoramento da capacidade de condução e da *coordenação motora.*
   Conteúdos apropriados são a atividade de uma modalidade esportiva de jogo (tênis, vôlei, hóquei, futebol), ginástica em aparelhos, dança (jazz, elementar, ginástica rítmica), esqui alpino, patinação no gelo, patinação, surfe etc.

Metodicamente importante é a *dedicação às situações de aprendizado*, isto é, tentar melhorar continuamente as habilidades motoras destas modalidades esportivas.

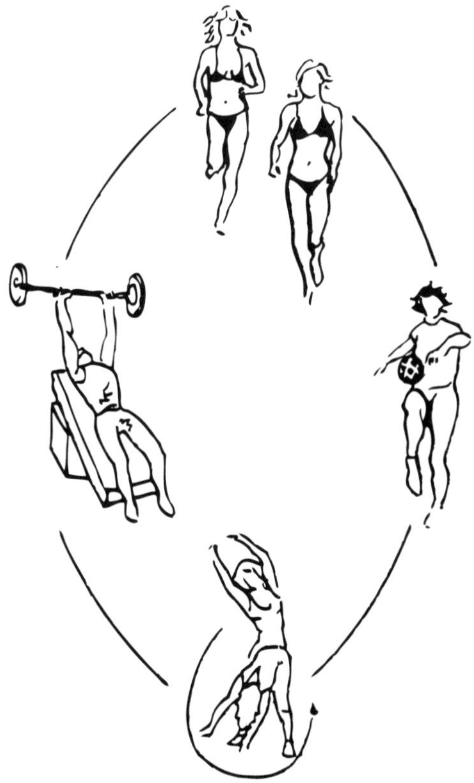

Figura 7.1 Conteúdos do treinamento de condicionamento físico e suas relações.

7.1.5 A estruturação do treinamento de condicionamento físico

O efeito do treinamento do *condicionamento físico* depende de vários fatores. Por isso, são estabelecidas as seguintes regras básicas:

1. A *freqüência de treinamento* é um fator importante. Experiências mostram que um treinamento duas vezes por semana deve valer como mínimo, porque um treinamento único serve para a manutenção da função, mas não para seu desenvolvimento. A freqüência certa para o *condicionamento físico* é um treinamento três vezes por semana.

2. A *duração do treinamento* eficiente depende dos conteúdos exercitados e das formas esportivas. Tempos de solicitação eficientes no treinamento de corrida, no *jazz* são 45 a 60 minutos, no ciclismo, pelo menos, 90 minutos, nos jogos, 60 a 75 minutos; no treinamento de força e na ginástica ou ginástica funcional, bastam 30 minutos com intensidade correta. Como escolher a intensidade certa, será descrito nas seções seguintes.
3. Para a *execução do conteúdo* do treinamento do *condicionamento físico,* são feitas as seguintes *associações*: após o treinamento de resistência, recomendamos um programa de 15 minutos com exercícios de soltura e alongamento, que atua tanto de maneira incentivadora da mobilidade, como de antifadiga e de regeneração. Muitas modalidades esportivas de jogo, *jazz* e outras fazem parte do programa de 15 minutos do exercício de mobilidade (seção 3.5.4.2, capítulo 3). O mesmo vale para o treinamento de força, que é finalizado, ainda, por motivos de regeneração, com exercícios de alongamento (seção3.5.4.3, capítulo 3). Uma boa combinação também é jogo – treinamento de força – alongamento.

A seguir, são descritos mais detalhadamente os treinamentos de resistência, força e mobilidade para o esporte de massa.

7.2 Treinamento de resistência para o condicionamento físico

Do ponto de vista de prevenção da Medicina Endocrinológica, o treinamento de resistência na área de saúde e condicionamento físico tem a importância mais eficaz como medida contra perdas de funções e desempenho, relacionadas à idade (Liessen & Hollmann, 1981, p. 11).

7.2.1 Objetivos e efeitos do treinamento de resistência

O objetivo do treinamento de resistência na área do condicionamento físico é a influência do metabolismo muscular e o melhoramento dos desempenhos no sistema cardiovascular. Segundo Hollmann & Hettinger (1976, p. 471), com um treinamento ideal de resistência, pode haver as seguintes mudanças, apresentadas resumidamente: (1) Aumento do *débito cardíaco*, bem como do *débito por batida*, ou relacionado ao tempo, o *débito cardíaco por minuto*, isto é, o volume de sangue que o coração faz circular em um minuto; estes efeitos também têm como conseqüência que a *freqüência cardíaca em repouso* seja muito menor (40 a 50/min). (2) O aumento da *absorção máxima de* O_2, que leva a um *aproveitamento* maior *de energia por unidade de tempo*. (3) Melhoramento da *formação de capilares* e, com isso, o aumento da *diferença artério-venosa*, um melhor aproveitamento de oxigênio na musculatura. (4) Aumento do *pico máximo de* O_2, isto é, da quantidade de oxigênio absorvida por batida cardíaca. (5) Aumento da *mioglobina*, do pigmento vermelho dos músculos, que absorve e elimina oxigênio, bem como a multiplicação das *mitocôndrias* na célula muscular, nas quais ocorre a formação de energia por meio da oxidação. (6) Aumento do *teor de glicogênio*, a forma de armazenagem da glicose, e das *enzimas* de ação aeróbia, por meio do aumento da atividade. (7) Aumento do *ATP* e *fosfato de creatina* no músculo (seção 3.4.4, capítulo 3). (8) Mudança do *trabalho cardíaco*, isto é, um aumento de duração de *sístoles* e *diástoles* e diminuição de *necessidade de* O_2 do miocárdio, para um determinado desempenho do coração. (9) Melhoramento da *economia respiratória* e (10) aumento do *volume sangüíneo* e do *teor total de hemoglobina*.

Mesmo que as consideráveis mudanças orgânicas e funcionais causadas pelo treinamento de resistência tenham sido apresentadas somente resumida e incompleta, certamente se pode perceber a importância de um treinamento "*correto*" de resistência no esporte para a saúde e para o condicionamento físico.

7.2.2 Questões metódicas

A exigência pelo treinamento de resistência "correto" é, em primeiro lugar, uma questão metódica. Como os *métodos* do treinamento de resistência consistem da associação de *formas de execução* e de *exigências de solicitação*, as questões metódicas referem-se principalmente a estes dois componentes. Com isso, a observação da "solicitação" deve estar em evidência, porque o procedimento metódico é conduzido, primordialmente, mediante solicitações (seção 3.4.5, capítulo 3).

Do ponto de vista metódico, no treinamento de resistência do esporte de massa, as solicitações devem ser adaptadas aos *motivos* tomados como base, às *experiências de treinamento*, ao diferente *estado de desempenho* e à *idade*. No treinamento de resistência, a decisão metódica mais importante é a fixação dos dois componentes de solicitação, ou seja, da *intensidade de solicitação* (desempenho) e da *duração da solicitação* (tempo da solicitação).

A intensidade deve ser fixada o mais precisamente possível de acordo com a respectiva idade e o nível atual de desempenho dos treinandos. Em geral, a capacidade de desempenho (ou capacidade de carga) diminui com o aumento da idade. Por outro lado, na idade mais elevada pode haver uma capacidade maior de desempenho que na idade mais baixa, quando nesta não houver treinamento, mas quando for iniciado um treinamento de resistência em idade mais elevada. Desta maneira, pessoas treinadas em resistência da sétima década de vida podem ter mais desempenho que as não treinados da terceira, quarta ou quinta década de vida, como mostra a Figura 7.2.

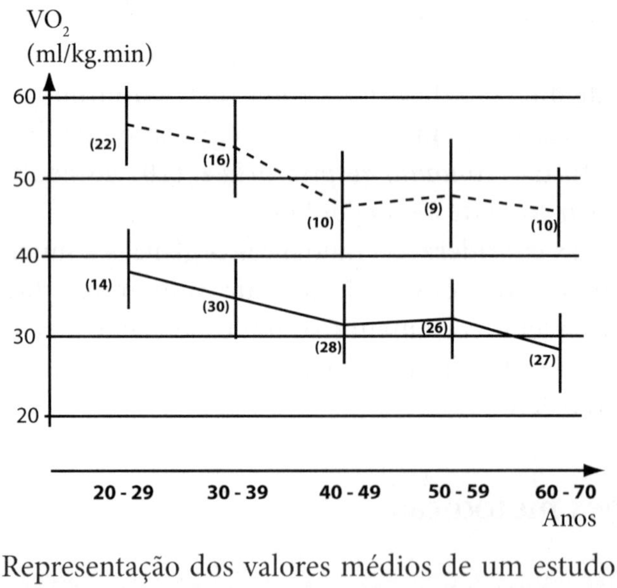

Figura 7.2 Representação dos valores médios de um estudo sobre a capacidade de absorção relativa de oxigênio de treinados em resistência (-----), n = 65 e não treinados (——), n = 138, em diversas décadas de vida (LIESEN & HOLLMANN, 1981, p. 22).

De acordo com os estudos de LIESEN & HOLLMANN (1981, p. 21), ocorre, geralmente nos não treinados, com relação à captação máxima de oxigênio, uma queda de desempenho anual de 0,65%, todavia, em treinados, com nível mais alto de desempenho, uma queda de somente 0,45%. Como no VO_2máx, o mesmo comportamento notou-se neste estudo para o pulso máximo de oxigênio. Nos não treinados de 20 anos de idade, foram medidos, em média, 15,5 ml, que se reduziram para 12,8 ml até a sétima década de vida. Nos treinados de 20 anos, foram medidos 21,6 ml, com redução de até 19,4 ml até a sétima década de vida.

A freqüência cardíaca de 130 bpm resultou, tanto nos treinados como nos não treinados, da terceira até a sétima década de vida, em um valor praticamente constante de VO_2máx, tanto absoluto como relativo. Nos treinados, o VO_2máx, com relação à massa corporal, estava em cerca de 32 a 35 ml; nos não treinados, somente em cerca de 22 ml. Todavia, o percentual de VO_2máx, alcançado com uma freqüência cardíaca de 130 bpm, com relação ao VO_2máx absoluto, aumenta com a idade crescente, isto é, com o aumento da idade, a intensidade de solicitação, com freqüência cardíaca de 130 bpm, cresce constantemente. Destes valores, resulta a representação da Tabela 7.2.

TABELA 7.2 Valores de VO_2máx, ml/kg.min em treinados e não treinados (cada primeira linha), com freqüência cardíaca (FC) de 130 bpm (cada segunda linha) e o percentual alcançado de VO_2máx com FC de 130 bpm

Idade		20 a 29	30 a 39	40 a 49	50 a 59	60 a 70
Treinados	VO_2máx ml/kg.min	56	54	47	48	46
	VO_2máx ml/kg.min com FC 130 bpm	32	33	30	35	34
	% VO_2máx com FC 130 bpm de VO_2max	57	61	63	72	74
Não-treinados	VO_2máx ml/kg.min	38	35	32	33	28
	VO_2máx ml/kg.min com FC 130 bpm	22	22	23	23	20
	% VO_2máx com FC 130 bpm de VO_2máx	58	63	72	70	70

Os valores da Tabela 7.2 também são de estudos de LIESEN & HOLLMANN (1981, p. 22). Eles foram retrabalhados para esta forma de representação a fim de mostrar como a *intensidade de solicitação* muda consideravelmente em treinados e não treinados, no decorrer da idade, com a chamada *freqüência cardíaca padrão de 130*. Considerando-se que o VO_2máx (relativo ou absoluto) significa também uma solicitação plena de 100%, as pessoas com 20 a 30 anos de idade teriam uma solicitação de 55 a 60% de intensidade, com uma freqüência cardíaca de 130 bpm; com 50 anos de idade, cerca de 65 a 70% de intensidade; e com 60 anos de idade, já com 75% de intensidade. Estes resultados devem ser considerados para a determinação da intensidade correta de solicitação com relação à idade. As comparações destes parâmetros fisiológicos do desempenho, nas diversas etapas de idade, com solicitações de resistência, devem chamar a atenção, inicialmente, para a problemática do escalonamento em diversas idades, da intensidade de solicitação, e apoiar os resultados seguintes.

Para o treinamento de resistência no treinamento do condicionamento físico e para a saúde, a *intensidade de solicitação é o componente mais importante da solicitação. Ela deve ser conduzida por meio da freqüência cardíaca*. A freqüência cardíaca garante, primeiro, uma sintonização objetiva entre solicitação e carga; segundo, no esporte de massa, as medições de freqüência cardíaca são o único instrumento diagnóstico realizável, porque exames ergoespirométricos e bioquímicos não são realizáveis por motivos de custo e organização. No treinamento de resistência, a freqüência cardíaca da solicitação é determinada, em geral, globalmente por meio de regras práticas e tabelas.

Segundo LIESEN & HOLLMANN (1981, p. 48), as *regras práticas* para a intensidade correta de solicitação para não treinados são as seguintes:

1. 180 menos a idade = freqüência cardíaca mínima (chamada regra de BAUM-HOLLMANN); isto é uma modificação mais recente da regra destes autores.
2. 180 menos a idade mais cinco pulsações cardíacas por década de vida além da terceira década.

De acordo com MELLEROWICZ (1985, p. 53), deve-se treinar com:

3. uma freqüência cardíaca de 170 bpm menos a idade em anos, com mais jovens biologicamente, e treinados, 180 bpm menos a idade. A freqüência limite de 200 bpm menos a idade nunca deveria ser ultrapassada.

Tomando-se como base a regra prática (1), dever-se-ia recomendar a uma pessoa de 25 anos de idade treinar com uma freqüência cardíaca mínima de 155 bpm; um de 45 anos de idade, com 135 bpm. Segundo a regra prática (2), esta determinação se desloca: a pessoa de 25 anos de idade também deveria treinar com uma intensidade de freqüência cardíaca de 155 bpm, e o de 45 anos de idade com uma freqüência cardíaca de 140 bpm. Recomendando-se a determinação da intensidade pela regra prática (3), os não treinados de 25 anos de idade deveriam treinar com uma freqüência cardíaca de 145 bpm; os treinados de 25 anos, com 155 bpm, mas, no máximo, com 175 bpm; o não-treinado com 45 anos de idade, com uma freqüência cardíaca de 125 bpm; e o treinado de 45 anos, com 135 bpm, mas no máximo com 155 bpm.

Nem estas regras práticas, nem a regra "padrão 130" podem dar à prática do treinamento, no treinamento de resistência do esporte de massa, pontos de referência para a determinação da melhor intensidade individual, porque elas não diferenciam entre homens e mulheres, entre fortes e fracos em desempenho, nem entre formas de execução, como corrida, ciclismo, montanhismo etc. Além disso, não comprovam as mudanças de carga durante uma solicitação de resistência mais prolongada.

De acordo com nossos estudos e considerações com relação à condução e determinação da *intensidade de solicitação* para o treinamento de resistência do esporte de massa, chegamos às seguintes conclusões: os esportistas de resistência no esporte de condicionamento físico e para a saúde devem ser divididos em *três grupos*, com relação à associação de intensidade de solicitação: (1) *principiantes*, (2) *treinandos em geral*, (3) *treinandos sistematicamente* e com o objetivo consciente do melhoramento do desempenho. Como no esporte de condicionamento físico e para a saúde, a intensidade de solicitação deve ser sempre conduzida pela freqüência cardíaca. Ela deve ser adaptada, principalmente, aos diferentes níveis de desempenho. A seguinte observação quanto à escolha correta da intensidade de solicitação vale apenas para o *treinamento de resistência por meio da corrida*.

7.2.2.1 Intensidade de solicitação para "treinandos principiantes"

Os *principiantes* apresentam, no início do treinamento de corrida, freqüências cardíacas relativamente elevadas, e necessitam de algumas semanas de treinamento introdutório antes de haver economia na atividade cardíaca sob solicitações. Muitas vezes, observa-se que principiantes, em parte, devem realizar uma baixa intensidade de movimentos, como no *jogging* leve, já com 90% de sua freqüência cardíaca máxima. Isso se deve avaliar como sendo a regra, e não a exceção. Mas a freqüência cardíaca *normaliza* já após quatro a seis semanas de treinamento contínuo de principiante. Com a mesma intensidade de solicitação (velocidade de corrida), a carga e as freqüências cardíacas diminuem nitidamente a cada treinamento.

Por este motivo, uma condução sistemática do treinamento de resistência, mediante a freqüência cardíaca, é pouco conveniente com principiantes. Aqui vale o objetivo de poder realizar o quanto antes uma corrida por 30 a 45 minutos. A fase de principiante termina quando a freqüência cardíaca se "estabiliza" em determinado valor com velocidade de corrida lenta, isto é, quando fica constante por mais tempo. Somente a partir deste momento, a condução do treinamento deve ser iniciada por meio da freqüência cardíaca.

7.2.2.2 Intensidade de solicitação para "treinandos em geral"

Treinandos em geral são *avançados* que treinam semanal e continuamente entre duas e quatro horas e, com isso, cumprem duas a quatro unidades de treinamento, com duração de solicitação de 45 a 60 minutos cada uma.

De acordo com Karvonen & Vuorimaa (1988, p. 306), Roitman et al. (1978, p. 98) e com o American College of Sports Medicine (1978), o treinamento de resistência do esporte de massa deveria ser feito na corrida entre 60 e 80% da freqüência cardíaca máxima. A chamada *freqüência cardíaca alvo*, visto *relativamente*, deveria estar em 85 a 90% da freqüência cardíaca máxima, e a duração de solicitação deveria ser de maneira que a carga (freqüência cardíaca) ainda aumentasse 5% no último terço da distância com velocidade constante. Este aumento da freqüência cardíaca no último terço da distância também mostra se a *duração da solicitação* foi escolhida corretamente. Ela é escolhida como ideal quando a freqüência cardíaca fica, durante o último terço da distância, com a mesma velocidade de corrida, pelo menos 5% acima da freqüência cardíaca alvo, isto é, acima da freqüência cardíaca média objetivada (Figura 7.3), o que quer que dizer o conceito de "relativamente" será explicado mais adiante.

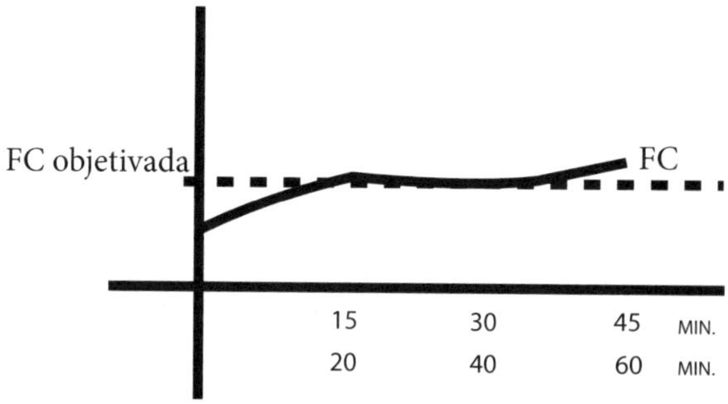

Figura 7.3 Comportamento a ser objetivado da freqüência cardíaca na corrida de longas distâncias. No último terço da distância, a FC/min deve estar 5% acima da FC máx. média pretendida.

Em base de muitos dados, desenvolvemos uma fórmula que torna calculável a intensidade de solicitação ideal, isto é, a intensidade relativa, mediante dois valores: (1) a *freqüência cardíaca máxima* (FC máx.) e (2) o *pulso em repouso* (FC repouso). O "pulso de treinamento", calculado por esta fórmula, dá cerca de 85% da freqüência cardíaca, que pode ser alcançada individualmente no limiar aeróbio-anaeróbio e no valor pd da curva de freqüência cardíaca e desempenho. Isso é uma intensidade que pode ser corrida sem problemas pela duração de ± 60 minutos para o treinamento da resistência geral. Como no cálculo desta intensidade entram FC máx. e FC em repouso, são relativizadas, tanto as especificidades de sexo e idade como também as diferenças de desempenho.

Pulso de treinamento = FC máx. – (0,45 · FC repouso)

A aplicação desta fórmula será explicada mediante um exemplo prático: um não treinado (NT) e um treinado (T) realizam um teste de Conconi (seção 3.4.4.3, capítulo 3) e alcançam os valores da Figura 7.4.

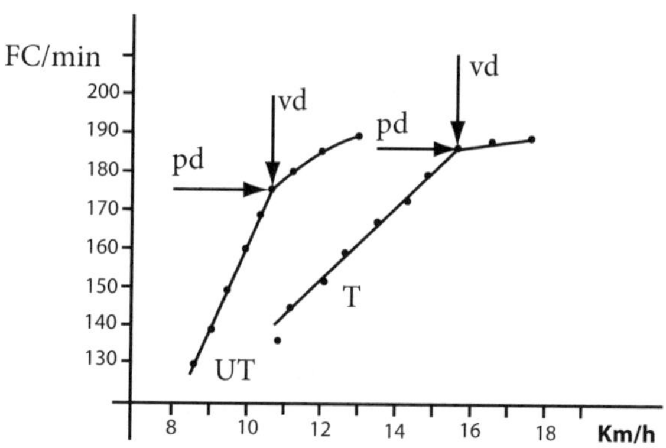

Figura 7.4 Valores de NT (não-treinados): FC máx.= 190; pd = 176 = 93 % de FC máx.; vd = 10,6 km/h. Valores de T (treinados): FC máx.= 190; pd = 187 = 98 % de FC máx.; vd = 15,7 km/h (Martin, 1989a, p. 388).

Pudemos observar em bem treinados que a freqüência cardíaca na inflexão (pd) não está muito abaixo da freqüência cardíaca máxima. Ao contrário, nos não treinados, ela fica mais abaixo de FC máx. Se tomássemos como base a freqüência cardíaca máxima para a determinação da intensidade de solicitação e fixássemos 85% dela, os dois treinariam com uma FC/min de 162. Isso corresponderia, no não treinado, a 92% de pd (96% de vd) e, no treinado, de somente 87% de pd (83% de vd). Este exemplo mostra que a freqüência cardíaca máxima para o cálculo da intensidade de solicitação é apropriado somente com restrições. Nossas observações mostram que são escolhidas intensidades médias de solicitação de aproximadamente 85 a 90%, relacionados ao pd ou ao limiar aeróbio-anaeróbio, tanto para os treinandos em geral, aqueles que treinam sistematicamente, como para atletas de alto nível das modalidades esportivas de resistência de longa duração.

Tomando-se como base o valor de "85% de pd", aos dois do nosso exemplo, deveriam ser recomendadas as seguintes intensidades de solicitação: ao não treinado (NT), um *pulso de treinamento* de 150 bpm (= 85%), o que corresponde, para ele, a uma velocidade de corrida de 9,5 km/h; ao treinado (T), um *pulso de treinamento* de 159 (= 85%), correspondente a uma velocidade de corrida de 12,8 km/h.

Pela experiência, estes valores são realistas, mas pressupõem a realização de um teste de Conconi ou de um teste em estágios para a determinação da curva de lactato e desempenho. Por outro lado, isso não é realista para os "treinandos, em geral" do esporte de condicionamento físico. Por este motivo, foi desenvolvida por nós esta fórmula (Martin, 1989a, p. 390). Para os dois indivíduos – NT tinha um pulso em repouso de 82 e T de 53 –, de acordo com esta fórmula, dá para os NT: pulso de treinamento 85% = 190 – (0,45 · 82) = 153 bpm, isso corresponde a 87% de pd; para T: pulso de treinamento 85% = 190 – (0,45 · 53) = 166 bpm, isso corresponde a 89% de pd. Um pulso de treinamento ± 90% é bem tolerado por treinandos, em geral, em corridas de resistência de 45 a 60 minutos. A freqüência cardíaca máxima pode ser mais bem determinada em uma corrida progressiva de 1.200 m em uma pista de 400 m, na qual a velocidade é aumentada a cada 200 m até a velocidade máxima alcançável.

7.2.2.3 Verificação do desempenho para principiantes e treinandos, em geral

Um teste de uso praticável para a determinação da capacidade de resistência é o *teste de Cooper*. Ele é executado em pista de 400 m. A tarefa é simples, mas exige um pouco de experiência "tática", que se consegue, geralmente, somente na segunda ou terceira execução do teste. A tarefa do teste é a seguinte: *percorrer, no tempo de 12 minutos, a maior distância possível na corrida de resistência*. A avaliação é feita pela distância alcançada em 12 minutos. Por isso, é necessário realizar o teste em uma pista com marcações laterais a cada 100 m. A distância final da corrida pode ser determinada com a fita métrica.

Além disso, recomenda-se medir e registrar a *freqüência cardíaca* imediatamente após a corrida e depois do primeiro e teceiro minuto. Ela permite avaliar o *grau de solicitação plena* e o *valor de recuperação*.

Tabela 7.3 Avaliações de desempenho de acordo com o teste de Cooper (Bloss, 1989, p. 54)

Teste de resistência: mulheres			
Idade			Avaliação
Até 30	30-45	acima de 45	
mais que 2,2 km	mais que 2 km	mais que 1,8 km	bom
1,9-2,2 km	1,7-2 km	1,5-1,8 km	médio
menos que 1,9 km	menos que 1,7 km	menos que 1,5 km	ruim
Teste de resistência: homens			
Idade			Avaliação
Até 30	30-45	acima de 45	
mais que 2,5 km	mais que 2,3 km	mais que 2,1 km	bom
2,2-2,5 km	2-2,3 km	1,8-2,1 km	médio
menos que 2,2 km	menos que 2 km	menos que 1,8 km	ruim

7.2.2.4 Exigências de solicitação para os que "treinam sistematicamente"

Também na área do esporte de massa, os atletas de resistência que treinam sistematicamente são aqueles que cumprem um treinamento de corrida com mais que cinco horas por semana e se preparam sistematicamente para competições esportivas populares. Para eles, parece o teste de Conconi o mais apropriado para a determinação da intensidade ótima de solicitação porque ele deixa visíveis as intensidades de solicitação e, ao mesmo tempo, registra as mudanças de desempenho da capacidade aeróbia de desempenho. O teste foi descrito na seção 3.4.4.3, capítulo 3.

As *intensidades de solicitação* devem ser, para uma *duração de solicitação* em função de pd:

45 min com 90% – 95% de pd;

60 min com 85% – 90% de pd;

90 min com 80% – 85% de pd;
120 min com 75% – 80% de pd.

O teste de CONCONI deveria ser realizado a cada seis semanas pelos que treinam sistematicamente para, primeiro, poder diagnosticar um aumento de desempenho pelo deslocamento para a direita da curva de freqüência cardíaca e desempenho, ou uma diminuição do desempenho pelo deslocamento para a esquerda. Segundo, com os deslocamentos para a direita e para a esquerda, resultam, freqüentemente, valores mudados de vd, que exigem um novo cálculo da intensidade ótima de solicitação.

7.2.2.5 Intensidades de solicitação alcançáveis em outras formas de execução do treinamento de resistência

Devido aos estudos comparativos de desempenhos de corredores, ciclistas, montanhistas, jogadores de tênis e triatletas (MARTIN, 1989a, p. 378), pode-se resumir os seguintes resultados (Tabela 7.4).

TABELA 7.4 Comparação de intensidades de solicitação alcançáveis em uma hora de solicitação constante, em diversas formas de execução

1 hora de solicitação de resistência				
	Corrida de resistência terreno acidentado	Ciclismo terreno acidentado	Montanhismo 400 m de diferença de altitude	Jogo de tênis
A FC alcançada, em % de FCmáx., no trajeto parcial mais intensivo	92	83	81	82
% da intensidade, com relação ao valor pd (limiar), alcançado neste trajeto parcial	95	86	83	85

Da comparação mostrada na Tabela 7.4 pode-se deduzir a seguinte *regra* geral: *as freqüências cardíacas alcançáveis em desempenhos de resistência de 60 a 90 minutos são cerca de 10% mais altas na corrida que em outras formas de execução do treinamento de resistência.* Além disso, estes estudos mostram que, na corrida, mesmo com velocidade igual ou decrescente, a freqüência cardíaca aumenta continuamente. No ciclismo, isso não foi verificado. Aqui, o pulso reage mais ao perfil da estrada.

7.2.3 Princípios para o treinamento de resistência na área de condicionamento físico

1. Os *métodos* do treinamento de resistência consistem na associação de formas de execução e componentes de solicitação. Destes componentes, é principalmente a *intensidade de solicitação* que deve ser fixada a mais precisa possível, de acordo com a idade e o nível de desempenho. O parâmetro mais seguro da intensidade de solicitação no treinamento de condicionamento físico é a *freqüência cardíaca.*
2. Recomenda-se dividir os esportistas de resistência do esporte de massa em três *classes de desempenho*: *"principiantes", "treinandos, em geral"* e *"treinandos sistematicamente"*. Uma condução sistemática do treinamento de resistência dos principiantes não é conveniente inicialmente, porque eles correm com freqüências cardíacas enormes. Nos treinandos, em geral, recomenda-se a fixação da intensidade de solicitação, de acordo com a fórmula determinada por nós. Os que treinam sistematicamente deveriam, entretanto, usar o teste de CONCONI para a condução do treinamento.
3. Esta forma de fixação da *intensidade de solicitação* só vale para o *treinamento de corrida*, porque, nas outras formas de execução (ciclismo, montanhismo), as freqüências cardíacas máximas alcançáveis estão, em média, 10% abaixo das do treinamento de corrida. Nestes casos, a *duração de solicitação* deve ser o parâmetro da solicitação. Nas formas de execução, nas quais não podem ser alcançadas freqüências cardíacas elevadas, deve ser sempre acima de 60 minutos; de 90 a 120 minutos são valores orientadores para o ciclismo, montanhismo e caminhada.

7.3 Treinamento de força para o condicionamento físico

Por meio de treinamento de força conduzido sistematicamente, pode haver (1) *melhoramento da capacidade de inervação da musculatura* e, com isso, aumento da velocidade de formação de força e da coordenação intermuscular, (2) *ampliação do potencial de energia da musculatura* e, com isso, hipertrofia da musculatura e melhoramento do fluxo energético no músculo (seção 3.2.5.1, capítulo 3). Esses são os objetivos atingíveis por meio de um treinamento de força especialmente adaptado. O treinamento de força para o condicionamento físico só pode ser concebido quando há clareza sobre quais destes objetivos são relevantes para o treinamento para a saúde e para o condicionamento físico.

7.3.1 Objetivos e efeitos do treinamento de força para a área de condicionamento físico

Em ponto de vista, a maior importância é a do segundo objetivo, a "*ampliação do potencial de energia da musculatura*", com base em certo *aumento do crescimento transversal do músculo* e o *melhoramento do fluxo energético* neste. Com isso, a musculatura pode ser fortalecida; suas funções de apoio e formação de força para o uso cotidiano e para movimentos podem ser treinadas, e pode ser desenvolvida a resistência contra a fadiga. Para atingir estes objetivos, os métodos do *fisiculturismo* e do *treinamento de resistência de força* são os mais apropriados (seções 3.2.5.2 e 3.2.5.5, capítulo 3).

Quando estes métodos são aplicados sistematicamente, segundo Hollmann & Hettinger (1976, p. 269), ocorrem os seguintes efeitos: (1) *hipertrofia das estruturas musculares* e *aumento de moléculas de actina e miosina* (seção 3.2.3.2, capítulo 3); (2) *aumento do fosfato de creatina* e do *teor de ATP* no músculo; (3) *hipertrofia das fibras tendinosas* e dos *ligamentos*; (4) *aumento de espessura das cartilagens articulares* etc.

O fisiculturismo afirmou-se no treinamento do condicionamento físico e no treinamento de resistência do esporte de massa. Os métodos foram descritos na seção 3.2.5.2, capítulo 3. Aqui não entraremos em mais detalhes. Entretanto, apresentamos duas outras formas de treinamento: o *biotreinamento*, bem realizável sob condições individuais, e o *treinamento em circuito*, especialmente apropriado para grupos de treinamento do esporte de massa e classes escolares. Dois motivos nos levaram a esta seleção. Ao contrário do fisiculturismo, no qual são solicitados grupos musculares separadamente, por meio das formas de exercícios, nas formas, dos exemplos aqui mostrados participam sistemas musculares completos. Segundo, nos dois exemplos, são solicitados todos os grandes grupos musculares.

7.3.2 O biotreinamento

Spitz & Schnell (1983) descreveram e publicaram o *biotreinamento* em duas brochuras. Nisso, parte-se das seguintes considerações:

O músculo é o motor dos movimentos humanos. Os músculos possuem a capacidade de realizar força máxima, força rápida, resistência de força e alongamentos. À combinação destas quatro propriedades estes autores chamam de *força muscular complexa*. Todavia, se músculos devem trabalhar eficientemente, devem ser sempre supridos com energia e combustível. A capacidade de abastecer os músculos em trabalho com combustíveis eles chamam de *força orgânica*.

Mas o condicionamento físico do corpo seria objetivado, até então, lamentavelmente, por dois caminhos separados ou por treinamento de resistência, como o *jogging*, caminhada, ciclismo etc., ou por meio de treinamento de força ou muscular com halteres ou em aparelhos de treinamento de força. O *biotreinamento* procura um treinamento do condicionamento físico e prevenção ajustado harmoniosamente, no qual podem ser mantidas em forma todas as capacidades básicas possíveis do homem, por meio de uma *combinação de treinamento de órgãos, muscular e neural*. O bioprograma consiste de dez formas de exercícios, os chamados *"dez dourados"*. Eles se subdividem em dois programas parciais, cada um com cinco formas de exercícios, os "5 diários" (Figura 7.5) e "os segundos 5" (Figura 7.6).

Figura 7.5 Os "5 diários" (1 extensão e flexão do tronco; 2 rotação alternada do quadril na posição de tronco flexionado; 3 extensão e flexão do tronco em quatro apoios; 4 flexão do joelho; 5 ponte), segundo Spitz & Schnell, 1983, p. 78.

Figura 7.6 "Os segundos 5" (6 flexão do braço; 7 extensão do braço; 8 remada; 9 remada com flexão do tronco; 10 exercício aeróbio), segundo Spitz & Schnell, 1983, p. 79.

Os "5 diários" devem ser feitos diariamente, como diz o conceito. Principiantes fazem 15 a 20 repetições, mais tarde 30 a 35, depois várias séries com o número elevado de repetições.

"Os segundos 5", as formas de exercícios 6 a 9, são executados três vezes por semana (por exemplo, 2ª feira, 4ª feira, 6ª feira). Inicialmente, com seis a oito repetições, posteriormente com oito a 12. Também, aqui, as solicitações devem ser aumentadas sistematicamente. Primeiro, por mais que uma série; segundo, por meio do aumento das cargas. O exercício aeróbio pode ser feito por meio de *jogging*, ciclismo, natação, esqui nórdico ou ergômetro de bicicleta. As exigências de solicitação são 20 a 30 minutos, freqüência cardíaca 130 a 140 bpm.

7.3.3 O treinamento em circuito

Para o esporte de massa ou o treinamento geral de força, na área de condicionamento físico, recomendamos um *treinamento em circuito* pelo método da *resistência de força,* e perseguimos, com isso, uma *formação muscular geral* (treinamento de estruturação do músculo) para os grupos musculares principais. Este treinamento (Figura 7.7) é feito no ginásio com os aparelhos habituais.

As *formas de exercício* são os seguintes: 1 = flexão de braço (musculatura extensora dos braços), 2 = flexão do tronco superior (como abdominais para musculatura abdominal), 3 = salto para baixo com salto grupado imediato sobre um segundo plinto (musculatura extensora dos membros inferiores e do quadril), 4 = levantamento até a horizontal e abaixamento do tronco superior em decúbito ventral (musculatura do dorso), 5 = tração na barra fixa em posição inclinada (musculatura de flexão dos braços), 6 = levantamento das pernas em decúbito dorsal (musculatura de flexão do quadril), 7 = levantamento das coxas com *medicine ball* (musculatura de flexão dos membros inferiores) e 8 = levantamento dos membros inferiores em decúbito ventral (musculatura de extensão do quadril).

A *execução dos exercícios* é de *fluente a lenta*, com exceção do exercício 3. A *duração de solicitação* é de 30 segundos inicialmente; depois, 45 segundos, com *pausas* de 30 segundos entre os exercícios. No início, basta uma série. Deve-se objetivar duas séries com solicitação de 45 segundos por exercício. Este treinamento deve ser feito uma vez por semana.

Figura 7.7 Formas dos exercícios do treinamento em circuito.

7.3.4 Testes de força para o treinamento do condicionamento físico

Os testes motores esportivos apresentados na seção 3.2.4.3, capítulo 3 para o diagnóstico de força, como (1) *saltar e alcançar*, (2) *supino reto* e (3) *puxada horizontal com barra em decúbito ventral*, também são muito bem apropriados para o treinamento do condicionamento físico, porque mostram claramente as mudanças de desempenho. Todavia, aqui, ainda são apresentados alguns testes que medem com "diagnóstico grosso", mas que podem ser executados na "sala de estar". Ao mesmo tempo, eles têm a função de treinamento de força. Estes testes devem ser executados, portanto, juntos e sempre na mesma seqüência, como *bateria de testes* a cada seis semanas. Também para o uso caseiro de testes, devem ser mantidos os critérios de qualidade, se quiserem ser afirmativos (seção 3.2.4, capítulo 3).

Bateria de testes sugerida:

Primeiro teste: *Flexão dos braços* (força de extensão dos braços)

Instrução do teste: braços completamente estendidos, as mãos apoiadas na largura dos ombros, as articulações do quadril, do joelho e do pé formam uma linha reta, isto é, o corpo todo está rígido, estendido. O tempo do exercício é de 30 segundos. Durante este tempo, a flexão dos braços é repetida corretamente quantas vezes for possível. Mulheres fazem a flexão dos braços facilitada ao apoiar as pernas até 10 cm abaixo do joelho, em cima de um banquinho. Também, aqui, o corpo fica rigidamente estendido.

Tabela 7.5 Bons desempenhos na flexão dos braços

Idade	até 30	30 a 45	acima de 45
Bom desempenho	> 20	> 15	>10

Segundo teste: *Abdominais da posição em decúbito dorsal* (musculatura abdominal)

Instrução do teste: posição em decúbito dorsal completamente estendida, as pontas dos pés tocam na parede, os braços estão estendidos atrás da cabeça. O tronco superior, com os membros inferiores estendidos, é flexionado ao máximo no quadril, as mãos tocam os pés. Vale o número de abdominais executados dentro de 15 segundos. Um bom resultado são dez repetições (mulheres) e 12 (homens).

Terceiro teste: *Impulsão horizontal* (força de salto)

Instrução do teste: impulsão com as duas pernas em frente à linha de impulsão, com impulso dos braços e pernas bem para frente na queda. Recomenda-se fazer uma folha com marcações a cada 5 cm. Mede-se da linha de impulsão até a primeira impressão (calcanhar) após esta linha.

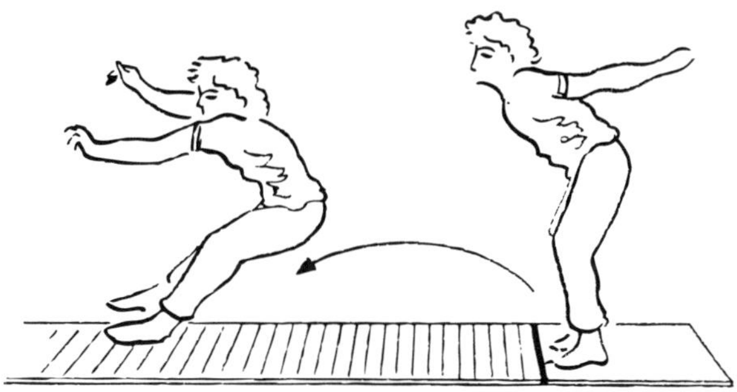

Figura 7.8 Teste do salto horizontal.

Tabela 7.6 Avaliação do resultado do salto horizontal

Desempenho	Homens		Mulheres	
em cm	18 a 30 anos	> 30 anos	18 a 30 anos	> 30 anos
pequeno	200	180	170	160
médio	220	200	190	180
bom	240	220	210	200

7.4 Exercitação da mobilidade por meio da ginástica funcional

Além do treinamento de resistência, consideramos a *exercitação* contínua *de mobilidade* como segunda "base de apoio", um segundo componente muito importante de conteúdo do treinamento para a saúde e para o condicionamento físico. A exercitação geral de mobilidade persegue dois objetivos (seção 3.5.4, capítulo 3): primeiro, desenvolver e manter uma boa *mobilidade articular* geral; segundo, garantir uma boa *capacidade de alongamento* (elasticidade muscular). Por isso, os exercícios da mobilidade articular e da capacidade de alongamento devem ser executados, freqüentemente, junto com o treinamento de resistência e força (seção 7.1.5).

Independente disso, deve-se tornar "costume do condicionamento físico" um *programa* diário de, aproximadamente, 15 minutos *de ginástica funcional*. Ele pode ser executado de manhã ou à noite.

A *ginástica funcional* segue regras anatômico-fisiológicas, e serve para exercer estímulos favoráveis aos órgãos, às articulações e aos músculos, coordenar movimentos, criar, com isso, boas condições psicomotoras para a execução de movimentos e, também, contribuir para o bem-estar psíquico (Knebel, p. 11). Para satisfazer a estas exigências, a ginástica funcional deve seguir determinadas regras metódicas:

- Ela contém, para os grandes círculos funcionais dos movimentos humanos, *formas de exercícios adequadas funcionalmente*, no sentido anatômico-fisiológico;
- Estas formas de exercícios são executadas muito precisamente, de acordo com a *intenção do movimento*;
- A *velocidade do movimento* é *fluente*, antes devagar, não de maneira brusca ou rápida;
- Para haver solicitação orgânica, cada exercício é *repetido*, pelo menos, *12 vezes*.

Um possível programa, com 12 formas de exercício, é descrito sucintamente: (1) posição em pé, posição dos pés na largura do quadril, as mãos estendem-se alternadamente para cima, com a extensão extrema dos ombros e cotovelos; (2) cruzar os braços e as mãos em frente às coxas, impulsão lateral dos braços para cima e cruzá-las na frente da cabeça; (3) posição de joelhos (na largura do quadril), alternância de "costas abauladas" e "hiperlordose"; (4) posição inicial com um joelho no chão, a mão do lado contrário levanta o outro joelho, estender perna e braço em diagonal até a horizontal; (5) posição em decúbito dorsal, flexão do tronco (*crunchers*), a borda superior do quadril fica no chão, os braços estendidos levantam junto; (6) levantamento de uma perna com levantamento simultâneo do tronco superior, com rotação dos ombros; (7) flexão lateral do tronco com pernas flexionadas e braço estendido do lado do alongamento; (8) deslocamento lateral com pernas cruzando para frente e para trás e torção do quadril; (9) flexão e extensão de uma perna na posição lateral; (10) deslocar o quadril para frente, puxar o calcanhar para as nádegas na posição abaixada de joelhos; (11) em pé, oscilar uma perna para frente e para trás, de maneira relaxada; (12) posição de cócoras, levantamento lento até a posição em pé (exemplos de exercícios segundo Knebel, 1985).

7.5 Alimentação e treinamento do condicionamento físico

Um parâmetro mensurável de um equilíbrio "saudável" do metabolismo e uma alimentação "correta" é a orientação e manutenção da chamada *"massa de condicionamento físico"* (também massa normal) individual. Para a determinação da massa normal, pode ser usada a *fórmula de Broca: massa corporal em kg = cm acima de 1 m de estatura*. Exemplo: com 170 cm de estatura, a massa corporal ideal seria 70 kg. Todavia, com tipos diferentes de constituição a fórmula de Broca deve ser modificada, desta maneira: em tipos atléticos pícnicos, são somados de 5 a 10%, exemplo com 170 cm de estatura = 73,5 a 77 kg. Em tipos leptossômicos, deve-se subtrair de 5 a 10% da fórmula de Broca, exemplo: 180 cm estatura = 72 a 76 de massa corporal. Valores limites da massa corporal, toleráveis pela saúde, são mais 5 a 10% somados ou subtraídos dos valores já modificados (Mellerowicz, 1985, p. 8).

De acordo com nossos estudos, sugerimos uma orientação da *massa corporal ótima*. Ela se dá do quociente estatura (= cm)/massa corporal (= kg). Exemplo: 182 cm/78 kg = 2,33 (quociente). Os quocientes para uma massa corporal ótima em homens são = 2,5 (± 0,1) (um quociente de 2,2 expressaria que ele teria uma massa corporal acima da ótima), nas mulheres = 3.0 (± 0,2), em meninos e meninas de dez anos de idade = 4,5, com 12 anos = 3,6, com 14 anos = 3,2 (Martin, 1988, p. 42). Nos praticantes de condicionamento físico, a massa corporal ótima é ultrapassada em 0,15 – 0,2, em média. *A massa corporal ideal refere-se a uma relação ótima entre a massa magra (músculos) e massa gordurosa e, por isso, é uma boa medida para os objetivos de* fitness *e alimentação*. Para o *consumo de calorias* no treinamento, pode-se admitir o seguinte: durante uma hora de treinamento corporal, são consumidas entre 300 e 1.000 quilocalorias (kcal). Isso corresponde a 1.000 a 4.000 quilojoule (kJ). O consumo de 1.000 kcal exige uma corrida, por uma hora, de, aproximadamente, 85% da intensidade relativa (seção 7.2.2.2). Em uma hora de ciclismo com elevada intensidade, são consumidas cerca de 800 kcal; na natação, 640;

no montanhismo, 500; na caminhada (cerca de 6 km/h), 350; e na posição sentada, 80 kcal (Mellerowicz, 1985, p. 49; Bloss, 1989, p. 47).

A *alimentação correta* deve ser *"de acordo com a necessidade e completa"*. "De acordo com a necessidade" significa "de acordo com o consumo"; "completa" quer dizer "variada", "equilibrada" ou "cru" (frutas, saladas) ou "com tratamento cuidadoso" (cozinhar, assar). A *mistura* correta de alimento seria: 50% em *carboidratos* (cereais, arroz, pão integral, frutas, verduras, leguminosas e batatas), 35% em *gorduras* contidas em carne, salsicha, leite, laticínios, devendo a metade das gorduras ser de ácidos graxos vegetais, 15% em *proteína*, mantendo um grama por kg de massa corporal normal (leite, ricota, peixe, carne, mas também soja). Além disso, deve-se manter rigorosamente uma *ingestão de líquido* de 1,5 litro por dia (chá, água mineral, sucos). Com treinamento ou muito calor, esta quantidade não é suficiente.

Os *minerais e as vitaminas* são ingeridos em quantidade suficiente com os alimentos completos (Bloss, 1989, p. 44). Com solicitações de resistência com perda de grande quantidade de líquidos, devem ser ingeridos, adicionalmente, vitaminas e eletrólitos (seção 5.4.2, capítulo 5).

Bibliografia

ADAM, K. (1973). Zur Praxis der Psychologie im Training. *Leistungssport* 3 (5), p. 385-9.

___________. (1975). *Leistungssport – Sinn und Unsinn*. München.

ADAM, K.; WERSCHOSHANSKIJ, J. V. (1972). *Modernes Krafttraining im Sport*. Berlin – München – Frankfurt/M.

ALLMANN, H. (1985). Maximalkraft und Sprintleistung – Maximalkrafttraining im Sprinttraining (p. 282-300). Em: BÜHRLE, M. (edit.). *Grundlagen des Maximal- und Schnellkrafttainings*. Schorndorf.

AMERICAN COLLEGE OF SPORTS MEDICINE (1978). Position Statement on the recommended quantity and quality of exercise for developing and maintaining fitness in heatlthy adults. *Medical Sciences in Sports*, 10, p. 7-10.

ANDERSON, B. (1982). *Stretching*. Waldeck-Dehringhausen.

ANOCHIN, P. K. (1969). Physiologie und Kybernetik (p. 59-76). In: KITTLER, G.; DOWE, G.; GÖBEL, R.; KRÜGER, H. (edit.). *Psychologische Studientexte*, Berlin (DDR).

ANOCHIN, P. K. (1975). *Die Theorie des funktionellen Systems* (russo). Moscou.

AUGUSTIN, D.; MÜLLER, N. (red.) (1981). *Leichtathletiktraining im Spannungsfeld von Wissenschaft und Praxis*. Niedernhausen.

AUSTE, N. (1987). *Konditionstraining Fussball, Übungen und Programme*. Reinbek.

BACHL, N. (1981). Möglichkeiten zur Bestimmung individueller Ausdauerleistungsgrenzen anhand spiroergometrischer Parameter. *Österreichisches Journal für Sportmedizin* Suppl. 1.

BADKTE, G. U. A. (1987). *Sportmedizinische Grundlagen der Körpererziehung und des sportilichen Trainings*. Leipzig.

BALLREICH, R. (1969). *Weg- und Zeitmerkmale von Sprintbewegungen*. Berlin.

___________. (1970). *Grundlagen sportmotorischer Tests*. Frankfurt.

___________. (1983). Analyse und Ansteuerung sportmotorischer Techniken aus biomechanischer Sicht (p. 74-93). Em: RIEDER, H.; BÖS, K.; MECHLING, H; REICHLE, K. (edit.). *Motorik- und Bewegungsforschung*, Schorndorf.

BARTH, B. (1980). Möglichkeiten einer Methodik der strategischen und taktischen Ausbildung im Trainingsprozess. *Theorie und Praxis der Körperkultur*, 29 (5), p. 374-84.

BATALOV, A. G. (1989). Zur Normierung der Belastungsintensität im Training der Skilangläufer. *Leistungssport*, 19 (1), p. 51-2.

BAUERSFELD, K.-H.; SCHRÖTER, G. (1979). *Grundlagen der Leichtathletik*. Berlin (DDR).
BAUMANN, E. (1989). *Grundlagen der Biomechanik*. Schorndorf.
BAUMANN, H. (1988). "Fehlersehen" als Grundlage für Korrekturen im Techniktraining (p. 90-104). In: MECHLING, H.; SCHIFFER, J.; CARL, K. (red.), *Theorie und Praxis des Techniktrainings*, Köln.
BAUMANN, W. (1973). Biomechanik (p. 351-77). Em: JONATH, U.; *Praxis der Leichtathletik*. Berlin – München - Frankfurt/M.
__________. (1976). Kinematic and dynamic characteristics of the Sprint start. In: KOMI, P. (edit.). *Biomechanics* V, vol. B. Baltimore.
__________. (1978). *Seminar Skisprung* 21. – 26.6.1978. Köln (ms).
BAUMANN, W.; SCHWIRTZ, A.; GROSS, V. (1986). Biomechanik des Kurzstreckenlaufs (p. 1-15). Em: BALLREICH, R.; KUHLOW, A. (edit.). *Biomechanik der Sportarten*, vol 1: Biomechanik der Leichtathletik, Stuttgart.
BECKER, V.; OLTMANNS, K. (1984). Umsteiger statt Aussteiger? – Überlegungen zur Vielseitigkeit im Nachwuchstraining. *Lehre der Leichtathletik*, 17 (35), p. 1271-4.
BERG, A.; KEUL, J. (1982). Die biomechanischen Veränderungen durch körperliches Ausdauertraining. In: WEIDEMANN, H.; SAMEK, L. *Bewegungstherapie in der Kardiologie*. Darmstadt.
BILLETER, R.; HEINZMANN, C. W.; HOWALD, H. (1981). Analysis of myosin light and heavy chain types in single human skeletal muscle fibers. *European Journal of Biochemistry*, 116, p. 389-95.
BLOM, C. S.; COSTILI, D. L.; VOLLESTAD, N. K. (1987). Exhaustive running, inappropriate as a stimulus of glycogen super-compensation. *Medicine and Science in Sports and Exercise*, 19 (4), p. 398-403.
BLOSS, H. A. (1986). *Bewegung tut not*. Düsseldorf.
__________. (1989). *Fitness-Lexikon*. Düsseldorf.
BÖS, K.; MECHLING, H. (1983). *Dimensionen sportmotorischer Leistungen*. Schorndorf.
BOIKO, V. V. (1988). Die gezielte Entwicklung der Bewegungsfähigkeit des Sportlers. Tradução de TSCHIENE. P. BAL Frankfurt 1988 *(Manuscrito)*.
BRACK, R. (1986). Angewandte Aspekte in der Ziel- und Belastungsplanung im Sportspieltraining (p. 116-121). Em: LETZELTER, H.; STEINMANN, W.; FREITAG, W. (red.). *Angewandte Sportwissenschaft*. Clausthal-Zellerfeld.
BRAUER, B. M. (1982). Die Bestimmung des biologischen Alters in der sport- und jugendärztlichen Praxis mit einer neuen anthroprometischen Methode. *Ärztliche Jugendkunde*, 73, p. 94-100.

BÜHRLE, M. (1985). Dimensionen des Kraftverhaltens und ihre spezifischen Trainingsmethoden (p. 82-111). In: BÜHRLE, M. (edit.). *Grundlagen des Maximal- und Schnellkrafttrainings*, Schorndorf.

__________. (1989). Maximalkraft – Schnellkraft – Reaktivkraft. *Sportwissenschaft*, 19 (3), p. 311-25.

BÜRLE, M.; SSCHMIDTBLEICHER, D. (1981). Komponenten der Maximal- und Schnellkraft. *Sportwissenschaft*, 11 (1), p. 11-27.

BUONO, M. J.; CLANCY, T. R.; COOK, J. R. (1984). Blood lactate and ammonium ion accumulation during grade exercise in humans. *Journal of applied Physiology*, 57, p. 135-9.

BUSSE, M.; MAASEN, N.; BRAUMANN, M.; KÖNIG, T. (1987). Neuorientierung in der Laktatdiagnostik: Laktat als Glykogenindikatior. *Leistungssport*, 17 (5), p. 33-7.

CARL, K. (1978). Talentförderung – Leistungsentwicklung. Probleme einer frühen Spezialisierung im Training (p. 173-180). In: HAHN, E. (red.), *Kind und Bewegung*. Schorndorf.

__________. (1983). *Training und Trainingslehre in Deutschland*. Schorndorf.

__________. (1984). Talentsuche, Talentauswahl und Talentförderung in Schule und Verein (p. 917-39). Em: CARL, K. et al. *Handbuch Sport* Bd. 2. Düsseldorf.

__________. (1984). Trainingswissenschaft (p. 135-40). In: CARL, K.; KAYSER, D.; MECHLING, H.; PREISING, W. (edit.), *Handbuch Sport* Bd. 1. Düsseldorf.

__________. (1988). *Talentsuche, Talentauswahl und Talentförderung*. Schorndorf.

__________. (1989). Trainingswissenschaft – Trainingslehre (p. 216-28). In: HAAG, H.; STRAUSS, B. G.; HEINZE, S. (red.), *Theorie- und Themenfelder der Sportwissenschaft*. Schorndorf.

CARL, K.; KAYSER, D. (1976). Zur Terminologie des Trainings. Versuch einer systematischen Ableitung von Grundbegriffen im Rahmen der Trainingsplanung. Leistungssport 6 (3), p. 218-24.

__________. (1983). Training (p. 418-9). In: RÖTHIG, P. *Sportwissenschaftliches Lexikon*. Schorndorf.

CIVAN, M. M.; PODOLSKY, R. J. (1966). Concentration kinetics of striated muscle fibres following quick changes in load. *Journal of Physiology*, 184, p. 511-34.

CLAUSS, G. *et al.* (1976). *Wörterbuch der Psychologie*. Köln.

CONCONI, F.; FERRARI, M.; ZIGLIO, P. G.; DROGHETTI, P.; CODEA, L. (1982). Determination of the anaerobic threshold by a noninvasive field test for runners. *Journal of applied Physiology*, 4, p. 869-73.

COUNSILMAN, J. E. (1980). *Handbuch des Sportschwimmens*. Bockenem am Harz.

CREUTZFELD, O. D. (1983). *Cortex Cerebri, Leistung, strukturelle und funktionelle Organisation der Hirnrinde.* Berlin – Heidelberg – New York.
DANKO, J. I. (1974). Der Zustand der beständigen Arbeitsfähigkeit und die Ermüdung bei Muskelarbeit (p. 325-44). In: PICKENHAIN, L. (edit.) *Sportphysiologie.* Berlin (DDR).
DE MARÉES, H. (1979). *Sportphysiologie.* Köln-Mühlheim.
DE MARÉES, H.; MESTER, J. (1981). *Sportphysiologie I.* Frankfurt/M. – Aarau.
__________. (1982). *Sportphysiologie II.* Frankfurt/M. – Aarau.
__________. (1984). *Sportphysiologie III.* Frankfurt/M. – Aarau.
DESCHKA, K. (1961). *Trainingslehre und Organisationslehre des Sports.* Wien.
DESMEDT, J. E.; GODAUX, E. (1977). Ballistic contraction in man: Characteristics recruitment pattern of single motor units of the tibiatis anterior muscle. *Journal of Physiology,* 264, p. 673-93.
DEUTSCH, J. A. (1973). Electroconvulsive schock and memory. Em: DEUTSCH, J. A.(edit.), The physiological basis of memory. New York.
DEUTSCHE GESELLSCHAFT FÜR ERZIEHUNGSWISSENSCHAFTEN (1982). Resolution zum Thema: Kind im sportlichen Training (p. 271-3). In: HOVALD, H.; HAHN, E. (edit.) *Kinder im Leistungssport.* Basel.
DEUTSCHER SPORTBUND / BUNDESAUSSCHUSS LEISTUNGSSPORT (1990). *Konzept der Nachwuchs- und Talentförderung im Leistungssport, internes Arbeitspapier aus dem Jahr 1990.*
DÖBLER, H. (1976). *Sportliche Taktik.* Leipzig.
DORSCH, F. (1970). *Psychologisches Wörterbuch.* Hamburg – Bern.
DREVER, J.; FRÖHLICH, W. D. (1972). *Wörterbuch zur Psychologie.* München.
DTSB der DDR (1976). *Die einheitliche Sichtung und Auswahl für die Trainingszentren und Trainingsstützpunkte des DTSB* (Deutscher Turn- und Sportbund) der DDR. Nachweispflichtiges Arbeitsmaterial (n. f. D.). Berlin (DDR).
DUDEL, J. (1987). Der Muskel. In: SCHMIDT, R. F. (edit.) *Grundriss der Neurophysiologie.* Berlin – Heidelberg – New York.
__________. (1987). Erregung von Nerv und Muskel. In: SCHMIDT, R. F. (edit.), *Grundriss der Neurophysiologie.* Berlin – Heidelberg – New York.
EBERSPÄCHER, H. (edit.) (1987). *Handlexikon Sportwissenschaft.* Reinbek.
__________. (1988). *Individuelle Handlungsregulation.* Schorndorf.
ECCLES, J. C. (1979). *Das Gehirn des Menschen.* München – Zürich.
__________. (1985). Willkürmototik (p. 337-58). In: Popper, K.; ECCLES, J. C. *Das Ich und sein Gehirn.* München – Zürich.
EHLENZ, H.; GROSSER, M.; ZIMMERMANN, E. (1985). *Krafttraining.* München – Wien – Zürich.

EIBEN, O. G. (1979). Die körperliche Entwicklung ds Kindes (p. 187-218). In: WILLIMZCIK, K.; GROSSER, M. *Die motorische Entwicklung im Kindes-und Jugendalter*. Schorndorf.

FASSBENDER, A. (1987). Bela Karolyis hochproduktives Leistungssportsystem in den USA. *Leistungssport*, 17 (3), p. 11-6.

FEIGE, K. (1973). *Vergleichende Studien zur Leistungsentwicklung von Spitzensportlern*. Schorndorf.

__________. (1978). *Leistungsentwicklung und Höchstleistungsalter von Spitzenläufern*. Schorndorf.

FETZ, F. (1973). *Allgemeine Methodik der Leibesübungen*. Frankfurt/M.

FILLIPOWITSCH, W. I.; FUREWSKI, F. M. (1977). Über die Prinzipien der sportlichen Orientierung von Kindern und Jugendlichen im Zusammenhang mit der altersspezifischen Veränderung in der Struktur der Bewegungsfähigkeit. *Leistungssport*, 7 (6), p. 503-8.

FINDEISEN, D.; LINKE, P.; PICKENHAIN, L. (1980). *Grundlagen der Sportmedizin*. Leipzig.

FORSBERG, A. (1985). Leistungsdiagnostik anhand kardiopulmonalen Messgrössen. *FIS-Langlauftrainingseminar*. Bad Blankenburg (DDR).

__________. (1986). The physiology of cross-country skiing (p. 27-38). *Seminary for Coaches in Cross-Country*. Valadalen (SWE).

FREITAG, W. (1977). *Schwimmen*. Reinbek.

FREUND, H.-J. (1983). Motor unit and muscle activity in vertebrate muscle fibres. Physiological Rewiews, 63, p. 387-436.

FREY, G. (1977). Zur Terminologie und Struktur physischer Leistungsfaktoren und motorischer Fähigkeiten. *Leistungssport*, 7 (5), p. 339-62.

__________. (1982). Kindgemässes Leistungstraining. Trainingspraktische Überlegungen aufgrund trainingswissenschaftlicher Erkenntnisse. *Sportwissenschaft*, 12 (3), p. 275-300.

FRIEDRICH, E.; BRÜGGEMANN, P. (1981). *Geräteturnen*. Reinbek.

__________. (1981). *Geräteturnen 2* (Wettkampf). Reinbek.

FRIEDRICH, E.; NILSSON, M. (1979). *Geräteturnen 1* (Grundlagen). Reinbek.

GABLER, H. (1988). *Individuelle Voraussetzungen der sportlichen Leistung und Leistungsentwicklung*. Schorndorf.

GAISL, G.; WIESSPEINER, G. (1987). Eine unblutige Methode zur Bestimmung der anaeroben Schwelle bei Kindern. *Leistungssport*, 17 (3), p. 27-9.

GERISCH, G.; REICHL, A. (1978). Durchführung und Auswertung eines motorischen Tests im Sportspiel Fussball. *Leistungsfussball* (9).

GERISCH, G.; RUTEMÖLLER, E. (1987). Aspekte der Talententwicklung und -förderung im Fussball (Teil 1). *Sportpraxis*, 28 (4), p. 43-7.

__________. (1987). Aspekte der Talententwicklung und –förderung im Fussball (Teil 2). *Sportpraxis*, 28 (5), p. 50-2.

GERLACH, E. (1967). Stoffwechsel der Skelettmuskulatur. *Klinische Wochenschriften*, 79, p. 229.

GOLLHOFER, A. (1987). *Komponenten der Schnellkraftleistungen im Dehnungs-Verkürzungszyklus*. Erlensee.

GONZALES-SERRATOS, H. (1971). Inward spread of activation in vertebrate musclefibres. *Journal of Physiology*, 212, p. 777-9.

GRIMM, H. (1978). Bestimmung und Anwendung des sog. biologischen Alters. *Ärztliche Jugendkunde* 69, p. 179-95.

__________. (1966). *Grundriss der Konstitutionsbiologie und Anthropometrie*. Berlin (DDR).

GROSSER, M.; BRÜGGEMANN, P.; ZINTL, F. (1986). *Leistungssteuerung in Training und Wettkampf*. München - Wien - Zürich.

GROSSER, M.; NEUMAIER, A. (1982). Techniktraining. München - Wien - Zürich.

GROSSER, M.; STARISCHKA, S. (1981). *Konditionstests*. München - Wien - Zürich.

GROSSER, M.; STARISCHKA, S.; ZIMMERMANN, E. (1981). *Konditionstraining*. München - Wien - Zürich.

GROSSER, M.; ZIMMERMANN, E. (1981). Aspekte der biologischen Adaptation. *Leistungssport* 11 (4), p. 245-59.

GROSSER, M.; ZIMMERMANN, E.; EHLENZ, H. (1985). Zu den Voraussetzungen, Inhalten, Methoden der Periodisierung und den Grenzen des Krafttrainings für Sprinter (100-m-Lauf) (p. 301-15). In: BÜHRLE, M (edit.). *Grundlagen des Maximal- und Schnellkrafttrainings*. Schorndorf.

GUNDLACH, H. (1968). Systembeziehungen körperlicher Fähigkeiten und Fertigkeiten. *Theorie und Praxis der Körperkultur* 17 (2), p. 198-205.

__________. u. Mitarb. (1973). *Olympische Analysen*. Leipzig.

GUTEWORT, W.; PÖHLMANN, R. (1966). Biomechanik - Motorik - Gedanken zum Terminologieversuch von G. Schnabel. *Theorie und Praxis der Körperkultur* 15 (6), p. 595-604.

HAASE, J. (1976). Haltung und Bewegung und ihre spinale Koordination (p. 99-191). Em: HAASE, J.; HENATSCH, H.-D.; JUNG, R.; STRATA, P.; THODEN, U. *Sensomotorik*. München - Berlin - Wien.

HAGEDORN, G. (1985). Handlungsstruktur des Sportspiels (p. 29-36). In: HAGEDORN, G.; NIEDLICH, D.; SCHMIDT, G. (red.). *Basketball-Handbuch*. Reinbek.

HARRE, D. et al. (1970). *Trainingslehre*. Berlin (DDR).

__________. (1971). *Trainingslehre.* Berlin (DDR).
__________. (1975). *Trainingslehre.* Berlin (DDR).
__________. (1979). *Trainingslehre.* Berlin (DDR).
__________. (1982). *Trainingslehre.* Berlin (DDR).
__________. (1986). *Trainingslehre.* Berlin (DDR).
HARTMANN, F. (1988). Analyse des technisch-taktischen Torhüterverhaltens im Hallenhandball unterschiedlicher Leistungsbereiche. *Wissenschaftliche Hausarbeit an der Universität Kassel 1988.*
HECK, H. (s/a). Energiestoffwechsel und medizinische Leistungsdiagnostik. *Studienbrief 8 der Trainerakademie Köln.*
HEHLMANN, W. (1964). *Wörterbuch der Pädagogik.* Stuttgart.
HENATSCH, H.-D. (1976). Bauplan der peripheren uns zentralen sensomotorischen Kontrollen (p. 193-263). In: HAASE, J.; HENATSCH, H. D.; JUNG, R.; STRATA, P.; THODEN, U. *Sensomotorik.* München – Berlin – Wien.
HENATSCH, H.-D.; LANGER, H. H. (1983). Neurophysiologische Aspekte der Sportmotorik (p. 27-55). In: RIEDER, H.; BÖS, K.; MECHLING, H.; REISCHLE, K. (edit.). Motoik und Bewegungsforschung. Schorndorf.
HENNEMANN. E.; SHAHANI, B. T.; CARPENTER, D. O. (1965). Excitability and inhibitility of motoneurons of different size. *Journal of Neurophysiology* 28, p. 599-620.
HETTINGER, T. (1968). *Isometrisches Muskeltraining.* Stuttgart.
__________. (1972). *Isometrisches Muskeltraining.* Stuttgart.
HIERSEMANN, D. (1989). Talentsichtung und Talentförderung in Nordrhein-Westfalen. *Leistungssport* 19 (6), p. 5-10.
HILDENBRANDT, E. (1973). Trainingslehre. In: GRUPE, O. (edit.). *Einführung in die Theorie der Leibeserziehung.* Schorndorf.
HILL, A. V. (1938). *The heat of shortening and the dynamic constants of muscle.* Proceddings of the Royal Society of London Sect. B. 126, p. 137-195.
HIRSCH, L. (1977). Trainingsformen zur Verbesserung der aeroben Kapazität. *Beiheft zu Leistungssport* 9, p. 93-103.
HIRTZ, P. (1977). Struktur und Entwicklung koordinativer Leistungsvoraussetzungen bei Schulkindern. *Theorie und Praxis der Körperkultur* 26 (7), p. 503-10.
__________. (red.) (1985). *Koordinative Fähigkeiten im Schulsport.* Berlin (DDR).
HITCHCOCK, S. E. (1981). Study of the structure of troponin-C by measuring the relative reactivities of lysines with acetic anhydride. *Journal of Molecular Biology* 147, p. 153-73.
HITCHCOCK, S. E.; ZIMMERMANN, C. J.; SMALLEY, C. (1981). Study of the structure of troponin-T by measuring the relative reactivities of lysines with acetic anhydride. *Journal of Molecular Biology* 147, p. 125-51.

HOCHMUTH, G. (1974). *Biomechanik sportlicher Bewegungen*. Berlin (DDR).
HÖGER, H. (1969). Zur Systematisierung des Trainingsprozesses. *Theorie und Praxis der Körperkultur* 14 (17), p. 542-50.
HOLLMANN, W. (1966). Muskuläre Beanspruchungsformen und ihre leistungsbegrenzenden Faktoren. *Sportarzt und Sportmedizin* 11.
__________. (1973). Sportmedizin (p. 261-315). In: JONATH, U. (edit.). *Praxis der Leichtathletik*, Frankfurt/M.
HOLLMANN, W.; HETTINGER, T. (1976). *Sportmedizin – Arbeits- und Trainingsgrundlagen*. Stuttgart – New York.
__________. (1980). *Sportmedizin – Arbeits- und Trainingsgrundlagen*. Stuttgart – New York.
HOSTER, M. (1987). Zur Bedeutung verschiedener Dehnungsarten bzw. Dehnungstechniken in der Sportpraxis. *Lehre der Leichtathletik* 26 (31), p. 1523-6.
HOTZ, A. (1982). *Bewegungslernen im (Leistungs-)Sport. Trainer-Information 18*. Magglingen.
HOTZ, A.; WEINECK, J. (1988). *Optimales Bewegungslernen*. Erlangen.
HUXLEY, A. F.; NIEDERGERKE, R. (1954). Structural changes in muscle during contraction. *Nature* 173, p. 971-3.
HUXLEY, A. F.; SIMMONS, R. M. (1971). Mechanical properties of the cross-bridges of trog striated muscle. *Journal of Physiology* 218, p. 59-60.
HUXLEY, H. E. (1963). Electron microscope studies on the structure of natural and synthetic protein filaments from striated muscle. *Journal of Molecular Biology* 7, p. 281-308.
ISRAEL, S. (1976). Zur Problematik des Übertrainings aus internistischer und leistungsphysiologischer Sicht. *Medizin und Sport* (1), p. 1-12.
__________. (1977). Bewegungskoordination frühzeitig ausbilden. *Lehre der Leichtathletik* 30 (21).
JAKOWLEW, N. (1972). Die Bedeutung der Homöostasestörung für die Effektivität des Trainingsprozesses. *Medizin und Sport* 13, p. 367-70.
JESCHKE, D.; BRÜHL, G.; FABRITIUS, H.-CH.; HEITKAMP, U.; SCHMIECHEN, U.; SCHUBERT, F. (1983). Präventive Effekte des Lauftrainings in Abhängigkeit von der Trainingsdauer (p. 421-6). In: HECK, H.; HOLLMANN, W.; LIESEN, H.; ROST, R. *Sport: Leistung und Gesundheit*. Köln.
JOCH, W.; SCHMIDL, G. (1982). Zu einigen Aspekten der Altersproblematik im Schwimmen. *Leistungssport* 12 (5), p. 118-25.
JUNGERMANN, K.; MÖHLER, H. (1984). *Biochemie*. Berlin – Heidelberg – New York.

KAAS, D. (1986). Women and girls volume of training and intensity (p. 209-28). Seminary for Coaches in Cross-Country, Valadalen (SWE).

KALININ, W. K.; OSOLIN, N. N. (1975). Zur Struktur der Wettkampfperiode. *Leistungssport* 5 (3), p. 231-4.

KARLSON, J.; HULTEN, B.; PIEHL, K.; SJÖDIN, B.; THORSTENSSON, A. (1975). Das menschliche Leistungsvermögen in Abhängigkeit von Faktoren und Eigenschaften der Muskelfasern. *Medizin und Sport* 15, p. 357-65.

KARVONEN, J.; VUORIMAA, T. (1988). Heart Rate and Exercice Intensity During Sports Activities – Practical Application. *Sports Medicine*, p. 303-12.

KEILHOLZ, U.; STRÄHLE, G.; WEICKER, H. (1982). Trainerbriefe zur Beurteilung der konditionellen Leistungsfähigkeit bei Leistungssportlern durch ergometrische Untersuchungen. *Beiheft zu Leistungssport* 30.

KERN, J. (1989). *Taktik im Sport*. Schorndorf.

KEUL, J. (1978). Training und Regeneration im Hochleistungssport. *Leistungssport* 8 (3), p. 236-46.

__________. (1982). Zur Belastbarkeit des kindlichen Organismus aus biomechanischer Sicht (p. 31-49). In: HOWALD, H.; HAHN, F (edit.) *Kinder im Leistungssport*. Basel – Boston – Stuttgart.

KEUL, J.; HARALAMBIE, G. (1972). Energiestoffwechsel und körperliche Leistung (p. 80-100). Em: HOLLMANN, W. (edit.). *Zentrale Themen der Sportmedizin*. Berlin – Heidelberg – New York.

KEUL, J.; JAKOB, E.; LEHMANN, M.; BERG, A.; HUBER, G.; DICKHUT, H.-H. (1985). Leistungsdiagnostik anhand metabolischer und hormonaler Messgrössen. *FIS-Langlauftrainerseminar*. Bad Blankenburg (DDR).

KEUL, J.; SIMON, G.; BERG, A.; DICKHUTH, H.-H.; GOERTTLER, J.; KÜBEL, R. (1979). Bestimmung der individuellen anaeroben Schwelle zur Leistungsbewertung und Trainingsgestaltung. *Deutsche Zeitschrift für Sportmedizin* 30, p. 212-8.

KINDERMANN, W. (1978). Regeneration und Trainingsprozess in den Ausdauersportarten aus medizinischer Sicht. *Leistungssport* 8 (4), p. 348-58.

__________. (1984). Grundlagen der aeroben und anaeroben Leistungsdiagnostik. *Schweizerische Zeitschrift für Sportmedizin* 32, p. 69-74.

KIRCHMAIR, H. et al. (1971). *Kompendium der Kinderheilkunde*. Stuttgart.

KLAFKI, W. (1974). Sinn und Unsinn des Leistungsprinzips (p. 73-110). In: MÜLLER, M. (red.) *Sinn und Unsinn des Leistungsprinzips – ein Symposium*. München.

KLAUS, G.; BUHR, M. (1974). *Philosophisches Wörterbuch*, band 1 u. 2. Leipzig.

KLIMT, F. (1978). Sportliche Belastbarkeit von Kindern im Primarbereich (p. 53-76). In: CLAUSS, A. (edit.) Sportärztliche und sportpädagogische Betreuung. *Beiträge zur Sportmedizin* vol 8. Erlangen.

KLUSSOW, N. P. (1986). *Handballtaktik*. Berlin (DDR).
KNEBEL, H. P. (1985). *Funktionsgymnastik*. Reinbek.
KÖRNER, T. et al. (1985). *Rudern*. Berlin.
KOMI, P. V. (1985). Dehnungs-Verkürzungs-Zyklus bei Bewegungen mit sportlicher Leistung (p. 254-70). In: Bührle, M (edit.) *Grundlagen des Maximal- und Schnellkrafttrainings*. Schorndorf.
KRÜGER, A. (1980). *Das Berufsbild des Trainers im Sport*. Schorndorf.
KRUG, J. (1986). Hauptorientierungen zur Erhöhung der Effektivität des Trainingssystems Geräteturnen. *Forschungsbericht der FKS, Leipzig*.
KÜCHLER, G. (1983). *Motorik*. Stuttgart.
KÜPFMÜLLER, K. (1971). Grundlagen der Informationstheorie und der Kybernetik (p. 196-231). In: GAUER, O. H.; KRAMER, K.; JUNG, R. (edit.). *Allgemeine Neurophysiologie*. München – Berlin – Wien.
KUHLOW, A. (1972). *Forschungsbericht sportmotorische Tests – Modelle zur Abschätzung der Einflusshöhe der konditionellen Komponenten auf die komplexe Weitsprungleistung*. Frankfurt/M.
KUHN, W. (1979). *Funktionelle Anatomie des menschlichen Bewegungsapparates*. Schorndorf.
KULTUSMINISTER DES LANDES NORDRHEIN-WESTFALEN (edit.). *Ein Versuch hat sich gelohnt – Das Teilzeitinternat für Leichtathletik – Modellversuch zur Talentsuche und Talentförderung in Bochum-Wattenscheid*.
KUNATH, P. et al. (1972). *Beiträge zur Sportpsychologie 1*. Berlin (DDR).
__________. (1974). *Beiträge zur Sportpsychologie 2*. Berlin (DDR).
KUNZ, H.; UNHOLD, E. (1986). *Zielgerichtetes Krafttraining: Begriffe, Methoden, Trainingsmittel*. Magglingen.
KURZ, D. (1988). *Pädagogische Grundlagen des Trainings*. Schorndorf.
__________. (1989). Worum geht es in der Methodik des Sportunterrichts? (p. 9-22). In: BIELEFELDER SPORTPÄDAGOGEN, *Methoden im Sportunterricht*. Schorndorf.
LAGERSTROM, D.; VÖLKER, K. (edit.) (1983). *Freizeitsport*. Erlangen.
LAUDIN, H. (1977). *Physiologie des Gedächtnisses*. Heidelberg.
LEHNERTZ, K. (1984). Molekularmechanische Grundlagen der Muskelkraft bei Schlagbewegungen. *Leistungssport* 14 (5), p. 27-34.
__________. (1985a). Blutlaktat und Trainingssteuerung im schnellkoordinativen Bereich. *Leistungssport* 15 (1), p. 29-33.
__________. (1985b). Mechanismen der Kraftregulierung im Skelettmuskel. *Leistungssport* 15 (4), p. 33-40.
__________. (1985c). "Ermüdungs"-Molekül Ammoniak – ein Beitrag zur Theorie des Übertrainings. *Leistungssport* 15 (6), p. 28-31.

__________. (1986a). Die Ermüdung der koordinativen Leistungsfähigkeit. *Leistungssport* 16 (1), p. 5-10.

__________. (1986b). Zur Schulung der allgemeinen Koordinationsfähigkeit (p. 27-35). In: GABLER, H.; ZEIN, B. *Konditionstraining im Tennis*. Ahrensburg.

__________. (1987a). Dipole – eine molekulare Spezialität von wesentlicher biologischer Bedeutung. *Leistungssport* 17 (1), p. 44-6.

__________. (1987b). Muskelkraft und Bewegungsleistung – mechanische Aspekte. *Leistungssport* 17 (6), p. 22-4.

__________. (1988a). "Kraftempfindungstraining" als Mittler zwischen Kraft- und Techniktraining (p. 109-23). In: MECHLING, H.; SCHIFFER, J.; CARL, K. (red.) *Theorie und Praxis des Techniktrainings*. Köln

__________. (1988b). Muskelkraft und Bewegungsleistung – magnetische Aspekte. *Leistungssport* 18 (1), p. 48-50.

__________. (1988c). Optimaler Krafteinsatz aus molekularmechanischer Sicht. *Leistungssport* 18 (4), p. 42-6.

__________. (1988d). Ammoniak und Laktat – Neue Aspekte der Trainingssteuerung (Teil 1). *Leistungssport* 18 (5), p. 48-50.

__________. (1988e). Ammoniak und Laktat – Neue Aspekte der Trainingssteuerung (Teil 2). *Leistungssport* 18 (6), p. 50-3.

__________. (1988f). Mechanische Aspekte des Golfschwungs. In: HANKE, U.; WOERMANN, S. (rde.) *Golf und Sportwissenschaft – ein Annäherungsversuch*. Heidelberg.

__________. (1989a). Metabolische Aspekte der Ermüdung beim Ausdauersport (p. 82-95). In: BREMER, D. et al. (red.) *Triathlon: Trainingssteuerung, Psychologie, Jugendtriathlon*. Ahrensburg.

__________. (1989b). Informationen zur herzschlagfrequenzorientierten Trainingssteuerung. *Leistungssport* 19 (4), p. 39-43.

__________. (1990a). Molekulare Grundlagen der Informationsverarbeitung im Nervensystem. *Leistungssport* 20 (2), p. 27-33.

__________. (1990b). Techniktraining (p. 105-95). In: RIEDER, H.; LEHNERTZ, K. *Bewegungslernen und Techniktraining, Studienbrief 21/Teil II*. Schorndorf.

LEHNERTZ, K.; LÜBS, E. D.; MARTIN, D. (1989). Zur Veränderung spiroergometrischer Messwerte als Folge von Ermüdung und Kohlenhydratabstinenz (p. 313-8). In: BÖNING, D. et al (edit.), *Sport – Rettung oder Risiko für die Gesundheit*. Köln.

LEHNERTZ, K.; MARTIN, D. (1985). Regeneration des schnellkoordinativen Leistungsvermögens nach Ausdauer-, Schnellkraft- und Maximalkrafttrainingseinheiten. *Leistungssport* 15 (6), p. 39-46.

__________. (1986). Ermüdungserscheinungen nach einseitigen hochintensiven Belastungen. *Leistungssport* 16 (6), p. 11-5.

__________. (1988). Probleme der Schwellenkonzepte bei der Trainingssteuerung im Ausdauerbereich. *Leistungssport* 18 (5), p. 5-12.

LEHNERTZ, K.; PAMPUS, B. (1988). Trainingssteuerung im Rudern anhand muskelphysiologischer Parameter (p, 205-210). In: STEINACKER, J. M. (edit.) *Rudern – sportmedizinische und sportwissenschaftliche Aspekte*. Berlin – Heidelberg.

LEMPART, T. (1973). *Die XX. Olympischen Spiele München 1972 – Probleme des Hochleistungssports*. Berlin – München – Frankfurt/M.

LENZI, G. (1987). The marathon race: modern training methodology. *New Studies in Athletics* (2). p. 41-50.

LETZELTER, H. (s/a) *Ziele, Inhalte und Methoden des Konditionstraining, Studienbrief 20*, Trainerakademie Köln.

LETZELTER, H.; LETZELTER, M. (1983). *Leistungsdiagnostik*. Niedernhausen/ Taunus.

__________. (1986). *Krafttraining*. Reinbek.

LETZELTER, M. (1978). *Trainingsgrundlagen*. Reinbek.

__________. (1987). Trainingswissenschaft (p. 507-18). In: EBERSPÄCHER, H. *Handlexikon Sportwissenschaft*. Reinbek.

LEWIN, G. et al. (1974). *Schwimmsport*. Berlin (DDR).

LIESEN, H. (1983a). Training konditioneller Fähigkeiten in der Vorbereitungsperiode. *Fussballtraining* (3), p. 11-4.

__________. (1983b). Schnelligkeitsausdauertraining im Fussball aus sportmedizinischer Sicht. *Fussballtraining* (5), p. 27-31.

LIESEN, H.; HOLLMANN, W. (1981). *Ausdauersport und Stoffwechsel*. Schorndorf.

LIESEN, H.; MADER, A.; HECK, H.; HOLLMANN, W. (1977). Die Ausdauerleistungsfähigkeit bei verschiedenen Sportarten unter besonderer Berücksichtigung des Metabolismus: Zur Ermittlung der optimalen Belastungsintensität im Training. *Beiheft zu Leistungssport* 9, p. 63-99.

MADER, A. (1989). *Aktive Belastungsadaptation und Regulation der Proteinsynthese auf zellulärer Ebene. Ein Beitrag zum Mechanismus der Trainingswirkung und der Kompensation von funktionellen Mehrbelastung*.

MADER, A.; HOLLMANN, W. (1977). Zur Bedeutung der Stoffwechselleistungsfähigkeit des Eliteruderers im Training und Wettkampf. *Beiheft zu Leistungssport* 9. p. 9-62.

MAEHL, O. (1986). *Beweglichkeitstraining*. Ahrensburg.

MALLOW, J. (1986). Der DLV-Rahmentrainingsplan für das Grundlagentraining und das Wettkampfsystem im Schüleralter. *Lehre der Leichtathletik* 20 (25), p. 751-5.

MARGARIA, R. (1982). *Energiequellen der Muskelarbeit.* Leipzig.
MARKWORTH, P. (1984). *Sportmedizin – 1 – Physiologische Grundlagen.* Reinbek.
MARSCHNER, G. (1976). Schlagwort "Leistung" (p. 421-2). In: ARNOLD, W. et al. (edit.), *Lexikon der Psychologie*, vol. II/1. Freiburg.
MARTIN, D. (1977). *Grundlagen der Trainingslehre Teil I.* Schorndorf.
__________. (1979). *Grundlagen der Trainingslehre Teil I.* Schorndorf.
__________. (1980). *Grundlagen der Trainingslehre Teil II.* Schorndorf.
__________. (1982). *Grundlagen der Trainingslehre Teil II.* Schorndorf.
__________. (1981). Konzeption eines Modells dür das Kinder- und Jugendtraining. *Leistungssport* 11 (3), p. 165-76.
__________. (1985). Probleme und Fragestellungen der Trainingssteuerung bei der Ausdauerentwicklung. *Leistungssport* 15 (1), p. 7-12.
__________. (1987a). Ermüdung als Steuergrösse im Training. *Sportwissenschaft* 17 (4), p. 378-93.
__________. (1987b). Trainingaplanung. In Trainerakademie 1987: *Fachschriftenreihe des Österreichischen Skiverbandes*, p. 23-37.
__________. (1988). *Training im Kindes- und Jugenalter.* Schorndorf.
__________. (1989a). Die Belastungsmerkmale des breitensportlichen Ausdauertrainings. *Sportwissenschaft* 19 (4), p. 378-95.
__________. (1989b). Probleme des Techniktrainings im Sport (Teil 1). *Leistungssport* 19 (1), p. 9-13.
MARTIN, D.; LEHNERTZ, K. (1986). Ermüdung und Regeneration nach bestimmten Trainingsbelastungen. *Forschungsbericht für das BISp. Kassel.*
__________. (1987). Ermüdung und Regeneration nach bestimmten Trainingsbelastungen. *Forschungsbericht für das BISp. Kassel.*
__________. (1989). Probleme des Techniktrainings im Sport (Teil 2). *Leistungssport* 19 (2), p. 10-7.
MATTAUSCH, W. D. (1973). Zu einigen Problemen der begrifflichen Fixierung der konditionellen und koordinativen Fähigkeiten. *Theorie und Praxis der Körperkultur* 22 (9), p. 849-56.
MATWEJEW, L. P. (1972). *Periodisierung des sportlichen Trainings.* Berlin – München – Frankfurt/M.
__________. (1972). Die Periodisierung des sportlichen Trainings. *Leistungssport* 2 (6), p. 401-15.
__________. (1981). *Grundlagen des sportlichen Trainings.* Berlin (DDR).
MATWEJEW, L. P.; NOWIKOW, A. D. (1982). *Theorie und Methodik der Körpererziehung Band 1.* Berlin (DDR).

MECHLING, H. (1988). Zur Theorie und Praxis des Techniktrainings, Problemaufriss und Thesen. *Leistungssport* 18 (1), p. 39-42.

__________. (1989). Leistung und Leistungsfähigkeit im Sport (p. 230-51). In: HAAG, H.; STRAUSS, B. G.; HEINZE, S. (red.). *Theorie- und Themenfelder der Sportwissenschaft*. Schorndorf.

MECHLING, H.; SCHMIDTBLEICHER, D.; STARISCHKA, S. (red.) (1986). Aspekte der Bewegungs- und Trainingswissenschaft – Motorisches Lernen – Leistungsdiagnostik – Trainingssteuerung, *DVS-Protokolle Nr. 22*. Clausthal-Zellerfeld.

MEINEL, K. (1960). *Bewegungslehre*. Berlin (DDR).

MEINEL, K.; SCHNABEL, G. (1987). *Bewegungslehre – Sportmotorik*. Berlin (DDR).

MELLEROWICZ, H. (1985). *Gesundheit und Leistung*. Berlin – Heidelberg – New York.

MIRAM, W.; SCHARF, K. H. (1981). *Biologie heute*, p 11. Hannover.

MOGNONI, P. (1988). *Laboratory Test, Referat auf dem FIS-Seminar für Skilangläufer*. Rom.

MÜLLER, C. (1988a). Theoretischer Ansatz zur Systematisierung der allgemeinen Prinzipien im sportlichen Training. *Theorie und Praxis der Körperkultur* 37 (2), p. 101-9.

__________. (1988b). Prinzipien zur Ausbildung von Leistungsvoraussetzungen – dargestellt am Beispiel der Prinzipien des technisch-koordinativen Trainings. *Theorie und Praxis der Körperkultur* 37 (3), p. 171-7.

MÜLLER, K.-J. (1987). *Statische und dynamische Muskelkraft*. Frankfurt.

NABATNIKOVA, M. J. (1974). *Die spezielle Ausdauer des Sportlers*. Berlin – München – Frankfurt/M.

__________. (1982). *Grundlagen der Steuerung des Trainings junger Sportler* (russische Fassung). Moskau.

NETT, T. (1960). *Das Übungs- und Trainingsbuch der Leichtathletik, Band 1, Der Lauf*. Berlin.

NEUMAIER, A. (1983). *Sportmotorische Tests in Unterricht und Training*. Schorndorf.

NEUMANN, G. (1984). Sportmedizinische Grundlagen der Ausdauerentwicklung. *Medizin und Sport* 24 (6), p. 174-8.

__________. (1985). Physiologische Grundlagen der Skilanglaufleistung. *FIS-Langlauftrainerseminar*. Bad Blankenburg (DDR).

NITSCH, J.; HACKFORTH, D. (1987). Beanspruchung (p. 33-40). In: EBERSPÄCHER, H. (edit.). *Handlexikon Sportwissenschaft*. Reinbek.

NITSCH, J.; UDRIS, J. (1976). *Beanspruchung im Sport*. Bad Homburg.

NOBLE, M. I. M.; POLLACK, G. H. (1977). Molecular mechanisms of contraction. *Circulation Research* 40, p. 333-42.

NOTH, J. (1986). Motorische Lerntheorien – Neurophysiologische Korrelate – Hypothesen zur Funktion des Kleinhirns und der Basalganglien (p. 25-38). In: MECHLING, H.; SCHMIDTBLEICHER, D.; STARISCHKA, S. (Red.). Aspekte der Bewegungs- und Trainingswissenschaft – Motorisches Lernen – Leistungsdiagnostik – Trainingssteuerung. *DVS-Protokolle Nr. 22*. Clausthal-Zellerfeld.

OERTER, R.; MONTADA, L. (1982). *Entwicklungspsychologie*. München – Wien – Baltimore.

OREAR, J. (1982). *Physik*. München.

PAFFENBARGER, R. S. JR. (1982). Die Rolle der körperlichen Aktivität in der primären und sekundären Prävention der koronaren Herzkrankheit. In: WEIDEMANN, H.; SAMEK, L. *Bewegungstherapie in der Kardiologie*. Darmstadt.

PAHLKE, U.; ISRAEL, S. (1980). Sportmedizinisch-biowissenschaftliche Grundfragen der Ausdauer im Kindes- und Jugendalter (p. 2-48). In: WIKOWSKI, R. (red.). *Ausdauerleistungsfähigkeit im Schulsport*. Berlin (DDR).

PAMPUS, B.; LEHNERTZ, K.; MARTIN, D. (1989). Die Wirkung unterschiedlicher Belastungsintensität auf die Entwicklung von Maximalkraft und Kraftausdauer. *Leistungssport* 19 (4), p. 5-10.

PFÖRRINGER, B.; ROSEMEYER, B; BÄR, H.-W. (edit.) (1981). *Sporttraumatologie*. Erlangen.

PPICKENHAIN, L. (edit.) (1974). *Sportphysiologie*. Berlin (DDR).

PLATANOV, V. N.; SACHNOWSKIJ, K. P. (1986). *Die Vorbereitung des jungen Sportlers* (russisch). Moskau.

PÖHLITZ, L. (1987). Aufbautraining im Mittel- und Langstreckenlauf (Teil 1). *Leistungssport* 17 (1), p. 17-22.

__________. (1987). Aufbautraining im Mittel- und Langstreckenlauf (Teil 2). *Leistungssport* 17 (2), p. 17-20.

POPPER, K. R.; ECCLES, J. C. (1985). *Das Ich und sein Gehirn*. München – Zürich.

POULTON, E. C. (1950). Perceptional anticipation and reaction time. *Quarterly Journal of Experimental Psychology* 2, p. 99-112.

PRAMANN, U. (1989). *Das Heyne Fitnessbuch des Jahres*. München.

PROBST, H.; WENGER, U. (1986). Praktische Durchführung des CONCONI-Tests, *Seminary for Coaches in Cross-Country*. Valadalen (SWE).

PUNI, A. Z. (1973). Das Problem der psychischen Wettkampfvorbereitung. *Leistungssport* 3 (2), p. 147-50.

PUNKKINEN, J. (1988). Correct interpretation and application of the tests by the coach. *Referat auf dem FIS-Seminar für Skilanglauftrainer*. Rom.

RIEDER, H. (1973). Über die Wechselwirkung von konditioneller und psychischer Wettkampfvorbereitung. *Leistungssport* 3 (5), p. 381-4.

RÖBLITZ, G. (1970). Leistung als konstituierendes Element der sozialistischen Menschengemeinschaft und als Zentralbegriff der Sportwissenschaft. *Wissenschaftliche Zeitschrift der DHfK*, p. 61-71.

RÖTHIG, P. (red.) (1983). *Sportwissenschaftliches Lexikon*. Schorndorf.

ROGGE, K.-E. (1981). *Physiologische Psychologie*. München – Wien – Baltimore.

ROITMAN, J.; PAVLISKO, J. J.; SCHULZ, G. W. (1978). Exercise prescription by heart rate and met methods. *Physician and Sportsmedicine* 6, p. 98-102.

ROST, R. (1984). *Herz und Sport*. Erlangen.

ROST, K.; OSTROWSKI, C.; RENNER, E.; KÖHLER, F.; KLOSE, S. (1989). *Aspekte der Entwicklung von Trainings- und Vorbereitunssystemen im Jugendbereich*. Leipzig.

ROTH, K. (1982). *Strukturanalyse koordinativer Fähigkeiten*. Bad Homburg.

__________. (1983). Motorisches Lernen (p. 141-239). In: WILLIMCZIK, K.; ROTH, K. *Bewegungslehre*. Reinbek.

__________. (1987). Koordination – Koordinative Fähigkeiten (p. 191-9). In: EBERSPÄCHER, H. (edit.). *Handlexikon Sportwissenschaft*. Reinbek.

RÜEGG, J. C. (1987). Excitation-Contraction Coupling in Fast- und Slow-Twitch Muscle Fibers. *International Journal of Sports Medicine*, p. 360-4.

RÜSSEL, A. (1976). *Psychomotorik*. Darmstadt.

RUSKO, H. (1985). Physiological values to define fatigue and regeneration. *FIS Cross-Country Trainer´s Seminary*.

SALTIN, B. (1986). The physiological and biochemical basis of aerobic and anaerobic capacities in man: effect of training and range of adaption, *Seminary for Coaches in Cross-Country*. Valaden (SWE).

SCHMIDT, D. (red.) (1987). *Geräteturnen, Anleitung für den Übungsleiter*. Berlin (DDR).

SCHMIDT, P. (1977). Trainingsformen zur Erzielung einer hohen Übersäuerung. *Beiheft zu Leistungssport* 9, p. 104-20.

SCHMIDT, R. A. (1968). Anticipation and timing. *Psychological Bulletin* 70.

__________. (1975). A schema theory of discrete motor skill-learning. Psychological Review 82 (4), p. 225-60.

__________. (1976). The schema as a solution to some persistent problems in motor learning theory (p. 41-65). In: STELMACH, G. E. (edit.). *Motor Control: Issues and trends*. New York.

SCHMIDT, R. F. (1976). Motorische Systeme (p. 83-113). In: SCHMIDT, R. F.; THEWS, G. (edit.). *Einführung in die Physiologie des Menschen.* Berlin – Heidelberg – New York.

___________. (1977). *Grundriss der Neurophysiologie.* Berlin – Heidelberg – New York.

SCHMIDTBLEICHER, D. (1980). *Maximalkraft und Bewegungsgeschwindigkeit.* Bad Homburg.

___________. (1984). Strukturanalyse der motorischen Eigenschaft Kraft. *Lehre der Leichtathletik* 35 (30), p. 1785-92.

___________. (1985). Klassificierung der Trainingsmethoden im Krafttraining. *Lehre der Leichtathletik* 24 (1) und (2), p. 25-30.

SCHMIDTBLEICHER, D.; GOLLHOFER, A. (1985). Einflussgrössen des reaktiven Bewegungsverhaltens und deren Bedeutung für die Sportpraxis (p. 271-81). In: BÜHRLE, M (edit.). *Grundlagen des Maximal- und Schnellkrafttrainings.* Schorndorf.

SCHNABEL, G.; MÜLLER, C. (1988). Wesen, Funktion und Eigenschaften der methodischen Prinzipien im sportlichen Training. *Theorie und Praxis der Körperkultur* 37 (2), p. 95-101.

SCHOLICH, M. (1974). *Kreistraining.* Berlin – München – Frankfurt.

___________. (1979). *Kreistraining.* Berlin (DDR).

SCHRAMM, E. et al. (1987). *Sportschwimmen.* Berlin (DDR).

SCHÜRCH, P. (1987). *Leistungsdiagnostik.* Erlangen.

SCHWARZENEGGER, A. (1982). *Bodybuilding für Frauen.* München.

SICHELSCHMIDT, P.; KLEIN, G. D. (1986). Belastungssteuerung im Training. *Handballtraining* 7.

SINGER, E. (1983). *Der Torwart im Hallenhandball.* Böblingen.

SINZ, R. (1981). *Lernen und Gedächtnis.* Stuttgart.

SOBIESZEK, A. (1982). Steady-state kinetic studies on the actin activation of skeletal muscle heavy meromyosin subfragments. Effects of skeletal, smooth and non-muscle tropomyosin. *Journal of Molecular Biology* 157, p. 275-86.

SÖLVEBORN, S. A. (1983). *Das Buch vom Stretching.* München.

SPITZ, L.; SCHNELL, J. (1983). *Muskeln Sie sich. Vol. 2.* München.

STARISCHKA, S. (1981). Überlegungen zum Leistungssport aus sportwissenschaftlicher Sicht. *Leistungssport* 11 (5), p. 340-9.

___________. (1988). *Trainingsplanung.* Schorndorf.

STAROSTA, W. (1988). Das Lehren der Technik und die Technikverbesserungen in den Individualsportarten. *Leistungssport* 18 (3), p. 40-4.

STEGEMANN, J. (1971). *Leistungsphysiologie.* Stuttgart.

STEINBRÜCK, K. (1981). RINGEN II (p. 93-101). In: PFÖRRINGER, B.; ROSEMEYER, B.; BÄR, H.-W. (edit.). *Sporttraumatologie – sportartenspezifische Schäden und Verletzungen*. Erlangen.

STIEHLER, G. (1974). *Methodik des Sportunterrichts*. Berlin (DDR).

STIEHLER, G. et al. (1988). *Sportspiele*. Berlin.

STOBOY, H. (1972). Neuromuskuläre Funktion und körperliche Leistung (p. 16-41). In: HOLLMANN, W. (edit.). *Zentrale Themen der Sportmedizin*. Berlin – Hamburg – New York.

STORK, H. M. et al. (1983). Befragung der D-Kaderangehörigen der Fachverbände des Landessportbundes Nordrhein-Westfalen. In: *Landessportbund und Kultusminister des Landes NRW* (edit.).

SUGI, H.; POLLACK, G. H. (edit.) (1977). *Cross-bridge mechanism in muscle contraction*. Baltimore.

TANJI, J.; KATO, M. (1981). Activity of low- and high-threshold motor units of abductor digiti quinti in slow and fast voluntary contractions (p. 137-44). In: DESMEDT, J. E. (edit.). *Progress in Clinical Neurophysiology*, vol 9. Basel.

THIELE, W. (1981). Darstellung von Mikrozyklen im Sprint der Männer (p. 134-6). In: AUGUSTIN, D.; MÜLLER, N. (red.). *Leichtathletiktraining im Spannungsfeld von Wissenschaft und Praxis*, Niedernhausen.

THIESS, G. (1964). Die Bestimmung der Trainingsetappen als Grundlage der Trainingsplanung im Aufbautraining. *Wissenschaftliche Zeitschrift der DHfK Leipzig (Sonderheft)* (6), p. 17.

THIESS, G.; SCHNABEL, G. (1987). *Leistungsfaktoren in Training und Wettkampf*. Berlin (DDR).

THIESS, G.; SCHNABEL, G.; BAUMANN, R. (1978). *Training von A bis Z*. Berlin (DDR).

TILSCHER, H. (1985). Klinische Befunde an der Wirbelsäule von Kunstturnerinnen (p. 194-201). In: SCHWERDTNER, H. P. (edit.). *Sport und Sportmedizin – Kunstturnen*. Erlangen.

TITTEL, K. (1985). *Beschreibende und funktionelle Anatomie des Menschen*. Stuttgart.

TSCHIENE, P. (1975). Moderne Tendenzen im Krafttraining des Hochleistungssports. *Beiheft zu Leistungssport* 1, p. 5-53.

__________. (1977). Einige Aspekte zur Periodisierung des Hochleistungstrainings. *Leistungssport* 7 (5), p. 379-82.

__________. (1985). Veränderungen in der Struktur des Jahrestrainingszyklus. Leistungssport 15 (5), p. 5-12.

__________. (1986). Veränderungen in der Struktur des Jahrestrainingszyklus. Em: *Sportwissenschaft in Hessen*, Frankfurt.

__________. (1989). Die neue "Theorie des Trainings" und ihre Interpretation für das Nachwuchstraining. *Leistungssport* 19 (4), p. 11-7.

ULICH, E. (1973). Vorwort des Herausgebers der Schriftenreihe. In: VOLPERT, W. *Sensomotorisches Lernen*, Frankfurt/M.

VANOI, A. (1987). Notes from a presentation on the Italian program (p. 76-9). *FIS Trainers Seminar Proceedings*. Calgary (CAN).

WAGNER, H. (1928). *Untersuchungen über die Frage der turnerischen und sportlichen Höchstleistung und ihre Bedeutung für die Jugendbildung*. Langensalza.

WALDEYER, A. (1942). *Anatomie des Menschen*. Berlin.

WALSH, M. L.; BANISTER, E. W. (1988). Possible mechanisms of the anaerobic threshold – a review. *Sports Medicine* (5), p. 269-302.

WEBER, A.; MURREY, J, M. (1973). Molecular control mechanisms in muscle contraction. *Physiological Review* 53, p. 612-73.

WEBER, A.; WINICUR, S. (1961). The role of calcium in the superprecipitation of actomyosin. *Journal of Biological Chemistry* 236, p. 3198-202.

WEDEKIND, S. (1985). *Trainingswissenschaftliche Grundbegriffe – zur Terminologie konditioneller Leistungskomponenten*. Berlin – München – Frankfurt/M.

WEINECK, J. (1980). *Optimales Training*. Erlangen.

__________. (1983). *Optimales Training*. Erlangen.

__________. (1986). *Optimales Training*. Erlangen.

WERCHOSCHANSKI, J. W. (1988). *Effektiv trainieren*. Berlin (DDR).

WERCHOSCHANSKIJ, J. V. (1972). Grundlagen des modernen Krafttrainings (S.). In: ADAM, K.; WERCHOSHANSKIJ, J. V. *Modernes Krafttraining im Sport*. Berlin – München – Frankfurt/M.

WERCHOSCHANSKIJ, J. V.; TATJAN, W. W. (1975). Komponenten und finktionelle Struktur der Explosivkraft des Menschen. *Leistungssport* 5 (5), p. 25-31.

WESTPHAL, G.; GASSE, M.; RICHTERING, G. (1987). *Entscheiden und Handeln im Sportspiel*. Münster.

WHITE, D. C. S.; THORSON, J. (1973). The kinetics of muscle constraction. *Progress in Biophysics* 27, p. 173-255.

WILLIMCZIK, K. (edit.) (1977). *Forschungsmethoden in der Sportwissenschaft, Grundkurs Datenerhebung*. Bad Homburg.

WILLIMCZIK, K.; ROTH, K. (1983). *Bewegungslehre*. Reinbek.

WINKLER, W. (1983). Spielbeobachtung bei Fussballspielern. *Leistungsfussball*, p. 63-8.

WINTER, R. (1980). Zum Problem der sensiblen und kritischen Phasen in der Kindheit und in der Jugend. *Medizin und Sport* 20, p. 102-4.

__________. (1984). Zum Problem der sensiblen Phasen im Kindes- und Jugendalter. *Körpererziehung* 34 (8) e (9), p. 342-58.

WULF, C. (edit.) (1974). *Wörterbuch der Erziehung.* München.

WURDEL, A. (1972). *Sportmotorische Testbatterien und motorische Lernfähigkeit.* Ahrensburg.

ZACIORSKIJ, V. M. (1972). *Die körperlichen Eigenschaften des Sportlers.* Berlin – München – Frankfurt/M.

__________. (1977). *Die körperlichen Eigenschaften des Sportlers.* Berlin – München – Frankfurt/M.

ZIMMERMANN, E. (1983). Trainingsprinzipien (p. 423-4). In: RÖTHIG, P. (red.). *Sportwissenschaftliches Lexikon.* Schorndorf.

Referência de figuras

Agradecemos às seguintes editoras pela gentil permissão para a publicação de figuras:

BLV-Verlag, München (Tabela 16, p. 99)
Ferdinand Enke Verlag, Stuttgart (Figura 71, p. 112; Figura 68, p. 110)
Gustav Fischer Verlag, Stuttgart (Figura 64, p. 103; Figura 34, p. 79)
Schattauer-Verlag, Stuttgart (Figura 72, p. 121)
STF-Verlag, Erlensee (Figura 39, p. 83)
Sportverlag, Berlin (Figura 85, p. 145)
Springer-Verlag, Berlin (Figura 14, p. 41; Figura 18, p. 54; Figura 31, p. 76)
Verlag Volk und Wissen, Berlin (Figura 13, p. 36).

Índice remissivo

A

aceleração 201, 205
acelerado 392, 393
adaptação 125, 128
admissão de oxigênio 244, 251
admissão máxima de oxigênio 235, 244, 246
alça muscular 148, 149, 150
alimentação 451
alongamento do músculo 294, 300
análise de erros 100, 101, 102
antecipação 70, 71, 204, 210, 314, 315
atrasado 392, 393

B

biotreinamento 445
busca de talentos 45
busca do talento 388

C

capacidade de alongamento 119, 286, 287, 288
capacidade de condicionamento 136, 137
capacidade de força 118, 138, 142, 160, 165
capacidade de reação 203
capacidade de resistência 146, 232
capacidade de velocidade 221
capacidade funcional 233
capacidades coordenativas 79, 80, 82, 83
carga 123, 265, 263
centros motores 85
cerebelo 85, 87, 90, 308
ciclo alongamento-encurtamento 144, 145, 180
ciência do treinamento 30
competição 399, 408, 409, 412
condicionamento 36, 117, 119, 120, 121
condicionamento físico 426, 427, 429, 431
condições de desempenho 33
condução do treinamento 38, 115
conteúdo de treinamento 46, 401
coordenação motora 77
córtex cerebral 85, 87, 89
curva de força e tempo 164, 215
curva de freqüência cardíaca e desempenho 259, 263
curva de lactato e desempenho 263, 264, 265, 281, 282, 440

D

densidade de solicitação 124, 125, 172
desempenho 34
desempenho cognitivo 306, 307
desempenho de aceleração 202, 205, 211
desempenho de reação 202, 204, 209
desempenho de velocidade 199, 202, 420
desempenho esportivo 27, 28, 30, 31, 33, 34, 35
desempenho muscular 137, 145, 146, 160
diagnóstico do desempenho 160, 251, 253, 260
disponibilização aeróbia de energia 235, 242
disponibilização anaeróbia de energia 235, 256, 258
duração de solicitação 124, 125

E

efeito de treinamento 55
engrama 68, 108
especialização 58, 402
especialização precoce 401
estruturação do treinamento 39, 42, 404, 405
estrutura de treinamento 193
estrutura do desempenho 34
estrutura do treinamento 44, 283
execução 45
execução do treinamento 45
exigência de solicitação 97, 123

F

fadiga 247
fadiga central 247
fadiga geral e complexa 247
fadiga local 247
fadiga muscular 247

fadiga periférica 247
falta de movimento 427, 429
fase de consolidação 111
fase de recuperação 127, 273
fases críticas 393, 394
fases de desenvolvimento 394
fases sensíveis 393, 394
fibra muscular 157
fisiculturismo 136, 174, 179, 183, 444, 445
força 133, 134, 136, 137, 138, 140, 141
força absoluta 140
força de partida 142
força de reação 139,144, 145
força explosiva 141
força máxima 138, 139
força máxima concêntrica 139, 167, 168
força máxima excêntrica 140
força máxima isométrica 140
força rápida 130, 138, 139
formação básica 388, 397
formação de lactato 243, 248, 256
forma de treinamento 46, 48
formas de exercícios 132
freqüência cardíaca 246, 247
freqüência de treinamento 124, 410

G

ginástica funcional 430, 449

I

idade biológica 393
incentivo do talento 388
intensidade de solicitação 171, 255, 434, 435, 436

L

limiar aeróbio-anaeróbio 237, 253, 254, 256, 439
limiar de desempenho muscular 160, 167, 171

M

macroestrutura 112, 148
meios de treinamento 45
memória 308, 309, 310
memória de curto prazo 309
memória de longo prazo 310
método alternado 269
método contínuo 264, 266, 269
método de competição 264
método de repetição 264, 274
método de treinamento 48, 134, 145, 398, 400
métodos de controle 135
métodos de treinamento de força 170
métodos do treinamento 94
microciclos 109
microestrutura 108
mobilidade 118, 119, 286, 287, 288
mobilidade ativa 288
mobilidade da articulação 297
mobilidade dinâmica 289
mobilidade específica 288, 301
mobilidade estática 289
mobilidade geral 288
mobilidade passiva 289
modalidades esportivas de resistência 113, 196
momento de torção 149

O

objetivos condutores do treinamento 27, 389
objetivos de treinamento 27, 63, 171
objetivos parciais do treinamento 44
observação dos movimentos 100, 102
organização de treinamento 45, 396

P

perfil de exigência de força 184, 185
periodização 195
personalidade do atleta 35
planejamento de treinamento 41, 121
princípios de treinamento 50, 51
processos de adaptação 129, 131

R

reserva de adaptação 129
reserva funcional 129, 130
resistência 224, 232, 233
resistência aeróbia 232, 235, 258
resistência anaeróbia 235
resistência de curta duração 235, 253
resistência de força 145
resistência de longa duração 234, 235, 253

resistência de média duração 235
resistência de *sprint* 221, 227, 262, 271
resistência de velocidade 258, 260, 271
resistência específica 236, 237, 275, 277, 279
resistência geral 236

S

saúde 425, 426, 427, 429
seleção de talentos 45
sistema de desempenho 34
sistema de treinamento 37
solicitação 95
solicitações de treinamento 40
stretching 430
sucesso esportivo 28
supercompensação 125, 127, 128

T

técnicas de alongamento 298
técnicas esportivas 36, 60, 61, 132, 133
teste de campo de ciclismo 255
teste de CONCONI 256, 258, 260, 261, 262, 265, 439, 440, 441, 443
teste de COOPER 440
teste de duas fases 165
teste de saltar e alcançar 168
teste em estágios 252
testes de múltiplas distâncias 254
tipos de fibras musculares 157
tipos de treinamento 44
treinamento adicional 390, 401
treinamento com intervalos 132, 269, 272
treinamento complexo 44
treinamento da força de reação 180
treinamento da resistência de força 178
treinamento de aceleração 224, 225, 228
treinamento de alto nível 387
treinamento de aplicação de técnicas 66, 70
treinamento de aquisição de técnicas 66, 68, 94
treinamento de condicionamento 44, 119
treinamento de força 136, 182, 419, 444
treinamento de força máxima 172, 173, 175
treinamento de força rápida 172
treinamento de fundamentos 388, 389
treinamento de jovens 387, 391
treinamento de mobilidade 286, 291, 301, 420, 422
treinamento de nova geração 388, 390
treinamento de reabilitação 427
treinamento de reação 227, 228
treinamento de resistência 232, 238, 240, 421
treinamento de resistência aeróbia 232, 234
treinamento de resistência do *sprint* 224, 227, 230
treinamento de táticas 44, 308, 423
treinamento de técnicas 44, 58, 59, 60, 62, 63, 205, 308, 416, 417
treinamento de velocidade 198, 199, 216, 218, 420
treinamento do condicionamento físico 120, 121, 427
treinamento em circuito 183, 445, 447
treinamento extensivo com intervalos 273
treinamento infantil 81
treinamento infanto-juvenil 388
treinamento intensivo com intervalos 273
treinamento mental 106
treinamentos de força 132

U

unidade de treinamento 199
unidade motora 157
universalidade 397, 399

V

velocidade 192, 199, 200, 205, 206, 207, 208
velocidade de reação 201
velocidade de *sprint* 132, 224
velocidade máxima acíclica 201
velocidade máxima cíclica 201
velocidade motora 201, 219, 221
volume de solicitação 124, 195, 255, 272

SOBRE O LIVRO
Formato: 17 x 24 cm
Mancha: 13 x 20 cm
Tipologia: Minion Pro
Papel: *Off set* 75g

EQUIPE DE REALIZAÇÃO
Edição de Texto
Talita Gnidarchichi (Editorial)
Renata Sangeon (Revisão)
Nathalila Ferrarezi (Revisão)
Editoração Eletrônica
Renata Tavares (Capa, Projeto Gráfico)
Impressão
Prol